LA POTESTAD SANCIONADORA EN LA PROTECCIÓN DE LOS CONSUMIDORES

RAQUEL BONACHERA VILLEGAS

LA POTESTAD SANCIONADORA EN LA PROTECCIÓN DE LOS CONSUMIDORES

ARANZADI

Editorial Aranzadi, S.A.U.
C/ Collado Mediano, 9
28231 Las Rozas (Madrid)
Tel: 91 602 01 82
e-mail: clienteslaley@aranzadilaley.es
https://www.aranzadilaley.es/aranzadi

Primera edición: 2024

Depósito Legal: M-20322-2024
ISBN versión impresa: 978-84-10295-87-2
ISBN versión electrónica: 978-84-10295-88-9

Diseño, Preimpresión e Impresión: Editorial Aranzadi, S.A.U.
Printed in Spain

Índice General

Página

CAPÍTULO I

LA POTESTAD SANCIONADORA DE LA ADMINISTRACIÓN COMO EJERCICIO DE EFICIENCIA DEL SERVICIO PÚBLICO DE JUSTICIA 13

1. Introducción 13

2. Las reclamaciones administrativas en materia de consumo y la potestad sancionadora de la administración 19

CAPÍTULO II

LA POTESTAD SANCIONADORA EN LA PROTECCIÓN DE LOS CONSUMIDORES 21

1. Marco europeo 22

1.1. El Marco Normativo Europeo 22

1.1.1. El Reglamento (UE) 2017/2394, del Parlamento Europeo y del Consejo, de 11 de diciembre de 2017, sobre la cooperación entre las autoridades nacionales responsables de la aplicación de la legislación en materia de protección de los consumidores y por el que se deroga el Reglamento (CE) Núm. 2006/2004 23

Página

1.1.2. La Directiva (UE) 2019/1, del Parlamento Europeo y del Consejo, de 11 de diciembre de 2018, encaminada a dotar a las autoridades de competencia de los Estados miembros de medios para aplicar más eficazmente las normas sobre competencia y garantizar el correcto funcionamiento del mercado interior. 29

1.1.3. La Directiva (UE) Núm. 2019/2161 del Parlamento y del Consejo, de 27 de noviembre de 2019, por la que se modifica la Directiva 93/13/CEE del Consejo y las Directivas 98/6/CE y 2011/83/UE del Parlamento Europeo y del Consejo, en la que atañe a la mejora de la aplicación y la modernización de las normas de protección de los consumidores de la Unión 30

1.1.4. La Comunicación de la Comisión al Parlamento Europeo y al Consejo de 13 de noviembre de 2020 (Nueva agenda del Consumidor). 34

1.1.5. La Directiva (UE) 2020/1828 del Parlamento Europeo y del Consejo de 25 de noviembre de 2020 relativa a las acciones de representación para la protección de los intereses colectivos de los consumidores, y por la que se deroga la Directiva 2009/22/CE 35

1.1.6. El Reglamento (UE) 2022/2065 del Parlamento Europeo y del Consejo de 19 de octubre de 2022 relativo a un mercado único de servicios digitales y por el que se modifica la Directiva 2000/31/CE (Reglamento de Servicios Digitales). 37

1.2. Algunas resoluciones del TJUE en la materia y reflexiones que suscitan 38

2. El sistema de distribución competencial entre el estado y las CCAA 41

2.1. El marco constitucional de distribución competencial 42

2.2. Los Estatutos de Autonomía 51

2.3. La doctrina del TC sobre la atribución competencial 52

Página

2.4. La LGDCU y sus modificaciones 59

2.5. La normativa autonómica de desarrollo 72

3. Los principios que rigen la potestad sancionadora en materia de consumo 87

3.1. Los principios de legalidad, tipicidad, reserva de ley e irretroactividad 87

3.2. El principio de non bis in ídem 95

3.2.1. Consideraciones generales 95

3.2.2. La vertiente material del principio 98

3.2.3. La identidad fáctica y la infracción continuada ... 103

3.2.4. La vertiente procesal del principio 104

3.3. El principio de proporcionalidad y la compensación de sanciones como salvaguarda del principio de non bis in ídem 111

3.4. El principio de culpabilidad 114

3.4.1. La existencia de dolo o culpa y la inobservancia de la norma de consumo 114

3.4.2. Presunción de inocencia y carga de la prueba 117

3.4.3. Conexión subjetiva y concurrencia de responsabilidades 118

3.4.4. La responsabilidad civil derivada de la comisión de una infracción administrativa de consumo 119

3.5. El principio de proporcionalidad 126

CAPÍTULO III

EL CONTROL JURISDICCIONAL DE LA POTESTAD SANCIONADORA EN MATERIA DE CONSUMO 135

1. La jurisdicción y competencia 135

1.1. La extensión y límites de la jurisdicción contencioso-administrativa española y la competencia genérica o jurisdicción por razón del objeto 135

Página

1.1.1. La extensión y límites de la jurisdicción española en el control de la potestad sancionadora en materia de consumo 136

1.1.2. La jurisdicción por razón del objeto 138

1.1.3. El conocimiento de la abusividad de las cláusulas de la contratación: una cuestión prejudicial sin efectos suspensivos 143

1.2. La competencia objetiva 146

1.3. La competencia territorial 149

1.4. La competencia funcional 150

2. Las partes del proceso 151

3. El procedimiento 163

BIBLIOGRAFÍA 167

APÉNDICE NORMATIVO 173

Extracto de la Ley General de Defensa de los Consumidores y Usuarios 173

Extracto de la Ley 13/2003, de 17 de diciembre, de defensa y protección de los consumidores y usuarios de Andalucía 189

Extracto de Ley 16/2006, de 28 de diciembre, de protección y defensa de los consumidores y usuarios de Aragón 209

Extracto de la Ley 7/2014, de 23 de julio, de protección de las personas consumidoras y usuarias de las Illes Balears 229

Extracto de la Ley 3/2003, de 12 de febrero, del estatuto de los consumidores y usuarios de la Comunidad Autónoma de Canarias 249

Extracto de la Ley 1/2006, de 7 de marzo, de defensa de los consumidores y usuarios de Cantabria 259

Extracto de la ley 22/2010, de 20 de julio, del código de consumo de Cataluña 279

Extracto de la Ley 3/2019, de 22 de marzo, del estatuto de las personas consumidoras en Castilla-La Mancha 301

Extracto de la Ley 2/2015, de 4 de marzo, por la que se aprueba el estatuto del consumidor de Castilla y León 321

Página

Extracto de la Ley 11/1998, de 9 de julio, de protección de los consumidores de la Comunidad de Madrid 333
Extracto del Decreto Legislativo 1/2019, de 13 de diciembre, del Consell, de aprobación del texto refundido de la ley del estatuto de las personas consumidoras y usuarias de la Comunitat Valenciana.. 345
Extracto de la ley 6/2019, de 20 de febrero, del estatuto de las personas consumidoras de Extremadura....................... 365
Extracto de la Ley 2/2012, de 28 de marzo, gallega de protección general de las personas consumidoras y usuarias 389
Extracto de la Ley 5/2013, de 12 de abril, para la defensa de los consumidores en la Comunidad Autónoma de la Rioja 423
Extracto de la Ley Foral 34/2022, de 12 de diciembre, reguladora del Estatuto de las personas consumidoras y usuarias 441
Extracto de la Ley 6/2003, de 22 de diciembre, de Estatuto de las Personas Consumidoras y Usuarias 459
Extracto de la Ley 11/2002, de 2 de diciembre, de los consumidores y usuarios 471
Extracto de la Ley 4/1996, de 14 de junio, del Estatuto de los consumidores y usuarios de la Región de Murcia 483

Capítulo I

La potestad sancionadora de la administración como ejercicio de eficiencia del Servicio Público de Justicia

SUMARIO: 1. INTRODUCCIÓN. 2. LAS RECLAMACIONES ADMINISTRATIVAS EN MATERIA DE CONSUMO Y LA POTESTAD SANCIONADORA DE LA ADMINISTRACIÓN.

1. INTRODUCCIÓN

Mucho se ha debatido sobre la naturaleza jurídica del Derecho de Consumo, para finalmente concluir que no es encuadrable en ninguna de las dos categorías del Derecho que existen —privado o público—, quizás porque no son aplicables los criterios tradicionales que se predican de las disciplinas jurídicas clásicas, incluidas en una u otra categoría en función de la naturaleza jurídica de las reglas que las disciplinan. Y ello, porque el Derecho de consumo, como otras materias del Derecho, ha de tener un tratamiento integral o pluridisciplinar. Por ello, su regulación se caracteriza por una gran dispersión normativa.

En efecto, el Derecho de consumo puede estar embebido por algunas de las categorías tratadas por el Derecho privado, por cuanto que el Derecho civil se ocupa del estudio de las normas que regulan el negocio jurídico, la forma de la contratación, los derechos y obligaciones derivados de la contratación o la responsabilidad civil. Si bien, trasciende aquellas reglas, al no ser totalmente adecuadas para las profundas transformaciones sociales y económicas que reclama las sociedades de consumo, que exige un marco de protección por parte de los poderes públicos de la parte más débil de la relación de consumo, el consumidor. Del mismo modo, puede ser tratado, en parte, por el Derecho mercantil, en cuanto a que las normas pueden ordenar un mercado de la contratación en concreto, o dedicarse a regular la publicidad o la competencia, afectando directamente a los empresarios; e, indirectamente a los consumidores.

Pero también puede estar embebido por normas de Derecho público, sea por el Derecho administrativo, por el Derecho penal o por el Derecho procesal, en cuanto a que la conducta del empresario o comerciante pudiera estar sometida a un régimen de control administrativo *ex ante* o *ex post*. Y es que, los mercados finales suelen estar sujetos a un régimen de autorización administrativa previa a través de licencias o, a un régimen de control de productos peligrosos o de baja calidad (control *ex ante*), pudiendo desembocar en un control judicial posterior cuando se sancionan administrativamente determinadas conductas, o cuando aquéllas pudieran determinar la comisión de un hecho delictivo (*v.gr.* los arts. 281 a 286 que tipifican las conductas delictivas contra los intereses económicos de los consumidores, arts. 248 y 249 que protegen directamente el patrimonio de los consumidores al regular el delito de estafa; y, los arts. 359 a 367 del CP que tipifican los delitos contra la salud de los consumidores). Y ello, sin perjuicio de las acciones civiles que los consumidores puedan ejercitar ante la Jurisdicción civil.

Lo cierto es que el Derecho de consumo constituye una unidad indiscutible, pues parte de un mismo objetivo nuclear, *dispensar una protección integral y eficiente al consumidor frente a los problemas que pudieran derivarse de la contratación con los productores, distribuidores, comerciantes y/o profesiones*. Objetivo este que va acompañado de otros objetivos colaterales, como pudiera ser el buen funcionamiento de los mercados, tanto a nivel nacional como europeo, evitando la distorsión de la contratación transfronteriza; o, una adecuada protección judicial de los intereses de los consumidores sea en vía judicial civil u otro orden jurisdiccional, sea de forma individual o colectivamente.

Todo ello se traduce en un importante acervo normativo, tanto español como europeo, que incide precisamente en los mecanismos de protección o tutela de los derechos e intereses de los consumidores y usuarios, regulando los aspectos sustantivos y procesales de tal tutela. Mecanismos de protección que están en continua y constante evolución, conforme evoluciona la sociedad de consumo, y saltan a la palestra las debilidades del sistema.

Muestra de ello son las continuas modificaciones de la principal norma que contiene el Derecho de consumo en España, el Real Decreto Legislativo 1/2007, de 16 de noviembre, por el que se aprueba el Texto Refundido de la Ley General para la Defensa de los Consumidores y Usuarios y otras leyes complementarias (en adelante LGDCU), que como su nombre indica, contiene las disposiciones generales en materia de protección de los consumidores, sea cual sea su naturaleza jurídica. En ella, podemos encontrar normas que inciden sobre los derechos de los consumidores, sobre la acciones individuales o colectivas que se pueden ejercitar, sobre la legitimación activa y pasiva en el ejercicio de dichas acciones, o sobre la responsabilidad civil o de otro tipo que pudiera recaer sobre el comerciante, distribuidor o productor, como es, por ejemplo, la responsabilidad administrativa por la vulneración de los derechos que se reconoce a este tipo de justiciables o por el incumplimiento de las prescripciones establecidas por la ley.

Esta norma ha sido complementada por otras muchas normas administrativas, que regulan la relación de consumo para determinados productos —como los alimentos o los medicamentos—, o determinados servicios especialmente sensibles, como la compraventa a distancia o fuera del establecimiento mercantil. Ámbitos estos dignos de una protección reforzada, al requerir una mayor seguridad para los consumidores y usuarios.

Podríamos decir que las normas administrativas, hoy en día, pueden ser concebidas como un instrumento esencial de protección de los derechos de los consumidores, por su naturaleza *preventiva,* a través de la labor de inspección y control de productos, bienes o servicios llevada a cabo por las distintas Administraciones públicas con competencia en la materia. Pero, también, por su naturaleza represiva, al hacer uso del ejercicio de la potestad sancionadora a través del correspondiente procedimiento administrativo sancionador. Siendo este procedimiento un instrumento básico e idóneo que permite contribuir a la eficiencia del Servicio Público de Justicia, como sostendremos en las líneas siguientes.

Y es que, la eficiencia de nuestra Justicia, en los últimos tiempos, se ha medido tomando en consideración factores económicos, tal como la tasa de asuntos ingresados en los tribunales con relación al número de casos resueltos por el respectivo orden jurisdiccional. Y todo ello, en función del tiempo de duración de los procesos. De ahí, que en atención a los últimos datos de nuestra Justicia[1], se haya ideado el Plan Justicia 2030, que es un programa a 10 años vista, en el que se incorpora un triple programa: un programa

1. Véase el informe de la CEPEJ para el año 2022, en el enlace https://www.coe.int/es/web/portal/-/efficiency-and-quality-of-justice-in-europe-council-of-europe-publishes-its-2022-report

relativo a la eficiencia organizativa[2]; un programa relativo a la eficiencia procesal[3]; y, un programa relativo a la eficiencia digital[4].

Por lo que refiere a la eficiencia procesal, el programa marcaba como objetivo fundamental la reducción del número de asuntos que ingresan en nuestros tribunales civiles, objetivo que se pretendía alcanzar modificando la Ley de Enjuiciamiento Civil (en adelante LECiv), para implantar los medios adecuados de solución de controversias (en adelante MASC). En especial, la negociación y la mediación, junto a otros medios[5]; y, lo hace considerándolos como un requisito de procedibilidad, estableciendo la inadmisión a trámite de la demanda de no acudirse previamente a los mismos (art. 403.2 con relación al art. 264).

Pero al regular estos MASC, el reciente Proyecto de Ley Orgánica de medidas en materia de eficiencia del Servicio Público de Justicia y de acciones colectivas para la protección y defensa de los derechos e intereses de los consumidores y usuarios (en adelante Proyecto de Ley Orgánica de eficiencia del Servicio Público de Justicia), de 22 de marzo de 2024 —que retoma parte de lo regulado en el Proyecto de Ley de medidas de eficiencia procesal del Servicio Público de Justicia 2022[6]—, de modo semejante a lo que hacía éste, olvida unos de los medios extrajudiciales más adecuados para poner solución a los conflictos de consumo, que por otra parte, son los asuntos que más saturan nuestros tribunales civiles. Nos referimos a los procedimientos seudo-administrativos que permiten canalizar las reclamaciones que los consumidores pudieran plantear ante una Administración o auto-

2. Que dio lugar al Proyecto de Ley Orgánica de eficiencia organizativa del servicio público de Justicia, por la que se modifica la Ley Orgánica 6/1985, de 1 de julio, del Poder Judicial, para la implantación de los Tribunales de Instancia y las Oficinas de Justicia en los municipios.
3. Que dio lugar al Proyecto de Ley de medidas de eficiencia procesal del servicio público de Justicia (BOCG, Serie A, de 22 de abril de 2022).
4. Que dio lugar al Proyecto de Ley de Medidas de Eficiencia Digital del Servicio Público de Justicia (BOCG, Serie A, de 12 de septiembre de 2022), caducado tras la convocatoria anticipada de elecciones por Real Decreto 400/2023, de 29 de mayo, de disolución del Congreso de los Diputados y del Senado y de convocatoria de elecciones. Y que se ha llevado, en parte, a efecto con el RDL 6/2023, de 19 de diciembre, por el que se aprueban medidas urgentes para la ejecución del Plan de Recuperación, Transformación y Resiliencia en materia de servicio público de justicia, función pública, régimen local y mecenazgo, ratificado por Resolución de 10 de enero de 2024, del Congreso de los Diputados («BOE» núm. 11, de 12 de enero de 2024).
5. Se hace referencia a «*cualquier tipo de actividad negociadora, tipificada por esta u otras leyes, a la que las partes de un conflicto acuden de buena fe con el objeto de encontrar una solución extrajudicial al mismo, ya sea por sí mismas o con la intervención de un tercero neutral*» (art. 1).
6. BOCG, Serie A, Núm. 16-1, de 22 de marzo de 2024.

ridad administrativa, sea de consumo o de otro tipo[7]. Reclamaciones que, a nuestro entender, son el medio extrajudicial más adecuado para hacer a nuestra Justicia civil sostenible, no sólo porque de ser atendida la reclamación evitaría la interposición de la demanda individual en vía judicial civil, sino también porque estos procedimientos, eventualmente, pueden desembocar en la apertura de un procedimiento administrativo sancionador frente al productor, distribuidor o comerciante que reiteradamente vulnera los derechos e intereses de los consumidores, incurriendo en más de una infracción administrativa.

Así pues, de fomentarse el uso de estos medios de resolución de conflictos podría evitarse *profuturo* nuevas vulneraciones de esos derechos, por esos u otros productores, distribuidores o comerciantes, por el mero temor a la imposición de una sanción administrativa al actuar del mismo modo que actuó un empresario anteriormente sancionado. Por consiguiente, daría lugar a una reducción más que considerable de los asuntos que entran en los tribunales civiles, reduciendo incluso la litigación en masa, o procesos colectivos.

Olvido que no sería del todo grave, si no fuera porque el pre-legislador asocia a los consumidores y usuarios «*un abuso del servicio público de Justicia, actitud incompatible de todo punto con su sostenibilidad*», indicando que éste es el motivo que impulsa la modificación del régimen de la condena en costas prevista en la LECiv. En este sentido, hemos de indicar que el pre-legislador al realizar tal asociación, tanto en el Proyecto de Ley de Eficiencia Procesal como en el Proyecto de Ley Orgánica de medidas en materia de eficiencia del Servicio Público de Justicia (apdo. V de la Exposición de Motivos), omite una realidad, y es que en la práctica son los comerciantes, empresas, bancos, etc., los que reclamados por Consumo u otro órgano administrativo, tal como el Banco de España, en pocas ocasiones atienden al objeto de la reclamación o deciden someterse al arbitraje de consumo con exclusión de la jurisdicción civil, obligando al consumidor a reclamar en vía judicial. Y todo ello, con el agravante de que en la mayoría de las ocasiones en las que el consumidor acude a esos órganos administrativos, suele obtener una resolución favorable a sus pretensiones que, al no ser vinculante, salvo conta-

7. Si bien, hemos de indicar que el Proyecto de Ley Orgánica recoge algunos de estos procedimientos al indicar que el requisito de procedibilidad se entenderá satisfecho con la resolución de las reclamaciones presentadas por los usuarios de los servicios financieros ante el Banco de España, la Comisión Nacional del Mercado de Valores y la Dirección General de Seguros y Fondos de Pensiones en los términos establecidos por el artículo 30 de la Ley 44/2002, de 22 de noviembre, de Medidas de Reforma del Sistema Financiero, o de la Autoridad Independiente de Defensa del Cliente Financiero (Disp. Ad. 6ª).

dísimos supuestos (como las reclamaciones ante la Agencia de Española de Seguridad Aérea [en adelante AESA]), le obliga a reclamar de nuevo en vía judicial civil.

De ahí, que el Consejo de Consumidores y Usuarios (en adelante CCU), al realizar alegaciones al Proyecto de ley de eficacia procesal, postulase la necesidad de que a las grandes empresas que hayan propiciado la judicialización de las controversias, se les pudiera sancionar, considerando que han hecho un uso abusivo de los juzgados. En coherencia con ello, el citado CCU, al participar en la consulta pública previa sobre el Real Decreto por el que se preveía aprobar el Reglamento del Procedimiento Administrativo Sancionador en Materia de Consumo, sostiene que[8]:

> *«El desarrollo reglamentario del procedimiento sancionador es también un elemento de disuasión grande para las empresas, las cuales a la vista de una poderosa administración central y autonómica capaz de sancionar y de librar títulos ejecutivos resarcitorios, se verán inclinadas a una reparación espontánea y extrajudicial de abusos que se están cometiendo en la actualidad. Los resultados de ese procedimiento sancionador y restitutorio, en cuanto a este segundo aspecto, han de poder ser aprovechados por personas consumidoras no denunciantes. A este respecto el Anteproyecto de Ley de acciones de representación para la protección de los intereses colectivos de los consumidores presenta, en el nuevo artículo 859 de la LEC una oportunidad muy valiosa, para hacer valer en el seno de la acción resarcitoria el resultado obtenido en el procedimiento sancionador para otra persona consumidora respecto del mismo u otro profesional, no sólo como prueba sino, acercando los efectos de la resolución firme sancionadora y reparadora, a los de la cosa juzgada que no es otra cosa que prueba "iuris et de iure" de la abusividad sancionada y remediada».*

Coincidimos con el CCU, en que el desarrollo de la potestad sancionadora puede ser un elemento disuasor más que evidente para las empresas, al tiempo que el procedimiento sancionador administrativo puede ser un instrumento útil para lograr la reparación o restitución del daño en vía extrajudicial, reduciendo considerable los asuntos que ingresen en la vía judicial civil. Con lo que no estamos para nada de acuerdo, es en asociar a la resolución firme sancionadora y reparadora, la eficacia de cosa juzgada, pues este efecto sólo puede ser predicable de la sentencia judicial firme sobre el fondo del asunto, nunca respecto de una resolución administrativa que siempre podrá ser impugnada en vía contencioso-administrativa (*ex.* arts. 103 y 106 CE).

8. Las consideraciones del CCU puede consultarse en el enlace https://consumo-ccu.consumo.gob.es/pdf/CONSIDERACIONES%20PRD%20PROCEDIMIENTO%20SANCIONADOR.pdf

Si bien, tras analizar sumariamente el Proyecto de Ley Orgánica de medidas en materia de eficiencia del Servicio Público de Justicia, la única virtualidad que hemos encontrado respecto de la resolución sancionadora es su reconocimiento como posible elemento probatorio por parte de la parte demandante en el proceso colectivo de consumo. Igual reconocimiento se realiza, con respecto de las resoluciones judiciales dictadas por nuestros tribunales u otras autoridades o tribunales de otros Estados de la Unión Europea. Dicho de otro modo, estas resoluciones pueden valorarse por el órgano judicial civil, tras haber sido alegadas y probadas a instancia de parte en el proceso colectivo, y siempre y cuando se cumplan los requisitos establecidos en el Proyecto de Ley, a saber: la demanda civil colectiva se ha de referir a la misma conducta y al mismo empresario o profesional respecto del cual se hubiera declarado la no conformidad a Derecho. En cierta medida, viene a negar la eficacia de la cosa juzgada no sólo respecto de las resoluciones administrativas, sino también respecto de las judiciales, aspecto este del proyecto con el que no estamos del todo de acuerdo, y que, por su complejidad jurídica, volverá a ser tratado en momento posterior.

2. LAS RECLAMACIONES ADMINISTRATIVAS EN MATERIA DE CONSUMO Y LA POTESTAD SANCIONADORA DE LA ADMINISTRACIÓN

Como ya hemos dicho en alguna otra ocasión, se puede afirmar que las reclamaciones que formulen los consumidores frente a los empresarios/profesionales —a las que denominaremos reclamaciones seudo-administrativas, pues se formulan ante una Administración pública—, podrán desembocar en un intento de que aquellos solucionen extrajudicialmente sus conflictos, a través de la mediación o de cualquier otro sistema de resolución alternativa de conflictos, como es el arbitraje de consumo. Pero, también, en algunos supuestos podrá desembocar en la apertura de un procedimiento administrativo sancionador, cuando los hechos que motivaron la reclamación sean susceptibles de constituir una infracción administrativa en materia de consumo[9].

Y es que los servicios administrativos correspondientes podrán iniciar la vía sancionadora de oficio, al presentarse varias reclamaciones por parte de los consumidores, o una de suficiente entidad para iniciar la instrucción del procedimiento sancionador. Aunque también podrá iniciarse cuando cualquier sujeto, incluido el consumidor o las asociaciones de consumido-

9. BONACHERA VILLEGAS, R. y DEL ÁGUILA MARTÍNEZ, J.: «Las reclamaciones administrativas en materia de consumo y la potestad sancionadora de consumo», en *Revista de Derecho Administrativo*, Núm. 60, mayo de 2022.

res, ponga en conocimiento de la Administración pública competente la posible comisión de una infracción de consumo (*ex art.* 58 y 61 LPAC)[10]. Asimismo, sin mediar denuncia, queja o reclamación previa, el órgano administrativo que tenga atribuido el ejercicio de la potestad sancionadora podrá iniciar de oficio este procedimiento, si por cualquier otro cauce tiene constancia de la infracción de la normativa de protección de los consumidores.

Procedimiento sancionador que pueden tener origen en una multitud de razones, bien porque se haya incumplido la normativa en materia sanitaria, por la existencia de fraudes o engaños a los consumidores, por prácticas que lesionen su seguridad o sus legítimos intereses, o bien por la inclusión de cláusulas abusivas en los contratos celebrados con aquellos. Y todas estas infracciones, pueden dar lugar a la apertura de un expediente administrativo sancionador, aunque la infracción derive de una relación jurídico-privada, porque las Administraciones públicas que tienen reconocida por ley el ejercicio de tal potestad, podrán sancionar a los empresarios o profesionales con el objetivo principal de dispensar una protección eficaz al interés general de los consumidores, al tiempo que puede dispensar protección al interés particular del denunciante, si se trata del propio consumidor afectado por la práctica abusiva o contraria a Derecho, pues como indica el art. 46.1 de la LGDCU, la responsabilidad civil que puede nacer de los hechos constitutivos de infracción administrativa es compatible con la imposición de una sanción administrativa, como más tarde se analizará al hilo del principio de culpabilidad.

10. Estas denuncias por infracciones de consumo se pueden presentar en formato papel o en formato electrónico. Si bien, si se trata de un consumidor persona jurídica (*ex art.* 3.1 párr. 2º TRLGCU), la denuncia habrá de presentarse obligatoriamente por administración electrónica (*ex art.* 14.2 Ley 39/2015) En este sentido, para las denuncias presentadas ante la Administración General del Estado, vid. la Sede Electrónica del Ministerio de Derechos, Sociales, Consumo y Agenda 2030 (https://consumo.sede.gob.es/login/index/idp/1606/ida/3743).

Capítulo II

La potestad sancionadora en la protección de los consumidores

SUMARIO: 1. MARCO EUROPEO. *1.1. El Marco Normativo Europeo.* 1.1.1. El Reglamento (UE) 2017/2394, del Parlamento Europeo y del Consejo, de 11 de diciembre de 2017, sobre la cooperación entre las autoridades nacionales responsables de la aplicación de la legislación en materia de protección de los consumidores y por el que se deroga el Reglamento (CE) Núm. 2006/2004. 1.1.2. La Directiva (UE) 2019/1, del Parlamento Europeo y del Consejo, de 11 de diciembre de 2018, encaminada a dotar a las autoridades de competencia de los Estados miembros de medios para aplicar más eficazmente las normas sobre competencia y garantizar el correcto funcionamiento del mercado interior. 1.1.3. La Directiva (UE) Núm. 2019/2161 del Parlamento y del Consejo, de 27 de noviembre de 2019, por la que se modifica la Directiva 93/13/CEE del Consejo y las Directivas 98/6/CE y 2011/83/UE del Parlamento Europeo y del Consejo, en la que atañe a la mejora de la aplicación y la modernización de las normas de protección de los consumidores de la Unión. 1.1.4. La Comunicación de la Comisión al Parlamento Europeo y al Consejo de 13 de noviembre de 2020 (Nueva agenda del Consumidor). 1.1.5. La Directiva (UE) 2020/1828 del Parlamento Europeo y del Consejo de 25 de noviembre de 2020 relativa a las acciones de representación para la protección de los intereses colectivos de los consumidores, y por la que se deroga la Directiva 2009/22/CE. 1.1.6. El Reglamento (UE) 2022/2065 del Parlamento Europeo y del Consejo de 19 de octubre de 2022 relativo a un mercado único de servicios digitales y por el que se modifica la Directiva 2000/31/CE (Reglamento de Servicios Digitales). *1.2. Algunas resoluciones del TJUE en la materia y reflexiones que suscitan.* 2. EL SISTEMA DE DISTRIBUCIÓN COMPETENCIAL ENTRE EL ESTADO Y LAS CCAA. *2.1. El marco constitu-*

cional de distribución competencial. 2.2. Los Estatutos de Autonomía. 2.3. La doctrina del TC sobre la atribución competencial. 2.4. La LGDCU y sus modificaciones. 2.5. La normativa autonómica de desarrollo. 3. LOS PRINCIPIOS QUE RIGEN LA POTESTAD SANCIONADORA EN MATERIA DE CONSUMO. *3.1. Los principios de legalidad, tipicidad, reserva de ley e irretroactividad. 3.2. El principio de non bis in ídem.* 3.2.1. Consideraciones generales. 3.2.2. La vertiente material del principio. 3.2.3. La identidad fáctica y la infracción continuada. 3.2.4. La vertiente procesal del principio. *3.3. El principio de proporcionalidad y la compensación de sanciones como salvaguarda del principio de non bis in ídem. 3.4. El principio de culpabilidad.* 3.4.1. La existencia de dolo o culpa y la inobservancia de la norma de consumo. 3.4.2. Presunción de inocencia y carga de la prueba. 3.4.3. Conexión subjetiva y concurrencia de responsabilidades. 3.4.4. La responsabilidad civil derivada de la comisión de una infracción administrativa de consumo. *3.5. El principio de proporcionalidad.*

1. MARCO EUROPEO

1.1. EL MARCO NORMATIVO EUROPEO

En este apartado se analiza los instrumentos de la UE que están en vigor y que, de forma directa o indirecta, inciden o pudieran incidir sobre la potestad sancionadora de los Estados miembros de la Unión Europa en la protección de los consumidores, sin mencionar si la competencia para sancionar le ha de corresponder al Estado o a las CCAA, que será tratado en un apartado posterior. Y ello, porque cada Estado miembro es libre de atribuir, como juzgue oportuno, en el plano interno a qué Administración territorial le atribuye el cumplimiento del Derecho de la Unión. En el buen entendido sentido, que el incumplimiento del mismo es imputable al Estado en su conjunto, provenga éste del Estado-juez, del Estado-legislador o de cualquiera de las Administraciones territoriales en las que se organiza el Estado miembro[1].

Conviene advertir al lector, que el análisis que se ha realizado no pretende agotar el estudio de esta materia, sino simplemente ofrecer una perspectiva general de las disposiciones que se han aprobado que, por otro lado, nos permitirá entender el marco en el que se va a desenvolver las obligaciones de los Estados miembros. De ahí, que este apartado concluya con un estudio de algunas resoluciones del TJUE y la reflexión que nos merecen.

1. Sin perjuicio de la repercusión de la responsabilidad que corresponda según el RD 515/2013, de 5 de julio.

1.1.1. El Reglamento (UE) 2017/2394, del Parlamento Europeo y del Consejo, de 11 de diciembre de 2017, sobre la cooperación entre las autoridades nacionales responsables de la aplicación de la legislación en materia de protección de los consumidores y por el que se deroga el Reglamento (CE) Núm. 2006/2004

Tras una evaluación externa del funcionamiento del Reglamento Núm. 2006/2004[2], del Parlamento Europeo y del Consejo, de 27 de octubre de 2004, sobre la cooperación entre las autoridades nacionales encargadas de la aplicación de la legislación de protección de los consumidores, la Comisión decidió modificarlo, al constatar que en los principales mercados de consumo persistía un alto nivel de incumplimiento de la normativa de la Unión Europea (en adelante UE) que dispensa protección a los consumidores. Algo preocupante, por cuanto que el régimen sancionador resulta esencial, no sólo por suponer un sistema del control del cumplimiento del Derecho de la Unión que establece derechos para los consumidores, sino también por el impacto disuasorio que éste puede ejercer sobre la actuación de los comerciantes o prestadores de servicios que pudieran vulnerarlos.

En este contexto, el colegislador europeo elaboró el Reglamento Núm. 2017/2034, teniendo presente que las legislaciones nacionales no siempre tienen en cuenta una dimensión transfronteriza en la persecución de las infracciones del Derecho de la UE, sobre todo al regular y aplicar sus sanciones. De tal modo, que el Reglamento se proyecta para permitir a las autoridades nacionales con competencia en la materia, sancionar los comportamientos de los empresarios o comerciantes que vulneren lo previsto en el propio Reglamento[3], otorgándoles un conjunto de funciones, al tiempo

---

2. Reglamento (CE) Núm. 2006/2004 del Parlamento Europeo y del Consejo, de 27 de octubre de 2004, sobre la cooperación entre las autoridades nacionales encargadas de la aplicación de la legislación de protección de los consumidores («Reglamento sobre la cooperación en materia de protección de los consumidores») (DO L 364 de 9.12.2004).
3. Hemos de indicar que los mecanismos de cooperación sólo se aplican a infracciones de la legislación de la Unión que protege los intereses de los consumidores, que además está comprendida en los respectivos anexos del Reglamento [*v.gr.* 3.1]. Ello significa, según CORDERO LOBATO, E.: «Airbnb, Facebook, Volkswagen… algunas cuestiones sobre la cooperación administrativa de consumo en el seno de la UE (Reglamento [UE] 2017/2394) desde el Derecho español», *CESCO, Publicaciones Jurídicas,* 11 de diciembre de 2018 (disponible en el enlace web https://centrodeestudiosdeconsumo.com/images/Airbnb_Facebook_Volkswagen_Algunas_cuestiones_sobre_la_cooperacion_administrativa_de_consumo.pdf), que queden fuera del ámbito de aplicación de la cooperación, las infracciones de consumo de nuestro Derecho interno que no constituyan transposición o incorporación de las normas comunitarias expresamente contempladas en la norma.

que arbitra un sistema de cooperación para la persecución de las infracciones transfronterizas.

En cuanto a los cambios normativos que pudieran derivarse del Reglamento, al igual que hiciera su predecesor, no son tan trascendentales como se pudiera pensar, pues no exige a los Estados miembros que modifiquen su legislación interna, sino únicamente que garanticen que las autoridades competentes nacionales apliquen las mismas sanciones que se prevén para las infracciones de las respectivas normativas de protección de consumidores internas. Si bien, habrán de modular dicha sanción teniendo en cuenta el alcance y efectos de la infracción dentro de la Unión. Aunque el colegislador europeo, con evidente y razonable desconfianza, señala en el propio Reglamento que no es descartable, en el futuro, que se tenga que reforzar la protección, imponiendo una armonización de las disposiciones generales sobre la potestad sancionadora de los Estados miembros. Y ello, se anuncia, que podrá acontecer a la vista de las conclusiones del Informe de la Comisión sobre el control de la adecuación de la legislación de la Unión en materia de protección de los consumidores y comercialización.

A estos efectos, aunque se deja libertad a los Estados a la hora de regular la potestad sancionadora, se señala que la regulación que se establezca debe garantizar que todas las autoridades competentes dispongan de unas facultades mínimas necesarias para garantizar la correcta aplicación del Reglamento, entre ellas:

1ª. La facultad de iniciar de oficio el procedimiento sancionador si la autoridad competente tiene conocimiento de la comisión de alguna de las infracciones reguladas en el Reglamento, facultad que ha de ejercitar sin esperar a una reclamación o denuncia del consumidor;

2º. Se reconoce amplias facultades a las autoridades competentes de los Estados miembros para llevar a cabo la investigación de la infracción transfronteriza;

3º. Se reconoce a las autoridades competentes de los Estados miembros, amplias facultades que les permitan poner fin a la infracción que se haya cometido en el entorno digital, cuando haya un riesgo de perjuicio grave para los intereses colectivos de los consumidores. Facultades entre las que debe estar la supresión de contenidos en la interfaz en línea, la orden de que se curse aviso a los consumidores que acceda a la interfaz en línea, o para emitir una orden de retirada, modificación o supresión del contenido digital, cuando no existan otros medios más eficaces para evitar una práctica ilícita.

Por lo que refiere a la distribución de la competencia para conocer de una infracción generalizada entre los distintos Estados miembros y, en su caso, con las Instituciones de la UE, el Reglamento señala que se deberá analizar todos los aspectos pertinentes de la infracción, en particular, el lugar de establecimiento o residencia del comerciante, la ubicación de sus activos, el lugar en que se encuentren los consumidores perjudicados por la presunta infracción y la ubicación de los puntos de venta del comerciante, tiendas o los sitios web (Cdo. 28). Estableciéndose que las autoridades competentes habrán de cumplir sus obligaciones conforme al Reglamento como si actuaran en defensa de sus propios consumidores (art. 5.2). Al tiempo que, en garantía de una protección efectiva, dispone que los Estados miembros en cuyo territorio se halle más de una autoridad competente, como ocurre en España, deberán garantizar que las funciones respectivas de cada una de estas autoridades o administraciones estén claramente definidas y que todas ellas colaboren estrechamente en la persecución de las infracciones, de modo que puedan desempeñar eficazmente dichas funciones (art. 5.5).

En cuanto a los tipos de infracción transfronteriza, el Reglamento establece tres tipos de infracciones, que se determinan en atención a la extensión territorial de los efectos del acto u omisión contrario al Derecho de la Unión, a saber:

1º. Las *infracciones dentro de la Unión*, entendiendo por tal: todo acto u omisión que sea contrario a la regulación de la Unión que protege los intereses de los consumidores y que haya perjudicado, perjudique o pueda perjudicar los intereses colectivos de los consumidores residentes en un Estado miembro distinto de aquel en que se originó o tuvo lugar el acto u omisión, esté establecido el comerciante responsable, o se encuentre pruebas o los activos del comerciante relacionados con el acto u omisión.

En este supuesto, la infracción de la norma europea de protección de consumidores encuentra puntos de conexión con dos Estados miembros de la UE, el Estado del lugar de residencia de los consumidores y otro Estado que tiene puntos de conexión con el lugar en el que se origina la infracción o que tiene vinculación con el responsable de la infracción.

2º. Las *infracciones generalizadas*, entendiendo por tales dos supuestos: de un lado, todo acto u omisión que sea contrario a la regulación de la Unión que protege los intereses de los consumidores y que haya perjudicado, perjudique o pueda perjudicar los intereses colectivos de los consumidores residentes en al menos dos Estados miembros, que sean distintos de aquel en que se originó o tuvo lugar el acto u omisión, esté establecido el comerciante responsable, o se encuentre pruebas o los activos del comerciante relacionados con el acto u omisión. En este supuesto, la infracción de la norma europea de protección de consumidores y usuarios encuentra puntos de conexión con al menos tres Estados miembros, dos Estados en los que tienen su residencia los consumidores afectados y otro Estado con el que el comerciante mantiene puntos de conexión; y,

De otro lado, cualquier acto u omisión contrario a la regulación de la Unión que protege los intereses de los consumidores y que haya perjudicado, perjudique o pueda perjudicar los intereses colectivos, infracción que ha de tener características comunes, incluyendo la misma práctica ilícita, el mismo interés vulnerado y se haya cometido simultáneamente por un mismo comerciante en tres Estados miembros. Supuesto en el que no se exige que sean Estados diferentes de aquel en que se originó o tuvo lugar el acto u omisión, esté establecido el comerciante responsable, o se encuentre pruebas o los activos del comerciante relacionados con el acto u omisión; y,

3º. Las *infracciones generalizadas con dimensión en la Unión Europea*, que serían la infracciones más graves, por ser una infracción generalizada que haya perjudicado, perjudique o pueda perjudicar los intereses colectivos de los consumidores en gran parte del territorio de la UE, pues debe afectar al menos ⅔ del número de miembros de la Unión Europea y además, debe afectar los intereses de al menos ⅔ de la población de la Unión (*v gr.* en una infracción que se hubiera cometido durante el año 2021, tendría que haber afectado a 18 o más Estados miembros y a más de 313 millones de consumidores).

En las infracciones generalizadas con dimensión en la Unión se establece el deber de cooperación entre los Estados miembros, pudiendo actuar la Comisión si la infracción es a gran escala (actuando a partir del sistema de alertas). La Comisión de saltar una alerta, se lo comunicará a los Estados miembros a través de las autoridades competentes y de las oficinas de enlace únicas[4] a las que afecte la presunta infracción, exponiendo en la notificación, los motivos que justifican una acción coordinada. Las autoridades competentes deben investigar y notificar los resultados de su investigación a las demás autoridades competentes, a las oficinas de enlace únicas afectadas y a la Comisión.

4. En España la oficina de enlace única se regula en el art. 53 *ter* de LGDCU, introducido por el art. 82.4 del RDL 24/2021, correspondiendo la competencia para realizar las funciones de dicha oficina a la Dirección General competente en materia de consumo. Al respecto puede consultarse el siguiente enlace https://www.consumo.gob.es/es/consumo/oficina-enlace-unica

Sea cual sea el tipo de infracción, el Reglamento recoge una serie de principios y derechos, que son inherentes a cualquier ejercicio de la potestad sancionadora en un Estado de Democrático de Derecho, a saber[5]:

1º. El principio de proporcionalidad, que, para imponer la sanción, exige a la autoridad competente para sancionar que esté a la naturaleza de la infracción y al perjuicio global, real o potencial, que ha ocasionado la infracción a los consumidores;

2º. El principio de *non bis in ídem,* que impediría la imposición de dos sanciones por unos mismos hechos y frente a unos mismos responsables en varios Estados de la UE. Matizando el Reglamento, que si el comerciante reincide en actos u omisiones que constituyan una infracción regulada en el Reglamento, que ya haya sido objeto de un procedimiento de ejecución con resultado del cese o prohibición de la infracción, se ha de entender que la reiteración debe considerarse como una nueva infracción.

Principio que se lleva a sus últimas consecuencias, por cuanto que el art. 18 del Reglamento permite que la autoridad competente del Estado miembro se niegue a participar en una acción coordinada, entre otras situaciones, cuando se haya iniciado una investigación penal o proceso judicial, o se haya adoptado una resolución administrativa que ordene el cese o prohíba la infracción. Se trata de garantizar, con ello, la litispendencia y la eficacia de la cosa juzgada, que impediría que unos mismos hechos sean juzgados dos veces antes unos jueces, sea de manera simultánea o sucesivamente; y, de garantizar el *non bis in ídem* en su vertiente procesal, que se vería conculcado si se pretende abrir un proceso penal, al mismo tiempo que un procedimiento administrativo sancionador, recayendo ambos sobre los mismos hechos u omisiones respecto de los cuales ya se ha ejecutado una sanción por una autoridad judicial o administrativa de otro Estado miembro;

3º. El derecho de defensa de los comerciantes, derecho que entre otras garantías implica el derecho a ser oído en el procedimiento sancionador y a la utilización de la lengua oficial del Estado miembro de su establecimiento o residencia, o una de ellas;

4º. El reconocimiento del derecho de las organizaciones de consumidores y, en su caso, de las asociaciones de comerciantes, a denunciar las infrac-

5. Principios exigidos en el ámbito sancionador de consumo, de forma expresa y directa por el Reglamento; y, con carácter general por remisión a los principios consagrados en el Derecho de la Unión y en el Derecho nacional, sean en la Carta Europea de Derechos Fundamentales de la Unión o en las Constituciones de los Estados miembros (art. 10. 2 del Reglamento 2017/2394).

ciones del Derecho de la Unión. Si bien el Reglamento no aclara si se les ha reconocido la consideración de interesados en el procedimiento sancionador o no, pues deja tal cuestión a la regulación de los Estados miembros.

También establece los principios que van a regir la cooperación en materia sancionadora, entre los que están:

1º. La actuación por consenso;

2º. El deber de información de la comisión u omisión de infracciones perseguibles según el Reglamento, deber éste que afecta tanto a las autoridades competentes de los Estados miembros a través de sus puntos de enlace, como a la propia Comisión;

3º. El principio de coordinación en las medidas de investigación de las infracciones generalizadas y las infracciones generalizadas con dimensión en la Unión Europea, en los ámbitos de actuación que el propio Reglamento establece; y,

4º. El deber de llevar a cabo la práctica de prueba y conservación de las pruebas necesarias en las infracciones generalizadas y las generalizadas con dimensión en la Unión Europea, y de adoptar las medidas necesarias para que cese o se prohíba dicha infracción.

De ser necesaria una acción coordinada, se deberá llevar a cabo conforme a lo señalado por el Reglamento (arts. 17 a 21).

Finalmente, señalar que el Reglamento 2017/2394, no impide la aplicación de otras normas de la Unión Europea (art. 2), ni la actuación de otras autoridades nacionales o europeas a las que se les reconoce facultades respecto a la protección colectiva de los consumidores, sobre todo en dos ámbitos concretos: en la defensa de los intereses económicos de los consumidores en asuntos relativos a los servicios de cuentas de pago, y a los contratos de crédito para adquisición de bienes inmuebles de uso residencial. Ambos ámbitos, en los que puede actuar la Autoridad Bancaria Europea.

1.1.2. La Directiva (UE) 2019/1, del Parlamento Europeo y del Consejo, de 11 de diciembre de 2018, encaminada a dotar a las autoridades de competencia de los Estados miembros de medios para aplicar más eficazmente las normas sobre competencia y garantizar el correcto funcionamiento del mercado interior[6]

Conviene precisar que esta Directiva se dicta en el marco de los arts. 101 y 102 del Tratado de Funcionamiento de la Unión Europea (en adelante TFUE), esto es, con el carácter de norma de orden público[7], y que por tanto debe aplicarse eficazmente en toda la UE, garantizando con ello la persecución de las conductas que falseen la competencia en el mercado interior, y la protección de los consumidores y las empresas frente a prácticas comerciales que mantengan los precios de los bienes y servicios a niveles artificiosamente elevados.

Dicho lo anterior, hemos de indicar que la Directiva 2019/1 busca precisamente reforzar el papel de las autoridades nacionales en la defensa de la competencia, incidiendo especialmente en su potestad sancionadora, sin olvidar las garantías que debe regir su actuación (independencia y respeto del derecho de defensa y demás derechos fundamentales de las empresas inspeccionadas). Por ello, regula los recursos con los que han de contar las autoridades nacionales en el cumplimiento de las funciones que les corresponden; así como, establece el deber mutuo de colaboración entre las distintas autoridades nacionales de defensa de la competencia.

Por lo que refiere a la potestad sancionadora, y a las multas coercitivas que pueden imponer, se señala que deberán ser efectivas, proporcionadas

6. Para un estudio de esta Directiva como una ley de policía al ser considerada una norma de orden público, vid. SANTAOLALLA MONTOYA, C.: «La Directiva ECN+ desde la perspectiva de protección del consumidor europeo», *La Ley Unión Europea*, N.º 69, 30 de abril de 2019 (LA LEY 5050/2019).

7. Considerando 1º de la Directiva. Este tipo de normas se definen en el art. 9 del Reglamento (CE) Núm. 593/2008 del Parlamento Europeo y del Consejo de 17 de junio de 2008 sobre la ley aplicable a las obligaciones contractuales (Roma I) de la siguiente forma: «*Una ley de policía es una disposición cuya observancia un país considera esencial para la salvaguardia de sus intereses públicos, tales como su organización política, social o económica, hasta el punto de exigir su aplicación a toda situación comprendida dentro de su ámbito de aplicación, cualquiera que fuese la ley aplicable al contrato según el presente Reglamento.*
2. Las disposiciones del presente Reglamento no restringirán la aplicación de las leyes de policía de la ley del foro.
3. También podrá darse efecto a las leyes de policía del país en que las obligaciones derivadas del contrato tienen que ejecutarse o han sido ejecutadas en la medida en que dichas leyes de policía hagan la ejecución del contrato ilegal. Para decidir si debe darse efecto a estas disposiciones imperativas, se tendrá en cuenta su naturaleza y su objeto, así como las consecuencias que se derivarían de su aplicación o de su inaplicación».

y disuasorias, teniendo en cuenta la duración y gravedad de las prácticas analizadas. Estableciéndose que el importe máximo de la sanción (10%) se determinará en proporción al volumen de negocio mundial total de las empresas o de las asociaciones de empresas del ejercicio anterior. Calculando, el mismo, a partir de la fecha determinada en dicha decisión, además de establecerse la obligación de la empresa o asociación de empresas de facilitar de forma completa y exacta la información en respuesta a la solicitud de información sobre el volumen de negocio; y, a comparecer a la entrevista solicitada por la autoridad nacional de defensa de la competencia. Con la posibilidad de imponer multas por dichos incumplimientos.

Finalmente, la Directiva impone a los Estados miembros el deber de dotarse de mecanismos de clemencia. Mecanismos que les permitirán reforzar la detección de cárteles, reduciendo o eximiendo completamente del importe de las sanciones a aquellas empresas y directivos que colaboren activamente con la autoridad de defensa de la competencia en la persecución de las conductas anticompetitivas, aportando información del cartel al que pertenecen.

1.1.3. La Directiva (UE) Núm. 2019/2161 del Parlamento y del Consejo, de 27 de noviembre de 2019, por la que se modifica la Directiva 93/13/CEE del Consejo y las Directivas 98/6/CE y 2011/83/UE del Parlamento Europeo y del Consejo, en la que atañe a la mejora de la aplicación y la modernización de las normas de protección de los consumidores de la Unión

La Directiva 2019/2161 persigue mejorar la aplicación de la normativa de la UE que protege a los consumidores. Necesidad que surge cuando, desde las Instituciones europeas, se comprueba que a pesar de la entrada en vigor del Reglamento 2017/2394 siguen persistiendo lagunas en el Derecho interno de los Estados miembros, por lo que refiere a la imposición de sanciones por la infracción del Derecho de la Unión que protege a los consumidores. Sanciones que son fundamentales, tanto para disuadir como para castigar a los infractores dentro de la Unión.

En este aspecto, aunque las Instituciones europeas reconocen que le sigue correspondiendo a cada Estado miembro elegir el tipo de sanción que debe imponer por la infracción de las normas europeas de protección de los consumidores, así como establecer los procedimientos pertinentes para imponer dichas sanciones, tras constatar que en algunos Estados miembros las medidas correctoras adoptadas han sido insuficientes, impone la necesidad de unificar la regulación, estableciendo unos mínimos a las sanciones a aplicar. De ahí, que para mejorar la protección de los consumidores se utilice una directiva, pues le permite establecer los objetivos que todos los países miembros de la UE deben cumplir, al ordenar la trasposición de la norma europea a su ordenamiento jurídico interno, con garantía de unos mínimos, sin menoscabar la soberanía de los Estados miembros en el modo de hacerlo. Y es que, la finalidad de la Directiva es facilitar una aplicación más coherente de las sanciones por los Estados miembros, en particular si son infracciones cometidas dentro de la Unión, infracciones generalizadas o las infracciones generalizadas con dimensión en la Unión, respecto de las cuales, la Directiva 2019/2161 regula una serie de criterios que los Estados miembros han de tener en cuenta al trasponer esta cuestión.

En definitiva, se reconoce que los Estados miembros —en cumplimiento de lo dispuesto en el Reglamento (UE) Núm. 2017/2394, y de tratarse de una infracción generalizada o generalizada con dimensión en la Unión—, deberá imponer multas; y, que éstas deben tener entidad suficiente para disuadir a los comerciantes de infringir el Derecho de la Unión. Además, la Directiva señala unos límites cuantitativos a las multas reguladas por Estados miembros, al disponer que deberán fijar en su Derecho nacional una multa máxima por tales infracciones de un nivel que represente al menos el 4% del volumen del negocio anual del comerciante en el Estado miembro o Estados miembros en cuestión. Aunque no impide que los Estados miembros establezcan multas superiores. Señalando, seguidamente, que este límite máximo, no será aplicable a las normas adicionales de los Estados miembros sobre pagos periódicos de sanciones, como las multas diarias por el incumplimiento de cualquier resolución, orden, medida provisional, compromiso del comerciante u otra medida destinada a detener la infracción.

Por otra parte, se establece que en la graduación de la sanción se deberá tener en cuenta: la naturaleza de la infracción, la gravedad y la duración de la infracción en cuestión. Además de tener en cuenta el perjuicio real o potencial de la infracción.

Una vez establecidos estos principios con carácter general, la Directiva Núm. 2019/2161, los va concretando pormenorizadamente en función de determinados ámbitos de actuación, al modificar diversas directivas que protegen a los consumidores. En especial, se modifica la Directiva Núm. 93/13/CEE, del Consejo, de 5 de abril de 1993, sobre las cláusulas abusivas en los contratos celebrados con consumidores, para incluir un nuevo precepto, el art. 8 *ter.*, que establece un conjunto de criterios, no exhaustivos, que han de tener en cuenta los Estados al graduar las sanciones, a saber:

– La naturaleza, gravedad, escala y duración de la infracción.

- Las acciones emprendidas por el profesional para mitigar o corregir los daños y perjuicios sufridos por los consumidores.
- La reiteración de la infracción.
- Los beneficios económicos obtenidos o las pérdidas evitadas por el profesional debido a la infracción.
- Las sanciones impuestas al profesional por la misma infracción en otros Estados miembros en casos transfronterizos según los datos obtenidos a través de la oficina de enlace; y,
- Cualquier otro factor agravante o atenuante aplicable al caso.

Se impone a los Estados miembros, la obligación de garantizar la imposición de multas sea por un órgano administrativo o judicial; y, que las multas tengan un importe máximo equivalente de al menos un 4% del volumen de negocio anual del profesional en el Estado miembro o Estados miembros de los que se trate. De no disponerse información sobre el volumen de negocio anual, se impone que los Estados miembros introducirán la posibilidad de imponer multas cuyo importe máximo equivalga al menos a dos millones de euros. Además, de establecerse, el deber de notificación a la Comisión del régimen sancionador establecido y las medidas adoptadas por el Estado miembro, exigidas por la Directiva, y hacerlo antes del 28 de noviembre de 2021, así como la obligación de notificar cualquier modificación de dicho régimen sin demora.

También se modifica la Directiva 98/6/CE, del Parlamento Europeo y del Consejo, de 16 de febrero de 1998, relativa a la protección de los consumidores en materia de indicación de los precios de los productos ofrecidos a los consumidores, sustituyendo el texto del art. 8 por lo dispuesto en el art. 2.2 de la Directiva 2019/2161. Y es que, el precepto sustituido se limitaba a señalar que:

> *«Los Estados miembros determinarán el régimen de sanciones aplicables a los incumplimientos de las disposiciones nacionales adoptadas en aplicación de la presente Directiva y adoptarán toda medida necesaria para garantizar la aplicación de éstas. Dichas sanciones deberán ser efectivas, proporcionadas y disuasorias».*

Ahora, se ordena a los Estados miembros que tengan en cuenta los mismos criterios que hemos visto para la graduación de las sanciones máxima a imponer por la existencia de cláusulas abusivas en la contratación con los consumidores. Y, con iguales obligaciones en cuanto al deber de notificación a la Comisión del régimen sancionador interno que se configure en aplicación de la Directiva, así como cuantas modificaciones de este que se lleve a cabo.

Por otro lado, se modifica la Directiva 2005/29/CE, del Parlamento Europeo y del Consejo, de 11 de mayo de 2005, relativa a las prácticas comerciales desleales de las empresas en sus relaciones con los consumidores en el mercado interior, modificándose varios preceptos de dicha Directiva e incluso los Anexos de esta, e introduciendo preceptos nuevos[8]. Por lo que se refiere a la potestad sancionadora de los Estados miembros, se modifica el texto del art. 13, precisamente para incorporar los mismos criterios de graduación de las sanciones que en las Directivas anteriormente examinadas. Con iguales obligaciones en cuanto al deber de notificación a la Comisión del Régimen sancionador interno que se configure en aplicación de la Directiva, así cuantas modificaciones que de este se lleven a cabo. En cuanto a la imposición de multas, contiene particularidades propias. Y es que, la cuantía máxima de la multa puede equivaler al menos al 4% del volumen del negocio anual de comerciante en el Estado miembro o Estados miembros en los que se haya manifestado la infracción, estableciéndose que dicha cuantía se puede restringir por motivos constitucionales del Estado sancionador, en los supuestos regulados:

1º. En el art. 6 del Anexo I de la Directiva 2005/29/CE, a saber: realizar una invitación a comprar productos a un precio determinado para luego negarse a mostrar el artículo anunciado a los consumidores; negarse a aceptar pedidos de dicho artículo o a hacer entregas de este en un período de tiempo razonable; enseñar una muestra defectuosa del mismo, con la intención de promocionar un producto diferente (señuelo y cambio).

2º. En el art. 7 del Anexo I de la Directiva 2005/29/CE, a saber: afirmar falsamente que el producto sólo estará disponible durante un período de tiempo muy limitado o que sólo estará disponible en determinadas condiciones durante un período de tiempo muy limitado a fin de inducir al consumidor a tomar una decisión inmediata, privándole así de la oportunidad o del tiempo suficiente para hacer su elección con el debido conocimiento de causa.

3º. En el art. 8 del Anexo I de la Directiva 2005/29/CE, a saber: comprometerse a proporcionar un servicio posventa a consumidores en un idioma que no sea idioma oficial del Estado miembro en que esté instalado el comerciante, y que tal servicio se encuentre luego

8. Así, por ejemplo, se incorporan nuevos supuestos constitutivos de prácticas comerciales engañosas, como las enumeradas en el punto 11 *bis), 23 bis), 23 ter)* y 23 *quater).*

disponible únicamente en otro idioma distinto al que se utilizó en la transacción, sin haber advertido claramente de ello al consumidor antes de que éste se comprometa a realizar la transacción; y,

4º. En el art. 9 del Anexo I de la Directiva 2005/29, a saber: afirmar o crear por otro medio la impresión de que un producto puede ser legalmente vendido no siendo cierto.

A los anteriores supuestos hay que añadir el uso por parte del comerciante de una práctica comercial considerada desleal por la autoridad nacional u órgano jurisdiccional competente, cuando esa práctica no sea una infracción contemplada en la letra *a)*, debiendo entenderse que se está refiriendo al art. 13 de la Directiva, que no del anexo, esto es, a los supuestos en los que la multa no venga impuesta por la naturaleza, gravedad, escala y duración de la infracción.

Finalmente, modifica la Directiva 2011/83/UE, relativa a contratos negociados fuera de los establecimientos comerciales y contratos a distancia, siendo la directiva que más modificaciones ha sufrido, porque afecta prácticamente a todos sus preceptos, debido a los avances producidos en los mercados en línea desde su aprobación, lo que obliga a redefinir los conceptos contemplados en aquella Directiva, para que estén armonizados con la Directiva (UE) 2019/770. Por lo que se refiere a la potestad sancionadora, se modifica el art. 24, en los mismos términos vistos con relación a la modificación del art. 8 de la Directiva 98/6/CE.

1.1.4. La Comunicación de la Comisión al Parlamento Europeo y al Consejo de 13 de noviembre de 2020 (Nueva agenda del Consumidor)

Aunque las Comunicaciones de la Comisión no tienen naturaleza de acto legislativo de la UE[9], sí que nos sirven de guía para tener una pista sobre la estratégica política de la UE dentro del marco financiero plurianual, es decir, determina las pautas de la previsible regulación futura. En este sentido, la Comunicación de 13 de noviembre de 2020, en el Punto 3.3 hacía alusión a la política legislativa más próxima de la UE: centrada en la aprobación de una Directiva relativa a las acciones de representación (aún no aprobada al tiempo de la Comunicación); y, a potenciar el Reglamento de Cooperación en materia de consumidores, que como hemos visto refuerza la capacidad de las autoridades competentes para sancionar a los comerciantes infractores, así como establece los mecanismos de cooperación y el

9. Publicadas en la Sección C (Comunicaciones e informaciones), en la sección de Actos no legislativos de la serie L, del Diario Oficial de la Unión Europea (DOUE).

sistema de recogida de datos para abordar las infracciones a gran escala, recordando asimismo, los objetivos perseguidos con la Directiva que acabamos de examinar.

Finalmente indicar que en esta Comunicación se señala la preocupación por determinados ámbitos de consumo que presentan necesidades específicas que se deben abordar —ha de entenderse que tanto por la UE, como por los Estados miembros—, por afectar a consumidores especialmente vulnerables, sea por una vulnerabilidad financiera (sobreendeudamiento)[10], o por una vulnerabilidad de tipo personal, al ser relativos a determinados colectivos especialmente vulnerables por razón de su edad avanzada, por su corta edad (niños o menores de edad), por su discapacidad, por ser consumidores mujer o ser susceptibles de cualquier tipo de discriminación.

1.1.5. La Directiva (UE) 2020/1828 del Parlamento Europeo y del Consejo de 25 de noviembre de 2020 relativa a las acciones de representación para la protección de los intereses colectivos de los consumidores, y por la que se deroga la Directiva 2009/22/CE

Aunque esta Directiva no incide directamente sobre el régimen sancionador de los Estados miembros, si puede ser un acicate para la modificación de determinados aspectos de los procedimientos sancionadores de los mismos. Ya que al regular las acciones de representación por las entidades habilitadas tanto en los conflictos transfronterizos como nacionales deja al criterio de los Estados miembros, decidir si la acción de representación puede ejercitarse en los procedimientos administrativos o exclusivamente en los procesos judiciales. Trasposición que habría de realizarse a más tardar el 25 de diciembre de 2022, y que habría de aplicarse a partir del 25 de junio de 2023.

Nuestro legislador, como en otras ocasiones, aún no ha dado cumplimiento a la obligación de transposición, quizás debido a la convocatoria anticipada de elecciones generales. Esta transposición se pretende lleva a efecto con el Proyecto de Ley Orgánica de medidas en materia de eficiencia del Servicio Público de Justicia, que ha optado por no permitir su ejercicio en el ámbito del procedimiento administrativo, al entender que esta posibilidad resulta ajena a nuestro Ordenamiento jurídico, que de forma cons-

10. Las medidas que protegen a los consumidores frente a los riesgos de sobreendeudamiento e insolvencia de la UE revisten una importancia fundamental para el TJUE. En este sentido, vid. las SSTJUE (Sala 1ª) de 6 de junio de 2019, Asunto, C-58/18, *Michel Schyns contra Belfius Banque SA* (TJCE 2019, 103) y (Sala 2ª) de 5 de marzo de 2020, Asunto, C-679/18, *OPR-Finance s.r.o. y GK* (TJCE 2020, 31).

tante ha apostado por residenciar la tutela colectiva de los consumidores y usuarios de forma directa en los juzgados y tribunales del orden jurisdiccional civil (Exp. Motivos)[11].

Protección que se habrá de canalizar a través de procedimiento especial civil, que se regulará dentro del Libro IV de la LECiv, en los que se aborda de forma sistemática, todas las reglas especiales de la tutela colectiva de los consumidores y usuarios, recogidas a lo largo de 58 artículos (arts. 828 a 885). En cuanto al ámbito de aplicación de este proceso colectivo, abarca el ejercicio de acciones frente a cualquier infracción en que se hayan visto perjudicados los derechos e intereses colectivos de los consumidores y usuarios, incluyendo el ejercicio de una acción meramente declarativa de la conducta contraria a las normas de protección de los derechos e intereses de los consumidores que puede ir acompañada de una acción de cesación o de la publicación o difusión, total o parcial, en medios de comunicación del contenido de la sentencia o de una declaración de rectificación (art. 830). Estas acciones no requieren de la adhesión por parte de los consumidores, que tampoco podrán intervenir en el proceso colectivo instado por la entidad habilitada que la ejercite, tampoco requiere que esté acredite la existencia de dolo o negligencia por parte del empresario o profesional demandado, ni que esté acreditada la pérdida, daño o perjuicio efectivo del consumidor individual, siendo una acción imprescriptible.

En este contexto, hemos de indicar que se prevé una nueva modificación de nuestra LGDCU, no sólo para contemplar las previsiones de la Directiva para habilitar a las asociaciones de consumidores y usuarios constituidas conforme a dicha Ley y la normativa autonómica para el ejercicio de estas acciones colectivas (arts. 53 y ss.), sino también otros aspectos modificados recientemente (apenas hace dos años)[12], en orden a considerar a las asociaciones de consumidores y usuarios como parte interesada en el procedimiento sancionador administrativo, precisamente para poner obstáculos a tal consideración.

En este aspecto, da una nueva redacción al art. 46.9 que hacía referencia a la afectación de los intereses generales de los consumidores, fueran colectivos o difusos, para referirse exclusivamente a los intereses colectivos. Con

11. Aunque somos conscientes de que esta cuestión es una opción de política legislativa, no estamos del todo de acuerdo con tal afirmación, hemos de recordar que la tutela colectiva de los derechos de los administrados tuvo su germen en el proceso contencioso-administrativo art. 19.1 b), y que éste tradicionalmente ha estado concebido como una revisión de lo actuado en vía administrativa previa. Cuestión distinta es que la acción resarcitoria colectiva no se haya residenciado nunca en esta vía.

12. Téngase en cuenta que el tenor actual del precepto procede de la modificación efectuada en virtud de la final 1.3 de la Ley 23/2022, de 2 de noviembre de 2022.

lo que ello pudiera suponer, de cara a un eventual recurso contencioso-administrativo. De ahí, que el estudio de dicha modificación sea tratado en el Capítulo tercero de este trabajo, al hilo del estudio de la legitimación activa.

1.1.6. El Reglamento (UE) 2022/2065 del Parlamento Europeo y del Consejo de 19 de octubre de 2022 relativo a un mercado único de servicios digitales y por el que se modifica la Directiva 2000/31/CE (Reglamento de Servicios Digitales)

El Reglamento (UE) 2022/2065 establece un marco para la exención condicionada de responsabilidad de los prestadores de servicios intermediarios, al incorpora normas sobre obligaciones específicas de diligencia debida que han de llevar a cabo los prestadores de servicios intermediarios técnicos de internet, que inciden sobre la publicidad y la trasparencia de dichos prestadores. Y que es un instrumento necesario para garantizar que los consumidores puedan hacer frente a las empresas tecnológicas en las que propiamente pudiera no existir un contrato de compra-venta o de arrendamiento de servicios[13]. Este Reglamento, que ha entrado en vigor el 17 de febrero de 2024, obliga a los Estados miembros a designar una o varias autoridades administrativas competentes, como responsables de la supervisión del cumplimiento de las obligaciones de los prestadores de servicios intermediarios y de su ejecución (arts. 51 y 52).

De tal modo, que compete a esas autoridades asegurarse de que los incumplimientos de las obligaciones establecidas en el Reglamento puedan sancionarse de manera efectiva, proporcionada y disuasoria, teniendo en cuenta la naturaleza, gravedad, recurrencia y duración del incumplimiento, en vista del interés público perseguido, el alcance y la clase de actividades realizadas, así como de la capacidad económica del infractor. Atribuyendo la competencia para sancionar al Estado miembro donde se encuentre el establecimiento principal del prestador del servicio intermediario (art. 56.1). Sin perjuicio de la competencia para sancionar que le corresponde a la Comisión, o del deber cooperación transfronteriza entre coordinadores de servicios digitales, en las investigaciones conjuntas cuando participen dos o más coordinadores de diversos Estados miembros.

13. Así, por ejemplo, los prestadores de plataformas en línea que permitan a los consumidores celebrar contratos a distancia con comerciantes deben diseñar y organizar su interfaz en línea de manera que permita a los comerciantes cumplir con sus obligaciones en virtud del Derecho de la Unión aplicable, en particular los requisitos establecidos en los artículos 6 y 8 de la Directiva 2011/83/UE, el artículo 7 de la Directiva 2005/29/CE, los artículos 5 y 6 de la Directiva 2000/31/CE, y el artículo 3 de la Directiva 98/6/CE del Parlamento Europeo y del Consejo (*v.gr.* Cdo. 78 del Reglamento).

En cuanto, al importe máximo de las multas que estas autoridades pueden imponer por el incumplimiento de una de las obligaciones establecida en el Reglamento, debe ser del 6% del volumen de negocio anual que el prestador de servicio intermediario sancionado haya obtenido en todo el mundo, calculándose tal volumen en atención al ejercicio fiscal anterior a la comisión de la infracción. Mientras que el importe máximo de las multas que puedan imponerse por proporcionar información incorrecta, incompleta o engañosa, por no responder o por no rectificar dicha información o por no someterse a una inspección, será del 1% de los ingresos anuales, o volumen de negocio anual en todo el mundo.

1.2. ALGUNAS RESOLUCIONES DEL TJUE EN LA MATERIA Y REFLEXIONES QUE SUSCITAN

Una vez que hemos analizado el marco normativo europeo sobre la potestad sancionadora de los Estados miembros en la protección de los consumidores, cabe plantearse si el TJUE puede de algún modo controlar la conformidad de las disposiciones legales sancionadoras internas a lo prescrito en aquel marco jurídico.

Hoy en día no cabe cuestionarse que el TJUE puede realizar dicho control, tanto de forma directa como indirectamente. Por lo que refiere al control directo se realizará a través del recurso por incumplimiento estatal del Derecho de la Unión, que sea imputable a un poder público del Estado infractor (arts. 258 a 260 TFUE), sin importar la naturaleza territorial, orgánica o funcional del órgano que haya incumplido, con tal de que dicho órgano sea un ente de Derecho público. Recurso que puede interponerse a instancia de la Comisión u otro Estado miembro, previo sometimiento de la cuestión a la Comisión, que dará lugar a la imposición de una sanción pecuniaria por parte del TJUE, en el caso de que siendo requerido el Estado incumplidor no se ponga fin al incumplimiento.

De forma indirecta, todos hemos sido testigos de que el TJUE ejerce este control a través de la cuestión prejudicial comunitaria (art. 267 TFUE)[14]. En este aspecto, hemos de recordar que el órgano judicial competente para

14. En este sentido. vid. BONACHERA VILLEGAS, R.: *El control jurisdiccional de los Reglamentos*, ed. Aranzadi, Navarra, 2006, pág.71 y 72. El control directo puede inducirse de algunas actuaciones llevadas a cabo por la Comisión en materia de consumo, como la llevada a cabo en torno al escándalo por el *Dieselgate*, supuesto en el cual la Comisión llego a abrir varios expedientes a varios Estados miembros, entre ellos a España, por no iniciar en sus respectivos territorios un procedimiento sancionador contra las empresas del grupo Volkswagen. Sobre dicho caso, y las razones de su archivo, vid. BONACHERA VILLEGAS, R.: «Una vuelta de tuerca al caso Dieselgate», *Actualidad Civil*, Núm. 6, 2023.

enjuiciar la conformidad de la normativa interna a las obligaciones derivadas del Derecho de la Unión es el juez nacional, el cual debe interpretar y aplicar aquel derecho, considerando todas las circunstancias del litigio, y valorando si las infracciones y sanciones responden o no a las exigencias del Derecho de la Unión. En el desarrollo de esta función, contará con las orientaciones ofrecidas por el TJUE, al resolver las peticiones de decisión prejudicial que aquellos le eleven y las anteriormente resueltas por aquél en asuntos sustancialmente iguales (*vid.* la STJUE de 5 de marzo de 2020, C-679/18, *OPR-Finance*).

En este contexto, de adecuación de la norma sancionadora interna a las prescripciones de la normativa europea de protección de los consumidores y usuarios, podemos hacer referencia a la STJUE de 10 de junio de 2021[15], en la que se analiza si el art. 23 de la Directiva 2008/48, relativa a los contratos de crédito al consumo, está suficientemente garantizada con relación a los arts. 24 y 45.1 de la ustawa —Kodeks wykroczeń (Ley polaca por la que se aprueba el Código de Delitos Leves)— de 20 de mayo de 1971.

Dado que aquel precepto de la UE es claro, preciso e incondicional al disponer que:

> *«Los Estados miembros determinarán el régimen de sanciones aplicables a las infracciones de las disposiciones nacionales adoptadas con arreglo a la presente Directiva y adoptarán las medidas necesarias para garantizar su aplicación. Las sanciones establecidas deberán ser efectivas, proporcionadas y disuasorias».*

Dudando el órgano judicial polaco que plantea la cuestión prejudicial comunitaria, sobre la proporcionalidad y efectividad de las normas disuasorias polacas, por cuanto que el primero de los preceptos internos señalados, establece una multa dineraria muy ínfima, que va de los 20 a los 5.000 eslotis polacos (PLN)[16], y la pena de arresto de la persona física por la comisión de una infracción mediante la que se persigue obtener una ventaja patrimonial, en este caso del comerciante. Y, el segundo de los preceptos, porque establece un brevísimo plazo de prescripción de un sólo año para la aplicación de dicha sanción, que además se habrá de computar desde la comisión por omisión de la obligación de las entidades prestatarias de evaluar la solvencia económica del consumidor al conceder un préstamo, y no desde que finaliza el contrato con el consumidor; al tiempo que establece un breve plazo de caducidad del procedimiento sancionador, de dos años a contar desde la finalización del plazo de prescripción.

15. STJUE (Sala Sexta) de 10 de junio de 2021, Asunto, C-303/20, *Ultimo Portfolio Investment (Luxembourg) SA* y *KM*, con intervención de *Prokuratura Okręgowa w Kielcach* (TJCE 2021, 174).
16. Convertidos a euros, sería una sanción de entre 4,61 a 1.153,45 €.

Señala el TJUE con toda prudencia, al resolver esta cuestión que, dado los términos de la Directiva, si bien es cierto que una multa puede constituir una sanción disuasoria, su escasa cuantía puede hacer que dicha sanción sea insuficiente. Asimismo, el hecho de que solo las personas físicas sean objeto de arresto puede ser reveladora de las carencias de la normativa polaca[17]. Por otra parte, señala que para que una sanción sea efectiva y disuasoria, es preciso que prive a los infractores de las ventajas económicas derivadas de las infracciones que cometieron, sin pronunciarse sobre la multa establecida por la norma polaca.

Correspondiendo a los órganos jurisdiccionales nacionales, los polacos, la obligación de tomar en consideración todas las normas del Derecho nacional e interpretarlas y aplicarlas, en la medida de lo posible, a la luz del texto y de la finalidad de las Directivas que protegen a los consumidores, con el fin de obtener un resultado compatible con los objetivos que aquellas persiguen. En definitiva, viene a reconocer que la norma sancionadora polaca es deficiente, sin establecer cómo habría de regular el derecho interno esta cuestión.

En términos parecidos, se ha vuelto a pronunciar recientemente el TJUE, al dictar su sentencia de 11 de enero de 2024, y sostener que el art. 8 de la Directiva de la UE 2008/48, obliga a los Estados miembros a dispensar una protección eficaz de los consumidores, y responsabilizar a los prestamistas que conceden préstamos sin evaluar previamente la solvencia económica del consumidor[18]. Obligación que ha de cumplir incluso cuando el contrato de crédito con el consumidor se haya ejecutado en su totalidad, sin que este sufriera perjuicios durante o como consecuencia de la ejecución.

En el ejercicio de esta doble finalidad, el TJUE llega a sostener que la infracción de la obligación de evaluación de la solvencia económica por parte de las entidades prestatarias puede y debe ser sancionable, conforme al Derecho nacional, con la pérdida del derecho del prestamista a los intereses [STJUE 10 de junio de 2021, Asunto C-303/20, *Ultimo Portfolio Investment (Luxembourg)*]. Siendo esta sanción acorde con la gravedad de la infracción cometida (STJUE 5 de marzo de 2020, Asunto C-679/18, *OPR-Finance*).

Sin que se pueda supeditar dicha sanción, que conlleva la nulidad del contrato de crédito y la pérdida de los intereses, a que el consumidor haya

17. El TJUE cita otras resoluciones en las que se pronunciado en el mismo sentido, como es la sentencia de (Sala 1ª) de 4 de marzo de 2020, Asunto C-183/18, *Centraal Justitieel Incassobureau, Ministerie van Veiligheid en Justitie (CJIB) / Bank BGŻ BNP Paribas S.A.* y la jurisprudencia allí citada.
18. STJUE (Sala 3ª) de 11 de enero de 2024, Asunto C-755/22, *Nárokuj s.r.o.* y *EC Financial Services, a.s.* (JUR 2024, 11868).

sufrido perjuicios, pues ello puede incentivar el incumplimiento del art. 8 de la Directiva, alentando a los prestamistas a no realizar una evaluación sistemática y exhaustiva de la solvencia del conjunto de los consumidores, contraria a la finalidad de prevenir la concesión de créditos irresponsables, además, de menoscabar el carácter disuasorio de la sanción.

2. EL SISTEMA DE DISTRIBUCIÓN COMPETENCIAL ENTRE EL ESTADO Y LAS CCAA

Establecido que la normativa de protección europea impone la obligación a los Estados miembros de sancionar aquellos comportamientos contrarios a la norma europea de protección de los derechos de los consumidores, y que tal obligación incumbe tanto al Estado español como a las Administraciones territoriales, hemos de determinar si la normativa española establece una obligación semejante.

En este sentido, hemos de partir de lo dispuesto en el art. 51 de la CE, en el que se dispone que:

> *«1. Los poderes públicos garantizarán la defensa de los consumidores y usuarios, protegiendo, mediante procedimientos eficaces, la seguridad, la salud y los legítimos intereses económicos de los mismos.*
>
> *2. Los poderes públicos promoverán la información y la educación de los consumidores y usuarios, fomentarán sus organizaciones y oirán a éstas en las cuestiones que puedan afectar a aquéllos, en los términos que la ley establezca.*
>
> *3. En el marco de lo dispuesto por los apartados anteriores, la ley regulará el comercio interior y el régimen de autorización de productos comerciales».*

De la ubicación del precepto trascrito, dentro del propio texto constitucional, no podemos sostener que estuviera en la intención de nuestro constituyente establecer esta obligación. Y ello, porque el art. 51 se encuadra dentro del marco del concepto de Estado Social de Derecho (art. 1.1) y el de economía de mercado (art. 38). De ahí, que esté incluido dentro del Título I, Capítulo tercero, que lleva por rúbrica de los principios rectores de la política social y económica, pues son aquellos los que contemplan la vertiente social de la acción de los poderes públicos y de la ordenación de los mercados.

En desarrollo de este precepto se dictó la LGDCU de 1984, que se dictó tras la alerta ocasionada por el aceite de colza adulterado, y que sufrió repetidas modificaciones al objeto de integrar las diversas directivas europeas dictadas en torno a la protección de los consumidores. Siendo dicha ley la primera norma que, incipientemente, recoge en nuestro Ordenamiento jurídico la potestad sancionadora de las Administraciones públicas con relación a determinados ámbitos de consumo (*v.gr*. en materia de salud y seguridad de los consumidores [art. 4.3] y publicidad falsa o engañosa [art. 8.3]). Al tiempo que reconoce que el procedimiento administrativo sancionador habrá de quedar en suspenso si se abre la instrucción de causa penal (art. 32.2); y, se establece la graduación de las sanciones a imponer (art. 36), remitiendo a un futuro reglamento el régimen sancionador, la concurrencia de dos o más Administraciones en el ejercicio de tal potestad y las reglas de coordinación entre ellas (art. 39). Reglamento éste que nunca llegó a aprobarse.

Estos preceptos legales, con el tiempo, se han ido perfeccionando en la actual LGDCU, estamos pues en predisposición de afirmar que en la actualidad si existe tal obligación. La dificultad está en precisar a qué Administración territorial del Estado le corresponde tal obligación. Cuestión ésta que ocupara nuestra atención en las líneas que siguen.

2.1. EL MARCO CONSTITUCIONAL DE DISTRIBUCIÓN COMPETENCIAL

La Constitución establece en los arts. 148 y 149 un sistema de doble lista de distribución de competencias entre el Estado y las Comunidades Autónomas (en adelante CCAA), en función de que se trate de materias que son competencia exclusiva del Estado o de materias que son compartidas con las CCAA. Sistema de distribución competencial que se configuró como un sistema abierto, puesto que le corresponden a las CCAA, a través de sus Estatutos de Autonomía, asumir las competencias que la Constitución señala que podrán compartir con el Estado.

Este modelo distributivo de la competencia se complementa o cierra con una cláusula residual de doble alcance, prevista en el apdo. 3º del art. 149, el cual dispone que:

> *«Las materias no atribuidas expresamente al Estado por esta Constitución podrán corresponder a las Comunidades Autónomas, en virtud de sus respectivos Estatutos. La competencia sobre las materias que no se hayan asumido por los Estatutos de Autonomía corresponderá al Estado, cuyas normas prevalecerán, en caso de conflicto, sobre las de las Comunidades Autónomas en todo lo que no esté atribuido a la exclusiva competencia de éstas. El derecho estatal será, en todo caso, supletorio del derecho de las Comunidades Autónomas».*

Dicho lo anterior, hemos de señalar que la materia de consumo, como tal, no está prevista expresamente en ninguna de los dos listados de materias. El único precepto del que pudiera desprenderse que es una competencia compartida es el art. 51.1 de la CE, que, al referirse a la protección y defensa de los consumidores y usuarios, habla de que los poderes públicos, en plural, garantizan dicha protección, para más tarde señalar en su apdo. 3º, que la ley regulará el comercio interior y el régimen de autorización de productos comerciales.

Esta falta de regulación no significa necesariamente que se aplique la competencia residual del art. 149.3 de la CE, en favor de las CCAA y detrimento del Estado ni, todo lo contrario. En realidad, hay determinadas relaciones de consumo que pudieran corresponder en exclusiva al Estado, por ser reconducibles a algunas de las materias que en concreto son atribuidas en exclusiva al mismo (*ex art.* 149), sea porque a aquél se le atribuye las bases de la regulación, la potestad legislativa o sin más, una concreta materia[19]. Y ello, sin perjuicio de las facultades que dicho precepto pueda dejar a la ejecución por parte de las CCAA, o a que la legislación del Estado pueda atribuirles a las CCAA.

Así como, dentro del listado de materias compartidas del art. 148 hay un conjunto de materias que pueden encuadrarse en ámbitos específicos de consumo, respecto de las cuales de no ser asumidas en los Estatutos de

19. En este aspecto, vid. la STC (Pleno) 15/1989, de 26 de enero, Núms. de recursos de inconstitucionalidad acumulados 72871984, 731/1984, 735/1984 (RTC 1989, 15) en la que se señala que: «*Dada la singularidad de la materia sobre la que versa la Ley, el Estado dispone a priori de diversos títulos competenciales, constitucionalmente indisponibles para todas —y aquí sin excepción— las Comunidades Autónomas, que tienen una evidente incidencia en la defensa del consumidor y del usuario. Conviene recordar, en este sentido, que, como ya se dijo en la STC 71/1982, de 30 de noviembre, la defensa del consumidor es un concepto de tal amplitud y de contornos imprecisos que, con ser dificultosa en ocasiones la operación calificadora de una norma cuyo designio pudiera entenderse que es la protección del consumidor, la operación no resolvería el problema, pues la norma pudiera estar comprendida en más de una de las reglas definidoras de competencias» (fundamento jurídico 1), lo que significa, en otras palabras, que esta materia se caracteriza ante todo por su contenido pluridisciplinar, en el que se concita una amplia variedad de materias que sí han sido directa y expresamente tomadas en consideración por el art. 149.1 C.E. a los efectos de concretar las competencias del Estado(…) La defensa del consumidor y del usuario nos sitúa, en efecto, a grandes rasgos y sin necesidad ahora de mayores precisiones, ante cuestiones propias de la legislación civil y mercantil, de la protección de la salud (sanidad) y seguridad física, de los intereses económicos y del derecho a la información y a la educación en relación con el consumo, de la actividad económica y, en fin, de otra serie de derechos respecto de los cuales pudiera corresponder al Estado la regulación de las condiciones básicas que garanticen la igualdad en su ejercicio y en el cumplimiento de sus deberes (art. 149.1, en sus números 1, 6, 8, 10, 13, 16 y 29 CE, principalmente); es decir, ante materias que la Constitución toma como punto de referencia para fijar las competencias mínimas que, por corresponder al Estado, quedan al margen del ámbito de disponibilidad de los Estatutos de Autonomía. En definitiva, tal como reconoce la representación del Gobierno vasco, estamos ante una materia que, dado su carácter pluridisciplinar, resulta en todo caso compartida entre el Estado y las Comunidades Autónomas, lo que, por lo demás, fácilmente se comprueba en algunos Estatutos de Autonomía*».

Autonomía por las respectivas CCAA, podrán ser asumidas por el Estado, en atención a la cláusula de atribución residual.

Entras las *competencias exclusivas del Estado* cabe citar:

- La legislación mercantil y civil, sin perjuicio del Derecho foral civil (art. 149.6ª y 8ª CE). Siendo el Derecho de consumo una disciplina a caballo entre el Derecho civil, el Derecho mercantil y el Derecho Público, hay un amplio abanico de materias que le puede corresponder al Estado.

  A nuestro entender, al Estado le ha de corresponder las bases de las obligaciones contractuales, la responsabilidad contractual y extracontractual, así como, la regulación de las condiciones generales de los contratos y de las modalidades contractuales. Al tiempo que le ha de corresponder la regulación del conjunto de normas que se establezcan para proteger a los consumidores en sus relaciones con los comerciantes, por ejemplo, en materia de competencia desleal. Atribución que encuentra su fundamento último, en el principio de unidad de mercado y en la libre circulación de bienes y servicios[20]. En tanto que las cuestiones jurídicas-públicas, le puede corresponder tanto al Estado como a las CCAA con competencia plena en materia de consumo, dependiendo de si esa regulación administrativa afecta a una materia transversal que haya sido atribuida en exclusiva al Estado o de forma compartida a las CCAA. Las CCAA sin competencia plena en materia de consumo, sólo podrán desarrollar las normas estatales, y siempre que tenga reconocida competencia para ello, sea por la norma estatal o por su Estatuto de autonomía.

- Las bases de la ordenación del crédito, banca y seguros (art. 149.1. 11ª CE). En este contexto, al tener el Estado la competencia para establecer la ordenación del crédito y banca se comprende que ha de tener la potestad sancionadora un órgano estatal. En concreto, tal potestad se atribuye al Banco de España, dado que a él se le enco-

20. De sobra son conocidas las resoluciones del TC que han incidido en la competencia exclusiva del Estado para reglamentar los horarios y actividades comerciales. Entre otras, vid. las SSTC (Pleno) Núm. 225/1993, de 8 de julio, Núms. de recursos de inconstitucionalidad acumulados 418 y 421 de 1987 y cuestiones de inconstitucionalidad 1902 y 1904 de 1991 (RTC 1993, 225); Núm. 284/1993, de 30 de septiembre, Núms. de recursos de inconstitucionalidad acumulados 987 y 981 de 1992 (RTC 1993, 284); Núm. 108/2014, de 26 de junio, Núm. de recurso de inconstitucionalidad 2610/2008 (RTC 2014, 108); y, 18/2016, de 4 de febrero, Núm. de recurso de inconstitucionalidad 1983/2013 (RTC 2016, 18).

mienda la potestad de supervisión de las entidades de crédito (arts. 50 y 90 de la Ley 10/2014, de 26 de junio de ordenación, supervisión y solvencia de entidades de crédito). Si bien, cuando los intermediarios de crédito inmobiliario, sus representantes designados, tasadores o los prestamistas inmobiliarios tengan su ámbito de actuación en una sola Comunidad Autónoma o cuando los hechos sancionables tengan su causa en relaciones comerciales directas entre los prestatarios y las entidades inmobiliarias y financieras, las CCAA serán quienes determinen los órganos competentes para la instrucción de las sanciones derivadas de la aplicación de la Ley 5/2019, reguladora de los contratos de crédito inmobiliario[21].

Lo mismo cabe decir sobre los seguros, pues la supervisión del mercado de seguros y reaseguros le corresponde al Estado, en concreto, el ejercicio de la potestad sancionadora le corresponde a la Dirección General de Seguros y Fondos de Pensiones (art. 17 de la Ley 20/2015, de 14 de julio, de ordenación, supervisión y solvencia de las entidades aseguradoras y reaseguradoras). Salvo que las Comunidades Autónomas, con arreglo a sus Estatutos, hayan asumido competencias en la ordenación y supervisión de entidades aseguradoras en la materias que puedan ser compartidas con Estado, y con respecto a las entidades, cuyo domicilio social, ámbito de operaciones y localización de los riesgos —en el caso de seguros distintos del seguro de vida—, o asunción de compromisos —en el supuesto de seguros de vida—, se circunscriban al territorio de la respectiva comunidad autónoma (art. 19 de la Ley).

Y, finalmente, por lo que refiere a la competencia en la protección del consumidor-inversor, en virtud del título competencial del art.

21. En tanto no se cree la Autoridad Independiente del cliente financiero que asumirá la resolución extrajudicial entre las entidades financiera y los clientes en tramitación parlamentaria a la fecha de la elaboración del presente trabajo, tras relanzarse el Proyecto de ley de 16 de diciembre de 2022, tras el acuerdo del Consejo de Ministros de 19 de marzo de 2024. Las entidades de supervisión de los mercados financieros continuarán asumiendo tanto las funciones derivadas de la supervisión, entre ellas, la potestad sancionadora, como la funciones que se le atribuye como entidad acreditada para asumir la solución de conflictos extrajudiciales en materia bancaria, a través de su oficina de reclamaciones. En el momento que entre en funcionamiento esta Autoridad, de observar la comisión de posibles infracciones en las normas de conducta al resolver las reclamaciones de los consumidores, deberá dar cuenta a las autoridades de supervisión del respectivo mercado financiero, esto es, al el Banco de España, la Comisión Nacional del Mercado de Valores o la Dirección General de Seguros y Fondos de Pensiones en función de a cuál de estas autoridades le está atribuida la competencia para supervisar las normas de conducta cuyo incumplimiento constituye el objeto principal de la resolución sancionadora (art. 51 del Proyecto de Ley de 2022).

149. 1, 6ª, 11ª y 13ª de la CE, le ha de corresponder en exclusiva al Estado. Correspondiendo la potestad sancionadora, en virtud de lo señalado en el art. 17.2 del Real Decreto Legislativo 41/2015, de 23 de octubre por el que se aprueba el Texto Refundido de la Ley del Mercado de Valores (en adelante TRLMV) a la Comisión Nacional del Mercado de Valores (en adelante CNMV), pues a ella le corresponde velar por la transparencia de los mercados de valores, la correcta formación de los precios en los mismos y la protección de los inversores, promoviendo la difusión de cuanta información sea necesaria para asegurar la consecución de esos fines, potestad que ejercitará de acuerdo a lo señalado en los arts. 273 y 274.

Y todo ello, sin perjuicio de las competencias de supervisión, inspección y sanción que correspondan a las CCAA que hayan creado organismos rectores de los mercados secundarios de ámbito autonómico y, en relación, con las operaciones sobre valores admitidos a negociación únicamente en los mismos.

- La legislación sobre las pesas y las medidas (art. 149.1. 12ª CE). En este contexto, pese a que la legislación y el control metrológico le corresponde al Estado por mandato constitucional, y en aplicación de lo dispuesto en el art. 8.1 de la Ley 32/2014, de 22 de diciembre, de Metrología (en adelante LM)[22], la potestad sancionadora en esta materia se configura legalmente como materia compartida, dado que esa misma ley, señala en su art. 21.3, que:

> «*La Administración Pública que llevará a cabo la tramitación del procedimiento sancionador será aquella competente en el lugar donde se encontrará el instrumento de medida en el momento en que se produjo la acción que diera lugar al expediente sancionador*».

Dicho de otro modo, deja en manos de la comunidad autónoma, donde se encuentre el instrumento de medida, la potestad sancionadora por las infracciones reguladas en la ley estatal. Si bien, el art. 25 vuelve recabar la competencia para el Estado, cuando las infracciones se cometan en lugares del territorio nacional donde no

22. Este precepto señala que: «*Los instrumentos, medios, materiales de referencia, sistemas de medida y programas informáticos que sirvan para medir o contar y que sean utilizados por razones de interés público, salud y seguridad pública, orden público, protección del medio ambiente, protección o información a los consumidores y usuarios, recaudación de tributos, cálculo de aranceles, cánones, sanciones administrativas, realización de peritajes judiciales, establecimiento de las garantías básicas para un comercio leal, y todas aquellas que se determinen con carácter reglamentario, estarán sometidos al control metrológico del Estado en los términos que se establezca en su reglamentación específica*».

haya sido transferida a la correspondiente comunidad autónoma la competencia ejecutiva en materia de metrología. En cuyo caso, la imposición de las sanciones por la comisión de las infracciones leves y graves previstas en esta ley, corresponderá al titular de la Secretaría General de Industria y de la Pequeña y Mediana Empresa. Y, en el mismo supuesto, la imposición de las sanciones por la comisión de las faltas muy graves corresponderá al titular del Ministerio de Industria, Energía y Turismo.

– Sanidad exterior, bases y coordinación general de la sanidad y la legislación sobre productos farmacéuticos (art. 149.1, 16ª CE), respecto de este título competencial hemos de indicar que lo que le comprende al Estado es fijar las bases generales en la intervención administrativa sanitaria sobre los alimentos, sobre la salud y sobre los productos farmacéuticos, materias transversales en la protección de los consumidores y usuarios.

  Por lo que refiere a los productos farmacéuticos, el RDL 1/2015, de 24 de julio, por el que se aprueba el Texto Refundido de la Ley de Garantías y Uso Racional de los Medicamentos y Productos Sanitarios, al regular la potestad sancionadora, no indica directamente la administración pública a la que le corresponde la competencia para sancionar, aunque sí lo hace indirectamente al regular la facultad de inspección. En concreto, al señalar en su art. 108, apdos. 1º y 2º, que le:

> «*Corresponde a las Administraciones sanitarias en el ámbito de sus competencias la realización de las inspecciones necesarias para asegurar el cumplimiento de lo previsto en esta ley.*
>
> *2. Corresponde a la Administración General del Estado la realización de la función inspectora en los siguientes casos:*
>
> > a) *Cuando se trate de las actuaciones necesarias para las oportunas autorizaciones o registros que, de acuerdo con esta ley, corresponden a la Administración General del Estado.*
> >
> > b) *En todo caso, cuando se trate de inspecciones a realizar en el territorio de las comunidades autónomas que no ostenten competencias de ejecución de la legislación de productos farmacéuticos o no hubieren recibido los correspondientes traspasos.*
> >
> > c) *Cuando se trate de medicamentos, productos o artículos destinados al comercio exterior o cuya utilización o consumo pudiera afectar a la seguridad pública*».

Precepto del que se deduce, que la competencia de las CCAA en esta materia viene determinada nuevamente, como en otras relaciones de consumo, por lo establecido en sus respectivos estatutos.

Lo mismo podemos decir de la intervención en la sanidad sobre los productos alimenticios, habida cuenta que las CCAA pueden asumir en sus estatutos competencias en materia de agricultura, ganadería, marisqueo, pesca, caza, etc.[23].

– El transporte aéreo (art. 149.1, 20ª CE). En este contexto, ha de tenerse en cuenta que no sólo le corresponde al Estado la regulación del transporte sino también la potestad sancionadora. En concreto, le corresponde a la Agencia Estatal de Seguridad Aérea (en adelante AESA) que ejercerá la potestad que le corresponde al Estado, y que deriva del incumplimiento de los derechos que se reconocen a los consumidores en España en atención al Reglamento (CE) 261/2004 del Parlamento Europeo y del Consejo, de 11 de febrero de 2004, por el que se establecen normas comunes sobre compensación y asistencia a los pasajeros aéreos en caso de denegación de embarque y de cancelación o gran retraso de los vuelos, y se deroga el Reglamento (CEE) N.º 295/91.

  Y así fue comunicado por España a la Comisión Europea en virtud del art. 16 del citado Reglamento[24]. Potestad que ejercerá de acuerdo con lo establecido en los artículos 9 y 10 del Estatuto de AESA (aprobado por RD 184/2008, de 8 de febrero). En tanto que el resto de las infracciones podrán ser sancionadas por las autoridades de consumo estatal o autonómica dependiendo del tipo de infracción cometida.

– El transporte terrestre y por ferrocarril que transcurra por el territorio de más de una comunidad autónoma y el régimen general de comunicaciones: correos y telecomunicaciones (art. 149. 1, 21ª CE). Aunque se señala que la regulación del transporte terrestre por carretera le corresponde al Estado, la ley estatal al regular esta

23. Para un mayor abundamiento en la distribución de competencia en esta materia, vid. REBOLLO PUIG, M.: *Potestad sancionadora, alimentación y salud pública,* Colección Estudios, Serie Administración del Estado, Madrid, 1989, págs. 277 a 357.

24. Sobre la potestad sancionadora de las autoridades que los Estados miembros hayan comunicado a la Comisión en virtud del art. 16, y la compensación económica de los consumidores, vid. la STJUE (Sala Tercera) de 29 de septiembre de 2022, Asunto C-597/20, *Polskie Linie Lotnicze «LOT» S.A. / Budapest Főváros Kormányhivatala* (TJUE 2022, 224).

materia (LOTT)[25], no aclara a qué Administración territorial le ha de corresponder la potestad sancionadora, si al Estado o a las CCAA, se limita a señalar que la competencia para la imposición de las sanciones previstas en dicha ley les corresponderá a los órganos que legal o reglamentariamente la tengan atribuida (art. 146).

Para delimitar el ámbito material que engloba el concepto de transporte terrestre utilizado por el art. 148.1. 5ª CE (competencia compartida) o el art. 149.1. 21ª CE (competencia exclusiva del Estado) y delimitar competencialmente la potestad sancionadora de uno u otras, hemos de remitirnos a la STC de 27 de junio de 1996, en la que se señala que el núcleo fundamental de la materia de transportes está constituido por las actividades públicas relativas a la ordenación de las condiciones en las que se presta el servicio de traslado o desplazamiento de personas o de mercancías de un lugar a otro, esto es, las licencias que se pueda recabar al Estado o a las CCAA[26]. Y, por lo que refiere a la distribución de competencias en materia de transporte por carretera, señala que ha de aplicarse el criterio territorial como elemento esencial en el sistema de distribución de las competencias, tomando como punto de referencia los itinerarios, si se desarrollan o no íntegramente en el territorio de una sola comunidad autónoma, o en el de varias CCAA, supuesto en el que la competencia para sancionar le corresponderá al Estado[27].

Por lo que refiere al establecimiento del régimen general de las telecomunicaciones, le corresponde al Estado, y siendo una competencia plena, la potestad sancionadora le corresponde en exclusiva al Estado[28]. En concreto la competencia le puede corresponder a tres órganos estatales distintos, en función de la materia sobre la que recaiga la infracción o el incumplimiento de las operadoras de telecomunicaciones. A la Comisión Nacional de los Mercados y la

25. Ley 16/1987, de 30 de julio, de ordenación de los transportes terrestres.
26. STC (Pleno) Núm. 118/1996, de 27 de junio, Núms. de recursos de inconstitucionalidad acumulados 1191, 1390, 1391, 1392 y 1393 de 1987 (RTC 1996, 118) que remite a otra sentencia del mismo órgano, la STC 2003/1992, de 23 de diciembre.
27. Citando las SSTC (Pleno) Núm. 53/1984, de 3 de mayo, conflicto positivo de competencia Núm. 483/1982 (RTC 1984, 53) y Núm. 180/1992, de 16 de noviembre, conflictos positivos de competencia acumulados Núms. 851/1985, 935/1986 y 1520/1987 (RTC 1992, 180).
28. Vid. la STC (Pleno) Núm. 142/2014, de 11 de febrero, Núm. de recurso de inconstitucionalidad 4806 de 2009 (RTC2014, 142), que desestima el recurso de inconstitucionalidad interpuesto por la Comunidad de Madrid contra el RDL 1/2009, de 23 de febrero, de medidas urgentes en materia de telecomunicaciones.

Competencia en el ámbito material de su actuación[29], cuando se trate de infracciones muy graves tipificadas en los apdos. 3, 10, 11 y 14 del artículo 106; infracciones graves tipificadas en los apdos. 19, 20, 24, 25, 27, 28, 34, 35, 36, 38, 39 y 41 del artículo 107; e, infracciones leves tipificadas en los apdos. 6 y 12 del artículo 108. A la Agencia Española de Protección de Datos (en adelante AEPD), en el caso de que se trate de las infracciones graves del artículo 107 tipificadas en el apdo. 30 o de las infracciones leves del artículo 108 tipificadas en el apdo. 11, cuando se vulneren los derechos de los usuarios finales sobre protección de datos y privacidad reconocidos en el artículo 66; y, a la persona titular de la Secretaría de Estado de Telecomunicaciones e Infraestructuras Digitales, en el resto de los casos y en los supuestos de imposición de sanciones por la comisión de las infracciones señaladas en las letras *a)* y *b)* cuando se trate de su ámbito material de actuación[30] (*v. gr.* art. 114 LGT)[31].

– Funcionamiento de los mercados y publicidad (art. 149.1. 13ª y 27ª CE). La regulación del funcionamiento de los mercados y de la publicidad es una competencia exclusiva del Estado de carácter pleno. De ahí, que Ley 3/2013, de 4 de junio, de creación de la Comisión Nacional de los Mercados y la Competencia (en adelante CNMC), encomiende a la CNMC la supervisión y el control de todos los mercados en interés de los consumidores y de las empresas, actuado en determinados sectores y mercados regulados, investigando y sancionando las prácticas anticompetitivas, entre ellas, la publicidad engañosa (art. 5 y ss.). Y ello, sin perjuicio de las competencias que correspondan a los órganos autonómicos de defensa de la competencia en su ámbito respectivo y de las propias de la jurisdicción competente.

29. Fundamentalmente, el incumplimiento de las obligaciones que aquellas tienen en materia de acceso, interconexión e interoperabilidad, el incumplimiento de las características y condiciones establecidas en materia de portabilidad y cambio de proveedor de internet; del deber de conservación de los números; el incumplimiento de la normativa de itinerancia en la UE o fuera de ella; y, el incumplimiento de las obligaciones de calidad del servicio, así, como la negativa o la obstrucción a ser inspeccionado, o la no colaboración con la inspección por parte CNMC, o el incumplimiento de sus resoluciones firmes.

30. Servicios y de las redes de comunicaciones electrónicas y de sus condiciones de prestación y explotación; de los equipos y aparatos, de las instalaciones y de los sistemas civiles; del dominio público radioeléctrico; y, de los servicios de tarificación adicional que se soporten sobre redes y servicios de comunicaciones electrónicas.

31. Ley 11/2022, de 28 de junio, General de Telecomunicaciones.

- Para el resto de las relaciones de consumo, se habrá de tener en cuenta el criterio general previsto en el art. 149.1. 1º, en el que se señala que la regulación de las condiciones básicas que garanticen la igualdad de todos los españoles en el ejercicio de los derechos y en el cumplimiento de los deberes constitucionales le corresponde al Estado.

2.2. LOS ESTATUTOS DE AUTONOMÍA

En la actualidad, tras la reforma de algunos Estatutos de Autonomía, podemos decir sin riesgo a equivocarnos que todas las CCAA han asumido la protección de los derechos de los consumidores, sea como una competencia exclusiva o como una competencia compartida, asumiendo y desarrollando la regulación estatal y/o su ejecución[32].

Como competencia exclusiva, se recoge en la LO 1/2011, de 28 de Reforma del Estatuto de Autonomía de Extremadura (art. 9. 18º); la LO 5/2007, de 20 de abril de Reforma del Estatuto de Autonomía de Aragón (art. 71. 26º); la LO 2/2007, de 19 de marzo, de Reforma del Estatuto de Autonomía de Andalucía (art. 58.1); la LO 1/2007, de 28 de febrero, de Reforma del Estatuto de Autonomía de Aragón (art. 30. 47º); la LO 6/2006, de 19 de julio, de Reforma del Estatuto de Autonomía de Cataluña (art. 123); la LO 1/2006, de 10 de abril, de Reforma del Estatuto de Autonomía de Valencia (art. 40. 35º); la LO 2/1983, de 25 de febrero, que aprueba el Estatuto de Autonomía de las Islas Baleares (art. 30. 47º); la LO 1/1981, de 6 de abril, que aprueba el Estatuto de Autonomía de Galicia (art. 30); la LO 3/1979, de 18 de diciembre, que aprueba el Estatuto de Gernika (art. 10. 28º); y, en la LO 13/1982, de 10 de agosto, de Reintegración y Amejoramiento del Régimen Foral de Navarra [art. 51.1 d)].

Asumen la competencia para el desarrollo legislativo y/o ejecución la LO 14/2007, de 30 de noviembre, de Reforma del Estatuto de Autonomía de Castilla y León (art. 71); la LO 7/1981, de 5 de enero, de Reforma del Estatuto del Principado de Asturias (art. 11); la LO 2/1995, de 13 de marzo, del Estatuto de la ciudad autónoma de Melilla (art. 22.1); la LO 1/1995, de 13 de marzo, del Estatuto de la ciudad autónoma de Ceuta (art. 22.3); la LO 3/1983, de 25 de febrero, que aprueba el Estatuto de Autonomía de Madrid (art. 27.10); la LO 9/1982, de 10 de agosto, que aprueba el Estatuto de Castilla-la Mancha (art. 32); la LO 3/1982, de 9 de junio, que aprueba el Estatuto de la

32. Según Carlos Lasarte, se ha producido una atribución competencial, con la pretensión de crear *ex novo* un título competencial que, judicial y doctrinalmente, dicta mucho de estar definido (Manual sobre protección de consumidores y usuarios, Dykinson, 11ª ed. Madrid, 2019, pág. 47).

Rioja (art. 9); la LO 4/1982, de 2 de junio, del Estatuto de Murcia (art. 11.7); y, la LO 8/1981, de 30 de diciembre, que aprueba el Estatuto de Cantabria (art. 25.6).

En cumplimiento de la competencia que se atribuyen las CCAA en sus respectivos Estatutos de Autonomía, en lo que a la potestad legislativa se refiere en la protección de los consumidores todas las CCAA han dictado distinta normativa que unas veces recibe la denominación de estatutos de consumidores, y en otras, códigos de consumo, o simplemente ley de protección de los consumidores[33].

Algunas de estas normas, han sido objeto de varios conflictos positivos de competencia o de recursos de inconstitucionalidad por invasión de las competencias exclusivas del Estado, así como, alguna comunidad autónoma ha impugnado algunas normas estatales, por entender que el Estado ha invadido su competencia en la protección de los consumidores y usuarios. Y es que, si algo caracteriza al Derecho de consumo, y al régimen sancionador en la protección de los consumidores, es que no se regula en una única norma (en la LGDCU), sino que hay una pluralidad de normas sustantivas tanto estatales como autonómicas que al regular una determinada materia o sector pueden disciplinar infracciones administrativas que inciden en la protección de los consumidores, y hacerlo en la mayoría de las ocasiones de forma distinta.

2.3. LA DOCTRINA DEL TC SOBRE LA ATRIBUCIÓN COMPETENCIAL

A la hora de determinar si una norma autonómica invade la potestad sancionadora del Estado, o viceversa, ha de partirse de lo señalado en la STC 130/2013, de 4 de junio, en la que se indica que existe una conexión entre la competencia sobre la materia específica de que se trate y la competencia para establecer el régimen sancionador propio de dicha materia[34]:

> *«De esta manera, la competencia del Estado para regular el régimen sancionador en una materia determinada tendrá el alcance que tenga su competencia normativa —básica o de legislación plena— en dicha materia. Correlativamente, las Comunidades Autónomas pueden adoptar normas administrativas sancionadoras cuando, teniendo competencia sobre la materia sustantiva de que se trate, tales disposiciones se acomoden a las garantías constitucionales dispuestas en este ámbito del derecho sancionador (art. 25.1 CE, básicamente), y no introduzcan divergencias irrazonables*

33. Algunos de estos estatutos serán analizados más adelante.
34. STC (Pleno) Núm. 130/2013, de 4 de junio, Núm. de recurso de inconstitucionalidad 931/2004 (RTC 2013, 130).

y desproporcionadas al fin perseguido respecto del régimen jurídico aplicable en otras partes del territorio (art. 149.1.1)»[35].

Dicho de otro modo, la potestad sancionadora tiene un carácter instrumental respecto del ejercicio de las competencias sustantivas[36]. De ahí, que las CCAA puedan aprobar normas administrativas sancionadoras que afecten a la protección de los consumidores cuando tienen la competencia sobre la materia sustantiva de que se trate, con el límite de que la regulación autonómica deberá acomodarse a las disposiciones que el Estado dicte en orden al desarrollo de las garantías constitucionales, exigidas al Derecho administrativo sancionador. Y es que, la regulación del procedimiento administrativo común le corresponde en exclusiva al Estado (art. 149,1. 18ª CE).

En este sentido, ha de entenderse que tiene la consideración de condición básica, los criterios de graduación de las sanciones. De tal forma que le corresponde al Estado fijar unos principios que eviten divergencias irracionales o desproporcionadas entre las distintas regulaciones sancionadoras autonómicas[37]. Lo mismo cabe decir de las normas que inciden sobre la prescripción de las infracciones y sanciones, o sobre la reincidencia, pues tales cuestiones deben tratarse de la misma forma, al referirse a normas orientadas a garantizar al administrado un tratamiento común ante cualquier Administración pública (*ex art.* 149.1, 1ª CE)[38].

Dejando de lado esta cuestión, y teniendo presente que el Derecho de consumo tiene, ciertamente, un carácter transversal, nos podemos encontrar con diversas situaciones que han de merecer distinta respuesta en orden

35. En igual sentido, vid. las SSTC (Pleno) Núm. 87/1985, de 16 de julio, Núm. de recurso de inconstitucionalidad 707 de 1983 (RTC 1985, 87) y Núm. 82/2013, de 11 de abril, Núm. de recurso de inconstitucionalidad 2295/2004 (RTC 2013, 82).
36. SSTC (Pleno) Núm. 48/1988, de 22 de marzo, Núms. de recursos de inconstitucionalidad acumulados 873 y 913 de 1985 (RTC 1988, 48); Núm. 227/1988, de 29 de noviembre, Núms. de conflictos positivos de competencia acumulados 995/1986, 512/1987 y 1208/1987 y los recursos de inconstitucionalidad 824/1985, 944/1985, 977/1985, 978/1985, 944/1985, 977/1985, 987/1985 y 988/1985 (RTC 1988, 227); Núm. 96/1996, de 30 de mayo, Núms. de recurso de inconstitucionalidad 1710/1988, 1726/1988 y el conflicto de competencia 200/1989 (RTC 1996, 96); y, Núm. 124/2003, de 19 de junio, Núms. de recurso de inconstitucionalidad 1254/1996 y 1255/1996 (RTC 2003, 124).
37. SSTC (Pleno) Núm. 87/1985, de 16 de julio, Núm. de recurso de inconstitucionalidad 707/1983 (RTC1985, 87) y Núm. 102/1995, de 26 de junio, Núms. Recursos de inconstitucionalidad acumulados 1220/1989, 1232/1989, 1238/1989, 1239/1989, 1260/1989, 1268/1989 y los conflictos positivos de competencia 162/1990, 163/1990, 170/1990, 172/1990, 209/1990, 210/1990, 1938/1990, 95/1990 (RTC 1995, 102).
38. SSTC (Pleno) Núm. 87/1985, de 16 de julio, Núm. de recurso de inconstitucionalidad 707/1983 (RTC 195, 87) y Núm. 196/1996, de 28 de noviembre, Núm. de Recurso de inconstitucionalidad 1739/1989 (RTC 1996, 196).

a la atribución competencial de la regulación, y en su caso, de la atribución de la potestad sancionadora.

De un lado, habrá CCAA que han asumido en sus estatutos de autonomía la competencia exclusiva para regular un determinado sector económico. Sin que esta atribución competencial, puede excluir completamente la potestad sancionadora estatal, dado que al Estado le corresponde realizar la planificación económica general; y,

De otro lado, aunque el Estado tenga atribuida la competencia exclusiva para establecer las bases o coordinación de una determinada materia que afecta a los consumidores, se ha de dejar un margen a la potestad sancionadora de las CCAA. Si bien, normalmente irá referida a aspectos accesorios. *A sensu contrario*, cuando el Estado tenga atribuida la competencia exclusiva plena en la materia, a él le corresponderá tanto la regulación de la legislación sustantiva como el ejercicio de la potestad sancionadora.

De *facto*, ello lleva, normalmente, aparejado un criterio especial de atribución de la potestad a un órgano administrativo concreto estatal (*v. gr.* CNMV, CNMC, AESA, Banco de España, etc.).

Finalmente, habrá aspectos de la regulación que pudieran encuadrarse en el listado de las materias compartidas con las CCAA, en torno al cual se debe mantener un margen de actuación de las CCAA, siempre que aquellas no introduzcan divergencias irracionales y desproporcionadas. Sin perjuicio de que el Estado pudiera recabar para sí la potestad sancionadora, en el supuesto de que la infracción cometida se extendiese al territorio de más de una comunidad autónoma.

Dicho lo anterior, y sin pretender ser exhaustivos, a continuación, se realiza un breve análisis de los últimos pronunciamientos del TC, en los que se analiza algunas de las materias en las que existe transversalidad, debiendo advertir de antemano que la conflictualidad, entre el Estado y las CCAA, está lejos de estar cerrada:

- La STC 57/2022, de 7 de abril, dictada en el recurso de inconstitucionalidad interpuesto por el Gobierno frente a diversos preceptos de la Ley del Parlamento de Cataluña 11/2020, de 18 de septiembre, de medidas urgentes en materia de contención de rentas en los contratos de arrendamiento de vivienda y de modificación de la Ley 18/2007, de la Ley 24/2015 y de la Ley 4/2016, relativas al derecho a la vivienda[39]. Recurso en el que se cuestiona si el régimen de

39. STC (Pleno) Núm. 57/2022, de 7 de abril, Núm. de recurso de inconstitucionalidad 4203/2021 (RTC 2022, 57).

contención y moderación de rentas aplicables a los contratos de arrendamiento de viviendas concluidos en áreas de mercado tensionas, pese a afectar a la vivienda, materia de competencia exclusiva de la Generalitat, invadía la competencia estatal para determinar las bases de las obligaciones contractuales. Y, en especial, se cuestionaba si el régimen de control y el régimen sancionador que aquella norma establecía en sus arts. 14 y 16.1, podía invadir dicha competencia, aparte de vulnerar la competencia estatal en materia de legislación procesal, por lo dispuesto en los arts. 17 y 18.

Por lo que refiere a los preceptos dedicados a la potestad sancionadora, objeto de este estudio, el TC entendió que los preceptos examinados son inconstitucionales, teniendo en cuenta el carácter instrumental de la potestad sancionadora respecto del ejercicio de la competencia material, por cuanto que ya se había pronunciado anteriormente sobre la incompetencia de la Generalitat para declarar áreas con mercado de viviendas tensionadas, así como para implantar un régimen de contención y moderación de rentas (SSTC 37/2022, de 18 de septiembre y 16/2021 de 28 de enero). De lo que se deduce, al resolver el recurso, que tampoco la ha de tener para controlar su cumplimiento o las consecuencias de su infracción.

– La STC 72/2021, de 18 de marzo, dictada en el recurso de inconstitucionalidad planteado por el Gobierno contra la Ley 6/2019, de 20 de febrero, del Estatuto de las personas consumidoras de Extremadura. Recurso en el que se cuestiona si algunos preceptos de la norma impugnada no responden a un adecuado ejercicio de las competencias autonómicas en materia de protección de los consumidores y usuarios, en cuanto vulnera las competencias estatales en materia de legislación civil, mercantil y procesal, además de la competencia estatal sobre las bases de la ordenación del crédito y las bases y coordinación de la planificación general de la actividad económica[40].

  Y es que, dicho Estatuto contradice lo establecido por la norma estatal en cuanto a la obligación de entregar a papel el documento justificativo de la contratación, al establecer que el comerciante puede entregar una factura electrónica, sin contar con el consentimiento del comprador.

40. STC (Pleno) Núm. 72/2021, de 18 de marzo, Núm. de recurso de inconstitucionalidad 6835/2019 (RTC 2021, 72).

- La STC 13/2019, de 31 de enero, **que** resuelve el recurso de inconstitucionalidad interpuesto por el Gobierno frente a diversos artículos de la Ley 24/2015, de 29 de julio, de medidas urgentes para afrontar la emergencia en el ámbito de la vivienda y la pobreza energética catalana[41].

  Recurso, en el que ya hemos indicado, se declaran la inconstitucionalidad de algunos preceptos de la norma recurrida por invasión de la competencia estatal para establecer la legislación procesal y la legislación civil, además de la ordenación general de la economía. Al ser estas materias competencia exclusiva del Estado que ha sido vulnerada por la norma catalana, por cuanto desvirtúa la dinámica de los fondos de titulización regulados en la Ley 5/2015, de 27 de abril, de fomento de la financiación empresarial.

  Declaración de inconstitucionalidad que procede porque la normativa autonómica ha introducido un *novum* en el contenido contractual, al introducir derechos u obligaciones no previstos en la normativa estatal. Y ello, aunque la finalidad de la norma sea tuitiva del consumidor y que la comunidad autónoma tenga atribuida en su Estatuto de autonomía la competencia exclusiva en la protección de los consumidores, o de que la legislación catalana haya regulado cuestiones similares sin que el Estado haya formulado oposición.

- La STC 119/2018, de 31 de octubre, dictada en el recurso de inconstitucionalidad interpuesto por el Gobierno frente a determinados artículos de la Ley 1/2012, de 23 de marzo, para la protección de los derechos de los consumidores mediante el fomento de la transparencia en la contratación hipotecaria en la Comunidad de Madrid[42]. Recurso en el que se impugna varios preceptos de la norma autonómica que se entienden no se adecuan a la Ley 2/2009, de 31 de marzo, por la que se regula la contracción con los consumidores de préstamos o créditos hipotecarios y de servicios de intermediación y la Orden EHA/2899/2011, de 28 de octubre.

  Se trata pues de un caso de inconstitucionalidad mediata, porque la posible inconstitucionalidad de la norma autonómica no proveniente de una contradicción directa con la Constitución, sino de su examen a la luz de otras normas infraconstitucionales dictadas por el Estado en el ejercicio de su competencia exclusiva en la ordena-

41. STC (Pleno) Núm. 13/2019, de 31 de enero, Núm. de recurso de inconstitucionalidad 2501/2016 (RTC 2019, 13).
42. STC (Pleno) Núm. 119/2018, de 31 de octubre, Núm. de recurso de inconstitucionalidad 27/2013 (RTC 2018, 119).

ción del crédito (art. 149.1.11 CE). El TC declara la inconstitucionalidad de los preceptos impugnados, por cuanto que discrepan de lo establecido en la norma básica estatal, en concreto, en lo relativo a la obligación de información de las empresas que actúan en el mercado hipotecario sin tener la condición de entidades de crédito, y la sanción por el incumplimiento de esa obligación.

– La STC 54/2018, de 24 de mayo, dictada en el recurso de inconstitucionalidad planteado por el Gobierno contra el Código de Consumo de Cataluña, por invasión de las competencias del Estado en el régimen jurídico del suministro de energía eléctrica y gas en la protección de los consumidores vulnerables, por invasión de la competencia estatal en la regulación de los préstamos o créditos hipotecarios al establecer una prohibición de contratar que desborda la competencia autonómica; y, finalmente, por invasión de la competencia del Estado en la legislación procesal[43].

Dejando esta invasión de lado, y centrándonos en el primer reproche, el TC expresamente señala que las competencias estatutarias en materia de consumidores y usuarios no faculta a la Generalitat de Cataluña para contradecir las bases que el Estado ha establecido (*ex art.* 149,1. 25 y 13 CE). Y ello, porque la competencia autonómica de consumo tiene carácter transversal, correspondiendo al Estado la obligación de asegurar la uniformidad en el desarrollo o ejecución de la ley de bases estatal. Por lo tanto, en caso de colisión, ha de prevalecer el título competencial estatal; habiendo una contradicción entre la legislación autonómica, al definir la pobreza energética y a las personas en situación de vulnerabilidad económica, y la legislación del Estado. Y es que el Estado, ha definido dichos conceptos en atención a la Directiva 2009/72/CE, que impone a los Estados miembros de la Unión diversas obligaciones, en particular la de incorporar al ordenamiento jurídico español medidas de protección para los consumidores vulnerables.

Por lo que se refiere al segundo reproche de la norma autonómica, que incide en la contratación de créditos y préstamos hipotecarios desde la perspectiva del consumidor, el TC señala que le corresponde al Estado dictar la legislación básica en protección del consumidor financiero, y a las CCAA su desarrollo. Recordando que la legislación estatal es la Orden EHA/2899/2011, de 28 de octubre, de transparencia y protección del cliente de servicios bancarios, y

43. STC (Pleno) Núm. 54/2018, de 24 de mayo, Núm. de recurso de inconstitucionalidad 5459/2015 (RTC 2018, 54).

que dicha Orden faculta expresamente al Banco de España para dictar las normas precisas para su desarrollo y ejecución. Recordando que la normativa básica de protección de los consumidores y usuarios es muy amplia y densa en el ámbito financiero, y que la atribución de la potestad de supervisión de aquél, trata, esencialmente, de reducir los efectos nocivos ocasionados por la asimetría de la información disponible en los mercados financieros, exigiendo una serie de patrones de conducta a todas las entidades financieras.

- La STC 66/2017, de 25 de mayo, que resuelve el recurso de inconstitucionalidad interpuesto por la Generalitat de Cataluña frente a la Ley 12/2013, de medidas para la mejora del funcionamiento de la cadena alimentaria, por cuanto que atribuye a la Agencia de Información y Control de Alimentarios la competencia exclusiva para el desarrollo del régimen de control agroalimentario del aceite, de los lácteos y de otros productos sensibles, con base a que las infracciones objeto de investigación puedan responder a conductas que se desarrollan en más de una comunidad autónoma[44]. En esta sentencia, concluye el TC que el argumento ofrecido por el Gobierno para mantener la competencia exclusiva del Estado, no justifica que se reserve con carácter general y preventivo toda la competencia ejecutiva. Reproche de inconstitucional que, en cambio, no se extiende al precepto destinado a la potestad sancionadora atribuido a la Agencia, por cuanto que el desarrollo reglamentario del precepto, el RD 66/2015, de 20 de febrero, hace referencia a la competencia para resolver el procedimiento sancionador que corresponde a la Administración General del Estado, dejando a salvo la potestad sancionadora de las Comunidades Autónomas (Fund. Jco. 6 y 7)[45].

- La STC 157/2004, de 21 de septiembre, que resuelve el recurso de inconstitucionalidad interpuesto por el Gobierno contra la Ley Foral 17/2001, de 12 de julio, reguladora del Comercio en Navarra,

44. STC (Pleno) Núm. 66/2017, de 25 de mayo, Núm. de recurso de inconstitucionalidad 6227/2013 (RTC 2017, 66).

45. En términos semejantes, vid. la STC (Pleno) Núm. 142/2016, de 21 de julio, Núm. de recurso de inconstitucionalidad 6014/2015 (RTC 2016, 142), que resuelve el recurso de inconstitucionalidad interpuesto por la Generalitat de Cataluña contra determinados preceptos de la Ley 28/2015, de 30 de julio para la defensa de la calidad alimentaria, que declara la inconstitucionalidad de la norma estatal por cuanto que regula el régimen sancionador de forma exhaustiva y completa vaciando de contenido la competencia sectorial legítima de la Comunidad Autónoma para regular lo accesorio o complementario, tanto al establecer las infracciones como las sanciones.

al considerar que ha invadido competencias estatales, en especial la competencia para regular la legislación civil y mercantil, y para establecer las bases y coordinación de la planificación general de la actividad económica y las bases del régimen jurídico de las Administraciones Públicas, por cuanto que no regula la reincidencia como elemento de graduación de las sanciones[46].

2.4. LA LGDCU Y SUS MODIFICACIONES

Antes de que fuera modificado la LGDCU —primero por el Real Decreto Ley 24/2021, de 2 de noviembre, y más tarde por la Ley 23/2022, de 2 de noviembre— el precepto que se dedicaba a la regulación de la competencia para sancionar en materia de consumo, era el art. 47 (actual art. 52 *bis*).

Lo primero que podemos destacar de este precepto, es que no realizaba una distribución de la competencia para sancionar entre el Estado y las CCAA, sino que se limitaba a establecer unas reglas para determinar la competencia territorial entre las distintas CCAA, estableciendo como criterio de aplicación el *forum delicti comisi* de la infracción, que además sirve también como criterio para atribuir la competencia para sancionar a las Administraciones españolas, correspondiéndoles el conocimiento de todas las infracciones de consumo cometidas en el territorio español, cualquiera que sea la nacionalidad, el domicilio o el lugar en que radiquen los establecimientos del responsable.

Y esta afirmación, se deduce claramente, de lo señalado en la Exposición de Motivos de la LGDCU, al señalar que:

> *«El Texto Refundido no prejuzga cuáles sean las Administraciones públicas competentes en relación con las materias contenidas en él, consciente de que la protección de los consumidores es una materia pluridisciplinar en la que concurren diversas Administraciones. Las Administraciones públicas competentes serán, en cada caso, las que tengan atribuida tal competencia por razón de la materia con pleno respeto a la autonomía organizativa de las distintas Administraciones involucradas, en particular en las materias relacionadas con la salud y el turismo».*

Sin perjuicio de lo anterior, y para que sirva de orientación, ha de tenerse en cuenta lo dispuesto en la Disposición final primera del Real Decreto Legislativo 1/2007, por el que aprueba el Texto Refundido de la LGDCU, que en lo relativo a la competencia legislativa para establecer el régimen sancionador, indica que la regulación tiene carácter básico, al dictarse al amparo de las competencias que la Constitución atribuye al Estado por *mor*

46. STC (Pleno) Núm. 157/2004, de 21 de septiembre, Núm. de recurso de inconstitucionalidad 5343/2001 (RTC 2004, 157).

del art. 149.1. 1ª (regulación de las condiciones básicas para garantizar la igualdad en el ejercicio de los derechos y obligaciones), 13ª (ordenación general de la economía), 16ª (sanidad) y 18ª (Régimen jurídico común de las Administraciones públicas)[47].

Régimen sancionador legal, que fue desarrollado por el Real Decreto 1.945/1983, de 22 de junio, por el que se regulan las infracciones y sanciones en materia de defensa del consumidor y de la producción agroalimentaria, y que, aún dictado al amparo del previsible texto originario de la LGDCU, no ha sido aún derogado (Disp. final tercera de la LGDCU). Esta norma reglamentaria, en el ámbito de la competencia sancionadora que le corresponde al Estado, determina el concreto órgano administrativo de la Administración General del Estado al que le corresponde el ejercicio de la potestad sancionadora, esto es, contiene la atribución de dicha competencia en atención al tipo de infracción, siguiendo un criterio material y cuantitativo al atribuir la competencia inter-orgánica a diversos órganos de dicha Administración (art. 19).

Podemos concluir que lo que regulaba el art. 47 de la LGDCU era una distribución competencial territorial entre las distintas Administraciones autonómicas, a las que le pudiera corresponder la competencia para conocer de la concreta materia de consumo sobre la que recayese la infracción administrativa, sin excluir la competencia estatal.

Del juego combinado de ambas disposiciones, cabía colegir que la imposición de las sanciones por vulneración de la norma de consumo le podía corresponder tanto a un órgano administrativo estatal, como autonómico, e incluso, local —en el ámbito respectivo de sus competencias[48]—, si es que la comunidad autónoma, vía estatutaria, no ha limitado o suprimido la participación de los entes locales en el ejercicio de la potestad sancionadora

47. Disposición que ha sido modificada por la Disposición adicional primera de la Ley 23/2022, de 2 de noviembre de 2022, por la que se modifica la ley 13/2011, de 27 de mayo, de regulación del juego.

48. El ámbito de actuación de la Administración local vendrá determinado tanto por lo dispuesto por la normativa estatal (*v.gr.* art. 19.5 y 6 del RD 1945/1993, de 22 de junio, por el que se regulan las infracciones y sanciones en materia de defensa del consumidor y de la producción agro-alimentaria.), como por la normativa autonómica (*v. gr.* en Andalucía el art. 95 de la Ley 13/2003, de 17 de diciembre, de Defensa y Protección de los Consumidores y Usuarios de Andalucía), que normalmente atribuyen la competencia sancionadora a la Administración local, en función de un criterio cuantitativo, esto es, en atención a la gravedad de la infracción cometida en su territorio, conociendo de las infracciones leves. En este aspecto, vid. la STSJ de Asturias (Sala de lo Contencioso-administrativo) de 20 de febrero de 2001, Núm. de recurso: 2804/1997 (RJCA 2001, 497); y, la STSJ de Aragón (Sala de lo Contencioso-administrativo) de 4 de abril de 2000, Núm. de recurso: 309/1996 (JUR 2000, 280964).

en materia de consumo (*ex art.* 148.1. 2ª CE). Sin embargo, no fue esta la interpretación que se dio a los preceptos, sino todo lo contrario, se pensaba que la competencia para sancionar solo le habría de corresponder a la Administración autonómica.

En cuanto a la forma de distribución de la competencia entre las distintas CCAA, la mayoría de la doctrina había criticado los términos absolutamente ambiguos utilizados en la ley para determinar el lugar de comisión de la infracción[49]. Por cuanto que el apdo. 2 del art. 47, se limitaba a señalar que:

> «*las infracciones se entenderán cometidas en cualquiera de los lugares en que se desarrollen las acciones u omisiones constitutivas de las mismas y, además, salvo en el caso de infracciones relativas a los requisitos de los establecimientos e instalaciones o del personal, en todos aquellos en que se manifieste la lesión o riesgo para los intereses de los consumidores y usuarios protegidos por la norma sancionadora*».

Y es que, el precepto establecía dos fueros atributivos de la competencia sancionadora que son concurrentes, sin atribuir preferencia legal alguna entre ellos, siendo la regulación parca al tiempo que ambigua. Por cuanto a que:

De un lado, permitía determinar el lugar de comisión de la infracción, en atención al lugar en el que se desarrolla la acción u omisión objeto de la infracción, sin más precisión, algo que planteaba problemas en el supuesto de un comerciante, empresa o profesional que opera en todo el territorio nacional u opera en el mercado de servicios a distancia (venta *online*). Siendo posible entender por tal, al mismo tiempo, varios lugares: el domicilio social de la empresa, el lugar del despacho profesional si se trata de una persona física, el lugar de establecimiento de la fábrica o sucursal origen de la infracción o donde tenga su operativa logística, etc.; y,

De otro, porque también permitía que sea competente la Administración en donde se manifiesta la lesión o el riesgo para el consumidor, que normalmente es el lugar de domicilio de los consumidores afectados por el hecho dañoso o potencialmente dañoso, pero que también pudiera ser otro distinto.

49. Vid. DIAZ SASTRE, S. y VELASCO CABALLERO, F.: «Comentario al art. 47», en *Comentario del Texto Refundido de la Ley General para la Defensa de los Consumidores y Usuarios y otras leyes complementarias* (coord. Bercovitz Rodríguez-Cano), ed. Aranzadi, Navarra, 2009, pág. 619; ALENZA GARCÍA, J.F.: «Comentario al art. 47», en *Comentarios a las normas de protección de los consumidores. Texto refundido (RDL 1/2007) y otras leyes y reglamentos vigentes en España y en la Unión Europea* (dir. Cámara Lapuente), ed. Colex, Madrid, 2011, págs. 384 a 386.

La falta de una concreción legal sobre el orden de preferencia entre estos dos fueros, y los criterios aplicables para su determinación, obligaba a un análisis de la jurisprudencia menor, a los efectos de determinar cómo ha de integrarse esta laguna legal. Sin que hayamos sido excesivamente exhaustivos en el vaciado de jurisprudencia de los Tribunales Superiores de Justicia, del análisis de las resoluciones que hemos realizado, podemos sostener que no existía una interpretación uniforme que integrara las oscuridades de la ley. Por el contrario, podríamos afirmar que nuestros tribunales al enjuiciar este concepto en el caso concreto han adoptado distintos posicionamientos, incluso de forma contradictoria.

Unas veces se ha dado preferencia al criterio de la actividad sobre otros criterios, entendiendo que la infracción se comete donde se lleva a cabo la acción u omisión objeto de infracción[50]; en otras, se ha dado preferencia al criterio del resultado, entendiendo que la infracción se ha cometido en el lugar en que se detecta la infracción[51] o donde se manifiesta los efectos perjudiciales para los consumidores[52]; y, en otras, se da preferencia al criterio del domicilio social o establecimiento del infractor[53], e incluso, en alguna

50. En este sentido, vid. la STSJ de Madrid de 14 de mayo de 1998, Núm. de recurso: 694/1995 (RJCA 1998, 1954).

51. En este sentido, vid. la STSJ de Andalucía, Granada (Sala de lo Contencioso-administrativo) de 21 de septiembre de 1998; Núm. de recurso: 67/1995 (RJCA 1998, 3434); y, la STSJ de Madrid (Sala de lo Contencioso-administrativo) de 28 de abril de 2003, Núm. de recurso: 430/2000 (RJCA 2004, 529), que señalan como competentes a aquellas CCAA donde se detecta la infracción.

52. En esta línea, en la STSJ de Cataluña (Sala de Contencioso-administrativa) de 16 de febrero de 2007; Núm. de recurso: 886/2003 (JUR 2007, 152701), se señala que el lugar de comisión es el lugar en el que se consuma la defraudación o engaño en una publicidad ilícita.

53. Discrepancia que incluso se puede apreciar en la jurisprudencia de un mismo órgano jurisdiccional. En este sentido, vid. la STSJ de Madrid (Sala de lo Contencioso-administrativo) de 18 de junio de 2019, Núm. de recurso: 530/2018 (RJCA 2019, 995), en la que se hace exposición de los diferentes criterios que ha mantenido la Comunidad Autónoma madrileña para sancionar, argumentos secundados por dicho Tribunal en otras resoluciones. Así, por ejemplo, se citan las sentencias 571/2008, de 24 de abril de 2008 (JUR 2008, 215309), 77/2012, de 4 de febrero de 2012 (RJCA 2012, 617) y 395/2012, de 5 de junio de 2012 (RJCA 2012, 506), en las que el TSJ de Madrid ha resuelto que la competencia territorial le corresponde a la Comunidad de Madrid porque, aunque no es el lugar donde se encuentra la sede social de la empresa, es donde tiene ubicada la sucursal o agencia de la entidad infractora, al entender que el fuero de la razón social de la sancionada sólo se aplica subsidiariamente. Pero también cita, las sentencias de 5 de junio de 2012 y 24 de abril de 2008, en las que se resuelve que, en las infracciones del derecho de consumo, cuando el presunto infractor sea una persona jurídica se ha de entender cometida la infracción en el lugar en que ésta tenga su razón social siempre que la infracción sea consecuencia de una orden, de una instrucción o, en general,

resolución aislada, sea optado por atribuir la competencia a la comunidad autónoma, que pudiera imponer una sanción mayor[54].

La aplicación del fuero del lugar en que se manifiesta la lesión o el riesgo para el consumidor plantea un problema añadido, en aquellos casos en los que la acción u omisión típica, se realice en un lugar, pero los efectos de esa infracción se manifiesten en varios territorios autonómicos —infracción interautonómica—, porque la infracción cometida afecta a los intereses colectivos o difusos de los consumidores o usuarios o porque afecta a la unidad del mercado nacional o de la competencia. Laguna legal, que en algunas ocasiones se ha saldado con la atribución de la competencia a la comunidad autónoma donde tenga establecido el domicilio social la empresa responsable de la infracción, y en otras donde tuviera su origen la infracción.

Solución esta, que no nos parece del todo acertada, al entender que en estos casos hubiera de haber entrado en juego la regla de atribución de la

---

de una decisión que emane de los órganos que la gobiernan. Por el contrario, cuando la infracción consista en una acción u omisión cuya realización pueda ser decidida por las sucursales o agencias de la entidad, se debe entender que la infracción se ha cometido en el territorio de éstas; por lo tanto, da prioridad al fuero de la razón social de la persona jurídica sobre el de la sucursal, que sólo cede, si consta manifiestamente que la infracción se ha cometido por una sucursal y actuando éstas con autonomía funcional del órgano de gobierno de la misma. Contribuyendo a esta interpretación, a juicio del tribunal, el derecho a la defensa del presunto infractor, dado que sus órganos técnicos (asesoría jurídica) suele radicar en su sede social, la facilidad en el cumplimiento de la sanción que pudiera complicarse si la ejecución de la resolución sancionadora por vía de apremio se el órgano ejecutor no es la Administración territorial en donde tiene su razón social la persona jurídica sancionada; y, la salvaguardia del principio de *non bis in ídem,* pues impide que se dicten resoluciones administrativas contradictorias, si se opta por atribuir la competencia a la Administración territorial en donde hayan aparecido los efectos de la infracción, pues se centraliza la decisión en una sola comunidad autónoma. Finalmente, se cita la sentencia de 27 de septiembre de 2017 (JUR 2017, 255087), en la que se atribuye la competencia sancionadora a la Comunidad de Madrid, aun cuando la persona jurídica sancionada tenía su domicilio en Castilla La Mancha, por el mero hecho de que los inspectores del área de calidad alimentaria de la Consejería de Sanidad de la Comunidad de Madrid habían realizado una visita de inspección en la sucursal abierta en Madrid, aunque hubieran tomado muestras en Tomelloso (Ciudad Real).

Falta de coherencia en el criterio a seguir que también puede advertirse en la STSJ de Madrid de 26 de noviembre de 2021, Núm. Recurso: 759/2020 (RJCA 2021, 1890), por cuanto que no explica claramente las reglas de aplicación de los distintos criterios para determinar el lugar de la comisión de la infracción.

54. En este sentido, vid. la STSJ de Castilla-la Mancha (Sala de lo Contencioso-administrativo) de 7 de junio de 2002; Núm. de recurso: 2229/1998 (RJCA 2022, 790), que sorprendentemente aplicó lo previsto en la LECrim para determinar la competencia territorial en los delitos conexos.

competencia estatal del art. 149.1.1ª de la CE, a riesgo de que exista una protección diferente de los derechos de los consumidores afectados por la infracción, dependiendo de la comunidad autónoma en la que se manifieste, por no decir que es la Administración más adecuada para poder conocer el alcance total y real del daño o riesgo producido al conjunto de los consumidores afectados, criterio éste que ha de servir para graduar la sanción.

Esta ambigüedad en la regulación y en la interpretación jurisprudencial de la distribución competencial, ocasiona cuanto menos una gran inseguridad jurídica. Y, aunque pudiéramos pensar que determinar el lugar de comisión de la infracción es una cuestión *baladí*, no lo es. No sólo porque se puede estar invadiendo una competencia de otra Administración al sancionar, sino también porque la falta de competencia para sancionar por razón de la materia o del territorio, necesariamente ha de motivar la nulidad del acto administrativo sancionador (*ex.* art. 47 de la LPACAP). Y ello, si no se tiene en cuenta, que igual consecuencia conlleva, la vulneración del principio de *non bis in ídem,* para aquellos supuestos en los que no se advierta que los mismos hechos ya han sido sancionados por otra Administración.

De ahí, que parte de la doctrina defendiese la necesidad de modificar el precepto, para incluir alguna regla de preferencia u orden, que permitiera solucionar la inseguridad jurídica ocasionada por el precepto. Dudas jurídicas que se acrecentaban al analizar el apdo. 3º del art. 47, por cuanto que éste sancionaba que:

> *«Las autoridades competentes en materia de consumo sancionarán, asimismo, las conductas tipificadas como infracciones en materia de defensa de los consumidores y usuarios de los empresarios de los sectores que cuentan con una regulación específica y las prácticas comerciales desleales con los consumidores o usuarios».*

Olvidando el legislador que, desde el punto de vista material o sustantivo, tratándose de una competencia exclusiva del Estado, se ha podido establecer una autoridad administrativa específica para sancionar, como es la CNMC[55]. Del mismo modo, que pudiera estar establecida tal competencia

55. Vid. CORDERO LOBATO, E.: «Tipificación y competencia en el Derecho sancionador de consumo. Un estudio de la jurisprudencia contencioso-administrativa», *CESCO,* abril, 2008, pág. 82 (disponible en el enlace https://centrodeestudiosdeconsumo.com/images/DERECHO_SANCIONADOR/derechosancionador/46.pdf). En la jurisprudencia, por ejemplo, puede consultarse las resoluciones que recuerdan que la CNMV tiene competencia en atención al principio de especialidad, no correspondiendo la potestad sancionadora a las CCAA si la infracción afecta al mercado de valores. En este sentido, vid. las SSTSJ de Andalucía, Sevilla (Sala de lo Contencioso-administrativo) de 4 de febrero de 2016, Núm. de recurso: 251/2014 (RJCA 2016, 253); y, de 11 de febrero de 2016, Núm., de Recurso: 252/2014 (JUR 2016, 114572).

en el ámbito autonómico, por una norma específica en el ejercicio de la competencia que le corresponde a la comunidad autónoma.

Por otro lado, contribuyó a acrecentar la inseguridad jurídica, el hecho de que el consumidor, al presentar una reclamación de consumo ante las autoridades administrativas, suele utilizar un impreso común, y pudiera estar ejercitando su derecho a formular denuncia ante un órgano incompetente, dado que las reglas de atribución de la competencia son diferentes según se esté instando una solución extrajudicial de consumo, arbitraje o mediación, o una mera reclamación ante la autoridad de consumo competente para sancionar[56]. Dando según qué casos, al archivo de la denuncia por incompetencia, y en el mejor de los casos, a la remisión al órgano competente, siempre que estaba integrado en la misma Administración territorial.

El precepto que recoge en la actualidad la competencia para sancionar es el art. 52 *bis* de la LGDCU, que fue introducido en dicho texto por el Real Decreto Ley 24/2021 y modificado justo un año después por la Ley 23/2022, que en concreto ha modificado tres de sus cinco apartados. A continuación, analizamos uno a uno los distintos apartados del precepto, explicando cronológicamente, en la medida de lo posible, los cambios producidos con relación a la regulación originaria del art. 47.

El *apartado 1º del art. 52 bis* habla de infracciones de consumo, en tanto que el art. 47 hablaba de infracciones en materia de defensa de los consumidores y usuarios, cambio que mejora técnicamente la redacción del precepto, aunque con escasa trascendencia jurídica. mayor trascendencia tiene la modificación contemplada en el párrafo segundo del precepto, que elimina algunos de los problemas jurídicos que presentaba el art. 47.3. Y es que permite que las autoridades competentes en materia de consumo sancionen, asimismo, las conductas tipificadas como infracciones en materia de defensa de los consumidores y usuarios en aquellos sectores que cuenten con regulación específica, así como las prácticas comerciales desleales con los consumidores. Si bien, establece una limitación a tal posibilidad, «*en tanto en cuanto dicha regulación no atribuya la competencia sancionadora en materia de consumo a otra administración*».

56. En este aspecto, vid. CORDERO LOBATO, E.: «¿Qué OMIC debe tramitar una reclamación de consumo?: ¿La del lugar de comisión de la infracción, la del domicilio del consumidor o la del empresario?», CESCO, mayo de 2015 (disponible en el enlace https://centrodeestudiosdeconsumo.com/images/ARBITRAJE/Encarna-Cordero-Qu%C3%A9-OMIC-debe-tramitar-una-reclamaci%C3%B3n-de-consumo.pdf).

Podemos decir, por lo tanto, que salvaguarda el principio de *non bis in ídem* al impedir que dos órganos distintos de una misma Administración conozcan de una infracción que afecte a los derechos o intereses de los consumidores, al tiempo que deja a salvo la competencia objetiva o material, que pudiera corresponder en exclusiva al Estado, normalmente atribuida a algún órgano estatal específico (como puede ser la CNMC, AESA, el Banco de España, etc.), así como, la que pudiera corresponder a un organismo autonómico específico.

Hemos de indicar que estos problemas se trataron de solventar con el RDL 24/2021, que atribuía la competencia al órgano de consumo para sancionar las infracciones de consumo y, asimismo, las conductas tipificadas como prácticas comerciales desleales con los consumidores y usuarios. Sin hacer mención a las infracciones sobre sectores que cuenten con su propia regulación que, no obstante, también pudieran constituir una infracción de consumo. Sin embargo, más que solucionar, la redacción dada por el RDL 24/2021 ocasionó antinomias entre el propio articulado de la LGDCU. En concreto, por la contradicción de lo regulado en el art. 47. 1 *u)* —que, al establecer las infracciones sancionables por los órganos de consumo, señala que no sólo serán constitutivas de infracción de consumo los motivos regulados en la LGDCU y normas desarrollo, sino también los regulados en otra normas—, con lo señalado en el art. 46, que establece el principio de la especialidad en caso de concurso de normas[57].

57. En este aspecto, no estamos del todo de acuerdo con lo señalado por DOMÍNGUEZ YAMASAKI, M.ª. I.: «Comentario al artículo 52 bis», en *Comentarios al Texto Refundido de la Ley de Consumidores y Usuarios* (Dir. Cañizares Laso, coord. Zumaquero Gil), Tomo I, ed. Tirant lo blanch, Valencia, 2022, pág. 702, al indicar que: «*si el apartado quinto del art. 46 TRLCU prevé de manera expresa que en el concurso de normas sancionadoras es de aplicación la especialidad, ya que será de aplicación la norma que "prevea más específicamente la conducta realizada, en la determinación de la competencia objetiva para el ejercicio de la potestad sancionadora este mismo principio ha de ser tenido en cuenta*», a nuestro entender la autora al realizar tal afirmación confunde dos conceptos que aún relacionados son distintos, el concepto de competencia y el de atribuciones. Entendiendo por el primero, la distribución competencial entre las distintas Administraciones territoriales en las que se organiza el Estado, y por el segundo, la distribución competencial entre los órganos de una misma Administración territorial. Diferencia que se hace notar al examinar los posibles conflictos que pueden suscitarse, en el caso de que la Administración General del Estado invada la competencia de una CCAA o viceversa se podrá acudir al TC, en los conflictos interadministrativos a la jurisdicción contencioso-administrativa en la que se solicitará la nulidad del acto o disposición que invade las competencias de otra Administración, en tanto que el conflicto de atribuciones entre órganos de una misma Administración sólo podrán suscitarse entre órganos de una misma Administración que no están relacionados jerárquicamente, y respecto a asuntos sobre los que no haya finalizado el procedimiento administrativo, que sí puede dar lugar (art. 14.3 LRJSP).

La regulación del precepto actual, a nuestro entender resuelve las dudas interpretativas, que algún sector de la doctrina manifestó en orden a determinar qué norma se ha de aplicar en la tipificación de las infracciones —si la sectorial o la de consumo—, y en orden a determinar la competencia para sancionar si se aplica la norma sectorial, pues se atribuye de forma excluyente al órgano administrativo de consumo, si aquella norma no establece una autoridad específica para sancionar[58].

Interpretación que, en algún momento manifestó la profesora Cordero Lobato, al señar que permite sortear el problema del *non bis in ídem* entre órganos de una misma Administración, al atribuir con carácter universal a los de consumo, la competencia para sancionar cualquiera que sea la vulneración de las normas en protección de los consumidores y usuarios tipificadas por la norma de consumo o por la norma sectorial[59].

El *apartado 2º del art. 52 bis* del LGDCU, sin sufrir cambio alguno por la Ley 23/2022, prescribe que:

> *«A efectos de lo previsto en el apartado anterior, corresponderá a los órganos administrativos de las comunidades autónomas la tramitación y resolución de los procedimientos sancionadores derivados de la aplicación de las infracciones previstas en la presente Ley cometidas, aunque parcialmente, en sus respectivos territorios».*

A nuestro entender este apartado viene a reconocer que gran parte de los Estatutos de Autonomía han atribuido la competencia exclusiva en materia de consumo a las CCAA, y con ello la potestad sancionadora. Y lo hace así, aunque la infracción haya podido ser cometida parcialmente en el territorio de otra comunidad autónoma, en cuyo caso ha de actuar el mecanismo de cooperación establecido en el apdo. 4º del precepto, desarrollado en el seno de la Comisión Sectorial de Consumo[60].

---

58. Cfr. con la interpretación realizada por ZABALLOS ZURILLA, M.ª.: «Otra vuelta de tuerca a la regulación de la potestad sancionadora en el LGDCU, tras la reforma operada por la Ley 23/2022», *Revista CESCO*, Núm. 45/2023 (disponible en el enlace web https://revista.uclm.es/index.php/cesco/article/view/3282/2584).
59. CORDERO LOBATO, E.: «Tipificación y competencia en el Derecho sancionador de consumo. Un estudio de la jurisprudencia contencioso-administrativa», *op. cit.*
60. Compuesta por el Ministro de Sanidad y Consumo, que la preside, y por los consejeros competentes en esta materia de las comunidades autónomas, y con la participación de las asociaciones de ámbito estatal de entidades locales con mayor implantación en la Conferencia Sectorial de Consumo (*ex art.* 40 LGDCU); y, las funciones señaladas en los art. 41 y ss. del LGDCU. Actuando según lo dispuesto en su Reglamento de Organización y Funcionamiento, aprobado por acuerdo de la Conferencia Sectorial de Consumo, de 24 de octubre de 2019 (publicado en el BOE Núm. 274, de 14 de noviembre de 2019).

En el seno de dicha Comisión se ha elaborado un Marco Estratégico de Actuación para el período 2022-2025[61]. En dicho texto se señala como una debilidad, la actividad sancionadora que, en ocasiones, no permite cumplir con los criterios de eficacia y proporcionalidad, señalados en la línea estratégica O.E.2.1. De ahí que la mejora de la cooperación entre las autoridades de consumo de las CCAA sea un objetivo que lograr, pues ello permitirá que las sanciones que se puedan imponer garanticen la proporcionalidad y tengan verdaderamente un carácter disuasorio. Tendremos que esperar a ver si verdaderamente se mejora esta cooperación, en el futuro desarrollo reglamentario de la LGDCU, si es que éste finalmente se elabora[62].

Por otra parte, destaca que la Ley 23/2022, haya suprimido la referencia al control de la inactividad administrativa por parte de la comunidad autónoma que no ejercite la potestad sancionadora en el marco de su competencia en materia de consumo, previsto por el apdo. 5º según la redacción dada por el RDL 24/2021, que remite al Capítulo II del Título IV de la LOTC (art. 61.1 en relación con el art. 71.1)[63] y al art. 44 en relación con el art. 29 de la LJCA[64]. Supresión que ha de entenderse en sus justos términos, pues no quiere decir que el Estado no puede poner en funcionamiento un conflicto negativo de competencia, y viceversa, que una CCAA no pueda hacer lo propio, sea ante el TC, sea ante un órgano jurisdiccional contencioso-administrativo, simplemente significa que se ha preferido eliminar estas cuestiones de carácter procesal de la norma sustantiva.

El *apartado 3º del art. 52 bis* de la LGDCU es el que propiamente se dedica a la regulación de los fueros atributivos de la competencia territorial, de él podemos decir que conserva casi de forma invariable lo regulado en el apartado 2º del antiguo art. 47, manteniendo la omisión sobre el orden de

61. Marco estratégico que puede ser consultado en el enlace web https://www.consumo.gob.es/sites/consumo.gob.es/files/consumo_masinfo/MARCO-ESTRATEGICO_Consumo_Accesible.pdf.

62. En este sentido, vid. la consulta pública previa de la Secretaría General de Consumo y Juego a un posible Real Decreto por el que se aprueba el Reglamento del procedimiento sancionador en materia de consumo, de 31 de mayo de 2023, proyecto abandonado por la convocatoria anticipada de elecciones (enlace https://www.consumo.gob.es/sites/consumo.gob.es/files/20230512_rd_regimen_sancionador_consumo.pdf).

63. Se podrá acudir a esta vía, en el caso de que un consumidor o una asociación de consumidores denuncie ante una comunidad autónoma la infracción en materia de consumo y está decline conocer por entender que la competencia le corresponde al Estado, vulnerando el orden constitucional de reparto de competencias establecido en la Constitución, en los Estatutos de Autonomía, o en las leyes orgánicas dictadas para delimitar las competencias entre el Estado y las CCAA.

64. El primero de los preceptos citados hace alusión al conflicto interadministrativo, y el segundo, al control de la inactividad administrativa.

prelación entre los fueros que establece: puesto que tanto serán competentes la administración de consumo autonómica en donde se desarrollan la acciones y omisiones constitutivas de infracción, como las del lugar donde se manifieste la lesión o riesgo para los intereses de los consumidores y usuarios, salvo en el caso de infracciones relativas a los requisitos de los establecimientos e instalaciones o del personal.

Si bien, el párrafo segundo del precepto, introducido por la Ley 23/2022, soluciona uno de los problemas apuntados con relación a este último fuero, la determinación del lugar de la manifestación de la lesión o riesgo en las infracciones cometidas a través de internet, ofreciendo una interpretación auténtica, no sólo para los supuestos en los que se cuente con un contrato sino también para aquellos supuestos en los que la infracción de consumo derive de una práctica comercial que no esté vinculada a un contrato, pero aquella se haya dirigido de forma activa por un empresario a un consumidor[65]. En ambos supuestos, se ha de entender que el lugar de la lesión será el lugar en donde tenga establecido el consumidor su residencia habitual.

El *apartado 5º del art. 52 bis —apdo. 6º* de la LGDCU, según la redacción dada por el RDL 24/2021—, da solución a la otra duda que generaba el antiguo art. 47, la determinación de la competencia para sancionar en las infracciones interautonómicas, esto es, aquellas infracciones que producen lesiones o riesgos para los intereses de los consumidores o usuarios de forma generalizada en el territorio de más de una comunidad autónoma, o que afecten a la unidad de mercado nacional o a la competencia en el mismo, cuya competencia para sancionar le ha de corresponder a la Administración General del Estado.

65. Entendiendo por tal todo acto o conducta comercial contrario a los requisitos de diligencia profesional y a la buena fe, tales como prácticas engañosas o agresivas que procedan directamente del empresario o de los prestadores de servicios de internet que aquellos utilicen (plataformas) si tuvieren su establecimiento en España. Pues de tener su establecimiento fuera de España, la determinación de la autoridad competente para sancionar se complica habida cuenta que el Reglamento (EU) 2022/2065, de Servicios Digitales, señala como autoridades competentes para sancionar al prestador de servicio, a la autoridad del Estado miembro en el que se sitúe el establecimiento principal del prestador de servicios intermediario, es decir, en el que el prestador tenga su sede central o domicilio social en el que ejerza las principales funciones financieras y el control de sus operaciones, y no el del lugar de residencia del consumidor. En este punto, nos cuestionamos si sería conveniente que nuestro legislador volviera a la interpretación que realizaba parte de nuestros TSJ ante la laguna sobre esta cuestión del art. 47, la atribución de la competencia para sancionar a la autoridad de consumo de la comunidad autónoma donde tenga establecido el domicilio social, la empresa responsable de la infracción o donde tuviera su origen la infracción, según sea imputable la responsabilidad al empresario que ofrece el producto o servicio o a la plataforma de internet que le ha prestado el servicio.

Para determinar en qué casos puede acontecer el supuesto habilitante de la norma, se establecen dos criterios:

– De un lado, el número de consumidores afectados por el hecho dañoso o peligroso para sus derechos o intereses. A nuestro entender no sólo es significativo el *quantum* de los consumidores afectados sino también el dónde, dado que deberán tener su residencia habitual en más de una comunidad autónoma. Normalmente, ello puede acontecer con relación a las condiciones generales de la contratación y la existencia de cláusulas abusivas en los contratos con grandes compañías de productos básicos[66].

– De otro lado, la dimensión del mercado donde opera la compañía o empresa infractora —que a nuestro entender—, ha de tener carácter nacional y no autonómico. Debiendo tener en cuenta que a diferencia del anterior criterio en el que se exige que la lesión o puesta en peligro sea efectiva, en la afectación de la unidad de mercado basta con que sea posible. De tal modo, que los supuestos en los que puede entrar a conocer la Administración General del Estado pueden ser muy numerosos[67], bastando con que la entidad infractora tenga una cuota de mercado suficientemente caracterizada, para que su conducta sobre los competidores efectivos o potenciales y sobre los consumidores y usuarios, sea subsumible en su ámbito competencial.

Finalmente, se establece que cuando los órganos competentes en materia de consumo de la Administración General del Estado inicien un procedimiento sancionador sobre la base de la competencia establecida en los anteriores apartados, deberá comunicarlo motivadamente a las autoridades de consumo de las CCAA y, en su caso, a las ciudades autónomas de Ceuta y Melilla. Deber de comunicación que resulta necesario habida cuenta del

66. A nuestro entender, el art. 52. bis. apdo. 5 sería plenamente aplicable en el supuesto de las compañías eléctricas que imponen a los consumidores la emisión de la factura electrónica al cobrar por la emisión de la factura a papel o la cláusula de gestión del cobro por retraso en el pago, que hasta la fecha sólo se han sancionado en algunas comunidades autónomas, como la andaluza (vid. las STSJ de Andalucía, Sevilla [Sala de lo Contencioso-administrativo] de 6 de abril de 2022, Núm. de recurso: 407/2019 (RJCA 2022, 652); 27 de mayo de 2021, Núm. de recurso: 399/2019 (RJCA 2021, 2096) y 7 de abril de 2021, Núm. de recurso: 163/2019 (RJCA 2021, 2098). O en las denuncias frente a las empresas de comercialización de alimentos de carácter nacional por la reduflación, por la subida de precios encubierta que hace que gran parte de los ciudadanos compran «engañados» los productos de las grandes compañías pues no disponen de una información clara sobre los precios, práctica que al mismo tiempo altera la libre competencia.

67. DOMÍNGUEZ YAMASAKI, M.ª. I.: «Comentario al art. 52 bis. Administración Competente», en *Comentarios al Texto Refundido de la Ley de Consumidores y Usuarios* (Dir. Cañizares Laso, coord. Zumaquero Gil), Tomo I, *op. cit.*, pág. 707.

principio del *non bis in ídem*, pues, si bien es cierto, que el párr. 2º del apdo. 5 del art. 52 *bis*, reconoce competencia tanto a la CCAA como a la Administración General del Estado para sancionar, este principio de la potestad sancionadora no puede vulnerarse.

En conclusión, de afectar la infracción a más de una CCAA, el Estado al dictar su resolución sancionadora debe tener en cuenta las sanciones ya impuestas por alguna de las CCAA afectadas, para minorar el importe de su sanción, en aras de garantizar el principio de proporcionalidad (*v.gr.* Preámbulo de la Ley 23/2022)[68]. Aspectos estos que serán tratados en otra parte de este trabajo de investigación.

Para concluir, el *párr. 3º de apartado. 5 del art. 52 bis* de la LGDCU, determina el concreto órgano administrativo de la Administración General del Estado al que le corresponderá sancionar este tipo de infracciones. Correspondiendo a la Dirección General competente en materia de consumo la imposición de las sanciones que no superen los 100.000 euros ni implique el cierre temporal del establecimiento, instalación o servicio; y, a la Secretaría General competente en materia de consumo en el resto de los supuestos.

En todo caso, la competencia de la Secretaría General competente en materia de consumo se extenderá de acuerdo con lo previsto en este apartado a las infracciones generalizadas o generalizadas con dimensión en la Unión Europea, previstas en el Reglamento (UE) Núm. 2017/2394, del Parlamento Europeo y del Consejo, de 12 de diciembre de 2017, y a las cometidas a través de internet, cuando la residencia o domicilio del responsable, siempre que coincida con el lugar en que se realice efectivamente la gestión administrativa y dirección del negocio, esté fuera de la Unión Europea. En este supuesto, entrará en juego el apartado 5º del art. 52 *ter* del LGDCU, que prevé la imposición de multas coercitivas como garantía del cumplimiento del Reglamento (UE) 2017/2394.

Potestad sancionadora que está supeditada a que se haya realizado el correspondiente requerimiento, y de que aquél contenga el plazo de cum-

68. Que dispone lo siguiente: «*Por ello, de forma novedosa en nuestro ordenamiento jurídico, con escrupuloso respeto al principio non bis in ídem, determinadas infracciones de la normativa de consumo podrán ser sancionadas tanto por las autoridades de consumo de las comunidades autónomas, desde la perspectiva de la protección de las personas consumidoras de su ámbito territorial, como por parte de la Administración General del Estado, de tal forma que se consiga la protección efectiva de todos los bienes jurídicos afectados y la interposición de sanciones efectivas y disuasorias. En cualquier caso, las administraciones deberán garantizar la proporcionalidad final de las sanciones impuestas*».

plimiento[69]. Por otro lado, el requerimiento debe indicar la cuantía de la multa a imponer en caso de incumplimiento, multa que no podrá ser superior a 3 millones de euros o al 10% del importe de la obligación cuando ésta sea cuantificable, y que podrá ser reiterada si el requerido no cumple una vez se dé un nuevo plazo de cumplimiento (que no podrá ser inferior al plazo inicial).

Finalmente, hay que señalar que la imposición de las multas coercitivas para lograr el efectivo cumplimiento del Reglamento, son compatibles e independientes de las correspondientes sanciones que se puedan imponer en concepto de sanción de la normativa que protege a los consumidores y usuarios.

2.5. LA NORMATIVA AUTONÓMICA DE DESARROLLO

La asunción por parte de las CCAA de la competencia en materia de consumo en sus respectivos Estatutos de Autonomía, unas veces con carácter exclusivo y, otras, asumiendo el desarrollo o ejecución de la normativa estatal, ha determinado que todas y cada una de las CCAA hayan aprobado normas de consumo con rango de ley, en las que se asume con mayor o menor extensión e intensidad la potestad sancionadora en la materia[70]. Estas normas tienen distinta denominación y calidad técnica, al tiempo que no existe uniformidad en cuanto al criterio de atribución de la potestad sancionadora o los criterios de atribución de la competencia para sancionar, tampoco al regular el principio del *non bis in ídem*, el concurso de infracciones o de normas sancionadoras aplicables a un mismo hecho, al calificar las infracciones o al regular la sanción aplicable a cada una de las infracciones. Para facilitar al lector el entendimiento del complejo panorama jurídico que presenta la regulación autonómica de consumo hemos preferido insertar una tabla en la que se examina algunos de los aspectos antes enunciados (potestad sancionadora, criterios de atribución de la competencia, el concurso de infracciones y de normas, y el principio de *non bis in ídem*), dejando de lado la tipificación de las infracciones y las sanciones aplicables, así como el plazo de prescripción de unas y otras que pueden consultarse en el apéndice legislativo de esta obra.

69. Sin que la ley señale un plazo concreto, pues se limita a señalar que atenderá a la naturaleza y la extensión de la obligación, esto es, la determinación de éste se realizará discrecionalmente por el órgano sancionador en atención a los criterios antes señalados.

70. Por lo que refiere a las ciudades autónomas de Ceuta y Melilla, tienen traspasadas las funciones sancionadoras que le corresponde al Estado en materia de protección en sus respectivos territorios, por el RD 33/1999, de 15 de enero y el RD 1381/1997, de 29 de agosto, sin que se realice mayores precisiones.

Atribución de la potestad sanciona-dora en las distintas CCAA	Criterios de atribución de la competencia entre CCAA, y entre CCAA y Administración local	Concurso de infracciones, de normas y el principio del *non bis in ídem*
En **la comunidad autónoma de Andalucía** se reconoce potestad sancionadora, tanto a la Administración autonómica como a la local, distinguiéndose la competencia para imponer sanciones, por Decreto del Consejo de Gobierno, de la competencia para para iniciar y tramitar el procedimiento sancionador, que le corresponde al titular de la Consejería de Consumo. Los órganos municipales la ejercitarán conforme a la legislación del régimen local y sus propias normas de organización, sin menoscabo de la potestad de la Comunidad Autónoma.	Opta por el *forum delicti comisi*, aunque la infracción se haya cometido parcialmente en el territorio de Andalucía, cualquiera que sea el domicilio o el lugar en el radiquen los establecimientos o domicilio del responsable. Por tal entiende, cualquier lugar en que se localicen las acciones u omisiones —teoría de la actividad—, y todos los lugares en que se manifieste la lesión o riesgo para los derechos de los consumidores protegidos por la ley —teoría del resultado—. Correspondiendo la competencia a la Administración local: si la infracción ha sido detectada o conocida por los propios servicios municipales (de oficio por la inspección o mediando denuncia); si la Administración autonómica no ha iniciado el procedimiento sancionador; y, si la infracción se ha cometido íntegramente en su término municipal.	– Se establece la prohibición de inhibición en favor de otra CCAA. – Se regulan criterios de actuación en caso de concurso de infracciones y de normas. – Se establecen diversas reglas para evitar el *bis in ídem*, que tiende a evitar que exista un procedimiento administrativo sancionador al mismo tiempo que un proceso penal por unos mismos hechos; y, a evitar que órganos distintos de la misma Administración puedan sancionar por unos mismos hechos, cuando estos sean sancionables tanto por la legislación de consumo como por otra norma. Estas reglas atienden al momento de la tramitación en el que se encuentren los distintos procedimientos sancionadores.
En **la comunidad autónoma de Aragón** se atribuye a las Administraciones públicas aragonesas en general. Dentro de las cuales ha de incluirse la Admi-	No establece criterio alguno más allá de la indicación de que la Administración de la Comunidad es competente para el ejercicio de todas las competencias en materia de defensa del consumidor	Contempla el concurso de infracciones. Y, aunque recoge el principio del *non bis in ídem* para prohibir una doble sanción cuando exista identidad del sujeto infractor, hechos y funda-

Atribución de la potestad sancionadora en las distintas CCAA	Criterios de atribución de la competencia entre CCAA, y entre CCAA y Administración local	Concurso de infracciones, de normas y el principio del *non bis in ídem*
nistración autonómica y la local. La competencia para iniciar el procedimiento sancionador les corresponde a los directores de los Servicios Provinciales de Huesca, Teruel y Zaragoza, dentro del Departamento correspondiente de Consumo. Sin perjuicio de la competencia del director general o titular del Departamento con competencia de consumo. La competencia para resolver vendrá determinada por la multa a imponer que a su vez depende de la gravedad de la infracción. En la Administración local se estará a lo dispuesto en la legislación de régimen local.	que, en esta Ley, en sus desarrollos reglamentarios o en la legislación sectorial se determine, si no se atribuye expresamente a otra Administración pública.	mento sancionador, no establece criterio alguno para evitarlo.
En las **Islas Baleares** solo se reconoce expresamente la potestad sancionadora a la Administración pública autonómica. Atribuyéndose la competencia al titular de la Dirección General en materia de consumo.	Se establece el criterio del *forum delicti comisi,* cualquiera que sea la materia o el carácter de la relación de consumo. Realizándose una interpretación del concepto en el supuesto de que infracción esté relacionada con el incumplimiento de la norma relativo a la ofertas y comunicaciones comerciales realizadas, entendiéndose que la infracción se ha cometido en su territorio si	Nada se indica sobre los conflictos de infracciones o de normas. Por lo que refiere al *non bis in idem,* únicamente regula determinadas medidas que impiden que haya al mismo tiempo para unos mismos hechos una sanción administrativa y otra penal.

Atribución de la potestad sanciona-dora en las distintas CCAA	Criterios de atribución de la competencia entre CCAA, y entre CCAA y Administración local	Concurso de infracciones, de normas y el principio del *non bis in ídem*
	la propuesta se dirige a los consumidores que se encuentren en su territorio, cualquiera que sea la nacionalidad o domicilio del infractor, o el lugar de su establecimiento; en el supuesto de que la infracción sea relativa al contrato, en el que se entenderá que la infracción se ha cometido en su territorio si el contrato ha sido suscrito en su territorio; para los contratos suscritos a distancia o fuera del establecimiento mercantil, que se considerará suscrito donde tenga su residencia habitual el consumidor; y, para los contratos de transporte aéreo, cuando el vuelo de que se trate tenga su origen o destino en las Illes Balears y el usuario tenga en él su residencia habitual[71]	
En **la comunidad autónoma de Canarias** se reconoce a los órganos de la Administración autonómica, distribuyéndose la competencia entre los distintos órganos, en atención a la gravedad de la infracción. Al Gobierno le corresponde la competencia para sancionar las infracciones muy graves; al consejero de consumo la competencia para sancionar las infracciones graves, y	No se establece ningún criterio para atribuir la potestad sancionadora a la Comunidad Autónoma de Canarias. Solo regula criterios para atribuir la competencia a la Administración local. Esta conoce de las infracciones que se le atribuyen en relación con las empresas o establecimientos domiciliados en su ámbito territorial y siempre y cuando la infracción se haya cometido en el mismo y fuera cono-	No regula la prohibición del *non bis in ídem* ni el concurso de infracciones o normas. Aunque regula el deber de colaboración y coordinación administrativa entre la Administraciones públicas de Canarias y el deber de información de los ayuntamientos y cabildos insulares de los procedimientos sancionadores iniciados y, en su caso de la sanción impuesta.

Atribución de la potestad sanciona-dora en las distintas CCAA	Criterios de atribución de la competencia entre CCAA, y entre CCAA y Administración local	Concurso de infracciones, de normas y el principio del *non bis in ídem*
las multas de más de 6.000 €; al Dr. General la competencia para sancionar las infracciones leves y las multas inferiores a 6.000 €; y, a la Administración local, sin indicar la norma a qué órgano le corresponde sancionar, simplemente señala que puede iniciar el procedimiento e imponer sanciones leves o graves.	cido por sus propios servicios de inspección.	
En **la comunidad autónoma de Cantabria** se reconoce a los órganos de la Administración autonómica, en concreto: al Dr. General de consumo que tiene competencia para iniciar todos los procedimientos sancionadores y para sancionar las infracciones leves; al Consejero de Consumo que puede sancionar las infracciones graves; y al Gobierno que puede sancionar las infracciones muy graves, aunque puede modificar su competencia por decreto. Los órganos de la Administración local la tendrán según lo que disponga la legislación de régimen local	Se reconoce el criterio del *forum delicti comisi,* con independencia del lugar en el que radique el domicilio social o residencia del empresario o profesional. Y por tal se entiende, cualquier lugar en el que se desarrollen las acciones u omisiones que conforman la conducta típica o se materialice la lesión o riesgo. No obstante, si la conducta está directamente vinculada al establecimiento o superficie comercial en la que se desarrolle la actividad, la infracción se entenderá cometida en el término municipal donde radique el inmueble referido. La Administración local ejercerá dicha potestad si se dan las siguientes circunstancias: que la infracción haya sido detectada o conocida por los servicios muni-	*Grosso modo,* se regula el principio de *non bis in idem,* tanto respecto de proceso penal como de otros procedimientos administrativos sancionadores. Se señala que si hubiera identidad de infracción ya sancionada por otra CCAA no podrán ser sancionada por Cantabria. Si hubiera procedimientos sancionadores ya iniciados en otra CCAA, se solicitará al órgano administrativo competente comunicación sobre la resolución adoptada. No obstante, se indica que no procederá inhibición a favor de otra Comunidad Autónoma. Sin indicar qué se hace si aún no ha recaído sanción. Se regula pormenorizadamente qué hacer en el caso de una infracción intermunicipal. Estableciéndose el deber de información a los órganos de Gobierno de la Comunidad Autónoma con

Atribución de la potestad sanciona-dora en las distintas CCAA	Criterios de atribución de la competencia entre CCAA, y entre CCAA y Administración local	Concurso de infracciones, de normas y el principio del *non bis in ídem*
y sus normas de organización.	cipales; que la conducta típica se haya desarrollado íntegramente en el municipio; y que no se haya iniciado el procedimiento sancionador por los órganos competentes de la Comunidad Autónoma.	remisión de actuaciones si la infracción no está localizada exclusivamente en el territorio de un municipio. Comunicación que debe realizar incluso cuando la infracción se comete en el territorio de un solo municipio. Al tiempo que se establece la obligación de inhibición de la Administración autonómica si tuviera conocimiento de que se ha incoado con anterioridad un procedimiento sancionador por la Administración local, salvo que existan infracciones conexas cometidas en más de un territorio municipal, supuesto en el que será competente la Administración autonómica, que podrá requerir a la Administración local que se abstenga de conocer. Finalmente, se establece el deber de inhibición de la Administración local, si le consta que la Administración autonómica ya ha iniciado el procedimiento sancionador por los mismos hechos.
En la **Generalitat de Cataluña** se reconoce tanto a la Administración autonómica, como a la local. En cuanto a la atribución de la competencia para sancionar: se atribuye al Gobierno y al Consejero/a en materia de consumo si la infracción fuera muy grave y para el cierre de establecimiento o cese de actividad; al Departa-	No sólo recoge el criterio de competencia territorial sino también el material. Con respecto al criterio territorial de competencia, la Ley catalana es, a nuestro entender excesivamente amplia o ambigua, pues atribuye la competencia a los órganos de la Generalidad respecto a las infracciones que afecten o puedan afectar a las personas consumidoras en su ámbito territorial, con	Se limita a recoger el principio del *non bis in ídem*, sin establecer medidas para evitarlo. Salvo que la identidad del hecho se refiera a un proceso penal, señalándose la obligación del órgano administrativo de comunicar a la autoridad judicial los hechos que revistan apariencia delictiva con suspensión del procedimiento administrativo si es que se hubiera iniciado.

Atribución de la potestad sanciona-dora en las distintas CCAA	Criterios de atribución de la competencia entre CCAA, y entre CCAA y Administración local	Concurso de infracciones, de normas y el principio del *non bis in ídem*
mento u organismo con competencia de consumo para las infracciones leves y graves; y, al Alcalde, según la legislación local, para la imposición de las sanciones por infracciones leves y graves, según las cuantías y las multas coercitivas establecidas.	independencia del domicilio de la persona responsable o del lugar donde se halle el establecimiento. Sin indicar qué conexión ha de tener con su territorio para conocer. Al igual de lo dispuesto en el art. 52 *bis* del LGDCU, la Ley catalana opta por la especialidad del órgano consumo para sancionar las infracciones de consumo.	Nada indica sobre cómo actuar si es otra CCAA la que tiene abierto un procedimiento sancionador, salvo que se prohíbe la inhibición en favor de otras administraciones. Tampoco recoge normas para solucionar el concurso de infracciones o de normas.
En la **comunidad autónoma de Castila-La Mancha** se atribuye tanto a la Administración autonómica (sin indicar a qué órganos administrativos le corresponde la competencia), como a la Administración local. Esta podrá imponer sanciones pecuniarias, con el límite máximo de la cuantía prevista para las infracciones graves, si el responsable es una empresa radicada en su término municipal o si la infracción se hubiera cometido en el mismo.	Se aplica el *forum delicti comisi,* con una deficiente técnica legislativa, pues se limita a indicar que las infracciones se entenderán cometidas en cualquiera de los lugares en que se desarrollen las acciones u omisiones constitutivas de las mismas; criterio que no se aplicará si la infracción se refiere a la falta de los requisitos de los establecimientos e instalaciones o del personal, entendiéndose que será competente si la lesión o riesgo para los intereses de las personas consumidoras protegidos por la norma sancionadora se produce en su territorio.	Contiene una norma para solucionar el concurso de infracciones tanto real cómo medial. No así para solucionar los problemas del concurso de normas. La única referencia o medida que encontramos del *non bis in ídem* va referida evitar la duplicidad de sanciones con la Administración local, que deberá comunicar a la Administración regional los procedimientos que inicien y las sanciones que impusieren.
En la **comunidad autónoma de Castilla y León** únicamente se reconoce potestad sancionadora a la Admi-	Opta por el *forum delicti comisi* sin realizar interpretación alguna del concepto. Sin embargo, realiza una interpretación auténtica, en	Únicamente contiene normas de actuación para evitar el *bis in ídem* con un proceso penal pero no con respecto a otros procedi-

Atribución de la potestad sanciona-dora en las distintas CCAA	Criterios de atribución de la competencia entre CCAA, y entre CCAA y Administración local	Concurso de infracciones, de normas y el principio del *non bis in ídem*
nistración autonómica. Remitiendo a las normas de atribución de competencias la determinación del órgano o autoridad administrativa competente para iniciar, instruir o sancionar.	el supuesto de la publicidad, de las distintas modalidades de la contratación a distancia y comercio electrónico, optando por el lugar del domicilio del consumidor.	mientos administrativos sancionadores. Contiene normas para solucionar el concurso de delitos y de normas y diferenciarlo de la infracción continuada.
En la **comunidad autónoma de Madrid** ostentan potestad sancionadora, tanto la Administración autonómica como la Administración local. El Director general en materia de consumo de la comunidad podrá imponer sanciones hasta el límite cuantitativo 15.025,30 €; el Consejero desde 15.025,31 hasta 150.253,0 €; y, el Consejo de Gobierno desde 150.253,1 hasta 601.012,1 € así como el cierre temporal de establecimiento o servicio donde se cometió la infracción. Los entes locales, podrán sancionar hasta 15.025,30 € en relación con las empresas y establecimientos domiciliados en su término municipal, y siempre y cuando la	Aunque la norma madrileña no incorpora un precepto que se dedique expresamente al criterio atributivo de la competencia territorial, puede deducirse que opta por el *forum delicti comisi*. Criterio que puede no seguirse, en el supuesto de ser necesario mantener un equilibrio regional y cuando sea aconsejable una actuación integral. Debiendo concurrir las siguientes circunstancias: carencia de medios por parte de las entidades locales; inactividad o abstención grave y permanente de la actuación municipal; y en atención a la transcendencia regional de la infracción por su extensión territorial, la gravedad de la conducta o el número de consumidores afectados.	No contempla ninguna norma relativa al concurso de infracciones o de normas sancionadoras ni a evitar el *bis in ídem* más allá del mero reconocimiento del deber de colaboración y cooperación interadministrativa.

Atribución de la potestad sancionadora en las distintas CCAA	Criterios de atribución de la competencia entre CCAA, y entre CCAA y Administración local	Concurso de infracciones, de normas y el principio del *non bis in ídem*
infracción haya sido cometida en el mismo.		
En la **Generalitat Valenciana** se reconoce la potestad sancionadora tanto a la Generalitat como la Administración local, que la ejercitarán a través: de la Consejería de consumo, y por los órganos que se determinen reglamentariamente, que podrán imponer sanciones por infracciones leves y graves; y, el Consell para las muy graves. La Administración local podrá iniciar, instruir y sancionar con unos límites cuantitativos y si la infracción ha sido detectada o conocida por los servicios municipales; la conducta típica se ha realizado íntegramente en el término municipal correspondiente; y, no se ha iniciado procedimiento sancionador por la Generalitat.	Opta por el criterio del *forum delicti comisi,* con independencia de la nacionalidad o del lugar en el que esté el domicilio o residencia de la empresa o profesional infractor. Realiza una interpretación auténtica del concepto, entendiendo por tal: el lugar en el que se realiza la acción u omisión constitutiva de la infracción o donde se manifieste la lesión o riesgo para los consumidores. Sin bien, en el supuesto de infracciones en materia de publicidad o de la contratación a distancia o comercio electrónico, se entenderá que la infracción se ha cometido en el lugar del domicilio de la persona consumidora.	Regula el concurso de infracciones, no así el de normas. También recoge medidas para hacer efectivo el principio del *non bis in ídem* en dos sentidos: evitar que unos mismos hechos sean sancionados administrativa y penalmente, contemplando el deber de suspensión del procedimiento administrativo en tanto recaiga resolución el proceso penal; y, evitar que unos mismos hechos sean sancionados por la Generalitat y la Administración local. Doble sanción que se evita con un sistema de información y cooperación entre las entidades locales y la Generalitat, que pudiera dar lugar, según qué caso, a la avocación de la competencia en favor de la Generalitat, o a la inhibición de una u otra Administración.
En la **comunidad autónoma de Extremadura** únicamente se reconoce potestad sancionadora a la Administración autonómica,	Recoge el criterio material de competencia, no sólo para atribuir la competencia a la Comunidad Autónoma de Extremadura, sino	Recoge el concurso de infracciones y el *non bis in ídem,* optando por la no exigibilidad de la responsabilidad en cualquier momento de la instrucción, sin perjuicio de realizar actuaciones

Atribución de la potestad sanciona-dora en las distintas CCAA	Criterios de atribución de la competencia entre CCAA, y entre CCAA y Administración local	Concurso de infracciones, de normas y el principio del *non bis in ídem*
sin perjuicio de las funciones inspectoras que se puedan realizar localmente. Por otra parte, no se realiza atribución competencial alguna.	también para atribuir la competencia a las autoridades en materia de consumo, que sancionarán no sólo las conductas tipificadas como infracción en materia de consumo en materia de disciplina del mercado, sino también en aquellos sectores que cuenten con una regulación específica. No contiene regla alguna sobre el criterio de competencia territorial.	de coordinación. También regula la concurrencia de procedimientos sancionadores con un procedimiento europeo. Optando por la suspensión del procedimiento administrativo sancionador autonómico en tanto recaiga sentencia en el proceso penal; y, estableciendo que, de mediar sanción europea, el órgano competente para resolver la tendrá en cuenta a efecto de graduar la sanción, esto es, deberá compensarla, sin perjuicio de declarar la comisión de la infracción.
En la **comunidad autónoma de Galicia** se atribuye tanto a la Administración autonómica como a la local, pese a lo que pudiera deducirse del tenor de la norma. A la Administración local le corresponderá las sanciones que pudiera imponer con relación a la venta ambulante no sedentaria, ferias y mercados, disponiendo igualmente de potestad reglamentaria para señalar la sanción a imponer a través de una ordenanza municipal. No se indica a qué autoridad u órgano administrativo se atribuye la competencia orgánica para iniciar,	Recoge el criterio de atribución de la competencia territorial, al igual que otras CCAA, optando por el *forum delicti comisi*, interpretando auténticamente el concepto más o menos como lo hace la LGDCU. Pero además recoge el criterio de atribución material, atribuyendo a la autoridad en materia de consumo, la competencia para sancionar, aunque la conducta típica esté regulada en una norma específica del sector o se refiera a prácticas comerciales desleales con los consumidores.	Regula el concurso de infracciones y la infracción masa o infracción por hechos concurrentes y el *non bis in ídem*, prohibiendo un segundo procedimiento sancionador por unos mismos hechos y estableciendo la no exigibilidad de responsabilidad administrativa en cualquier momento del proceso en el que quede acreditado. Incorpora una novedad respecto a la regulación de otras CCAA, al indicar que no existe identidad del hecho infractor, si en atención al criterio de territorialidad otra comunidad autónoma hubiera impuesto sanción, salvo que se acredite que aquella comunidad durante la tramitación de su procedimiento sancionador tuvo en cuenta a los consumidores de la Comunidad Autónoma de Galicia. Señalando que en ningún caso existirá igualdad, esto es, el *ídem* cuando

Atribución de la potestad sanciona-dora en las distintas CCAA	Criterios de atribución de la competencia entre CCAA, y entre CCAA y Administración local	Concurso de infracciones, de normas y el principio del *non bis in ídem*
tramitar o imponer las sanciones.		la sanción impuesta se refiera a personas distintas respecto de los que se hubieran vulnerado sus derechos. Finalmente, regula el supuesto de concurrencia de procedimientos sancionadores, en concreto, con un proceso penal o con un procedimiento sancionador ante los órganos de la Unión Europea. En ambos supuestos ordena la suspensión del procedimiento sancionador autonómico, indicando que la autoridad administrativa sancionadora autonómica quedará vinculada por lo resuelto en el proceso penal respecto al pronunciamiento de hechos probados y, respecto a la eventual sanción que hubiera recaído por parte de los órganos comunitarios, que habrá de tenerse en cuenta a los efectos de graduar la sanción autonómica, para compensar, pudiendo limitarse a declarar la responsabilidad.
En la **comunidad autónoma de la Rioja** se reconoce tanto a la Administración autonómica como local. En la autonómica, si bien el procedimiento se inicia por el titular de la Dirección general competente, la competencia para resolver se determina en atención a la gravedad de la infracción, correspondiendo a la Dirección general competente de consumo, si la infrac-	No contempla ningún criterio de atribución de la competencia, más allá de un genérico reconocimiento, que atribuye a los órganos competentes del Gobierno de la Rioja el conocimiento de las infracciones en materia de defensa del consumidor en el territorio de la Comunidad.	No contempla ninguna disposición específica para solventar el concurso de infracciones o de normas. Tampoco para solventar el *non bis in ídem*, más allá de una genérica previsión, relativa al deber de información de la Administración local de la iniciación del procedimiento sancionador a la dirección general del Gobierno de la Rioja; y el deber de éste, de no iniciar un procedimiento sancionador autonómico si existe identidad, sin perjuicio de que se descubriese infracciones conexas en otros términos municipales, el Gobierno de la Rioja pudiera sancionar.

Atribución de la potestad sanciona-dora en las distintas CCAA	Criterios de atribución de la competencia entre CCAA, y entre CCAA y Administración local	Concurso de infracciones, de normas y el principio del *non bis in ídem*
ción es leve o grave; a la Consejería, las sanciones cuya cuantía no exceda de 100.000 €; y, al Consejo de Gobierno, las infracciones calificadas como muy graves, cuya sanción exceda de 100.000 €. En la Administración local se reconoce a aquellas corporaciones locales que haya asumido competencias en materia de consumo, que podrán iniciar, instruir y resolver los procedimientos sancionadores conforme a la legislación de régimen local y su desarrollo, hasta el límite máximo de la cuantía establecida para las infracciones graves.		
En la **comunidad foral de Navarra** la potestad sancionadora se atribuye a las Administraciones públicas de Navarra competentes en la materia, sin que la ley foral pormenorice a qué Administraciones se refiere y mucho menos a qué órgano o autoridad le corresponde. De la literalidad del pre-	Opta por el *forum delicti comisi*, entendiendo que la infracción se ha cometido en Navarra, a consecuencia de ofertas, comunicaciones comerciales o cualquier otro tipo de propuestas dirigidas a las personas consumidoras o usuarias de Navarra, cualquiera que sea la nacionalidad, el domicilio de quien los realice o el lugar de establecimiento. Y donde se realicen la acción	Recoge el concurso de infracciones y la prohibición del *bis in ídem*, señalando la no exigibilidad de la responsabilidad administrativa en cualquier momento de la instrucción, realizando en cambio las actuaciones necesarias de coordinación con la Administración competente. También regula la concurrencia de procedimientos sancionadores, tanto con un proceso penal como europeo, por los mismos hechos, optando por la suspen-

Atribución de la potestad sanciona-dora en las distintas CCAA	**Criterios de atribución de la competencia entre CCAA, y entre CCAA y Administración local**	**Concurso de infracciones,** **de normas y el principio del *non bis in ídem***
cepto, que habla en plural, cabría sostenerse que tienen potestad sancionadora tanto la Administración autonómica como la Administración local.	u omisión constitutivas de la infracción, salvo en el caso de infracciones relativas a los requisitos de los establecimientos e instalaciones o del personal, que será competente si se manifiesta la lesión o el riesgo para los consumidores en Navarra. En el caso de la publicidad, contratación a distancia, y comercio electrónico, la infracción se entenderá cometida en el lugar del domicilio del consumidor.	sión del procedimiento administrativo sancionador autonómico en tanto recaiga sentencia; y, estableciendo que, de mediar sanción por los órganos comunitarios, el órgano competente para resolver la tendrá en cuenta a efecto de graduar la sanción que en su caso pueda imponer, para compensarla, sin perjuicio de declarar la comisión de la infracción.
En la **comunidad autónoma del País Vasco** le corresponde a la Administración General de Euskadi y a la Administración local. En concreto tienen competencia para sancionar: el Dir. competente en materia de consumo para las infracciones leves y graves; y, su superior jerárquico para las muy graves, salvo que la sanción sea el cierre de empresas, que le corresponde al Gobierno Vasco. Los ayuntamientos podrán sancionar siempre que disponga de personal inspector de consumo, y dentro del límite cuantitativo de 15.000 €, en relación con las empresas y	No regula ningún criterio de atribución de la competencia entre CCAA, dejando a salvo lo dicho en la distribución competencial entre la Administración General de Euskadi y la Administración local. Se estable la competencia de la Comunidad autónoma en el supuesto: de inactividad administrativa o abstención grave y permanente de la Administración local; y, en atención a la trascendencia de la infracción, sea por la extensión o gravedad de las conductas lesivas o por el número de personas consumidoras afectadas.	Solo evita la duplicidad de actuaciones entre los ayuntamientos y la Administración autonómica. Estableciendo el deber de información de la apertura del procedimiento administrativo sancionador al Gobierno Vasco y de las sanciones definitivas que recaigan. Y, ordenándose la remisión de lo actuado cuando por la naturaleza y gravedad de la infracción la competencia no le corresponda al ayuntamiento.

Atribución de la potestad sancionadora en las distintas CCAA	Criterios de atribución de la competencia entre CCAA, y entre CCAA y Administración local	Concurso de infracciones, de normas y el principio del *non bis in ídem*
establecimientos domiciliados en su término municipal, y siempre que la infracción se cometa en dicho territorio.		
En el **Principado de Asturias** le corresponde a la Administración autonómica sin perjuicio de las competencias de las Administraciones locales. En cuanto a la competencia se distingue la competencia para iniciar el procedimiento sancionador, que le corresponde al titular de la Dirección general de consumo, de la competencia para la resolución del expediente sancionador, que se atribuye a distintos órganos en función de la gravedad de la infracción. El titular de la Dirección general podrá imponer sanciones por infracciones leves cuya cuantía no exceda de 1.202 €; el titular de la Consejería de consumo podrá imponer sanciones por infracciones leves cuya cuantía sea superior a 1.202 € e infracciones graves; y, el Consejo de Gobierno que podrá imponer las sanciones por infrac-	Sin regular o pormenorizar el criterio de competencia territorial entre CCAA, la ley señala que la potestad sancionadora del Principado de Asturias en materia de defensa de consumidores y usuarios se extiende a todas las infracciones administrativas que se comentan en su ámbito territorial. Las corporaciones podrán sancionar con el límite máximo de la cuantía establecida para las infracciones graves, cuando la infracción proceda de empresas o establecimientos radicados en su término municipal o se trate de servicios prestados en dicho ámbito.	No se regula el concurso de infracciones ni de normas. Tampoco se regula el *non bis in ídem.*

Atribución de la potestad sanciona-dora en las distintas CCAA	Criterios de atribución de la competencia entre CCAA, y entre CCAA y Administración local	Concurso de infracciones, de normas y el principio del *non bis in ídem*
ciones calificadas como muy graves.		
En la **región de Murcia**, se reconoce la potestad sancionadora tanto a la Administración autonómica como a la local. La competencia le corresponderá al Dir. general de consumo, si la sanción a imponer se refiere a infracciones leves o graves; al consejero si la sanción a imponer es por una infracción muy grave hasta el límite de los 250.000 €; y, al Consejo de Gobierno si se trata de sancionar las infracciones muy graves que superen la anterior cuantía.	No recoge criterio atributivo de la competencia. Sin perjuicio de que se establece que la Administración local tendrá competencia sancionadora respecto a las infracciones leves cometidas en su territorio, en relación con las empresas y establecimientos en él domiciliados, y sobre cualesquiera infracciones tipificadas en esta Ley en las que incurra en el ejercicio de venta ambulante de su territorio. Salvo que sea conveniente una actuación integral a causa de la extensión de la conducta infractora, de su gravedad, del número de municipios afectados o de la urgencia, supueste éstos en los que la competencia podrá ser avocada por parte de los órganos competentes de la Administración regional.	No recoge norma alguna para el conflicto de infracciones o de normas sancionadoras. Tampoco se recoge el *non bis in ídem* dejando a salvo lo dicho sobre la avocación de la competencia.

71. A nuestro entender, la infracción no debe referirse a los Derechos reconocidos por el Reglamento (CE) N.º 261/2004 del Parlamento Europeo y del Consejo, de 11 de febrero de 2004, por el que se establecen normas comunes sobre compensación y asistencia a los pasajeros aéreos en caso de denegación de embarque y de cancelación o gran retraso de los vuelos, pues la potestad sancionadora en esta materia le ha de corresponder a AESA.

3. LOS PRINCIPIOS QUE RIGEN LA POTESTAD SANCIONADORA EN MATERIA DE CONSUMO

3.1. LOS PRINCIPIOS DE LEGALIDAD, TIPICIDAD, RESERVA DE LEY E IRRETROACTIVIDAD

El ejercicio de la potestad sancionadora como cualquier potestad administrativa está supeditado al cumplimiento de los principios que rigen la actuación administrativa recogidos en el art. 103 de la Constitución, pero también al cumplimiento de los principios que rige el Derecho sancionador recogidos en el art. 25 de la CE. De tal modo, que el incumplimiento de unos u otros podrá dar lugar, según qué caso, al control de dicha actuación ante el TC o ante los tribunales contencioso-administrativos (*ex art.* 106 en relación con el art. 24).

Podemos decir que el marco jurídico de la potestad sancionadora se encuentra en los citados preceptos constitucionales, que para el ámbito del Derecho administrativo en general, desarrollan dos leyes: la Ley 39/2017, de 1 de octubre, del Procedimiento Administrativo Común de las Administraciones Públicas (en adelante LPACAP), en cuanto que regula el procedimiento administrativo común en materia sancionadora; y, la Ley 40/2015, de igual fecha, de Régimen Jurídico del Sector Público (LRJSP), que dedica su Capítulo III a los principios que rigen la potestad sancionadora de la Administración, en especial: a los principios de legalidad, tipicidad, reserva de ley, irretroactividad, responsabilidad, proporcionalidad, prescripción y *non bis in ídem*.

Grosso modo, podríamos decir que el principio de legalidad supone que nadie puede ser condenado o sancionado por acciones u omisiones que en el momento de producirse no constituyan delito, falta o sanción administrativa según la legislación vigente en aquel momento (art. 25.1 CE). Principio que, según el TC, comprende una doble vertiente o garantía. Una garantía material, que supone la necesidad de predeterminación normativa de las conductas ilícitas y sanciones correspondientes, lo que permite predecir con una cierta certeza qué conductas constituyen infracción y la sanción que le será aplicable, garantía que deriva del principio de seguridad jurídica o *lex certa* (conocido como principio de tipicidad). Y, una segunda vertiente, de carácter formal, que hace referencia al rango de las normas tipificadoras de las infracciones y reguladoras de las sanciones[72], que exige una norma con rango de ley, en la que se contengan los elementos esenciales de la conducta antijurídica, esto es, las infracciones, las sanciones y el plazo

72. STC (Sala 2ª) Núm. 42/1987, de 7 de abril, Núm. de recurso de amparo 520/1985 (RTC 1987, 42).

de prescripción, pudiendo recurrirse al reglamento para el desarrollo y precisión de los tipos de infracciones previamente establecidos por la ley (principio de reserva de ley)[73].

Delimitado el límite estrella de la potestad sancionadora, y sus dos garantías, nos llama la atención que la LGDCU —al dedicar su Título IV a la potestad sancionadora y específicamente su art. 46 a los principios que la rigen—, haya obviado cualquier referencia expresa a estas garantías. De manera que para el análisis de estos principios tenemos que recurrir a lo dispuesto con carácter general en el art. 27 de la LRJSP, según el cual:

> *«Sólo constituyen infracciones administrativas las vulneraciones del ordenamiento jurídico previstas como tales infracciones por una Ley, sin perjuicio de lo dispuesto para la Administración Local en el Título XI de la Ley 7/1985, de 2 de abril.*
>
> *Las infracciones administrativas se clasificarán por la Ley en leves, graves y muy graves.*
>
> 2. *Únicamente por la comisión de infracciones administrativas podrán imponerse sanciones que, en todo caso, estarán delimitadas por la Ley.*
>
> 3. *Las disposiciones reglamentarias de desarrollo podrán introducir especificaciones o graduaciones al cuadro de las infracciones o sanciones establecidas legalmente que, sin constituir nuevas infracciones o sanciones, ni alterar la naturaleza o límites de las que la Ley contempla, contribuyan a la más correcta identificación de las conductas o a la más precisa determinación de las sanciones correspondientes.*
>
> 4. *Las normas definidoras de infracciones y sanciones no serán susceptibles de aplicación analógica».*

De tal forma que la vertiente material del principio de legalidad (art. 27.1 LRJSP), requiere de la existencia de una norma previa que haya considerado unos hechos como constitutivos de infracción administrativa, y que tal norma tenga rango de ley. Dicho principio, por otro lado, prohíbe que las infracciones y sanciones reguladas en un precepto sean aplicables a otros supuestos que sean similares o semejantes por analogía, así como ha de quedar proscrito la posibilidad de preceptos legales en blanco, entendiendo por tal, la norma legal administrativa que solo contienen una amenaza punitiva, derivando o remitiendo al desarrollo reglamentario o a la discre-

73. Entre otras, vid., las SSTC (Sala 1ª) Núm. 242/2005, de 10 de octubre, Núm. de recurso de amparo 2020/2001 (RTC 2005, 242); (Sala 2ª) Núm. 297/2005, de 21 de noviembre, Núm. de recurso de amparo 1090/2003 (RTC 2005, 297); (Sala 1ª) Núm. 162/2008 de 15 de diciembre, Núm. cuestión de inconstitucionalidad 6488/2001 (RTC 2008, 168), (Pleno) Núm. 86/2017, de 4 de julio, Núm. de recurso de inconstitucionalidad 3766/2006 (RTC 2017, 86).

cionalidad administrativa la pormenorización de la infracción o la sanción. Y así lo ha declarado el TC al sostener que:

> «*la graduación de las sanciones o calificación ad hoc de las infracciones no resulta acorde con el principio de taxatividad en cuanto que no garantiza mínimamente la seguridad jurídica de los ciudadanos, quienes ignoran las consecuencias que han de seguirse de la realización de una conducta genéricamente tipificada como infracción administrativa*» (*v.gr.* las SSTC 166/2012 de 1 de octubre y 10/2015 de 2 de febrero, y las que allí se citan)»[74].

En cumplimiento de este mandato, la LGDCU tipifica en su art. 47 las infracciones en materia de consumo, sin que este precepto agote los tipos administrativos o infracciones que se pueden cometer, dado que habrá normas administrativas que tipifiquen ámbitos especialmente sensibles de consumo, así como normas autonómicas en la materia que establezcan otras infracciones[75]. En efecto, como ya señalamos en algún otro momento, las infracciones en materia de consumo pueden estar dispersas por toda la

74. SSTC (Sala 1ª) Núm. 166/2012, de 1 de octubre, Núm. de cuestión de inconstitucionalidad 43/2010 (RTC 2012, 166) y Núm. 10/2015, de 2 de febrero, Núm. de cuestión de inconstitucionalidad 6926/2013 (RTC 2015, 10). En concreto, la STC 10/2015, declaró la inconstitucionalidad del art. 50.1 del LGDCU. Más recientemente, vid. la STC (Pleno) Núm. 150/2020, de 22 de octubre, Núm. de cuestión de inconstitucionalidad 7194/2019 (RTC 2020, 150), que enjuició el art. 40 que regula la calificación de las infracciones de la Ley Foral 7/2006, de 20 de junio, de defensa de consumidores y usuarios (en su redacción anterior a la Ley Foral 5/2020, de 4 de marzo), declarando la inconstitucional del precepto.

75. Téngase en cuenta que el precepto que originariamente regulaba las infracciones en materia de consumo era el art. 49. Artículo que sufrió importantes modificaciones tras la entrada en vigor del Real Decreto Ley 37/2020, de 22 de diciembre de medidas urgentes para hacer frente a las situaciones de vulnerabilidad social y económica en el ámbito de la vivienda y en materia de transportes, que da una nueva redacción a las infracciones cometidas por los empresarios por la introducción de cláusulas abusivas en los contratos celebrados con los consumidores [letra *h)*], al tiempo que añade la letra *p)* relativo al incumplimiento de las obligaciones en relación con los servicios de atención al cliente. Pero ese art. 49 del LGDCU, no parecía cumplir las exigencias del principio de tipicidad, al ser parco, escueto y contener varias normas en blanco con continuas remisiones a otros preceptos, algo que choca con las exigencias de la potestad sancionadora. Tanto es así, que en orden a transponer la Directiva (UE) 2019/2161, de 27 de noviembre y de dar cumplimiento a la Sentencia del Tribunal Constitucional de 2 de febrero de 2015, el Gobierno aprobó el Real Decreto Ley 24/2021, de 2 de noviembre, de transposición de directivas de la Unión Europea, por el cual se daba una nueva redacción a los artículos 48 y 49 (art. 82.4). De tal modo que, tras esta modificación, el artículo 49 pasa a graduar la imposición de las sanciones en función de la gravedad de la infracción, en tanto que las conductas sancionables se regulan en el artículo 47.

normativa sectorial, y prevista en normas de rango de ley dictadas por las CCAA, lo cual dificulta notablemente su estudio[76].

En cuanto a las infracciones contenidas en este precepto, siguiendo lo señalado por Alenza[77], pueden clasificarse en atención al ámbito de consumo en el que se desenvuelven las infracciones o a la afectación de los distintos derechos reconocidos al consumidor en la contratación de bienes y servicios. De tal modo, que hay infracciones relativas a la seguridad y salud de los consumidores y la salud pública [letras *a), b), c)* y *h)* del art. 47.1 LGDCU]. Infracciones relativas a las relaciones contractuales que comprende la vulneración de los derechos que la norma reconoce a los consumidores, tanto en la fase precontractual [*v.gr.* el derecho de información art. 47.1 *d)* y *g)* LGDCU], como durante toda la vida del contrato, sea por incumplimiento de las normas reguladora de los precios y la imposición injustificada de condiciones sobre prestaciones no solicitadas o cantidades mínimas, o cualquier otra actuación ilícita que suponga un aumento de los precios o márgenes comerciales, de la forma de pago como es la negativa al pago en efectivo [letras *f)* y *ñ* del art. 47.1][78], o de la forma de facturación [*v. gr.* la facturación electrónica obligatoria]; la inclusión de cláusulas abusivas [art. 47.1. *j)*], o las prácticas que impidan al consumidor poner fin a los contratos de tracto sucesivo [art. 47.1 *k)*], así como las que supongan una vulneración de sus derechos postcontractuales, tal como los servicios de atención al cliente, garantías y reparación [art. 47.1 *e)* en relación con los arts. 114 y ss. LGDCU]. Pero también las hay por discriminación en el acceso a los bienes y a la prestación de los servicios y, en especial, las previstas como tales en la Ley Orgánica 3/2007, de 22 de marzo, para la igualdad efectiva de mujeres y hombres, cuando no sean constitutivas de delito [art. 47.1 *n)*], por competencia desleal del empresario o profesional en relación con los consumidores o usuarios [art. 47.1 *m)*], por infracciones en relación a sus obligaciones dentro del procedimiento administrativo, sea por la obstrucción o negativa a suministrar datos o facilitar las funciones de informa-

76. Vid. BONACHERA VILLEGAS, R. y DEL ÁGUILA MARTÍNEZ, J.: «Las reclamaciones administrativas en materia de consumo y la potestad sancionadora de la administración», en la *Revista de Derecho Administrativo, op. cit,*. En parecidos términos, vid., MARTÍN RETORTILLO-BAQUER, L.: «Las sanciones administrativas en relación con la defensa de los consumidores con especial referencia a la publicidad de las mismas», en *Revista de Administración Pública,* Núm. 16, 1991, p. 139.

77. Cfr. ALENZA GARCÍA J.F.: «Artículo 49. Infracciones en materia de defensa de los consumidores y usuarios», en *Comentarios a la Normas de Protección de los Consumidores. Texto Refundido (RDL 1/2007) y otras leyes y reglamentos vigentes en la Unión Europea,* ed. Colex, Madrid, 2011, págs. 391 a 393.

78. Vid. BONACHERA VILLEGAS, R.: «El control jurisdiccional de la potestad sancionadora por la introducción de cláusulas abusivas en los contratos celebrados con los consumidores», *Revista General de Derecho Procesal,* Núm. 46, 2018.

ción, vigilancia o inspección, o por incumplir las órdenes o medidas cautelares adoptadas por la Administración [letras *i), p)* y *o)* del art. 47.1], constituyendo también infracción administrativa el incumplimiento de las normas reguladoras de los contratos celebrados fuera de establecimientos mercantiles y los celebrados a distancia [letras *r), s)* y *t)* del art. 47.1], y cualquier otro incumplimiento de los requisitos y obligaciones o prohibiciones establecidos en el LGDCU o en otra disposiciones que la desarrollen [art. 47.1 *u)*]. Tal como el incumplimiento de tener a disposición del consumidor la hoja de reclamaciones.

Infracciones que en función de su gravedad podrán calificarse en: leves, graves o muy graves (art. 48 LGDCU).

Prescripción de las infracciones y sanciones.

En relación con el principio de legalidad encontramos otro límite al ejercicio de la potestad sancionadora de la Administración, que impide que aquella la ejercite o la realice si se ha cumplido el plazo legalmente establecido en las leyes que las establezcan (art. 30.1 LRJSP). Dicho de otro modo, la prescripción de la infracción impide la imposición sobrevenida de sanciones aun cuando exista una conducta infractora, y la prescripción de la sanción, impide su ejecución forzosa, cuestiones éstas que se regulan en el art. 52 del LGDCU, junto al plazo de caducidad del procedimiento administrativo y la extinción de este por la muerte de la persona responsable o presuntamente responsable, que han de conllevar la terminación anormal del procedimiento sancionador.

El art. 52 señala que en función de la gravedad las infracciones en materia de consumo podrán prescribir: a los cinco años si son muy graves, a los tres años si son graves o al año si son leves. Si bien, estos plazos sólo serán aplicables en el supuesto de que sea la Administración General del Estado la que sancione. Y ello, porque normalmente las CCAA cuentan con legislación autonómica que establece otros plazos de prescripción, así como reglas diferentes para el computo de aquel, al variar el *dies ad quo* del cómputo. Según la LGDCU, el computo del plazo de prescripción comenzará, por regla general, a partir del día en que la infracción se manifieste o se exteriorice (criterio del resultado), y no en el día en que la infracción se cometió (criterio de la actividad)[79].

79. En este sentido, vid. la Ley andaluza 13/2003, de 17 de diciembre que establece un único plazo de prescripción de 4 años, a contar desde el día en que la infracción se hubiera cometido, teniéndose en cuenta las reglas siguientes: se entenderá cometida la infracción el día de la finalización de la actividad o el del último acto con el que la infracción esté plenamente consumada; en caso de infracción continuada, el plazo

Esta distinta regulación del plazo de prescripción, a nuestro entender, puede suponer una distorsión del principio de igualdad de los distintos consumidores, dado que el transcurso del tiempo puede dar lugar a resultados bien distintos ante una misma conducta infractora cometida por un mismo empresario o profesional, dependiendo de la comunidad autónoma que hubiera abierto el procedimiento sancionador. Algo totalmente injusto, si la competencia de dicha Administración ha venido determinada por el lugar del domicilio social de la empresa o su establecimiento abierto al público, pues se corre el riesgo de emplazamientos de conveniencia.

Dicho lo anterior, hemos de indicar que la LGDCU señala un *dies ad quo* distinto si la infracción se considera continuada, entendiendo por tal, la pluralidad continuada de acciones u omisiones idénticas o similares realizadas por un sujeto en relación con una serie de productos o prestaciones del mismo tipo (art. 46.8 LGDCU), en este supuesto, el plazo de prescripción comenzará a computarse al finalizar la acción infractora o el último acto con que la infracción se consume (*ex art.* 52.2 LGDCU)[80].

En cuanto a la interrupción del plazo de prescripción, y en atención al principio del *non bis in ídem*, la LGDCU, señala que el plazo se interrumpe si se inicia un proceso penal sobre los mismos hechos o sobre otros hechos conexos cuya separación de los constitutivos de la infracción administrativa de consumo sea jurídicamente imposible, reanudándose el plazo de prescripción si aquel concluye con un auto de sobreseimiento o una sentencia

---

comenzará a contarse desde el día en que se realizó la última de las acciones típicas incluida en aquélla; en caso de la infracción permanente, el plazo empezará a contarse desde que se ponga fin a la situación ilícita creada (la infracción persiste en tanto los productos y servicios continúen ofreciéndose o presentándose con la misma irregularidad determinante de la infracción). De manera excepcional, en el caso de que los hechos constitutivos de la infracción fueran desconocidos de manera general por carecer de cualquier signo externo, el plazo se computará desde que estos se manifiesten. Salvo en este caso, será irrelevante el momento en que la Administración haya conocido la infracción, a efectos de determinar el plazo de prescripción de la infracción para el ejercicio de la potestad sancionadora. Si conocida por la Administración la existencia de una infracción, y finalizadas las diligencias para esclarecer los hechos, hubiera pasado 1 año sin que el órgano competente hubiera iniciado el procedimiento sancionador, se producirá la caducidad de este. En este sentido, cuando exista toma de muestras, las actuaciones de la inspección se entenderán finalizadas una vez se tenga conocimiento del resultado del análisis inicial. Si bien, las solicitudes de análisis contradictorios y dirimentes necesarios interrumpirán los plazos de caducidad hasta que se practiquen. Y, cfr. con la Ley murciana 4/1996, que establece que las infracciones graves prescriben a los 3 años, las graves a los 2 años y las leves a los 6 meses, estableciéndose que el plazo de prescripción comenzará a contar desde el día siguiente a la realización de la acción.

80. Vid. la STS (Sala de lo Contencioso-administrativo) de 17 de diciembre de 2020, Núm. de recurso: 4442/2019 (RJ 2020, 4981).

firme absolutoria, al considerar que los hechos no son constitutivos de delito, pues puede darse el caso que sí constituyan una infracción administrativa. Lo mismo se aplicará para el supuesto de un procedimiento administrativo sancionador sectorial, que hubiere sido abierto con conocimiento del interesado, si se aprecia identidad de fundamento, y procediera la aplicación preferente de la normativa de consumo. En este supuesto, el plazo de prescripción se reiniciará si el expediente sancionador estuviera paralizado durante más de un mes por causa no imputable al presunto responsable.

Finalmente, hay que indicar que el plazo de prescripción de la sanción comenzará a contarse desde el día siguiente a aquel en que sea ejecutable la resolución por la que se impone la sanción o haya transcurrido el plazo para recurrirla. Interrumpiéndose en estos supuestos el plazo de prescripción de la sanción, por la iniciación, con conocimiento del interesado, del procedimiento de ejecución, volviendo a transcurrir el plazo si aquél está paralizado durante más de un mes por causa no imputable al infractor. En el caso de desestimación presunta del recurso de alzada o de reposición interpuesto contra la resolución que imponga la sanción, el plazo de prescripción de la sanción comenzará a contarse desde el día siguiente a aquél en que finalice el plazo legalmente previsto para la resolución de dichos recursos (art. 52.5 LGDCU).

Distinta a la prescripción es la caducidad del procedimiento administrativo sancionador, que se producirá en el caso de no haber recaído resolución transcurrido nueve meses desde su iniciación (art. 52.6 y 7 LGDCU)[81]. Si bien, la falta de impulso de alguno de los trámites del procedimiento no dará por sí misma lugar a la caducidad del procedimiento. El plazo de caducidad podrá suspenderse por resolución motivada con fundamento en las causas previstas en el art. 22 de la LPACAP, y en las expresamente previstas en la LGDCU, esto es, cuando deba solicitarse a un tercero la aportación de documentos u otros elementos de juicio necesarios para la resolución del procedimiento sancionador, cuando se requiera la cooperación o coordinación de las autoridades de consumo de otras CCAA o de la UE. A tales efectos, el tiempo de suspensión abarca el tiempo que transcurra desde la remisión de la solicitud de cooperación hasta la recepción de la información solicitada por el órgano competente para continuar el procedimiento.

Por otra parte, el precepto citado ordena la conservación de lo actuado en el procedimiento administrativo caducado, al indicar que dichas actua-

81. Apartados modificados por la disposición final 1.7 de la Ley 23/2022, de 2 de noviembre de 2022, con la finalidad de evitar la impunidad del infractor.

ciones, así como los documentos y otros elementos de prueba obtenidos en dicho procedimiento, conservarán su validez y eficacia a efectos probatorios en otros procedimientos iniciados o que puedan iniciarse con posterioridad en relación con el mismo u otro responsable. Precisamente, el precepto recuerda que podrá iniciarse un nuevo procedimiento sancionador con el mismo objeto en tanto y en cuanto no haya prescrito la infracción, con independencia del momento en que hubieran finalizado las diligencias preliminares dirigidas al esclarecimiento de los hechos o se haya producido la caducidad del procedimiento sobre esos mismos hechos[82].

El principio de irretroactividad de la norma sancionadora o restrictiva de derechos.

Este principio refleja el problema de la aplicación de las disposiciones generales en el tiempo. En este aspecto, pese a lo señalado para otros ámbitos en el art. 2.3 del CC[83]—, al procedimiento administrativo sancionador le será de aplicación lo dispuesto en el art. 25,1 de la CE para el Derecho penal, el cual expresamente sanciona «*la irretroactividad de las disposiciones sancionadoras no favorables o restrictivas de derechos individuales*».

Precepto constitucional que desarrolla legislativamente el art. 26 de la LRJSP, proclamando la aplicación de la norma sancionadora vigente al tiempo de producirse los hechos que constituyan infracción administrativa. Por lo tanto, en principio excluye la retroactividad de la norma sancionadora (apdo. 1º del art. 26). Si bien, esa regla general tiene una excepción, pues se permite la retroactividad si la aplicación de la norma posterior resulta más favorable para el enjuiciado (apdo. 2º del art. 26), denominada, por ello, retroactividad *in bonam parte* o in *bonus in melius, que* constituye una auténtica obligación para la Administración en el ejercicio de su potestad sancionadora y un derecho para el administrado infractor.

En cuanto a los aspectos que abarca esa retroactividad *in melius*, siguiendo lo dicho por Rebollo, Puig, afecta tanto a la tipificación de la infracción, como a la sanción y a la prescripción. Ello significa:

82. Para apreciar la diferencia que existe entre la caducidad del expediente sancionador y la prescripción de la infracción o sanción, y observar las complejidades de su cómputo, vid. las SSTS (Sala de lo contencioso-administrativo) de 22 de octubre de 1996, Núm. de recurso: 5968/1991 (RJ 1996, 7704) y 4 de abril de 2006, Núm. de recurso: 4699/2003 (RJ 2006, 3023); la STSJ de Madrid (Sala de lo contencioso-administrativo) de 6 de octubre de 2020, Núm. de recurso 2496/1998 (JUR 2001, 108389); y, la SJdo. Central de lo contencioso-administrativo Núm. 3, de 30 de abril de 2023, Núm. de resolución: 2023/390333.

83. Que indica que: «*Las leyes no tendrán efecto retroactivo, si no dispusieren lo contrario*».

1º. Que no sean perseguibles aquellas conductas que en el nuevo marco legal sean perseguibles, cuando al momento de la comisión u omisión no lo eran, o no eran sancionables.

2º. Que no se pueda agravar la situación del infractor aplicando una sanción más elevada que la aplicable al tiempo de la comisión u omisión de la infracción, o la aplicación de una agravante no prevista en aquel momento; y,

3º. Que pueda alegarse el plazo de prescripción de la norma anterior, siendo indiferente si la nueva norma entró en vigor cuando todavía no había pasado el plazo de prescripción inicialmente establecido o cuando ya se hubiera superado[84].

En cuanto a la ejecución del acto administrativo sancionador, en principio no le será de aplicación el principio de irretroactividad, dicho de otro modo, la retroactividad de la norma favorable no permite revisar sanciones firmes que hayan podido ser plenamente ejecutadas, retroactividad que sí podrá ser aplicada si afecta al reglamento declarado nulo que hace ejecución de la norma sancionadora. Criterio que es el que subyace en el tenor literal del artículo 73 de la Ley de la Jurisdicción Contencioso-Administrativa (en adelante LJCA) al establecer que:

> *«la sentencia que anule un precepto de una disposición no afectará por sí mismas a la eficacia de los actos administrativos firmes que la hayan aplicado antes de que la anulación alcanzara efectos generales, salvo en el caso de que la anulación del precepto supusiera la exclusión o reducción de las sanciones aún no ejecutadas completamente».*

3.2. EL PRINCIPIO DE *NON BIS IN ÍDEM*

3.2.1. Consideraciones generales

El principio de *non bis in ídem* entendido como la prohibición de imponer una pluralidad de sanciones sobre los mismos hechos ya sancionados anteriormente, se recoge como un derecho fundamental de la persona tanto en los ordenamientos nacionales como en los instrumentos internacionales sobre derechos humanos[85].

84. Cfr. REBOLLO PUIG, M.: «Sucesión de normas administrativas sancionadoras: irretroactividad y excepciones», en *REALA*, Núm. 16, octubre, 2021, págs. 9 y 10.
85. En el caso del sistema europeo creado por el Convenio Europeo de Derechos Humanos y las Libertades Públicas, este principio no se recoge en el texto del Convenio sino en unos de sus protocolos, concretamente en el art. 4 del Protocolo 7º.

Si bien la aceptación general de este principio en el ámbito administrativo sancionador ha sido pacífica, no lo ha sido en cambio, la interpretación de su alcance o plasmación de las consecuencias jurídicas que acarrea su aplicación. Discrepancia interpretativa que ya hemos podido observar, al analizar la normativa autonómica de protección de los consumidores y usuarios. Alcanzado su punto más álgido en la propia determinación de lo más básico, el análisis de su naturaleza jurídica, pues en España incluso se ha cuestionado si es un principio de origen legal o constitucional. Así, mientras que para el TC este principio tiene naturaleza constitucional, al punto de considerarlo un pilar básico del Estado de Derecho, que está vinculado a los principios de legalidad y tipicidad[86]; y, por tanto, reconocido implícitamente por el art. 25 de la CE como un derecho fundamental de la persona susceptible de amparo constitucional. Para una parte de la doctrina, no cabe tal vinculación, dada la omisión de este principio en el texto constitucional[87].

Si la anterior asimilación es problemática, más problemático aún es admitir que el fundamento de este principio se encuentre en la garantía de la cosa juzgada, sobre todo si aparece referido a una previa sanción administrativa, pues como bien señala la STC 2/2003, de 16 de enero, dicho efecto:

> *«es predicable tan sólo de las resoluciones judiciales, de modo que sólo puede considerarse vulneración del derecho a la tutela judicial efectiva sin indefensión, en cuyo haz de garantías se ha reconocido el respeto a la cosa juzgada (por todas, SSTC 67/1984, de 7 de junio, FJ 2; 159/1987, de 26 de octubre, FJ 2; 189/1990, de 26 de noviembre, FJ 1; 151/2001, de 2 de julio, FJ 4), el desconocimiento de lo resuelto en una resolución judicial firme, dictada sobre el fondo del litigio. De otra parte, se ha de tener presente que uno de los requisitos de la legitimidad constitucional de la potestad sancionadora de la Administración es la necesaria viabilidad del sometimiento de la misma a control judicial posterior (art. 106 CE; STC 77/1983, de 3 de octubre). De modo que, sin haberse producido dicho control judicial ulterior por la*

86. Vid. las SSTC (Sala 1ª) Núm. 2/1981, de 30 de enero, Núm. de recurso de amparo 90-1980 (RTC 1981, 2); (Sala 2ª) Núm. 77/1993, de 3 de octubre, Núm. de recurso de amparo 368-1982 (RTC 1993, 77); y, así sucesivamente hasta llegar a las últimas resoluciones, que consideran que es una manifestación de la vulneración del principio de legalidad [vid. las SSTC (Pleno) Núm. 2/2003, de 16 de enero, Núm. de recurso de Amparo 2468-2000 (RTC 2003, 2) y (Sala 2ª) Núm. 2/2023, de 6 de febrero, Núm. de recurso de Amparo 5380-2020 (RTC 2023, 2)]. También encuentra el fundamento constitucional en el art. 10.2 de la CE, dado el reconocimiento expreso de este principio como un derecho fundamental de la persona en los textos internacionales de derechos fundamentales antes señalados (vid. la STC 2/2003, de 16 de enero).

87. En este aspecto, vid. NIETO GARCÍA, A.: *Derecho administrativo sancionador*, ed. Tecnos, Madrid, 1993, pág. 363 y en igual sentido, en la quinta edición de la monografía del año 2012; y, REBOLLO PUIG, M.: *Potestad sancionadora, alimentación y salud pública, op. cit.*, pág. 820.

jurisdicción contencioso-administrativa, al haber desistido el sancionado del recurso interpuesto, la resolución administrativa carece de efecto de cosa juzgada».

Los problemas ocasionados para la determinación del alcance de este principio provienen de que el legislador ordinario ha abordado esta cuestión de manera insatisfactoria, limitándose a recogerlo genéricamente, dejando la pormenorización concreta de sus efectos, en el mejor de los casos, a la regulación de determinados sectores, y no de manera uniforme; y, en el peor de los casos, dejando su precisión a los tribunales. De ahí, que se haya considerado a este principio como un producto jurisprudencial[88].

En efecto, ni art. 132 de la ya derogada Ley 30/1992, de 26 de noviembre, de Régimen Jurídico de las Administraciones Públicas y del Procedimiento Administrativo Común (en adelante LPA), ni el art. 31 de la LRJSP —que recoge en la actualidad los principios generales que rigen la potestad sancionadora administrativa—, pormenoriza esta cuestión, limitándose a señalar que no podrán sancionarse los hechos que ya lo hayan sido penal o administrativamente, en los casos en que se aprecie identidad del sujeto, del hecho y del fundamento.

La única variación con respecto a la regulación contenida en la LPA viene de la mano del apdo. 2 del precepto, que contempla una regla que no es nueva, ya que recoge lo regulado en el apdo. 2 del art. 5 del Real Decreto 1.398/1993, de 4 de agosto, por el que se aprueba el Reglamento del Procedimiento para el Ejercicio de la Potestad Sancionadora (en adelante RPS)[89]. En concreto, para establecer la obligación de compensación en el procedimiento administrativo sancionador español, de la sanción que, por unos mismos hechos, hubiera podido imponer algún órgano de la UE. De ahí, que se haya señalado que no es una excepción a la aplicación del *non bis in ídem*, sino una manifestación del principio de proporcionalidad.

Ha de destacarse que el art. 31 no incorpora en cambio las precisiones del art. 5.1 del RPS, ni la regla del art. 7.2 de la misma disposición general que, respectivamente, consagraban: de un lado, la obligación de dictar una resolución absolutoria en el supuesto de que en cualquier momento de la instrucción de los procedimientos sancionadores, quede acreditado que ha recaído sanción penal o administrativa sobre los mismos hechos, concurriendo la triple identidad antes señalada; y, de otro lado, la posibilidad de suspender el procedimiento administrativo sancionador, en cuanto el

88. En este aspecto, NIETO GARCÍA, A.: *Derecho administrativo sancionador,* ed. Tecnos, Madrid. 2012, sostiene que es el punto más firme de referencia, pero es singularmente vacilante.

89. Norma derogada, con efectos jurídicos desde el 2 de octubre de 2016, por la disposición derogatoria única 2 *e)* de la Ley 39/2015, de 1 de octubre.

órgano administrativo conste la pendencia del proceso penal, así como la vinculación de éste a los hechos declarados probados por la resolución judicial penal firme[90].

Vista la ausencia de regulación en la norma común del régimen jurídico de la actividad administrativa, hemos de analizar la plasmación de este principio en nuestra norma básica de protección de los consumidores y usuarios. Este principio queda plasmado en los apdos. 2º, 3º y 4º del art. 46 de la LGDCU. En concreto, la prohibición del *bis in ídem*, en su vertiente material, se recoge en el apdo. 4º del citado precepto, en los siguientes términos:

> *«En ningún caso se producirá una doble sanción por los mismos hechos y en función de los mismos intereses públicos protegidos, si bien deberán exigirse las demás responsabilidades que se deduzcan de otros hechos o infracciones concurrentes».*

En tanto que la vertiente formal o procesal se consagra en los apdos. 2º y 3º del precepto, que impediría que un mismo hecho sea enjuiciado más de una vez por órganos judiciales penales y/o por órganos administrativos con potestad sancionadora.

3.2.2. La vertiente material del principio

Como ya se ha señalado, la vertiente material del principio de *non bis in ídem* comporta la prohibición de sancionar dos veces por unos mismos hechos antijurídicos. Dicho de otro modo, la garantía del *non bis in ídem* impide sancionar aquello que sea igual a lo que ya se ha sancionado previamente. Y lo igual, se identifica con una triple identidad: con un elemento subjetivo, con un elemento fáctico y con un elemento causal o fundamento del *ius puniendi*.

Lo importante a efectos de determinar la coincidencia subjetiva es la identidad de la persona que se encuentra incursa en el procedimiento sancionador, siendo indiferente el título de imputación de la responsabilidad. De modo que este elemento no presenta más problemas, que la evidente diferenciación entre la responsabilidad de la persona jurídica, o entes sin personalidad jurídica, y las personas físicas que actúan por aquellos/as, estando comúnmente admitido por la jurisprudencia, que no existe identidad subjetiva si se abren dos procedimientos sancionadores por los mismos hechos y con el mismo fundamento, siendo diferentes los sujetos frente a

90. Vinculación ahora recogida en el art. 77. 4 de la Ley 39/2015, de 1 de octubre, del Procedimiento Administrativo Común de las Administraciones Públicas.

los cuales se inicia dicho procedimiento[91]. Y así se reconoce implícitamente por el art. 51.5 de la LGDCU, al señalar que cuando una infracción sea imputada a una persona jurídica, podrán ser consideradas también responsables las personas que integran sus órganos rectores o de dirección, así como los técnicos responsables de la elaboración y control.

El elemento fáctico tampoco habría de revestir complejidad a la hora de constatar el *non bis in ídem*, pues lo decisivo para comprobar tal identidad habrían de ser los hechos en cuanto acontecimientos históricos jurídicamente relevantes por ser susceptibles de quedar subsumidos en el tipo penal y/o administrativo, sea por la comisión u omisión de las infracciones reguladas en las normas sancionadoras. No obstante, ello no quita que a veces se confunda con otros conceptos, como el concurso de infracciones con el que guarda una estrecha relación o con la infracción continuada, cuando lo que verdaderamente veta el principio del *non bis in ídem*, es la imposición de dos sanciones por unos mismos hechos. Principio este que no sólo se infringe cuando se impone una doble sanción por aplicación de distintos ordenamientos jurídicos, sino también porque se ha producido una doble valoración del mismo hecho.

De ahí, que el concurso de normas sancionadoras se pueda resolver con el establecimiento de algún criterio que otorgue preferencia a la hora de aplicar las distintas normas en las que se pueda subsumir el hecho antijurídico. En este aspecto, hemos de indicar que la norma de régimen administrativo común no establece ningún criterio que sea aplicable a todos los supuestos sancionadores.

91. En este sentido, vid. las SSTS (Sala de lo Contencioso-administrativo) de 7 de julio de 2003, Núm. 10397/1998 (RJ 2003, 4593) y 22 de octubre de 1997, Núms. de recursos acumulados: 443/1995 y 7307 /1992 (RJ 1997, 7447), en concreto en esta última se señala que una sanción impuesta por práctica restrictiva de la competencia, por la fijación de los precios, ha de entenderse que no existe identidad subjetiva entre una mercantil sancionada y la Asociación Nacional de Pollos en la que se integra, Asociación que fue sancionada en procedimiento administrativo anterior por los mismos hechos. No se incurre en un *bis in ídem* porque las sanciones recaen sobre personas jurídicas distintas. En términos parecidos a la anterior, la STS (Sala de lo Contencioso-administrativo) de 24 de febrero de 2017, Núm. de recurso:1231/2014 (RJ 2017, 1913), entiende que no concurre identidad en el elemento subjetivo, por cuanto que en la primera resolución sancionadora resultó sancionado únicamente el Consejo Regulador, en el ejercicio de su capacidad normativa de emisión de circulares, mientras que en la segunda resolución resultaron sancionados los integrantes de un cártel, en el que participaron y colaboraron, además de la empresa recurrente, otras bodegas de Jerez, la Federación de Bodegas del Marco de Jerez y el Consejo Regulador citado, sin que pueda aceptarse la confusión que propugnaba, pues la empresa recurrente y el Consejo Regulador son sujetos distintos, que fueron sancionados cada uno por conductas diferenciadas.

Son varios los criterios que se pueden tener en cuenta, tal como: el criterio de especialidad (que atiende al juego de norma general es derogada por la norma especial), el criterio cuantitativo (que atiende a la sanción más elevada en atención a la gravedad del hecho) y el criterio cronológico (que atiende a la fecha del primer procedimiento sancionador que se hubiera abierto y hubiera concluido con una sanción). Pues bien, el apdo. 5 del art. 46 del LGDCU opta por dar preferencia al criterio especial sobre el cuantitativo, al señalar que:

> *«Cuando el mismo hecho y en función de idéntico ataque a los intereses públicos pueda ser calificado como infracción con arreglo a dos o más preceptos de esta Ley o de otras normas sancionadoras, se aplicará el que prevea más específicamente la conducta realizada y, si todos ofrecieran los mismos caracteres, el que establezca mayor sanción, sin perjuicio de que prevalezcan y sean de aplicación preferente las disposiciones sectoriales respecto de aquellos aspectos expresamente previstos en las disposiciones del derecho de la Unión Europea de las que traigan causa».*

Y, como no, la aplicación de este criterio a su vez puede conllevar la atribución de la competencia sancionadora a un órgano específico. En este preciso sentido, se pronuncia la STSJ de Andalucía, de 4 de febrero de 2016, al anular la resolución sancionadora del Consejo de Gobierno de la Junta de Andalucía, por la que impuso a CaixaBank S.A. una sanción por la infracción de las condiciones exigibles en la prestación de sus servicios en el mercado de valores, dejando indemne la sanción impuesta por la CNMV, a la que le reconoce competencia objetiva para conocer de este tipo de infracciones[92].

Por lo que refiere a la doble valoración de unos mismos hechos, debemos hacernos eco de lo dispuesto en la STC 188/2005, de 7 de junio, en la que se señala que un mismo hecho no puede tenerse en cuenta para determinar la gravedad de la infracción y después para aplicar una agravante, pues ello vulnera el principio del *non bis in ídem.*

Por otra parte, la identidad causal o fundamento de la sanción, alude a los bienes jurídicos protegidos por las normas sancionadoras. De tal modo, que para apreciar si existe *bis in ídem* se ha de observar si la comisión u omisión de la conducta antijurídica llevada a cabo por el mismo sujeto, lesiona o pone en peligro el mismo bien o interés jurídico, o son varios los bienes jurídicos o intereses lesionados o perturbados, en el segundo supuesto no existirá vulneración del principio de *non bis in ídem,* aunque

92. STSJ de Andalucía, Sevilla (Sala de lo Contencioso-administrativo) de 4 de febrero de 2016, Núm. de Recurso 251/2014 (RJCA 2016, 253); y, en igual sentido, y del mismo órgano, vid. la sentencia de 11 de febrero de 2016, Núm. de recurso: 252/2014 (JUR 2016, 114572).

exista coincidencia en los hechos y el sujeto acto de la infracción. De ahí, que se haya señalado que una doble sanción en los supuestos en los que el sujeto responsable está sujeto a un régimen disciplinario o a una relación especial de sujeción no tiene por qué vulnerar el principio del *non bis in ídem*, siempre y cuando la causa o fundamento de las sanciones sean distintas (STC 2/1981)[93]. Ello acontece, por ejemplo, con las entidades bancarias sujetas a la actividad de supervisión del Banco de España[94].

En este sentido, en materia de protección de los consumidores y usuarios nos parece clarificadora, la STS de 2 de junio de 2010, en la que se distingue la lesión de los intereses de los consumidores del elemento de protección concreto subsumible en las infracciones de consumo examinadas, pues en esta sentencia se señala que la vulneración de aquel interés es un elemento calificador de la conducta del infractor de la norma de consumo, susceptible por tanto de ser apreciado como un agravante de la responsabilidad sin que quede afectado por la prohibición del *non bis in ídem*[95].

Elemento calificador que se eleva a la enésima potencia si existe una afectación general a los intereses colectivos o difusos de los consumidores [*ex art.* 48.3. *c)* LGDCU]; en particular si se trata de la salud de los consumidores, de prácticas comerciales desleales o de la inclusión de cláusulas abusivas en los contratos suscritos con aquellos, o cualquier otra actuación y omisión que afecte a sus derechos básicos (art. 8 LGDCU)[96].

---

93. STC (Sala 1ª) Núm. 2/1981 de 30 de enero, Núm. de recurso de amparo 90-1980 (RTC 1981, 2). Triple identidad que también se exige por el TJUE en materia de defensa de la competencia, vid. las SSTJUE de 13 de febrero de 1969, Asunto C-14/68, Walt Wilhelm y otros contra Bundeskartellamt; (Sala 5ª) de 7 de enero de 2004, Aalborg Portland A/S (C-204/00 P), Irish Cement Ltd (C-205/00 P), Ciments français SA (C-211/00 P), Italcementi — Fabbriche Riunite Cemento SpA (C-213/00 P), Buzzi Unicem SpA (C-217/00 P) y Cementir — Cementerie del Tirreno SpA (C-219/00 P) contra Comisión de las Comunidades Europeas; (Gran Sala) 14 de febrero de 2012, Asunto C-17/10, Toshiba Corporation y otros (TJCE 2012, 23); y, (Sala 8º) de 25 de febrero de 2021, Asunto C-857/19, Slovak Telecom (TJCE 2021, 41), pero que no se sigue en el espacio de libertad, seguridad y justicia, en el que se considera irrelevante el interés jurídico protegido, vid. la STJUE (Sala 2ª) de 9 de marzo de 2006, Asunto C-436/04, Van Esbroeck.
94. En este sentido, respecto a la vertiente procesal, vid. las SSAN (Sala de lo Contencioso-administrativo) de 25 de mayo de 2010, Núm. de Recurso 325/2009 (RJCA 2010, 521); de 13 de octubre de 2010, Núm. de recurso: 326/2009 (RJCA 2010, 833); y, de 3 de diciembre de 2010, Núm. de recurso: 186/2009 (RJCA 2011, 68).
95. STS (Sala de lo Contencioso-administrativo) de 2 de junio de 2010, Núm. de recurso: 3700/2008 (RJ 2010, 5483).
96. *De lege data,* en este supuesto el art. 16 del LGDCU, autoriza a la Administración General del Estado a adoptar medidas extraordinarias ante situaciones de urgente

3.2.2.1. La identidad fáctica y el concurso de infracciones

Aunque a veces se ha querido ver de otra forma, el concurso de infracciones constituye una figura ajena al *non bis in ídem*, si bien íntimamente relacionada con este , si se trata del concurso ideal de infracciones, dado que un mismo hecho es susceptible de constituir diferentes infracciones en atención a los diferentes bienes jurídicos protegidos por las diferentes normas sancionadoras que resulten de aplicación[97]. Y así, se recoge en el art. 46.6 del LGDCU, al señalar que:

> *«La identidad de fundamento, por su parte, alude a los bienes jurídicos implicados: si el hecho de un mismo sujeto lesiona o pone en peligro varios bienes jurídicos no hay identidad de fundamento y, por tanto, cabe la duplicidad de sanciones. Por bien jurídico ha de entenderse, bajo una u otra denominación, el interés jurídico protegido por la norma sancionadora vulnerada».*

Ninguna duda merece, en cambio, el concurso real y medial de infracciones, precisamente porque se trata de una pluralidad de hechos que suponen una pluralidad de infracciones, así pues, las normas que modulan este tipo de concurso no se establecen en garantía del *non bis in ídem*, sino del principio de proporcionalidad.

Precisamente, en este sentido el apdo. 7 del art. 46 del LGDCU, señala que:

> *«Cuando se trate de hechos concurrentes constitutivos de infracción, procederá la imposición de todas las sanciones o multas previstas en esta y las otras Leyes aplicables para cada una de las infracciones. No obstante, al imponer las sanciones, se tendrán en cuenta, a efectos de su graduación, las otras sanciones recaídas para que conjuntamente resulten proporcionadas a la gravedad de la conducta del infractor.*
>
> *Se considerará que hay hechos concurrentes constitutivos de infracción cuando el mismo sujeto haya incumplido diversos deberes que supongan diferentes lesiones del mismo o de distintos intereses públicos sin que una de las infracciones conlleve necesariamente la otra, aunque haya servido para facilitar o encubrirla, y ello con*

---

necesidad. En concreto este precepto señala que: «*Con carácter excepcional, ante situaciones de extrema gravedad que determinen una agresión indiscriminada a la salud y seguridad de los consumidores y usuarios en más de una comunidad autónoma, el Gobierno podrá constituir durante el tiempo imprescindible para hacer cesar la situación, un órgano en el que se integrarán y participaran activamente las comunidades autónomas afectadas, que asumirá, las facultades administrativas que se le encomienden para garantizar la salud y seguridad de las personas, sus intereses económicos y sociales, la reparación de los daños sufridos, la exigencia de responsabilidades y la publicación de los resultados*».

97. En este sentido, vid. la STS (Sala de lo Contencioso-administrativo) de 15 de julio de 2002, Núm. de recurso: 6171/1996 (RJ 2003, 2320); y, la SAN de 23 de mayo de 2018, Núm. de recurso: 225/2016 (RJCA 2018, 791).

independencia de que se refieran a los mismos productos o servicios, o que esos incumplimientos sean sancionables conforme al mismo tipo de infracción».

3.2.2.2. La identidad fáctica y el agravante de reincidencia

Por lo que refiere a la identidad fáctica y el agravante de reincidencia, el TC se ha pronunciado indicando que no vulnera el principio del *non bis in ídem* la apreciación del agravante de reincidencia o reiteración de la infracción (STC 188/2005, de 7 de julio). Erigiéndose como presupuesto de su apreciación: de un lado, que exista un acto o resolución administrativa sancionadora que sea firme en vía administrativa, pues en principio sólo en dicho momento será ejecutivo el acto (por aplicación analógica del art. 22.8 del CP)[98]; y, de otro, otra infracción nueva y de la misma naturaleza que la anteriormente sancionada[99].

Y así, precisamente, se recoge este agravante en el art. 48.3 *f)* del LGDCU, con remisión al art. 29. 3 *d)* de la Ley 40/2015, de 1 de octubre, de Régimen Jurídico del Sector Público, en el que se señala que la reincidencia para ser apreciada exige que se cometa otra infracción habiendo transcurrido el término de un año desde la primera resolución sancionadora, debiendo tener la segunda infracción la misma naturaleza que la primera.

Además, al objeto de prevenir, en la medida de lo posible la reincidencia, el art. 50.2 del LGDCU prevé la imposición de una sanción accesoria, la publicidad de la sanción, así como la identificación del infractor y la índole y naturaleza de la infracción, publicación que procederá una vez que la sanción haya adquirido firmeza en vía administrativa.

3.2.3. La identidad fáctica y la infracción continuada

Más complejo es determinar si existe identidad fáctica cuando existe una sucesión de conductas que no se consuman en un solo acto, sino que se prolongan en el tiempo, es lo que se conoce como infracción continuada (art. 29. 6 de la Ley 40/2015)[100].

En relación con la infracción continuada en materia de consumo, el art. 46.8 del LGDCU, indica que:

98. En este sentido, vid. la STS (Sala de lo Contencioso-administrativo) de 30 de septiembre de 2011, Núm. de recurso: 566/2009 (RJ 2012, 1012).

99. En este sentido, vid. las SSTS (Sala de lo Contencioso-administrativo) de 24 de octubre de 2000, Núm. de recurso: 4553/1996 (RJ 2000, 9375) y de 24 de enero de 2002, Núm. de recurso: 9131/1997 (RJ 2002, 1576).

100. Precepto que dispone que: «*Será sancionable, como infracción continuada, la realización de una pluralidad de acciones u omisiones que infrinjan el mismo o semejantes preceptos administrativos, en ejecución de un plan preconcebido o aprovechando idéntica ocasión*».

«No obstante lo dispuesto en el apartado anterior, se sancionará como única infracción, aunque valorando la totalidad de la conducta, la pluralidad continuada de acciones u omisiones idénticas o similares realizadas por un sujeto en relación con una serie de productos o prestaciones del mismo tipo».

Lo difícil es identificar los supuestos en los que existe una infracción continuada o infracciones distintas dada la pluralidad continuada de acciones u omisiones. A veces para deslindar si estamos ante un supuesto u otro, resulta útil ver si se ha vulnerado los derechos o intereses de los mismos consumidores, o si son consumidores distintos.

En este sentido, se pronuncia la SAN de 13 de junio de 2022, en la que aparte de diferenciar el principio del *non bis in ídem* del supuesto de la infracción continuada, entendiendo que concurre esta última en el supuesto analizado, la AN declara la vulneración del principio de proporcionalidad por las tres sanciones que la CNMC impuso a Endesa, en una infracción relativa al incumplimiento reiterado de los requisitos establecidos para la formalización de los contratos de suministro de energía eléctrica.

3.2.4. La vertiente procesal del principio

3.2.4.1. Preferencia del orden penal y la vinculación a lo resuelto con eficacia de cosa juzgada

Como se ha señalado, la vertiente procesal del principio del *non bis in ídem* trata de evitar que se tramiten simultáneamente dos procedimientos sancionadores sobre unos mismos hechos, sea impidiendo la iniciación de uno de ellos u ordenando su suspensión, hasta tanto y en cuanto se resuelva el otro procedimiento.

Teniendo esto presente, nuestro TC desde su sentencia 77/1983, ha dado prevalencia a la resolución judicial penal sobre la administrativa[101]. De tal forma, que el procedimiento administrativo sancionador ha de quedar suspendido en tanto se resuelve el proceso penal.

De no estar abierto aún el proceso penal, y revistiendo los hechos examinados por el órgano administrativo con competencia sancionadora apa-

101. STC 77/1983, de 3 de octubre de 1983 (RTC 1983, 77), que encuentra esta prevalencia en la subordinación de los actos de la Administración de imposición de sanciones a la Autoridad judicial, de ahí infiere que la colisión entre la actuación jurisdiccional y la actuación administrativa deba resolverse en favor de la primera. En igual sentido, las SSTC (Sala 2ª) Núm. 152/2001, de 2 de julio, Núm. de recurso de amparo 3403/1997 (RTC 2001/152); (Pleno) Núm. 2/2003, de 16 de enero, Núm. de recurso de amparo 2468/2000 (RTC 2003, 2) y (Sala 2ª) Núm. 2/2023, de 6 febrero, Núm. de recurso de amparo 5380/2020 (RTC 2023, 2).

riencia delictiva, el apdo. 2º señala la obligación de comunicar tal extremo a la autoridad judicial o al Ministerio Fiscal. En este caso, la autoridad judicial o el Ministerio Fiscal, comunicará al órgano competente la resolución o el acuerdo que hubieren adoptado acerca del inicio de la instrucción o de la apertura de las diligencias de investigación.

Iniciándose o reanudándose el procedimiento administrativo sancionador sólo en el caso de que el proceso penal termine con sentencia absolutoria u otra resolución que ponga fin al proceso sin pronunciamiento en cuanto al fondo (ha de entenderse por tal, al auto de sobreseimiento libre). Sin perjuicio de la adopción por parte de la Administración de las medidas necesarias para asegurar la salud, seguridad y otros intereses de los consumidores en virtud de las potestades no sancionadoras que tenga conferidas.

Al tiempo que se establece la vinculación de los órganos administrativos a los hechos declarados probados por las resoluciones judiciales penales firmes. La razón de esta vinculación es clara, pues «*unos mismos hechos no pueden existir y dejar de existir para los órganos del Estado*», sin perjuicio de que cuando el ordenamiento permite una dualidad de procedimientos, y en cada uno de ellos ha de producirse un enjuiciamiento y una calificación de unos mismos hechos, el enjuiciamiento y la calificación que en el plano jurídico puedan producirse, se hagan con independencia a aquel pronunciamiento, si resultan de aplicación normativas diferentes[102].

Vinculación que no puede producirse a la inversa, dado que la determinación fáctica del procedimiento administrativo sancionador sin control judicial ulterior por la jurisdicción contencioso-administrativa carece de efectos de cosa juzgada (STC 2/2003, FJ 7), y no vincula a la jurisdicción penal, pues aquel relato de hechos se ha efectuado «*por un órgano público del que no puede predicarse la imparcialidad en el mismo sentido en que se predica y exige de los órganos judiciales y sin sujeción a las garantías de inmediación, oralidad y publicidad en la valoración de la prueba*» (STC 2/2003, FJ 10).

3.2.4.2. El principio del non bis in ídem en el ejercicio de la potestad sancionadora transfronteriza

La aplicación de la vertiente procesal del principio de *non bis in ídem* entre procedimientos administrativos sancionadores y/o judiciales de carácter transfronterizo en el ámbito de las prácticas comerciales desleales con los consumidores, ha sido objeto de estudio en la cuestión prejudicial comunitaria planteada por el Consiglio di Stato (Consejo de Estado italiano) de 11 de enero de 2022, en el asunto Volkswagen Group Italia S.p.A y

102. STC 2/2023, de 6 de febrero, que cita a la doctrina mantenida en su sentencia 77/1983.

Volkswagen Aktiengesellschaft contra la Autorità Garante della Concorrenza e del Mercato (AGCM), en el Asunto C-27/22. Cuestión prejudicial, que analizamos brevemente al entender que puede servir de parámetro para determinar la aplicación de este principio en la protección transfronteriza de los consumidores mediante el ejercicio de la potestad sancionadora.

El litigio del que trae causa la cuestión prejudicial, trae cuenta de la resolución sancionadora que la AGCM impuso a Volkswagen Group Italia S.p.A y a Volkswagen Aktiengesellschaft, por la comercialización en Italia de los vehículos diésel dotados de un programa informático que permite alterar la medición de la emisiones contaminantes y por la difusión de mensajes publicitarios engañosos que, pese a la alteración de la mediciones, subrayaba la conformidad de aquellos vehículos con los criterios de la normativa europea medioambiental. Resolución esta que fue impugnada por las empresas sancionadas ante el Tribunale Amministrativo Regionale del Lazio.

En tanto que el procedimiento administrativo sancionador seguía su cauce en Italia, en Alemania, la Fiscalía de Brunswick notificó a Volkswagen Aktiengesellschaft una resolución en la que le imponía, conforme a la Ley de Infracciones Administrativas alemana, una sanción de mil millones de euros. Esta sanción hacía referencia, entre otros aspectos, a los mismos hechos que fueron sancionados por la AGCM en Italia, habiendo adquirido firmeza la sanción alemana porque la sancionada renunció a su derecho a recurrir, pagando la sanción pecuniaria el día 18 de junio de 2018.

Entre tanto, en el año 2019, el Tribunale Amministrativo Regionale del Lazio dictó resolución que desestimó el recurso formulado por las sancionadas, en las que se solicitaba la suspensión del procedimiento italiano por la existencia de otros procedimientos sancionadores abiertos en otros Estados miembros, en alusión al principio de *non bis in ídem*. Siendo recurrida esta sentencia ante el Consejo de Estado Italiano, que plantea una cuestión prejudicial al TJUE.

En concreto, el Consejo de Estado italiano dirige al TJUE tres cuestiones:

En primer lugar, le pregunta si el art. 50 de la Carta de los Derechos Fundamentales de la Unión Europea (en adelante la Carta), que establece el derecho a no ser juzgado o condenado penalmente dos veces por la misma infracción, abarca también a las sanciones administrativas que puedan dictarse al amparo del art. 13 de la Directiva 2005/29/CE, modificado por la Directiva (UE) 2019/2161.

En segundo lugar, le pregunta si debe interpretarse el art. 50 de la Carta, en el sentido de que se opone a una normativa nacional que permite confirmar judicialmente y dotar de firmeza una sanción administrativa pecuniaria de carácter penal impuesta a unas personas jurídicas, por conducta ilícitas que constituyen prácticas comerciales desleales respecto de las cuales ya se ha impuesto otra sanción en otro Estado miembro, sanción que por lo además ha devenido firme antes de que la resolución dictada en el procedimiento judicial italiano haya adquirido dicha firmeza, aunque este procedimiento sancionador se hubiera iniciado con anterioridad al antedicho;

Y, finalmente, le pregunta si los art. 3. 4 y 13.2 *e)* de la Directiva 2005/29, constituyen una excepción a la prohibición del *bis in ídem* establecido en el art. 50 de la Carta.

Esta cuestión fue informada por el Abogado General Campos Sánchez--Bordona en sus Consideraciones de 30 de marzo de 2023[103], que entiende que la respuesta del Tribunal a la primera cuestión debía resolverse teniendo presente que el art. 50 de la Carta, prohíbe la acumulación tanto de procedimientos como de sanciones de carácter penal, por los mismos hechos contra la misma persona. Correspondiendo al órgano judicial de reenvío apreciar en cada caso, el carácter penal de los procedimientos y de las sanciones, aplicando los criterios aceptados por el Tribunal de Justicia, que ha asumido la jurisprudencia del TEDH, siguiendo, por tanto, los criterios establecidos en la sentencia del referido órgano de 8 de junio de 1976, asunto Engel y otros c. Países Bajos (recursos núms. 5100/71, 5101/71, 5102/71, 5354/72 y 5370/72)[104].

Según esta jurisprudencia, para determinar la naturaleza penal o punitiva de una sanción ha de estarse a la calificación jurídica de la misma que realice el derecho interno, a la naturaleza de la infracción y a la gravedad de la sanción que pudiera imponerse.

Concluyendo que una infracción y sanción nominativamente administrativa, según el derecho interno, pueden tener naturaleza penal a los efectos del art. 50 de la Carta.

En cuanto a la naturaleza de la sanción, se ha de comprobar si tiene naturaleza represiva o preventiva para otorgarle naturaleza penal. De tal modo, que una medida que se limita a reparar el perjuicio causado por la infracción no reviste carácter penal o punitivo. En tanto que tendrá natu-

103. ECLI:EU:C: 2023:265.

104. STEDH, Núm. 5100/71, de 8 de junio de 1976, asunto Engel y otros c. Países Bajos (Núms. de recursos acumulados 5100-71, 5101-71, 5102-71, 5354-72 y 5370-72).

raleza penal, en el supuesto de que la sanción pecuniaria tenga un carácter represivo, pues su finalidad no es reparar, sino castigar una conducta antijurídica, quedando afectada por el principio de *non bis in ídem*. Finalmente, una sanción puede catalogarse como una medida penal o punitiva en atención a la gravedad de la sanción, que ha de valorarse en atención a sus características y no a su impacto, en concreto, sobre una específica empresa sancionada.

En atención a estos tres criterios, el Abogado General Campos, entiende que la sanción pecuniaria impuesta en Italia tiene naturaleza materialmente penal.

Por lo que refiere a la segunda pregunta, recuerda que el TJUE supedita la aplicación del principio del *non bis in ídem* a un doble requisito, de un lado, al *bis* o doble enjuiciamiento; y, de otro lado, a que la resolución anterior y el procedimiento o resolución posterior tengan por objeto los mismos hechos, el *ídem*.

En cuanto al *bis*, no solo es necesario que la resolución anterior haya adquirido firmeza, sino que se haya pronunciado sobre el fondo del asunto. Analizando el supuesto en cuestión, el Abogado General Campos, llega a la conclusión de que concurre la duplicidad de procedimientos sancionadores, siendo irrelevante que la firmeza del procedimiento sancionador alemán derive de la no impugnación de la resolución sancionadora.

Finalmente, en cuanto al *ídem,* recuerda la jurisprudencia del TJUE que prohíbe el doble castigo si se refieren a unos mismos hechos materiales (*ídem factum*), entendidos como un conjunto de circunstancias concretas indisolublemente ligadas entre sí, con independencia de su calificación jurídica (*ídem crimen*). Identificándose estos por unos elementos subjetivos y objetivos.

El elemento subjetivo atiende al sujeto responsable, concluyendo el Abogado General, que le corresponde al Consejo de Estado italiano determinar si existe dicha identidad subjetiva, aunque apunta que en ambos procedimientos sancionadores se ha actuado frente a Volkswagen Aktiengesellschaft, y que Volkswagen Group Italia S.p.A, es una empresa del grupo Volkswagen, que actuó bajo el control de aquella.

En cuanto al elemento objetivo, recuerda que el art. 50 de la Carta, exige que los hechos sean idénticos. No basta, pues, que se trate de hechos similares, sino que se exige la identidad material, entendiendo por tal un conjunto de circunstancias concretas derivadas de acontecimientos que son, en esencia los mismos, en la medida que implican al mismo autor y hechos enjuiciados, que están indisolublemente ligados entre sí en el tiempo y en el espacio. Siendo indiferente a la hora de precisar el principio del *non bis in ídem,* la calificación jurídica que realice el derecho nacional al tipificar la infracción, y la disparidad de intereses jurídicos protegidos, en uno u otro Estado miembro.

De facto el Abogado General Campos, recuerda que el TJUE ha aportado a los tribunales de los Estados miembros los siguientes elementos de reflexión para determinar la identidad material:

1. Que el análisis, detallado y específico de los comportamientos sancionados debe culminar con la apreciación de la identidad y no con la similitud.

2. Que, en la acumulación transfronteriza de procedimientos y sanciones, no es imprescindible, la identidad territorial, factor que sí puede servir para descartar las sospechas de «*elección interesada*» de la autoridad competente para sancionar. Sin embargo, como se señala en el apdo. 46 de la STJUE de 22 de marzo de 2022, el criterio territorial si puede tenerse en cuenta, para calcular la multa en función del volumen de negocio realizado en el mercado afectado por la infracción, y si la autoridad competente para sancionar tomó como base del cálculo únicamente el volumen de negocio obtenido en su territorio[105].

3. Además de tener en cuenta la conexión existente entre los hechos que motivan las diferentes sanciones. Así, en el supuesto del que trae causa la cuestión prejudicial, el Abogado General Campos entiende que parece clara la cocción existente entre la ausencia de vigilancia causante de la infracción cometida por Volkswagen en todo el mundo, y la comercialización de los vehículos en otros países (entre ellos Italia) de los vehículos equipados con el sistema informático de manipulación, así como la publicidad engañosa que se llevó a cabo para permitir la venta de esos automóviles.

Señalando finalmente, que si el tribunal de reenvío entiende que concurren tales requisitos ha de entender que concurre el *ídem factum,* en cuyo caso la duplicidad de procedimientos constituirá una vulneración del derecho fundamental garantizado con el art. 50 de la Carta.

105. STJUE (Gran Sala) de 22 de marzo de 2022, asunto Bundeswettbewerbsbehörde y Nordzucker AG, Südzucker AG, Agrana Zucker GmbH, C-151/20 (TJCE 2022, 48). Y, en igual sentido y del mismo órgano, la sentencia 14 de febrero de 2012, asunto Toshiba Corporation y otros, C-17/10 (TJCE 2013, 23).

Para concluir, por lo que refiere a la última de las cuestiones planteadas, sobre las posibles excepciones al *non bis in ídem*, que pudieran estar autorizadas al amparo de los art. 3.4 y 13. 2 de la Directiva 2005/29, no son tales excepciones (Cdos. 38 y 39 de las conclusiones), para ello examina el art. 52 de la Carta, precepto que prevé en abstracto la posible limitación de los derechos fundamentales.

En este aspecto, recuerda el Abogado General que la limitación de cualquier derecho fundamental, y la prohibición del *non bis in ídem* lo es, está sujeta a ciertas condiciones: 1. Que exista una previsión legal en ese sentido; 2. Que se respete su contenido esencial; 3. Que concurra un motivo de interés general o la necesidad de proteger un derecho fundamental; y, 4. Que la limitación se atenga a los principios de necesidad y de proporcionalidad.

Del análisis pormenorizado de estas condiciones al caso concreto, concluye el Abogado General Campos que no es admisible limitar el derecho a no ser juzgado o condenado penalmente dos veces por la misma infracción, al amparo del art. 52, cuando la acumulación de procedimientos instruidos y la imposición de sanciones aplicadas por las autoridades de dos o más Estados miembros competentes en distintos ámbitos, se ha llevado a cabo sin la necesaria coordinación.

El TJUE ha seguido en parte las consideraciones del Abogado General, en su sentencia de 14 de septiembre de 2023. Y ello, porque a pesar de confirmar que el artículo 50 de la Carta debe interpretarse en el sentido de que una multa pecuniaria establecida por la normativa nacional, e impuesta a una sociedad por la autoridad nacional competente en materia de protección de los consumidores, por prácticas comerciales desleales, aunque sea calificada de sanción administrativa por la normativa nacional, constituye una sanción penal, en el sentido de dicha disposición, cuando persigue una finalidad represiva y presenta un nivel de gravedad elevado.

Y porque, entiende que el principio *non bis in ídem* consagrado en el artículo 50 de la Carta debe interpretarse en el sentido de que se opone a una normativa nacional que permite mantener una multa de carácter penal impuesta a una persona jurídica por prácticas comerciales desleales, en el supuesto de que esa persona haya sido condenada penalmente por los mismos hechos en otro Estado miembro, aun cuando dicha condena sea posterior a la fecha de la resolución por la que se impone la multa, pues ha adquirido firmeza antes de que la sentencia sobre el recurso judicial interpuesto haya adquirido fuerza de cosa juzgada.

En cambio, se aparta de las consideraciones de aquel, al sostener que el artículo 52, 1 de la Carta debe interpretarse en el sentido de que autoriza la limitación de la aplicación del principio *non bis in ídem*, consagrado en el artículo 50 de la Carta. De modo que cabe acumular procedimientos sancionadores o sanciones por los mismos hechos, si concurren los requisitos establecidos en el precepto citado, tal y como han sido precisados por la jurisprudencia, a saber: en primer lugar, que esta acumulación no represente una carga excesiva para el interesado; en segundo lugar, que existan reglas claras y precisas que permitan prever qué acciones u omisiones pueden acumularse, y, en tercer lugar, que los procedimientos en cuestión se hayan tramitado de manera suficientemente coordinada y próxima en el tiempo[106].

3.3. EL PRINCIPIO DE PROPORCIONALIDAD Y LA COMPENSACIÓN DE SANCIONES COMO SALVAGUARDA DEL PRINCIPIO DE *NON BIS IN ÍDEM*

La relación entre el principio de proporcionalidad y el principio de *non bis in ídem* ha cambiado a lo largo del tiempo. Así, en las primeras resoluciones del TC sobre esta cuestión, se utilizó al principio de proporcionalidad y al principio de seguridad jurídica como fundamentos del principio de *non bis ídem*[107], en cuanto manifestación del derecho de defensa del ciudadano frente a una desproporcionada reacción punitiva del Estado, que se produciría si aplicada una sanción específica a una infracción ya agotada, se impusiera otra sanción. De lo que se infería, que la interdicción del *bis in ídem* ha de suponer un respeto escrupuloso de la vertiente procesal del mismo, con preferencia absoluta de la jurisdicción penal.

Sin embargo, esta doctrina años más tarde se vio matizada, sobre todo partir de la STC 2/2003, de 16 de enero[108] —coincidiendo en lo sustancial, con el contenido asignado al principio de *non bis in ídem* por parte de los convenios internacionales sobre derechos humanos—. Ello ha llevado a

106. STJUE (Sala 1ª) de 14 de septiembre de 2023, Asunto C-27/22, *Volkswagen Group Italia SpA, Volkswagen Aktiengesellschaft* y *Autorità Garante della Concorrenza e del Mercato* con intervención de *Associazione Cittadinanza Attiva Onlus, Coordinamento delle associazioni per la tutela dell'ambiente e dei diritti degli utenti e consumatori (Codacons)* (TJCE 2023, 135).

107. Vid. las SSTC (Sala 2ª) Núm. 154/1990, de 15 de octubre, Núm. de recurso de amparo 972/1988 (RTC 1990, 154); (Sala 1ª) Núm. 177/1999, de 11 de octubre, Núm. de recurso de amparo 3657/1994 (RTC 1999, 177) y (Sala 2ª) Núm. 152/2001, de 2 de julio, Núm. de recurso de amparo 1957/ 97 (RTC 2001, 152).

108. Decimos que ha sido matizada porque como señala LÓPEZ BARJA DE QUIROGA, J.: *El principio de non bis in idem*, ed. Dykinson, Madrid, 2004, pág. 67, aunque esta sentencia se aparta de la doctrina mantenida por la STC 177/1999, acepta algo de ella. En parecidos términos, vid. AGUILERA MORALES, M.: *Unos mismos hechos. Un ensayo sobre las contracciones fácticas en los procesos*, ed. Marcial Pons, Barcelona, 2021, pág. 79, al señalar que la STC 2/2003, no dio un giro radical a la doctrina precedente.

entender el principio de proporcionalidad como una excepción a la estricta aplicación del principio del *non bis in ídem*[109].

De tal forma, que lo importante a la hora de valorar la licitud de una sanción es que el responsable de la infracción no sufra una sanción más grave que la de la gravedad del hecho cometido. Ello lleva a que no se contravenga el principio de *non bis in ídem*, aun existiendo una doble sanción en supuestos de identidad de sujetos, hechos y fundamentos, si la ulterior resolución sancionadora procede a descontar y evitar, todos los efectos negativos anudados a la previa resolución sancionadora, ya que, desde la estricta dimensión material del principio, el descuento provoca que no se incurra en una sanción desproporcionada[110]. Y, ello es así, porque el derecho reconocido en el art. 25.1 CE en su vertiente sancionadora administrativa, no prohíbe el «*doble reproche aflictivo*», sino la reiteración sancionadora de los mismos hechos con el mismo fundamento que pueda padecer el mismo sujeto responsable.

Así pues, según esta línea de interpretación, lo decisivo a la hora de determinar si se ha vulnerado el principio de proporcionalidad y, con ello, el principio de *non bis in ídem* es el resultado final, esto es, si ha habido proporcionalidad respecto de la gravedad del hecho sancionador[111].

Del mismo modo, el TC llega a sostener en contra de su sentencia Núm. 177/1999, que una resolución meramente declarativa de la infracción cometida, si ha hecho el descuento de la sanción impuesta, tampoco infringe el principio del *non bis in ídem*. Si bien, hemos de indicar que esta interpretación no ha sido del todo pacífica, siendo indiciario de ello el voto discrepante al voto mayoritario de la STC 2/2003[112], y las críticas realizadas por una parte de la doctrina administrativa[113].

109. Ponderación similar que se sigue en la STEDH, Núm. 25711/94, de 30 de julio de 1998, caso Oliveira c. Suiza.

110. STC (Sala 1ª) Núm. 334/2005, de 20 de diciembre, Núm. de recurso de amparo 3581/2001 (RTC 2005, 334).

111. En igual sentido, vid. la STEDH (Gran Sala) de 10 de febrero de 2009, caso Sergueï Zolotoukhine contra Rusia, demanda núm. 14939/2003 (TEDH 2009, 23); la STEDH (Sección 1ª) de 8 octubre 2020, Caso Bajčić contra Croacia, demanda núm. 67334/2013 (TEDH 2020, 143); y, la STJUE (Gran Sala) de 22 marzo 2022, Asunto C-117/20, bpost S.A. contra Publimail S.A. y Otros (TJCE 2022, 49).

112. Voto particular que realiza el magistrado don Pablo García Manzano, que insiste en mantener el criterio sostenido en la STC 177/1999, a cuyo tenor, afirma que la operación de compensación no evita una superposición o adición de otra sanción distinta, como son las penas impuestas en la sentencia condenatoria. Y ello «*con independencia de que es sumamente cuestionable que la jurisdicción penal tenga facultades para invalidar o*

A pesar de estas críticas, esta es la línea que se ha seguido en las normas autonómicas de protección de los consumidores, al menos en aquellas CCAA que han recogido este principio al regular la potestad sancionadora, así como es la línea que se mantiene en la LGDCU. En concreto, al regular las infracciones concurrentes en el art. 46.7, y señalar respecto de estas que:

> «*7. Cuando se trate de hechos concurrentes constitutivos de infracción, procederá la imposición de todas las sanciones o multas previstas en esta y las otras Leyes aplicables para cada una de las infracciones. No obstante, al imponer las sanciones, se tendrán en cuenta, a efectos de su graduación, las otras sanciones recaídas para que conjuntamente resulten proporcionadas a la gravedad de la conducta del infractor.*
>
> *Se considerará que hay hechos concurrentes constitutivos de infracción cuando el mismo sujeto haya incumplido diversos deberes que supongan diferentes lesiones del mismo o de distintos intereses públicos sin que una de las infracciones conlleve necesariamente la otra, aunque haya servido para facilitar o encubrirla, y ello con independencia de que se refieran a los mismos productos o servicios, o que esos incumplimientos sean sancionables conforme al mismo tipo de infracción*».

Así como, al hilo de la regulación de las infracciones generalizadas en la UE, en el supuesto de que la infracción se manifieste en todo territorio del Estado español, o con incidencia en más de una CCAA, para evitar el *bis in ídem*, en el supuesto de que los hechos ya fueran sancionados por alguna de aquellas (art. 52 bis, apdo. 5 párr. segundo). En concreto, el precepto señala que:

> «*A estos efectos, cuando los órganos competentes en materia de consumo de la Administración General del Estado inicien un procedimiento sancionador sobre la base de la competencia establecida en este apartado, deberán comunicarlo motivadamente a las autoridades de consumo de las comunidades autónomas, y de las ciudades autónomas de Ceuta y Melilla.*
>
> *Con independencia de lo anterior, las autoridades de consumo de las comunidades autónomas, y de las ciudades autónomas de Ceuta y Melilla, tendrán competencia*

---

dejar ineficaces resoluciones administrativas firmes, incluidos los antecedentes que de las mismas se derivan, lo cierto es que el Sr. Yáñez recibió dos resultados punitivos: la multa administrativa y la privación temporal del carné de conducir, y la multa penal y la pena de privación de dicha autorización administrativa.

No es ocioso señalar que, por otra parte, esta operación de absorción o compensación efectuada por la Sentencia penal firme puede conducir a un resultado de cierta predeterminación de la principal pena configurada como alternativa para el delito de conducción ilegal. En efecto si ésta se conmina con pena de arresto de ocho a doce fines de semana o multa, el órgano judicial puede verse abocado a imponer, sin real margen de apreciación, la sanción pecuniaria para en ella realizar la indicada absorción».

113. NIETO GARCÍA, A.: *Derecho Administrativo Sancionador, op. cit.*, págs. 455 y 456; y, GALLARDO CASTILLO, M.ª. J.: *Los principios de la potestad sancionadora. Teoría y Práctica*, ed. Iustel, Madrid, 2007, págs. 315 a 318.

para los expedientes sancionadores de acuerdo con los apartados 1 a 4 de este artículo, y los órganos competentes en materia de consumo de la Administración General del Estado deberán tener en cuenta las sanciones impuestas por estas autoridades con carácter previo para la determinación de la sanción correspondiente, en aras de garantizar su proporcionalidad».

Por lo demás nada de extrañar, teniendo presente que la doctrina constitucional consagrada en la STC 2/2003, parece que se ha consolidado en sus resoluciones posteriores[114].

3.4. EL PRINCIPIO DE CULPABILIDAD

El principio de culpabilidad o personalidad de la responsabilidad exigido en el ámbito del derecho administrativo sancionador, se encuentra recogido en el art. 28.1 de la LRJSP, al disponer que sólo podrán ser sancionadas por hechos constitutivos de infracción administrativa, las personas físicas y las jurídicas, así como, cuando una Ley les reconozca capacidad de obrar, los grupos de afectados, las uniones y entidades sin personalidad jurídica y los patrimonios independientes o autónomos, que resulten responsables de los mismos a título de dolo o culpa.

Principio, que para las infracciones de consumo desarrolla sucintamente el art. 51 de la LGDCU, al establecer la responsabilidad en los supuestos de conexión subjetiva de infracciones, o concurrencia de culpas, y al establecer como título de imputación de la responsabilidad administrativa la concurrencia en el/los responsables de dolo o culpa. Recogiendo, además, el deber de reparación o responsabilidad civil del responsable, junto con el principio de presunción de inocencia. Aspectos estos que serán tratados brevemente a continuación.

3.4.1. La existencia de dolo o culpa y la inobservancia de la norma de consumo

Al contrario de lo que puede ocurrir con la responsabilidad civil, el Derecho administrativo sancionador, al igual que el Derecho penal, exige que sólo sea castigado el infractor, sin posibilidad de trasladar la responsabilidad administrativa a persona ajena. Y ello, porque el Derecho sancionador sólo puede prohibir, ordenar y sancionar conductas voluntarias, capaces de producir lesiones o provocar puestas en peligro de forma dolosa

114. Vid. las SSTC (Sala 1ª) Núm. 334/2005, de 20 de diciembre, Núm. de recurso de amparo 3581/2001 (RTC 2005, 334) y (Sala 2ª) Núm. 2/2023, de 6 de febrero, Núm. de recurso de amparo 5380/2020 (RTC 2023, 2), en la que se señala que la interdicción del doble enjuiciamiento no permite valerse de esta garantía con fines de manipulación o impunidad.

o culposa. De tal forma, que para sancionar no basta con que un sujeto realice una conducta antijurídica y típica, la infracción ha de haberse realizado mediando dolo o culpa por parte del sujeto activo[115].

Ello en principio se traduce en que no es trasladable a este ámbito ningún supuesto de responsabilidad objetiva, que si pudiera ser trasladable a la responsabilidad civil[116]. Sin perjuicio a lo anterior, ha de señalarse que para que concurra el elemento culpabilístico, basta con que exista una simple inobservancia de la norma, culpabilidad que no ha de ser traducida en la intención manifiesta de vulnerar la norma, sino en querer realizar de forma dolosa o culposa el acto que la norma prohíbe; o, en no realizar lo que la norma ordena[117].

Si bien, la duda a la hora de la constatación de esta culpabilidad está en determinar si el título de imputación que se basa en la mera inobservancia de la norma queda desvirtuado por una conducta aparentemente lícita del empresario, al haber sido tolerada por las entidades de supervisión del mercado en cuestión[118]. Se trata, pues, de determinar si es trasladable al ámbito del procedimiento administrativo sancionador, las previsiones del art. 14.1 del Código Penal, según el cual:

> *«El error invencible sobre un hecho constitutivo de la infracción penal excluye la responsabilidad criminal. Si el error, atendidas las circunstancias del hecho y las personales del autor, fuera vencible, la infracción será castigada, en su caso, como imprudente».*

---

115. En este sentido, vid. el Proyecto de Ley de Orgánica de medidas en materia de eficiencia del Servicio Público de Justicia y de acciones colectiva para la protección y defensa de los derechos e intereses de los consumidores y usuarios, que al regular los acuerdos colectivos resarcitorios y su homologación judicial en materia de consumo, introduce un precepto en la LECiv en el que puede observarse perfectamente la diferencia que existe entre la responsabilidad civil del empresario y la responsabilidad administrativa, por cuanto que aquel establece que: *«Ni la celebración de un acuerdo resarcitorio ni su homologación por el tribunal suponen reconocimiento de responsabilidad o culpabilidad por parte del demandado»* (art. 866.4).
116. STSJ de Madrid (Sala de lo Contencioso-administrativo) de 19 de enero de 2022, Núm. de Recurso 659/2020 (JUR 2022, 66678).
117. Vid. la STS (Sala de lo Contencioso-administrativo) de 30 de enero de 1991 (RJ 1991, 611); la SAN (Sala de lo Contencioso-administrativo) de 10 de diciembre de 2008, Núm. de recurso: 39/2006 (JUR 2009, 13110); las SSTSJ de Madrid (Sala de lo Contencioso-administrativo) de 21 de julio de 2009, Núm. de recurso: 107/2005 (JUR 2009, 455104) y 6 de marzo de 2003, Núm. de recurso: 1361/1996 (JUR 2004, 223790); y, la STSJ de las Islas Canarias, Las Palmas (Sala de lo Contencioso-administrativo) de 15 de diciembre de 2006, Núm. de recurso: 197/2004 (JUR 2007, 162609).
118. En este sentido, vid. la STS (Sala 3ª) de 24 de noviembre de 2009, Núm. de recurso: 5083/2007 (RJ 2009, 8083).

De ser trasladable este precepto al ámbito del Derecho administrativo sancionador, habrá culpa o negligencia (error vencible) y, por tanto, infracción, si, a pesar de no conocer los defectos o ilegalidades cometidas en la producción, distribución o comercialización de un producto o servicio, el infractor hubiera podido conocerlo, si hubiera empleado la diligencia mínima a la que está obligado por la norma de consumo. En tanto que no habrá culpa ni, por tanto, infracción si, además de no conocer esos defectos, no podrían haberlos conocido empleando la diligencia a la que están obligados normalmente los empresarios, profesionales, productores o distribuidores de bienes y servicios (error invencible).

Para decidir si el error es vencible o invencible habría que estar a las circunstancias del hecho y a las circunstancias personales del autor, y ello exige atender a las singularidades de cada caso, pudiendo ser determinantes de la infracción, las cualidades de los empresarios en el supuesto de que baste una negligencia leve para constatar la responsabilidad por inobservancia, así como puede ser determinante de tal negligencia la existencia de jurisprudencia o doctrina administrativa consolidada que reiteradamente en casos sustancialmente iguales, se haya pronunciado sancionando conductas similares, cuando aquellas sean de público conocimiento[119].

De ahí, la importancia de la publicación de las sanciones graves cuando hayan adquirido firmeza en vía administrativa (*ex arts*. 50.2 de la LGDCU y 11 del RD 1945/1983 de 22 de junio)[120].

---

119. En este sentido, vid. la SAN (Sala de lo Contencioso-administrativo) de 22 de noviembre de 2012, Núm. de recurso: 650/2012 (JUR 2013, 5621); y, las SSTSJ de Andalucía, Sevilla (Sala de lo Contencioso-administrativo) de 16 de octubre de 2018, Núm. de recurso: 93/2017 (RJCA 2018, 1718) y 22 de mayo de 2019, Núm. de recurso: 761/2016 (RJCA 2020, 184). La última de las sentencias citadas resuelve que hay un especial deber de diligencia en la observancia de las normas de publicidad en atención a la posición de dominio del operador sancionado, Vodafone, al ser un operador de telefonía con amplia implantación y presencia en el sector.

120. El primero de los preceptos citados, al señalar como sanción accesoria, que se podrá publicar las sanciones leves y graves impuestas, cuando hayan adquirido firmeza en vía administrativa, así como los nombres, apellidos, denominación o razón social de las personas naturales o jurídicas responsables y la índole y naturaleza de las infracciones, siempre que concurra riesgo para la salud o seguridad de los consumidores y usuarios, reincidencia en infracciones de naturaleza análoga o acreditada intencionalidad en la infracción. Y, el segundo precepto, al indicar que: «*Por razones de ejemplaridad y siempre que concurra alguna de las circunstancias de riesgo para la salud o seguridad de los consumidores, reincidencia en infracciones de naturaleza análoga o acreditada intencionalidad en la infracción, la autoridad que resuelva el expediente podrá acordar la publicación*

3.4.2. Presunción de inocencia y carga de la prueba

El derecho a la presunción de inocencia se recoge en nuestro texto constitucional en el arts. 24.2 y en el art. 6.2 del Convenio Europeo de Derechos Humanos, si bien su plasmación en el procedimiento administrativo sancionador se encuentra en el art. 53.2, *b)* de la LPACAP, al hilo de los derechos que se reconoce a los interesados en el procedimiento administrativo, en los siguientes términos:

> *«los presuntos responsables tendrán los siguientes derechos: A la presunción de no existencia de responsabilidad administrativa mientras no se demuestre lo contrario».*

En virtud de este principio, le corresponde a la Administración sancionadora demostrar la culpabilidad del presunto responsable. Y así se preveía con carácter general en el apdo. 7º del art. 51 de la LGDCU antes de su modificación por la disposición final 1.6 de la Ley 23/2022, de 2 de noviembre de 2022. Y es que la redacción actual del precepto parece dar a entender lo contrario, al señalar que:

> *«La atribución al empresario de la carga de probar el cumplimiento de las obligaciones que le competen de conformidad con lo previsto en esta ley también abarca el ámbito administrativo sancionador en el caso de obligaciones de dar o hacer por parte del empresario».*

En este aspecto, a nuestro juicio, no cabe sostenerse que se haya producido una inversión de la carga de la prueba hacía el empresario, sino que debemos entender que habrá supuestos en los que la Administración sancionadora sólo tendrá que acreditar la comisión de la infracción y la participación del sujeto responsable en la adopción de las decisiones que llevó a cabo. Correspondiendo al presunto responsable, por contra, acreditar que adoptó las medidas suficientes para evitar la situación que ocasionó la imposición de la sanción[121] ; o, que cumplió con la obligación de dar o hacer impuesta por la norma de consumo. Se trata como indica el Preámbulo de la Ley 23/2022, de evitar una prueba diabólica para la autoridad de consumo, más que de invertir las reglas de la carga de la prueba en materia sancionadora.

---

de las sanciones impuestas como consecuencia de lo establecido en este Real Decreto, cuando hayan adquirido firmeza en vía administrativa, así como los nombres, apellidos denominación o razón social de las personas naturales o jurídicas responsables y la índole y naturaleza de las infracciones, en el "Boletín Oficial del Estado", en los de la provincia y municipio, y a través de los medios de comunicación social que se consideren oportunos».

121. Vid. en este sentido, la STS (Sala de lo Contencioso-administrativo) de 27 de mayo de 2003, Núm. de Recurso 5591/1998 (RJ 2023, 5511).

3.4.3. Conexión subjetiva y concurrencia de responsabilidades

Normalmente cada incumplimiento de la norma de consumo dará lugar a un procedimiento sancionador administrativo, en atención a la aplicación del principio de culpabilidad, personalidad e individualidad de las sanciones administrativas. Sin perjuicio de la posibilidad de instar un solo procedimiento sancionador frente a todos los responsables, que culminará con una resolución con tantos pronunciamientos como concurrencia de responsables hubiera. Y es que, la individualización de las sanciones exige que, en caso de conexión subjetiva, cada responsable responda de su propia infracción, sea en los supuestos en los que medie concierto o sea en los supuestos en los que se cometan varias infracciones sobre un mismo bien o servicio (art. 51. 2, 3 y 4 LGDCU).

De tal forma que, si han intervenido distintos sujetos, como fabricantes o importadores, envasadores, mayoristas, distribuidores o minoristas, cada uno será responsable de su propia infracción. Lo mismo cabe decir en el supuesto de coautoría, en el que la responsabilidad exigible a cada autor dará lugar a la imposición a cada uno de los coautores de la sanción correspondiente a la infracción, en atención al grado de su culpabilidad y demás circunstancias personales.

Si bien es cierto, que el art. 28.3 de la LRJSP señala que:

> *«Cuando el cumplimiento de una obligación establecida por una norma con rango de Ley corresponda a varias personas conjuntamente, responderán de forma solidaria de las infracciones que, en su caso, se cometan y de las sanciones que se impongan. No obstante, cuando la sanción sea pecuniaria y sea posible se individualizará en la resolución en función del grado de participación de cada responsable».*

En particular, se entenderán incluidos en este caso los anunciantes y agencias de publicidad respecto de las infracciones de publicidad subliminal, engañosa o que cometiera el empresario, distribuidor, mayorista o minorista, por infracción de lo dispuesto en la normativa sobre publicidad de determinados bienes o servicios. Lo mismo cabe decir de los importadores o quienes distribuyan por primera vez en el mercado nacional productos de consumo que puedan afectar a la seguridad y salud de los consumidores o usuarios, que tienen el deber de asegurar que dichos productos cumplen los requisitos exigibles para ser puestos a disposición de los consumidores o usuarios. Respondiendo solidariamente de las sanciones impuestas a sus suministradores o proveedores, con independencia de la responsabilidad que les corresponda por sus propias infracciones cuando, dentro de su deber de diligencia, no hayan adoptado las medidas que estén a su alcance, incluyendo la facilitación de información, para prevenir las infracciones cometidas por estos.

Pero no es este el único supuesto de responsabilidad por *culpa in vigilando,* puesto que las normas sectoriales podrán tipificar como infracción, el incumplimiento de la obligación de prevenir la comisión de infracciones administrativas por quienes se hallen sujetos a una relación de dependencia o vinculación (*ex art.* art. 28. 4 LSP). De ello, se infiere la concurrencia de dos tipos de responsabilidades: la del autor material de la infracción propiamente dicho, que es la persona que comete la infracción y que está en una situación de dependencia o vinculación; y, la responsabilidad de la persona que debe evitar la comisión de dicha infracción (garante).

Tanto es así, que el apdo. 5º del art. 51 de la LGDCU señala que:

> *«cuando una infracción sea imputada a una persona jurídica podrán ser consideradas también como responsables las personas que integren sus organismos rectores o de dirección, así como los técnicos responsables de la elaboración y control».*

Esto es lo que sucede, por ejemplo, en materia de defensa de la competencia, dado que la Ley que la regula, no sólo prevé la responsabilidad de la empresa, sino también la de los administradores, pudiendo imponerse una multa a cada uno de las representantes legales o personas que integran los órganos directivos que hayan intervenido en el acuerdo o decisión, además de la sanción que se imponga a la empresa (art. 63.2 LDC). *De facto,* en el mercado de valores, se puede imponer a los administradores y directivos sanciones complementarias a la multa, como la suspensión, separación, inhabilitación y amonestación, independientemente de la sanción impuesta a la empresa (arts. 306 y 307 del Real Decreto Legislativo 4/2015, de 23 de octubre, por el que se aprueba el Texto Refundido de la Ley del Mercado de Valores). Lo mismo cabe decir respecto a los administradores y directivos de las entidades de crédito, que podrán ser sancionados con independencia de aquellas también fueran sancionadas, cuando la actuación pueda imputarse a su conducta dolosa o negligente (arts. 100 a 102 y 104.1 de la Ley 10/2014, de 26.6, de ordenación, supervisión y solvencia de entidades de crédito).

3.4.4. La responsabilidad civil derivada de la comisión de una infracción administrativa de consumo

Como hemos tenido la oportunidad de señalar en algún otro momento[122], nuestro ordenamiento jurídico, en principio, permite que los

122. BONACHERA VILLEGAS, R.: «El control jurisdiccional de la potestad sancionadora por la introducción de cláusulas abusivas en los contratos celebrados con los consumidores», *Revista General de Derecho Procesal,* Núm. 46, 2018; y, en igual sentido, BONACHERA VILLEGAS, R. y DEL ÁGUILA MARTÍNEZ, J.: «Las reclamaciones administrativas en materia de consumo y la potestad sancionadora de consumo», en *Revista de Derecho Administrativo,* N.º 60, mayo de 2022.

daños entre particulares sean exigidos y liquidados en el seno de un procedimiento administrativo sancionador, pues contamos con diversas normas que han conferido a la Administración —sea de consumo u otro sector— distintas potestades relacionadas con los contratos celebrados con los consumidores y usuarios, por ejemplo, en los conflictos relacionados con la prestación de servicios electrónicos.

En efecto, en materia de consumo, contamos con un conjunto de normas que permiten un cierto pronunciamiento sobre la acción civil por parte de la Administración; y, lo ha hecho de tres modos distintos:

- Hay normas que se limitan a tipificar como infracción administrativa la contravención del interés contractual del consumidor o usuario, entre estas cabe citar: al artículo 47, e), en relación con los artículos 116 y 117 de la LGDCU, relativos al incumplimiento del régimen de garantías y servicios posventa, o al régimen de reparación de productos de naturaleza duradera. Por otro lado, puede citarse el artículo 47, f), relativo al incumplimiento de las normas reguladoras de precios, la imposición injustificada de condiciones sobre prestaciones no solicitadas o cantidades mínimas, o cualquier otro tipo de intervención o actuación ilícita que suponga un incremento de los precios o márgenes comerciales;

- Hay otro grupo de normas, que confieren a la Administración la potestad de valorar los daños y perjuicios causados por las infracciones cometidas. Entre ellas, podemos citar el artículo 125 de la Ley 2/2011, de 31 de enero, de desarrollo y modernización del turismo en Extremadura[123]; y,

- Finalmente, hay un tercer grupo de normas, que permite que la Administración no solo sancione y liquide los daños que se hubieran producido, sino que, además, le permite imponer al infractor la obligación de restituir las cantidades indebidamente percibidas del consumidor o usuario. Ello sucede con aquellas normas que establecen multas coercitivas por desatender los requerimientos de pago de indemnizaciones[124].

---

123. Este precepto señala que: «*Si las conductas sancionadas hubieran causado daños o perjuicios cuantificables o susceptibles de ser cuantificados económicamente, la resolución del procedimiento podrá imponer a la persona infractora la reposición a su estado originario de la situación alterada por la infracción*».

124. En este sentido, vid., el artículo 82.1 de la Ley 7/1995, de 6 de abril, de Ordenación del Turismo en Canarias (BOE, núm. 122, de 23 de mayo de 1995), que señala: «1. *Si como consecuencia de la tramitación de un expediente sancionador, se dedujera la existencia de*

Llegados a este punto, antes de ofrecer una postura sobre la acción civil que dimana de una infracción administrativa, o dicho otro modo, sobre la *«administrativización»* de la responsabilidad civil de los empresarios, profesionales o comerciantes , conviene señalar que la responsabilidad civil que puede nacer de los hechos constitutivos de infracción administrativa, es perfectamente compatible con la sanción administrativa que corresponda, de modo similar a lo que ocurre con la acción civil *ex delicto* que cabe ejercitar en el proceso penal.

Respecto de esta acción civil, que puede tener su punto de origen en un incumplimiento —contractual o extracontractual— se ha dicho que encuentra su base fundamental en el Derecho Civil, pues su reconocimiento exige el cumplimento de las condiciones de imputabilidad y casualidad establecidas por el Derecho Civil en el seno de la LGDCU. Tanto es así, que el Tribunal Supremo, al analizar el ámbito de aplicación material de la Ley General para la Defensa de los Consumidores y Usuarios de 1984, en lo relativo a la responsabilidad civil derivada de una infracción administrativa que pudiera corresponder, señaló que es innegable que aquella ley contiene normas sustantivas cuyo conocimiento le corresponderá al orden civil de la jurisdicción, con los matices que deriven de la propia ley de protección de consumidores[125].

Y es que, aunque el artículo 48 de la LGDCU, en relación con el artículo 130.2 de la Ley de Procedimiento Administrativo Común de 1992 —ambas derogadas actualmente— permitían, en el seno de un procedimiento administrativo sancionador, exigir al empresario infractor la reparación o restitución de los daños y perjuicios ocasionados en el supuesto de un ilícito administrativo, ninguna establece cómo podía exigirse dicha responsabilidad. Lo cual obligaba al consumidor, a acudir a la vía judicial correspondiente (la civil), en aquellos supuestos en los que el declarado responsable no hubiera cumplido voluntariamente la resolución administrativa, esto es, no hubiera indemnizado o reparado al consumidor en el plazo que al efecto se hubiere fijado.

---

responsabilidades patrimoniales que diesen lugar a la devolución de cantidades, indemnización de daños o reparación de perjuicios causados, de conformidad con lo previsto en esta Ley, a favor de la Administración pública, en la resolución que se dicte se determinará el importe correspondiente, cuya ejecución forzosa, si fuera necesaria, podrá obtenerse por alguno de los medios previstos en la Ley 30/1992, de 26 de noviembre, de Régimen Jurídico de las Administraciones Públicas y del Procedimiento Administrativo Común. 2. Si en la resolución que se dicte se determinará la reparación de daños y perjuicios que no suponga abono de cantidad líquida, se podrán imponer multas coercitivas en los términos previstos en el artículo 99 de la Ley 30/1992, de 26 de noviembre, de Régimen Jurídico de las Administraciones Públicas y del Procedimiento Administrativo Común».

125. STS (Sala 1º) de 25 de junio de 1996, Núm. de resolución: 540/1996 (RJ 1996, 4853).

La normativa actual, en cambio, sí contiene tal previsión, no así la LPACAP, que derogó a la Ley 30/1992, salvo que la reparación del daño corresponda a la propia Administración (cfr. art. 90. 4), sino la LRJSP, que al permitir al órgano administrativo sancionador determinar y exigir dicha responsabilidad (art. 28.2), abre el cauce del procedimiento de apremio (arts. 101 y 102 LPACAP). Y así se prevé, expresamente en el art. 46.1 de la LGDCU[126], en relación con el art. 51.7 del mismo cuerpo legal[127].

Cuestión distinta es determinar si la Administración pública puede pronunciarse sobre esta cuestión si tramitado el procedimiento sancionador éste concluye con una resolución no sancionadora, aun contándose en el expediente administrativo que se ha producido un daño o perjuicio al consumidor[128].

Bajo esta premisa, podríamos entender que la respuesta que nos hicimos al inicio de este apartado es afirmativa, sí se puede ejercitar la acción civil en el seno de un procedimiento administrativo sancionador. Si bien, consideramos que solo será posible exigir la responsabilidad civil derivada de una sanción administrativa si se trata de materias de Derecho de consumo y no de otras materias relacionadas con el mismo. Y no de todas las materias de consumo, sino solo cuando se trate de obligaciones específicas en materia de salud y seguridad pública de los consumidores; y más concretamente, cuando se trate de la obligación de retirar, suspender o recuperar de los consumidores y usuarios cualquier servicio que no se ajuste a las condiciones y requisitos exigidos, o que por cualquier otra causa, suponga un riesgo previsible para la salud o la seguridad de las personas [art. 13, f) LGDCU]; y ello, porque en estos supuestos, todos los gastos que se generen serán

126. Este precepto señala que: «*las infracciones en materia de consumo serán objeto de las sanciones administrativas correspondientes, previa instrucción del oportuno expediente, sin perjuicio de las responsabilidades civiles, penales o de otro orden que pudiesen corresponder*».

127. Conforme a la redacción del precepto, modificada por la disposición final 1.6 de la Ley 23/2022, de 2 de noviembre de 2022, según el cual «*de conformidad con lo previsto en el artículo 28.2 de la Ley 40/2015, de 1 de octubre, en el procedimiento sancionador podrá exigirse al infractor la reposición de la situación alterada por la infracción a su estado original y, en su caso, la indemnización de daños y perjuicios causados al consumidor o usuario, que será determinada y exigida por el órgano al que corresponda el ejercicio de la potestad sancionadora debiendo notificarse al infractor para que proceda a su satisfacción en un plazo que será determinado en función de la cuantía. De no satisfacerse la indemnización en el plazo que al efecto se determine en función de su cuantía, se procederá en la forma prevista en el artículo 101 de la Ley 39/2015, de 1 de octubre, del Procedimiento Administrativo Común de las Administraciones Públicas*».

128. GARBERÍ LLOBREGAT, J. y BUITRÓN RAMÍREZ, G.: *El procedimiento sancionador (comentarios, jurisprudencia y formularios)*, Vol. I, ed. Tirant lo blanch, Valencia, 2021, pág. 176 y 177.

abonados por la Administración que repercutirá dicho abono sobre quien los haya ocasionado (art. 15.1 LGDCU).

Y es que, no hay duda de que estos supuestos serían los únicos en los que la Administración podría exigir la responsabilidad civil al empresario infractor, cuando el interesado no haya sido quién instó el procedimiento administrativo sancionador mediante la denunciada, acumulando a aquella la pretensión resarcitoria. De admitirse, lo contrario, sería afirmar que la Administración puede pronunciarse sobre un derecho subjetivo privado que no le corresponde, puesto que el ejercicio de tal derecho le corresponde en exclusiva al titular de este —consumidor o entidades habilitadas al efecto—, que podrán accionar en vía administrativa, por la vía judicial civil, por medio del arbitraje de consumo o de cualquier otro medio de resolución de conflictos.

Tanto es así que, para paliar tal ejercicio de poder desorbitado por parte de la Administración, se ha modificado el apdo. 9 del art. 46 de la LGDCU, al objeto de permitir a las asociaciones de consumidores y usuarios constituidas válidamente conforme a lo previsto en dicha norma, o en la normativa autonómica que les resulte de aplicación, personarse en el procedimiento administrativo sancionador, en tanto no haya recaído resolución definitiva, teniendo la consideración de parte interesada en el mismo, cuando el objeto de las actuaciones administrativas coincida con los fines establecidos en sus respectivos Estatutos y prueben la afectación concreta de los derechos e intereses legítimos de alguno de sus socios por las prácticas objeto del procedimiento sancionador —supuesto de actuación por representación—.

La duda está en determinar si tiene tal consideración en el procedimiento administrativo sancionador, respecto al resarcimiento del derecho del conjunto de consumidores afectados, sea una pluralidad determinada o indeterminada de consumidores, esto es, en precisar si las asociaciones de consumidores y usuarios en virtud del art. 53 de la LGDCU, puede instar de la Administración no sólo la imposición de la sanción administrativa sino también la acción colectiva de cesación, restablecimiento o indemnización de los posibles consumidores afectados. A nuestro entender, tal posibilidad plantea problemas de encaje constitucional, en atención al derecho a la tutela judicial efectiva y al principio de exclusividad de la Jurisdicción (arts. 24.1 y 117.1).

Concluimos, pues, que no cabe el ejercicio de tal acción en vía administrativa, debiendo acudirse a la vía judicial civil (*ex art.* 9.2 LOPJ)[129].

129. Y así se recoge en el Anteproyecto de Ley de acciones de representación para la protección de los intereses colectivos de los consumidores de 20 de diciembre de 2022,

Por otra parte, creemos que igual reconocimiento que se realiza respecto a las asociaciones de consumidores como interesados en el procedimiento administrativo sancionador, habría de haber reflejado respecto del consumidor individual denunciante, en el peor de los casos, o no denunciante, en el mejor de los casos, permitiendo su personación en dicho procedimiento en el ejercicio de su derecho a ser resarcido o indemnizado.

En este aspecto, echamos en falta en el Texto Refundido de protección de consumidores un precepto similar al recogido en el art. 156 de la Ley 4/2023, de 27 de abril, del Estatuto de las personas consumidoras del País Vasco, según el cual:

> «1. *Con independencia de las sanciones establecidas por la presente ley, en la misma resolución sancionadora podrá preverse, como obligación de la persona responsable de la infracción, la reposición de la situación alterada por la infracción a su estado original y, en su caso, la devolución de las cantidades indebidamente percibidas y el importe de los demás daños y perjuicios que hayan sido acreditados.*
>
> 2. *En tales supuestos, cuando la persona consumidora o usuaria perjudicada no tenga la condición de parte interesada en el procedimiento sancionador, se le dará audiencia con objeto de que pueda acreditar los daños y perjuicios sufridos y formular las alegaciones que tenga por conveniente.*
>
> 3. *De no satisfacerse la indemnización en el plazo que al efecto se determine, se procederá a su cobro por la vía de apremio.*
>
> 4. *El importe de la indemnización, una vez que sea cobrado por la Administración, se reintegrará a la persona consumidora o usuaria perjudicada.*
>
> 5. *Contra la resolución que ponga fin al procedimiento podrán interponerse los recursos administrativos y jurisdiccionales que procedan*»[130].

---

que al modificar el art. 53 del LGDCU señala que: «1. *Frente a las conductas contrarias a lo dispuesto en la presente Ley que lesionen los intereses colectivos de los consumidores y usuarios podrán ejercerse las acciones de representación para la protección de los intereses colectivos de los consumidores y usuarios que resulten oportunas.*
2. Las acciones de representación para la protección de los intereses colectivos de los consumidores y usuarios se ejercerán conforme a lo dispuesto en el Título IV del Libro IV de la Ley de Enjuiciamiento Civil».

130. Precepto que debe relacionarse con el art. 42 del citado Estatuto, al reconocer el derecho de las personas consumidoras a «*la indemnización de los daños y perjuicios que hayan sufrido como consecuencia de la adquisición o del uso de los bienes y servicios que se pongan a su disposición en el mercado, de conformidad con la legislación vigente*», y al reconocer la obligación del «*Kontsumobide-Instituto Vasco de Consumo, así como los ayuntamientos, en su caso*», de informar a las personas consumidoras perjudicadas por la comisión de infracciones en materia de consumo, sobre los medios a su disposición para obtener el pleno resarcimiento de los daños y perjuicios que hayan sufrido.

Y es que, con el reconocimiento de la condición de interesada de las asociaciones de consumidores y usuarios, en cierta medida, la LGDCU salvaguarda las dudas de constitucionalidad de los preceptos que permiten el ejercicio de la acción civil en vía administrativa. Y no porque nuestra norma suprema prohíba la autotutela de la Administración, sino más bien porque *«el legislador ordinario no puede atribuir a la Administración una potestad de actuar en Derecho que no tenga su base en una previa situación jurídica material de la propia Administración, a cuya tutela pueda proveer ella misma, sino que se proyecte o recaiga solamente en una situación jurídica ajena, en este caso, el derecho a la reparación o al resarcimiento que le corresponde al consumidor»* [131]. Aunque como hemos dicho, la regulación deja desprotegido al consumidor individual, al no permitir expresamente su intervención en el seno del procedimiento administrativo sancionador en calidad de interesado, porque el concepto jurídico de denunciante no coincide con el de interesado administrativo, a los efectos de la notificación del pertinente procedimiento sancionador, o de permitir su actuación en dicho procedimiento (*ex art.* 62.5 LPACAP).

De la omisión pudiera desprenderse, que la intención del legislador es que el denunciante individual sea simplemente un intermediario que pone en conocimiento de la oficina de consumo la infracción cometida por el empresario.

Como epílogo final de este complejo y confuso marco normativo, concluimos indicando que la posibilidad de pronunciarse sobre la acción civil que la LGDCU reconoce a la Administración, a nuestro entender es una potestad discrecional, dicho de otro modo, la Administración no está obligada a pronunciarse sobre la misma, y ello se deduce de los términos en los que está redactado el apdo. 6 del art. 51.

Por último, en respuesta a la cuestión inicialmente formulada, sobre si cabe un pronunciamiento sobre la acción civil, en el supuesto de que el procedimiento administrativo sancionador termine sin un pronunciamiento «de condena» a modo de lo previsto en el art. 106 LECrim, el cual dispone que la extinción de la acción penal no lleva consigo la de la civil, a no ser que la extinción proceda de haberse declarado por sentencia firme que los hechos no existieron. Hemos de convenir que procede dar una respuesta negativa, porque tal posibilidad supondría una vulneración del principio de exclusividad de la Jurisdicción, al tiempo que no cabe predicar de una resolución administrativa los mismos efectos que se predica del ejercicio de la potestad jurisdiccional.

131. ORTELLS RAMOS, M. (con Bonet Navarro, Martín Pastor y otros): *Introducción al Derecho Procesal* (Ortells Ramos Dir. y coord.), Aranzadi, Navarra, 2019, pág. 138.

3.5. EL PRINCIPIO DE PROPORCIONALIDAD

Como ocurre con otros principios y derechos, el principio de proporcionalidad presenta dos vertientes. Una de carácter positivo, que exige que la potestad sancionadora esté orientada y sea adecuada al fin perseguido con ella, vertiente que en el ámbito de la actuación administrativa queda consagrado implícitamente en los arts. 9.3 y 103.1 de la Constitución; y, otra de carácter negativo, que supone la prohibición de la desproporción en cualquier actuación de los poderes públicos que suponga una restricción de derechos, y que en el caso de la potestad sancionadora de la Administración, veta la aplicación de medidas sancionadoras desproporcionadas en relación con la infracción legalmente prevista que se hubiere cometido (vertiente implícitamente reconocida en los arts. 25.2 y 3 y 106.1 de la CE).

Así pues, mientras que la primera vertiente supone un examen de la necesidad de la medida en cuanto a su idoneidad, la segunda vertiente, supone un examen de la intensidad de las medidas aplicadas allí donde entra en juego un cierto grado de discrecionalidad por parte de los poderes públicos, para evitar precisamente la arbitrariedad. Podríamos decir, que este principio no sólo constituye un parámetro de control de la actividad administrativa o judicial, en este caso, del ejercicio de la potestad sancionadora, sino también de la propia actividad del legislador, que debe establecer la norma que tipifica las infracciones y las correspondientes sanciones en atención a su gravedad[132].

De ahí, que exista una estrecha relación entre el principio de legalidad y el de proporcionalidad (art. 64. 1 LPACPA). La norma sancionadora debe indicar que infracciones reputa leves, graves o muy graves[133], debiendo existir una correspondencia entre los criterios de graduación legalmente establecidos y la calificación de cada una de las infracciones. Y todo ello,

---

132. Doble perspectiva que puede observarse en la STJUE (Pleno) de 10 de diciembre de 2002, Asunto C— 491/2001, *The Queen contra Imperial Tobacco ltd y otros* (TJCE 2002, 367). Y en la que se analiza si la Directiva 2001/37/CE, en especial sus art. 3, 5 y 7, que *grosso modo* limita la producción y venta de determinados cigarrillos, imponiendo a los Estados miembros la obligación de autorizar únicamente la venta y el consumo de cigarrillos que respeten unos contenidos máximos de alquitrán, nicotina y monóxido de carbono, así como, la prohibición de utilizar en el envasado palabras tales como «ultra light», «bajo en alquitrán», etc., al estimar que no se trata de una medida apta para alcanzar el objetivo perseguido (la salud de los consumidores) y que va más allá de lo necesario para alcanzarlo, ha vulnerado el principio de proporcionalidad. Apreciación que es desestimada por el TJUE, al considerar que las medidas adoptadas son aptas para tratar de proteger la salud de los consumidores y su derecho a la información acerca de la nocividad de los productos del tabaco.

133. Vid. las SSTC (Sala 1ª) Núm. 166/2012, de 1 de octubre, Núm. de cuestión de inconstitucionalidad 43/2010 (RTC 2012, 166); 10/2015, de 2 de febrero, Núm. de cuestión de

vetando que tal calificación quede por entero a la correspondiente discrecionalidad judicial o administrativa, ya que ello equivaldría a una simple habilitación en blanco de la Administración por una norma legal vacía de contenido[134].

En este aspecto, hemos de recordar lo dicho al inicio de este estudio en relación al Reglamento (UE) 2017/2394, del Parlamento Europeo y del Consejo, de 11 de diciembre de 2017, y de la Directiva (UE) 2019/2161 del Parlamento y del Consejo, de 27 de noviembre de 2019, que impone a los Estados miembros la obligación de establecer sanciones, entre ellas multas económicas, que tengan la suficiente entidad para disuadir a los comerciantes de infringir el Derecho de la Unión en materia de protección de los consumidores. Dicho de otro modo, la sanción que se establezca —entre ellas la multa— ha de ser proporcional por arriba, de tal modo que no se establezca una sanción desproporcionada por exceso, pero también proporcional por abajo, de tal manera que sirva de instrumento suficientemente disuasorio a las empresas de vulnerar la norma de protección de los consumidores y usuarios.

En cuanto al marco normativo legal de este principio, hemos de indicar que la LPACAP, al igual que hiciera el art. 131 de la Ley 30/1992, no contiene una pormenorización sustantiva de este principio, se limita a recogerlo genéricamente en su art. 3.1, al disponer que las Administraciones públicas

---

inconstitucionalidad: 6926/2013 (RTC 2015, 10); y, Núm. 150/2020, de 22 de octubre, Núm. de cuestión de inconstitucionalidad 6926/2013 (RTC 2020, 150). En esta última en concreto se analiza la cuestión de inconstitucionalidad planteada por el TSJ de Navarra, en relación con el art. 40 de la Ley Foral 7/2006, de 20 de junio, en defensa de consumidores y usuarios, al entender que dicho precepto dejaba en manos de la Administración la calificación de las infracciones tipificadas en el art. 39 de ese texto legal, sin que previamente se pueda conocer en qué casos y conforme qué circunstancias de las enumeradas en dicho art. la infracción pudiera ser calificada como leve, grave o muy grave. Entendiendo que la calificación de la infracción y, por ende, de la correspondiente sanción se difiere al momento del ejercicio de la potestad sancionadora por parte de la Administración, que cuenta con ello con criterios orientativos; y, es por todo ello, que razona que la regulación no resulta acorde con el principio de taxatividad o legalidad material recogido en el art. 25.1 de la Constitución, en cuanto a que no garantiza mínimamente la seguridad de los ciudadanos quienes ignoran las consecuencias que han de seguirse de la realización de una conducta genéricamente tipificada como infracción administrativa. Y, cfr. con al STC 77/2022 de 18 de julio, que desestima la cuestión de inconstitucionalidad de una norma autonómica de la Comunidad de Madrid en materia de protección de los consumidores, pues en la norma cuestionada hay un precepto por el cual se encauza taxativamente la calificación de las conductas infractoras con su respectiva tipificación como leve, grave o muy grave, sin remisión a la calificación posterior por el órgano administrativo sancionador.

134. Vid. la STC (Pleno) Núm. 113/2002, de 9 de mayo, Núm. de cuestión de inconstitucionalidad 4098/1995 (RTC 2002, 113).

sirven con objetividad los intereses generales y actúan de acuerdo con los principios de eficacia, jerarquía, descentralización, desconcentración y coordinación, y con sometimiento pleno a la Constitución, a la Ley y al Derecho. Optando por la medida menos restrictiva de los derechos, y motivando su necesidad para la protección del interés público (art. 4).

Así pues, la ley no precisa sustantivamente cómo se materializa este principio, más allá de las reglas genéricas contenidas en el art. 29, precepto este que se limita a señalar:

1. Que las sanciones administrativas, sean o no de naturaleza pecuniaria, en ningún caso podrán implicar, directa o subsidiariamente, la privación de libertad.

2. Que la previsión de sanciones pecuniarias debe atender a impedir que la comisión de la infracción sea más beneficiosa para el infractor que su cumplimiento; y,

3. Que debe existir una adecuación entre la sanción aplicable al infractor y la gravedad del hecho constitutivo de la infracción. Habiendo de observarse los siguientes criterios a la hora de aplicar la sanción al caso concreto:

   - El grado de culpabilidad o la existencia de intencionalidad.
   - La continuidad o persistencia en la conducta infractora.
   - La naturaleza del perjuicio causado; y,
   - La reincidencia.

Por lo que refiere a su materialización, aunque no aparece expresamente en el articulado de la LGDCU, se encuentra implícitamente integrado en varios de sus preceptos. Está implícito en el art. 48 relativo a la calificación y graduación de las infracciones (en relación con el art. 47), y en el art. 49 al establecer las sanciones que se pueden imponer a los distintos tipos de infractores, en especial al hacer referencia a la multa. En la obligación del órgano administrativo sancionador de tener en cuenta al sancionar, la existencia de circunstancias atenuantes o agravantes de la responsabilidad (art. 48. 3 y 4), y las implicaciones que este principio tiene en orden a modular el concurso real y medial de infracciones, así como, al regular la sanción a aplicar en la infracción continuada, aspectos éstos ya tratados anteriormente.

En concreto, el art. 49 al regular las sanciones en materia de consumo, comienza consagrando la premisa general de que *«la imposición de sanciones deberá garantizar, en cualquier circunstancia, que la comisión de una infracción no resulte más beneficiosa para la parte infractora que el incumplimiento de las normas infringidas»*. Correspondiendo la determinación concreta de la graduación de la infracción, así como la cuantía de la multa a imponer, al órgano administrativo sancionador, que habrá de motivar la ponderación de las circunstancias que ha tenido en cuenta al realizar dichas operaciones, sin incurrir en una desproporción. Juicio de ponderación que siempre podrá someterse al control de los órganos jurisdiccionales contencioso-administrativos[135].

En cuanto a los criterios a tener en cuenta, aparecen regulados en el art. 49 de la ley, al hilo de la modulación de la sanción administrativa por excelencia, la multa, y la determinación de su cuantía, que dependerá de la gravedad de la infracción y de las circunstancias atenuantes o agravantes que concurran en el caso concreto, determinando el importe de la sanción entre un mínimo y un máximo[136]. Para determinar dentro de los mínimos y máximos establecidos, el órgano administrativo sancionador deberá atenerse especialmente a las siguientes circunstancias:

a) La naturaleza de los perjuicios causados, que va referidos al bien jurídico protegido con la norma. No tiene por qué producirse efectivamente una lesión o un daño de ese bien o interés para que la infracción sea considerada grave o muy grave, porque hay determinadas situaciones de riesgo o peligro abstracto de determinados bienes especialmente sensibles, o dignos de protección reforzada que merecen tal consideración. En esta circunstancia cabe incluir a la salud de los consumidores, y a los bienes, productos o servicios de uso o consumo ordinario y generalizado, así como,

135. Vid. la STS (Sala de lo Contencioso-administrativo) de 1 de diciembre de 2010, Núm. de recurso: 2685/2008 (RJ 2010, 8781); así como la SAN (Sala de lo Contencioso-administrativo) de 23 de marzo de 2023, Núm. de recurso: 988/2019 (JUR 2023, 176976), que tiene por objeto la impugnación de la resolución de 28 de marzo de 2019, dictada en ejecución de sentencia por la CNMC, de una sentencia del TS que anuló por desproporcionada una multa impuesta por aquella; o, la STSJ de Cataluña, Barcelona (Sala de lo Contencioso-administrativo) de 22 de diciembre de 2022, Núm. de recurso: 1405/2021 (JUR 2023, 17562), que se hace eco de la jurisprudencia del TS en orden al principio de proporcionalidad de la potestad sancionadora, para finalmente desestimar la pretensión de nulidad de la sanción impuesta, al entender que estaba motivada por las circunstancias concurrentes en la comisión de la infracción.

136. Las leves van de 150 a 10.000, pudiendo sobrepasar esta cantidad hasta alcanzar entre dos y cuatro veces el beneficio obtenido; las graves de 10.000 a 100.000 euros pudiendo sobrepasar esta cantidad hasta alcanzar entre cuatro y seis veces el beneficio obtenido, y las muy graves de 100.000 a 1.000.000 de euros, pudiendo sobrepasar esta cantidad hasta alcanzar entre seis y ocho veces el beneficio obtenido.

aquellas conductas que originen una alteración social grave, o desconfianza en los consumidores o usuarios de un determinado producto o servicio, o aquellas conductas u omisiones que inciden desfavorablemente en un sector económico[137]. Hemos de convenir que la pormenorización de que bien jurídico o interés ha de tener una especial protección, normalmente, vendrá determinado por la norma específica del sector en cuestión[138]. Sin perjuicio, a que la LGDCU ha potenciado especialmente la protección de la salud de los consumidores, por cuanto que al aplicar la atenuante del apdo. 4 del art. 48 —la corrección antes de iniciarse el procedimiento sancionador de las

137. En cuanto a la alarma social como criterio de graduación de la infracción, vid. las SSTS (Sala de lo Contencioso-administrativo) de 1 de octubre de 1997, Núm. de recurso: 6925/1992 (RJ 1997, 7030) y 7 de julio de 1998, Núm. de recurso: 4894/1992 (RJ 1998, 5899). En la STSJ de Galicia (Sala de lo Contencioso-administrativo) de 20 de julio de 2005, Núm. de recurso: 224/2003 (JUR 2005, 276272), se declara la proporcionalidad de la multa impuesta a un fabricante de piensos, por considerar que había cometido una infracción grave, en atención a la concurrencia de varias circunstancias: al dolo (la expresa expedientada había ocultado en la etiqueta de los piensos que contenían proteínas animales), porque la conducta había afectado negativamente en los precios, en el consumo y el uso de un determinado producto o servicio, y además en además en la fomentar la alarma social producida como consecuencia de la aparición de la encefalopatía espongiforme bovina. Para la generalización del daño como criterio de graduación de las sanciones graves y muy graves, vid. la STSJ de Madrid (Sala de lo contencioso-administrativo) de 9 de junio de 2011, Núm. de recurso: 234/2011 (JUR 2011, 347812) que interpreta este concepto no en razón a la cantidad o número de afectados, sino a que todos los consumidores por un producto o servicio concreto hayan sido afectados (en este caso una promoción de viviendas unifamiliares sin licencia) y del mismo órgano la sentencia de 18 de febrero de 2011, Núm. de recurso: 697/2010 (JUR 2011, 203020), en la que se declara conforme al principio de proporcionalidad una sanción impuesta a Telefónica por una infracción muy grave, por el incorrecto funcionamiento de varias cabinas instaladas en varios municipios y centros comerciales, por el uso público de las mismas. Y, finalmente, para la puesta en peligro de la seguridad alimentaria o la salud como un bien jurídico protegido por el tipo infractor agravado, vid. las SSTSJ de Madrid (Sala de lo Contencioso-administrativo) de 9 de diciembre de 2015, Núm. de recurso: 631/2015 (RJCA 2016, 74) y 19 de mayo de 2010, Núm. de recurso: 60/2008 (RJCA 2010, 548).

138. Tanto es así, que el propio art. 48 de la LGDCU, remite a la Ley 14/1986, de 25 de abril, General de Sanidad (LGS), que tipifica las infracciones en materia sanitaria en el art. 35. Pero las infracciones de consumo en materia de salud también se regulan en otras disposiciones especiales, por ejemplo, el cuadro de infracciones y sanciones en relación a los medicamentos, productos sanitarios y productos cosméticos y de cuidado personal se recoge en los arts. 111 a 114 del Real Decreto Legislativo 1/2015, de 24 de julio, por el que se aprueba el texto refundido de la Ley de garantías y uso racional de los medicamentos y productos sanitarios; o, en el Real Decreto 1945/1983, por lo que respecta a las infracciones sanitaria y de producción agrícola, disposición está que fue criticada por no respetar el principio de legalidad en su vertiente formal, al tener rango reglamentario, pero que ha sido respaldada por el TC en la media que el art. 35 de la LGS, le presta cobertura legal [STC (Sala 1ª) Núm. 45/1994, de 15 de febrero, Núm. de recurso de amparo 2885/1992 (RTC 1994, 45)].

irregularidades en que consista la infracción, tal como la devolución de las cantidades cobradas, y la colaboración activa para evitar o disminuir los efectos de la infracción—, excluye que esta atenuante pueda aplicarse en los supuestos de riesgo para la salud o la seguridad de los consumidores y usuarios, salvo que el riesgo forme parte del tipo infractor.

b) El grado de intencionalidad, esto es, si ha habido dolo o culpa en la comisión de la infracción, y si la culpa es grave o una simple negligencia, siendo esta última el supuesto típico de la calificación de la conducta infractora leve, si no concurren otras circunstancias agravantes. En este aspecto, Rebollo Puig, sostiene que en los supuestos en los que el dolo no se haya integrado en el propio tipo, la concurrencia de éste ha de determinar que sea apreciado como una circunstancia agravante, debiendo aplicarse la culpa cualquiera que sea su forma como un atenuante, cuando no concurran otras circunstancias[139].

En este sentido, nos parece significativa la STSJ de Madrid, de 18 de junio de 2019, en la que se analiza si la sanción impuesta a una productora de aceite infringe o no el principio de proporcionalidad, al haberse calificado la infracción cometida como muy grave, no sólo por la generalidad de los consumidores afectados, sino también por la intencionalidad al etiquetar un aceite de oliva como aceite virgen *extra* sin serlo[140].

c) La reincidencia, ya analizada anteriormente en otra parte de este trabajo de investigación, en concreto al hilo del principio de *non bis in ídem*, al que nos remitimos.

d) La supresión del beneficio obtenido con ocasión de la comisión de una infracción de consumo, no sólo constituye ahora una forma de reponer el estado de las cosas a la situación anterior a la comisión de la infracción de consumo, pudiendo apreciarse como una atenuante de la responsabilidad administrativa (art. 48.4)[141] , o servir de base para la terminación con-

139. REBOLLO PUIG, M.: «Análisis de las circunstancias enumeradas en el art. 50.1 TRDCU», en *La defensa de los Consumidores y Usuarios, op. cit*, pág. 884.

140. STSJ de Madrid (Sala de lo Contencioso-administrativo) de 18 de junio de 2019, Núm. de recurso: 530/2018 (RJCA 2019, 995).

141. Precepto este que indica que: «*Las infracciones que, de acuerdo con los apartados anteriores, merezcan en principio la calificación de grave o muy grave se considerarán respectivamente como leve o grave si antes de iniciarse el procedimiento sancionador el responsable corrigiera diligentemente las irregularidades en que consista la infracción siempre que no haya causado perjuicios directos, devolviera voluntariamente las cantidades cobradas, colaborara activamente para evitar o disminuir los efectos de la infracción u observara espontáneamente cualquier otro comportamiento de análogo significado*». En la jurisprudencia son muchos los

vencional del procedimiento sancionado r (art. 48.6)[142], sino que también es una forma de restablecer la legalidad y de disuadir de otras comisiones sustancialmente idénticas. De ahí que, de ordinario, la multa imponer deba ser superior al beneficio obtenido.

De *facto*, el límite máximo de la multa a imponer en atención a la gravedad de la infracción cometida podrá rebasar de dos a ocho veces el beneficio ilícito obtenido. Beneficio ilícito que, *de lege data*, se calculará cuando no pueda ser determinado exactamente con criterios estimativos, en atención al «*aumento de ingresos y el ahorro de gastos que haya supuesto directa o indirectamente la infracción sin descontar multas, perjuicios de los comisos o cierres, ni las cantidades que por cualquier concepto haya tenido que abonar el responsable a la Administración a los consumidores y usuarios como consecuencia de la infracción*» (art. 48.3). Dicho de otro modo, atiende al volumen o cuantificación económica de la actividad afectada por la infracción y no al volumen total de negocio de la empresa o profesional responsable[143]. Sanción

ejemplos que podemos encontrar de atenuación de la responsabilidad en atención a que el perjuicio económico no es relevante, a título de ejemplo, vid. las SSTS (Sala de lo Contencioso-administrativo) de 16 de enero de 2012, Núm. de recurso: 6816/2009 (RJ 2012, 509) y 20 de febrero de 2018, Núm. de recurso: 1326/2015 (RJ 2018, 652).

142. Este precepto permite que el órgano competente para imponer la sanción resuelva la terminación del procedimiento sancionador cuando los presuntos infractores propongan compromisos que resuelvan los efectos sobre los consumidores y usuarios derivados de las conductas objeto del expediente y quede garantizado suficientemente el interés público. Los compromisos serán vinculantes y surtirán plenos efectos una vez incorporados a la resolución que ponga fin al procedimiento.

143. Criterio que no es el que se sigue en las SSTS (Sala de lo Contencioso-administrativo) de 12 de mayo de 2017, Núm. de recurso: 3985/2014 (RJ 2017, 2542) y 16 de mayo de 2017, Núm. 3422/2014 (RJ 2017, 2544), relativos a los recursos deducidos frente a las resoluciones de la AN que estiman los recursos contencioso-administrativos interpuestos frente a la resolución sancionadora de la CNC por la imposición de sanciones por vulneración del derecho de la competencia que interpretan y aplicar el porcentaje máximo de la escala sancionadora (un 10%), aplicándolo al volumen total de ventas o negocios para determinar la cuantía de la multa. Y aplicar dicho calculo sobre el ámbito del mercado afectado directa o indirectamente por la infracción, en el ejercicio anterior al de la resolución sancionadora de la CNC. El TS al resolver los recursos de casación señala que la metodología para la cuantificación de las sanciones que propugna la CNC, implica en un primer momento fijar el importe básico de la sanción sin sujeción a una escala alguna, aplicando a esta cifra posteriormente un coeficiente de ajuste, según las circunstancias agravantes y atenuantes que se aprecien, y solo en una tercera base; y, cuando proceda, el ajuste el porcentaje del 10% del volumen de negocios. Y al entender que, en el caso de las empresas con actividad en varios mercados, la expresión volumen de negocios, ha de entenderse por volumen de negocios total, así pues la cifra de negocios que se emplea como base del porcentaje no queda limitada a una parte sino al todo de aquel volumen, estimando en parte el recurso de casación deducido por el abogado del Estado.

que nos parece acertada, si el hecho generador de la infracción ha afectado a una sola vulneración de los derechos del consumidor.

Criterio este de determinación que no se aplicará si la infracción se refiere al artículo 21 del Reglamento (UE) 2017/2394, supuesto en el que el importe máximo de la multa para la comisión de infracciones muy graves se calculará en atención al negocio anual del empresario en España o en los Estados miembros, aplicando una sanción que equivaldrá al 4% del volumen de negocio anual (art. 49.5). En caso de no disponer de esta información, se podrán imponer multas cuyo importe máximo equivaldrá a dos millones de euros.

Quizás el legislador también habría de haber tenido en cuenta este criterio para modular la multa a imponer en el supuesto del art. 52. *bis* apdo. 5 del LGDCU, esto es, en el supuesto de la infracción interautonómica, por cuanto que se tratan de infracciones relativas a lesiones o riesgos para los intereses de los consumidores o usuarios de forma generalizada, la unidad de mercado nacional y la competencia en el mismo. En las que se debe tener en cuenta, entre otras circunstancias, el número de consumidores y usuarios afectados, la dimensión del mercado donde opere la compañía infractora, la cuota de mercado de la entidad correspondiente o los efectos de la conducta sobre los competidores efectivos o potenciales y sobre los consumidores y usuarios, que pudieran no estar infravalorados si se atiende exclusivamente al beneficio directo obtenido por la infracción.

e) La posición en el mercado del infractor, de forma similar a lo que ocurre con el agravante del abuso de superioridad del Derecho penal, no es infrecuente que en materia de consumo se aprecie como agravante de la responsabilidad administrativa, la posición dominante que en el mercado ocupa el infractor.

Capítulo III

El control jurisdiccional de la potestad sancionadora en materia de consumo

SUMARIO: 1. LA JURISDICCIÓN Y COMPETENCIA. *1.1. La extensión y límites de la jurisdicción contencioso-administrativa española y la competencia genérica o jurisdicción por razón del objeto.* 1.1.1. La extensión y límites de la jurisdicción española en el control de la potestad sancionadora en materia de consumo. 1.1.2. La jurisdicción por razón del objeto. 1.1.3. El conocimiento de la abusividad de las cláusulas de la contratación: una cuestión prejudicial sin efectos suspensivos. *1.2. La competencia objetiva. 1.3. La competencia territorial. 1.4. La competencia funcional.* 2. LAS PARTES DEL PROCESO. 3. EL PROCEDIMIENTO.

1. LA JURISDICCIÓN Y COMPETENCIA

1.1. LA EXTENSIÓN Y LÍMITES DE LA JURISDICCIÓN CONTENCIOSO-ADMINISTRATIVA ESPAÑOLA Y LA COMPETENCIA GENÉRICA O JURISDICCIÓN POR RAZÓN DEL OBJETO

El estudio de los diversos cauces a través de los que puede controlarse el ejercicio de la potestad sancionadora de la Administración en la protección de los consumidores y usuarios tiene como primera premisa la delimitación del ámbito de la Jurisdicción contencioso-administrativa y las atribuciones competenciales de los tribunales que integran el orden contencioso-administrativo. Y ello, porque de los presupuestos procesales de la jurisdicción y la competencia depende la validez del proceso y del enjuiciamiento jurisdiccional. La Ley Orgánica del Poder Judicial (en adelante LOPJ), en coherencia con la relevancia que tienen estos presupuestos procesales, singulariza su tratamiento procesal, determinando que la falta de la jurisdicción y de la competencia objetiva y funcional dará lugar a la nulidad de todo lo actuado (art. 238.1 LOPJ). Nulidad que, a instancia de parte, habrá de hacerse valer a través de los recursos o de los medios de impugnación que establezcan las leyes procesales (art. 240.1 LOPJ); añadiendo la Ley que en ningún caso podrá el juzgado o tribunal, con ocasión de un recurso, declarar la nulidad de las actuaciones que no haya sido solicitada por las partes, dejando a salvo la falta de jurisdicción o competencia objetiva o funcional o la intimidación a los miembros de ese tribunal (art. 240.2 párrafo 2º LOPJ).

Presupuestos procesales que en el ámbito del proceso contencioso-administrativo presentan peculiaridades no contempladas en otros ámbitos de la Jurisdicción, por cuanto que todas las normas que disciplinan la competencia, incluidas las que regulan la competencia territorial, son imperativas e indisponibles para las partes. De ahí, que su falta pueda ser apreciada de oficio en cualquier momento del proceso, previa audiencia de las partes y el Ministerio Fiscal, por plazo común de diez días, adoptando la forma de auto, que deberá dictarse antes de dictar sentencia[1]. Sin perjuicio, de que pueda alegarse a instancia de parte en los cinco primeros días del plazo para contestar a la demanda, como alegación previa, pudiendo reiterarse en la contestación a la demanda si se trata del procedimiento ordinario (art. 58,1 en relación con el art. 59 LJCA); y, al inicio de la vista en el procedimiento abreviado, en el trámite de alegaciones del demandado (art. 78.7 LJCA). Sin perjuicio, de ser controlados en ambos procedimientos por vía de recurso.

1.1.1. La extensión y límites de la jurisdicción española en el control de la potestad sancionadora en materia de consumo

De todos es sabido que a través de las reglas que disciplinan la extensión y los límites de la Jurisdicción se trata de delimitar en qué casos los tribunales españoles conocerán de determinadas pretensiones. En este sentido, el art. 4 de la LOPJ establece la regla general de que: «*la jurisdicción se extiende a todas las personas, a todas las materias y a todo el territorio español, en la forma establecida en la Constitución y en las leyes*». Y en igual sentido, se recoge esta extensión en el art. 21.1 del referido texto legal.

Ambos preceptos realizan la delimitación de la Jurisdicción española desde un punto de vista universalista, atribuyéndole el conocimiento de todas las materias suscitadas entre toda clase de personas. Esta atribución

1. En este sentido, vid., el art. 5 de la LJCA (modificado recientemente por el art. 102.1 del RDL 6/2023, de 19 de diciembre) respecto al tratamiento de la falta de jurisdicción, y el art. 7 del mismo texto legal (modificado por el art. 102.2 del RDL citado), respecto al tratamiento procesal de la falta de competencia.

exorbitante de la Jurisdicción se concreta en unas pretensiones específicas dependiendo del orden jurisdiccional en cuestión (arts. 21 a 24 de la LOPJ). Por lo que al orden contencioso-administrativo se refiere, se concretan en el art. 24, al disponer que la Jurisdicción española conocerá cuando la pretensión que se deduzca se refiera a *disposiciones de carácter general* o a *actos de las Administraciones Públicas españolas*. Asimismo, conocerá de las que se deduzcan en relación con los *actos de los poderes públicos españoles*, de acuerdo con lo que dispongan las leyes.

De este modo, la ley articula los límites de la Jurisdicción *ad extra* con base a un criterio *personal absoluto*, según el cual, conocerá únicamente de las pretensiones de anulación de las disposiciones o actos administrativos que emanen de una Administración o un poder público español, siendo impensable el enjuiciamiento de una resolución sancionadora extranjera o de una institución europea, en el eventual supuesto, de una infracción generalizada con dimensión en la Unión que pudiera corresponder a la Comisión.

En este contexto, es indiferente la nacionalidad del empresario o el lugar de su residencia o establecimiento para que el conocimiento del asunto les corresponda a los tribunales españoles, lo decisivo es que la infracción se cometa en territorio español y que haya sido sancionado por las Administraciones públicas españolas, pues hemos de recordar que el art. 52 bis 1º de la LGDCU, señala que:

> *«las Administraciones españolas que en cada caso resulten competentes sancionarán las infracciones de consumo cometidas en territorio español cualquiera que sea la nacionalidad, el domicilio o el lugar en que radiquen los establecimientos del responsable»*.

Sin perjuicio de lo anterior, hemos de indicar que los tribunales contencioso-administrativos españoles serán los tribunales competentes para acordar en España, las autorizaciones que sean necesarias para dar cumplimiento al deber de cooperación con las autoridades nacionales de otros Estados miembros de la UE, en aplicación de la legislación en materia de protección de los consumidores en aquellos supuestos que las medidas de investigación pudiera afectar a los derechos fundamentales de la persona investigada[2]. En concreto, tal y como se indica en los 9 y 10 del Reglamento

2. La cobertura constitucional de esta función que se encomienda a la Jurisdicción, no se encuentra en apdo. 3 del art. 117, que regula la función jurisdiccional, sino en el apdo. 4 del precepto, según el cual: *«los Juzgados y Tribunales no ejercerán más funciones que las señaladas en el apartado anterior y las que expresamente les sean atribuidas por ley en garantía de cualquier derecho», que* recoge el principio de exclusión de la potestad jurisdiccional en su vertiente negativa [STC (Sala 2ª) Núm. 137/1985, de 17 de octubre, Núm. de recurso de amparo 124/1985 (RTC 1985, 137)].

(UE) 2017/2394, si se refiere a las facultades de investigación y ejecución que impliquen la entrada y registro en lugar cerrado. Y es que, de ser necesaria esta medida, habrá de ser solicitada a los tribunales contencioso-administrativos por la Oficina de enlace única, esto es, por la Dirección General competente en materia de consumo de la Administración General del Estado (art. 52 ter LGDCU).

Así como, se habrá de recabar de los tribunales contencioso-administrativos la autorización judicial necesaria para cualquier otra medida que suponga otra afectación de los derechos fundamentales de la persona, tal como: la autorización para requerir a los prestadores de servicios de la sociedad de información, la cesión de datos, que permitan identificar al responsable del servicio de la sociedad de información que presuntamente ha atentado o puede atentar contra alguno de los principios enumerados en el art. 8.2 de la Ley 34/2002, de 11 de julio de Servicios de la Sociedad de Información y de Comercio Electrónico (en adelante LSSI), y entre los que se contempla la protección de la salud pública o de las personas físicas o jurídicas que tengan la condición de consumidor o usuarios, incluso cuando éstos actúen como inversores, pudiendo adoptarse las medidas necesarias para que se interrumpa la prestación o para retirar los datos que vulneren los derechos de éstos. Si bien, en este supuesto las medidas han de ser solicitadas por el Ministerio de Asuntos Económicos y Transformación Digital, en cumplimiento de las obligaciones establecidas en el Reglamento (UE) 2019/1150 del Parlamento Europeo y del Consejo, de 20 de junio de 2019 o en el Reglamento (UE) 2022/868 del Parlamento Europeo y del Consejo, de 30 de mayo de 2022 (art. 35 LSSI), y no por la Dirección General de Consumo.

Finalmente, hay que indicar que se habrá de acudir a los tribunales contencioso-administrativos españoles para obtener la autorización de la cesión internacional de datos de carácter personal que obren en territorio español, y que hayan sido solicitados de conformidad con una decisión de la Comisión Europea.

1.1.2. La jurisdicción por razón del objeto

Este criterio determina, en atención al objeto del proceso, los asuntos que están atribuidos a los tribunales de cada orden jurisdiccional. Por lo que refiere al orden jurisdiccional contencioso-administrativo, la jurisdicción por razón del objeto se puede estudiar desde dos puntos de vista: desde un punto de vista positivo, que delimita los asuntos propios del orden contencioso-administrativo en atención a la actuación administrativa sometida a control y a los requisitos que esta debe poseer; y, desde un punto de vista negativo, que marca la línea divisoria con el resto de los órdenes jurisdiccionales.

Por lo que refiere a la delimitación positiva, el ámbito objetivo de la jurisdicción contencioso-administrativa viene establecido por lo dispuesto en la LOPJ, que lo delimita frente a las otras manifestaciones de la Jurisdicción, al señalar que: «*conocerán de las pretensiones que se deduzcan en relación con la actuación de las Administraciones públicas sujeta al derecho administrativo, con las disposiciones generales de rango inferior a la ley y con los reales decretos legislativos en los términos previstos en el artículo 82.6 de la Constitución, de conformidad con lo que establezca la Ley de esa jurisdicción (...)*» (art. 9.4), delimitación que reitera la LJCA en su art. 1.1.

Del análisis conjunto de ambos preceptos, podemos sostener que el ejercicio de la potestad sancionadora de las Administraciones públicas españolas territoriales con competencia en la protección de los consumidores y usuarios y de otros órganos administrativos o poderes públicos que afecte a los intereses de los consumidores (AEPD, CNM, Banco de España etc.), será susceptible de ser enjuiciada o controlada por los tribunales contencioso-administrativos, verse este control sobre el desarrollo reglamentario de la misma o sobre la resolución sancionadora que se dicte, quedando excluido de su ámbito de conocimiento tanto las normas de rango de ley que vulneren los principios exigibles a esta potestad, al caer dentro del ámbito competencial del TC, como el control de las normas de rango inferior a la ley que realicen una estricta reiteración o aplicación de lo contenido en la ley. Supuesto en el que, según qué caso, pudiera ser admisible el recurso contencioso-administrativo, sin perjuicio de la necesidad de plantear una cuestión de inconstitucionalidad al TC[3].

Además, tratándose de la resolución administrativa sancionadora, la ley exige el cumplimiento de otro presupuesto procesal para que la pretensión anulatoria pueda someterse al control jurisdiccional de los tribunales con-

3. Dos son los supuestos que nos podemos encontrar: un primer supuesto, que implica la existencia de una norma con rango de ley que es conforme a la Constitución, que es reproducida literalmente por una de rango inferior, supuesto este que no permite la impugnación de la norma con rango de ley ante los tribunales contencioso-administrativos; y, un segundo supuesto, que implica la existencia de una norma de rango de ley sobre la que hay dudas de constitucionalidad, que establece la potestad sancionadora de la Administración, y que es reproducida literalmente por la norma de rango inferior a la ley, supuesto este en el que los tribunales contencioso-administrativos habrán de suspender el plazo para dictar sentencia planteando seguidamente una cuestión de inconstitucionalidad al TC (arts. 163 CE; 5.2 y 3 LOPJ, y 35 a 37 LOTC). Al respecto, para un mayor abundamiento, vid. BONACHERA VILLEGAS, R.: *El control Jurisdiccional de los Reglamentos, op. cit.*, págs. 74 y 75.

tencioso-administrativos, a saber: la actividad administrativa susceptible de ser impugnada ha de haber agotado la vía administrativa, aunque también podrá atacarse los actos de trámite en los que concurra algunas de las condiciones establecidas al efecto (art. 25.1 LJCA), a saber: que decidan el fondo del asunto, que impidan la continuación del procedimiento o que causen indefensión o perjuicio irreparable a derechos o intereses legítimos.

Por otra parte, cabe plantearse la posibilidad de someter a los tribunales contencioso-administrativos la inactividad de la Administración pública cuando no se inste el procedimiento sancionador, habida cuenta de la modificación del art. 52 bis apdo. 5º de la LGDCU, que permitía a la Administración General del Estado instar recurso contencioso-administrativo frente a la comunidad autónoma inactiva, en atención a lo previsto en el Título IV de la LJCA. Posibilidad que entendemos, aún es viable, pese a la modificación señalada, habida cuenta que el art. 19, c) de la LJCA con relación al art. 44 del mismo cuerpo legal, permiten dicho recurso contencioso-administrativo. En este aspecto, entendemos que igual posibilidad ha de reconocerse a la comunidad autónoma, en el supuesto de que, correspondiendo la competencia sancionadora a la Administración General del Estado, está no actué. En ambos casos, evidentemente, no será necesario agotar la vía administrativa, sin perjuicio del requerimiento previo que pudieran recíprocamente dirigirse ambas Administraciones al objeto de instar la apertura del procedimiento sancionador.

Por lo que refiere, a la delimitación negativa del ámbito de la jurisdicción contenciosa-administrativa viene establecida por lo dispuesto en el art. 3 de la LJCA, en los siguientes términos:

«*No corresponden al orden jurisdiccional contencioso-administrativo:*

a) *Las cuestiones expresamente atribuidas a los órdenes jurisdiccionales civil, penal y social, aunque estén relacionadas con la actividad de la Administración pública.*

b) *El recurso contencioso-disciplinario militar.*

c) *Los conflictos de jurisdicción entre los Juzgados y Tribunales y la Administración pública y los conflictos de atribuciones entre órganos de una misma Administración.*

d) *Los recursos directos o indirectos que se interpongan contra las Normas Forales fiscales de las Juntas Generales de los Territorios Históricos de Álava, Guipúzcoa y Vizcaya, que corresponderán, en exclusiva, al Tribunal Constitucional en los términos establecidos por la disposición adicional quinta de su Ley Orgánica*».

Siendo ello así, parece evidente que la delimitación negativa tiene escasa, por no decir, nula trascendencia a la hora de controlar la potestad sancionadora de la Administración, aunque esta se refiera a la materia de consumo. Aunque, no es descartable todo conflicto de competencia, habida cuenta de lo dicho en torno a las reclamaciones que pudieran realizarse en vía administrativa.

Podríamos concluir que lo decisivo para determinar el ámbito de la jurisdicción contencioso-administrativo en materia de consumo, no es tanto identificar la actuación administrativa susceptible de ser impugnada, como observar la naturaleza jurídica del asunto litigioso en cuestión. Si el asunto litigioso tiene naturaleza jurídica-privada, el conocimiento de las pretensiones que se deduzcan, aunque intervenga una Administración pública, le ha de corresponder a los juzgados y tribunales civiles, en tanto que les corresponderá a los órganos jurisdiccionales contencioso-administrativos cuando la actuación tiene naturaleza jurídica-pública.

Teniendo presente esta premisa, y las consideraciones antes realizadas, así como, la doctrina de los actos separables, a nuestro entender, podemos afirmar que en materia de consumo, le corresponderá conocer a los órganos jurisdiccionales contencioso-administrativos las pretensiones impugnatorias dirigidas frente a las resoluciones sancionadoras; no así, frente al eventual pronunciamiento que pudiera realizar la Administración cuando se inmiscuye en el ámbito de las relaciones puramente civiles, esto es, cuando se pronuncia sobre la reposición del consumidor o consumidores al estado anterior al de la infracción o sobre la indemnización de los daños y perjuicios que les pudiera corresponder (acción declarativa de nulidad del contrato, acción de condena a la cesación de la actuación o la acción de condena a la indemnización de los daños y perjuicio u otro tipo de prestación), puesto que el conocimiento de este tipo de pretensiones les han de corresponder a los tribunales civiles.

Es precisamente en este sentido, en el que el prelegislador ha configurado el ejercicio de las acciones colectivas en defensa de los intereses de los consumidores y usuarios, al trasponer la Directiva (UE) 2020/1828 del Parlamento Europeo y del Consejo de 25 de noviembre de 2020, relativa a las acciones de representación para la protección de los intereses colectivos de los consumidores. El Proyecto de Ley Orgánica de medidas en materia de eficiencia del Servicio Público de Justicia y de acciones colectivas para la protección de los derechos e intereses de los consumidores y usuarios, de 22 de marzo de 2024, al dar cumplimiento a las obligaciones establecidas en la Directiva, ha optado por crear un procedimiento judicial especial de carácter civil, dentro de Título IV de la LECiv. (arts. 828 a 885), proponiendo un ámbito de aplicación amplio de este proceso, que dará cobertura al ejercicio de las acciones colectivas frente a cualquier tipo de infracción en que se hayan podido ver perjudicados los derechos e intereses de los consumidores, cubriendo no sólo los incumplimientos previstos en la Directiva, sino también cualquier otro tipo de incumplimiento (*v.gr*. apdo. VI de la Exposición de Motivos), y lo hace desligándolo de cualquier procedimiento administrativo, incluido el sancionador. En este proceso, las entidades habilitadas podrán pretender la tutela colectiva de los derechos e intereses de los consumidores y usuarios, la obtención de medidas de cesación o la obtención de medidas resarcitorias.

Tanto es así, que, por un lado, se señala que la acción de cesación pudiera tener únicamente por objeto la declaración de que la conducta del empresario o profesional es contraria a las normas de protección de los derechos e intereses de los consumidores, conducta encuadrable en cualquiera de los supuestos tipificados el art. 47 LGDCU; para más tarde, señalar al regular la acción colectiva resarcitoria, que el ejercicio de esta acción no requiere la previa declaración en sentencia o resolución administrativa firmes de que la conducta del empresario o profesional demandado es contraria a los intereses colectivos de los consumidores y usuarios (art. 830.2 de la LOPJ), precisamente porque tiene por objeto la reposición de los al estado anterior al de la infracción cometida por el empresario o profesional. Sin perjuicio, de lo establecido en el art. 859, que permite a las partes demandantes aportar, y al tribunal valorar como prueba de la existencia de la conducta infractora, las resoluciones firmes de otros órganos jurisdiccionales o autoridades administrativas españolas[4], así como las resoluciones firmes de los órganos jurisdiccionales o autoridades administrativas de otros Estados miembros de la Unión Europea, cuando la demanda se refiera a la misma conducta y al mismo empresario o profesional sancionado[5].

4. Esta aportación cobra especial relevancia, al constatar que el Proyecto de Ley Orgánica da una nueva redacción al art. 54 de la LGDCU, para reconocer legitimación activa a los organismos o entidades de la Administración General del Estado, de las comunidades autónomas y de las corporaciones locales competentes en materia de defensa de las consumidores y usuarios, al tener estas Administraciones territoriales potestad sancionadora en dicha materia.

5. Previsión ésta que daría cumplimiento a lo dispuesto en el art. 15 de la Directiva, en el que se señala que: «*los Estados miembros velarán por que las resoluciones firmes de los órganos jurisdiccionales o autoridades administrativas de cualquier Estado miembro, que declaren la existencia de una infracción que perjudique los intereses colectivos de los consumidores puedan ser alegadas por todas las partes como prueba en el contexto de cualquier otra acción ante sus órganos jurisdiccionales o autoridades administrativas nacionales, para solicitar medidas resarcitorias contra el mismo empresario por la misma práctica, de conformidad con la normativa nacional sobre valoración de la prueba*».

Finalmente, para concluir con ámbito objetivo de la Jurisdicción contencioso-administraba en la defensa de los consumidores, hemos de pronunciarnos sobre el complicado panorama de la distribución de la competencia sancionadora entre el Estado y las CCAA, y de éstas entre sí. En este ámbito, cabe la duda de si es posible el planteamiento de un conflicto positivo de competencia territorial en el seno del proceso contencioso-administrativo; o, si éste ha de quedar excluido de la jurisdicción al ser una competencia exclusiva del TC. La duda está en determinar si existe una dualidad de jurisdicciones (ordinaria y constitucional), o si se trata de una materia que es monopolio exclusivo del TC. Sin pretender resolver ahora un debate doctrinal sumamente complejo y de extraordinaria hondura jurídica[6], nos inclinamos por excluir del ámbito de la jurisdicción ordinaria este tipo de pretensiones cuando el conflicto se refiera a la titularidad y a los límites de la competencia fijados por la Constitución o los Estatutos de Autonomía. Fuera de este supuesto, entendemos que toda pretensión anulatoria que se fundamente en la nulidad de pleno derecho de la resolución administrativa por falta de competencia sea de la Administración General del Estado o de la comunidad autónoma, esto es, una interpretación errónea de lo dispuesto en el art. 52. bis apartados 2º, 3º, 4º y 5º de la LGDCU, podrá integrar el ámbito de la jurisdicción contencioso-administrativa.

1.1.3. El conocimiento de la abusividad de las cláusulas de la contratación: una cuestión prejudicial sin efectos suspensivos

Ya hemos tenido ocasión de señalar que en materia de consumo existe una heterogeneidad de normas, esta circunstancia ha determinado que tanto los tribunales civiles tengan que aplicar normas administrativas para resolver los conflictos jurídicos privados[7], como que los tribunales contencioso-administrativos tengan que aplicar normas civiles y mercantiles para determinar la responsabilidad administrativa del empresario. Ello acontece singularmente, cuando los tribunales contencioso-administrativos han de pronunciarse sobre la ilicitud de la sanción administrativa impuesta a un empresario por la inclusión de cláusulas abusivas en los contratos celebrados con los consumidores.

6. Para un panorama general de este debate, vid. BONACHERA VILLEGAS, R.: *El control jurisdiccional de los reglamentos*, ed. Aranzadi, *op. cit.*, págs. 91 a 92.
7. En este sentido, vid. CABAÑAS GARCÍA, J.C.: *Los procesos civiles sobre consumidores y usuarios y de control de las cláusulas generales de los consumidores*, Madrid, ed. Tecnos, 2005, págs. 29 a 31, en donde el autor nos habla precisamente de la infracción de normas administrativas, en concreto de las Circulares del Banco de España, como motivo para fundamentar el recurso de casación civil.

De tal forma que la atribución de la competencia genérica que corresponde a los tribunales de uno y otro orden jurisdiccional queda matizada en virtud de lo dispuesto en el artículo 10.1 de la LOPJ, que, a efectos prejudiciales permite que cada orden jurisdiccional pueda conocer de asuntos que no le estén atribuidos privativamente.

En relación con el tema que estamos tratando, el precepto apodera a los tribunales del orden contencioso-administrativo —que deben pronunciarse sobre la pretensión de anulación ejercitada frente al acto administrativo sancionador—, a apreciar con efectos prejudiciales, si la cláusula que motiva la imposición de la sanción es o no abusiva. Y ello, aunque la declaración de nulidad de tal cláusula le corresponde en exclusiva a los tribunales civiles[8].

Sucede, no obstante, que el Tribunal Superior de Justicia de Andalucía, en varias resoluciones entendió que la competencia para la calificación de abusiva de una cláusula contractual, en virtud del artículo 86 ter, 2 c) de la LOPJ, habría de corresponder a los tribunales civiles, sin que la interpretación de los contratos y sus cláusulas pudiera encomendarse a la Administración en el ejercicio de la potestad sancionadora, remitiéndose en su argumentación a lo señalado por el Tribunal Supremo en Sentencia de 12 de febrero de 2002[9]. Interpretación ésta que fue inmediatamente corregida por el Tribunal Supremo, en su sentencia de 16 de septiembre de 2017, al fijar como doctrina legal, que la Administración pública puede sancionar la utilización de cláusulas abusivas en los contratos con consumidores y usuarios, sin necesidad de una previa declaración judicial en este sentido por los

8. En este sentido, vid. la STSJ del País Vasco (Sala de lo Contencioso-administrativo) de 28 de diciembre de 2016, Núm. de recurso: 782/2016 (RJCA 2017, 195); y, las SSJCA (Núm. 1) de Vitoria-Gasteiz de 16 de enero de 2017, Núm. de Resolución: 8/2017 (JUR 2017, 25168) y de 18 de octubre de 2017, Núm. de Resolución: 273/2017 (JUR 2018, 5702), así como la SJCA (Núm. 2) de Vitoria-Gasteiz de 28 de diciembre de 2016, Núm. de Resolución: 268/2016 (JUR 2017, 196). Resoluciones éstas que en virtud de la aplicación del art. 4 de la LJCA extiende la competencia del orden jurisdiccional contencioso-administrativo al conocimiento y decisión de las cuestiones incidentales no pertenecientes al orden administrativo, directamente relacionadas con el recurso contencioso-administrativo, en este caso a la calificación de la cláusula contractual suscrita con los consumidores como una cláusula abusiva.

9. Vid. las SSTSJ de Andalucía, Sevilla (Sala de lo Contencioso-administrativo) de 2 de junio de 2015, Núm. de Recurso 496/2014 (JUR 2015, 154485); 31 de marzo de 2016, Núm. de recurso: 45/2015 (JUR 2017, 51562); de 25 de mayo de 2016, Núm. de recurso: 419/2015 (JUR 2016, 222543); y, 22 de noviembre de 2016, Núm. de recurso: 477/2016 (JUR 2017, 32630). Y siguiendo dicha línea, vid. la SJCA (Núm. 8) de Barcelona de 12 de diciembre de 2016, Núm. de Resolución: 310/2016 (RJCA 2017, 637).

tribunales del orden civil[10]. Además, esta sentencia ha cambiado significativamente la línea jurisprudencial, que por vía de la aplicación supletoria del artículo 43 de la LEC, permitía la suspensión del proceso contencioso-administrativo relativo a la acción de nulidad de la infracción administrativa, en tanto se resolvía en vía judicial civil sobre la abusividad de la cláusula que origina la imposición de la sanción.

El TS llegó a señalar que la doctrina seguida por el TSJ de Andalucía era errónea y gravemente dañosa para el interés general, por cuanto que priva a la Administraciones públicas de la potestad sancionadora. Y es que, el planteamiento de una cuestión prejudicial civil con efectos devolutivos, a juicio de la Sala Tercera del Tribunal Supremo, no sólo retrasa el ejercicio de la potestad sancionadora, sino que la impide, si se tiene en cuenta que la Administración carece de acción para acudir a la jurisdicción civil postulando la nulidad de una cláusula incluida en un contrato privado entre una entidad bancaria y el usuario de sus servicios.

Por otro parte, el Tribunal Supremo, recordó que tanto la LGDCU como la normativa de consumo andaluza, no imponen esa suerte de prejudicialidad civil que se infiere de las sentencias recurridas, toda vez que el ilícito administrativo que castiga la introducción de cláusulas abusivas, es título suficiente para ejercer la potestad sancionadora. Sin perjuicio, naturalmente, de que la sanción impuesta sea luego impugnada ante el orden jurisdiccional contencioso-administrativo, que será el que se pronuncie sobre la legalidad de la sanción administrativa impuesta; y, por ello, sobre el carácter abusivo de la cláusula, exclusivamente a los efectos sancionadores.

En cuanto a la eficacia que cabe dispensar a la calificación de la cláusula abusiva por parte del órgano jurisdiccional contencioso-administrativo, el TS recuerda que esta no tendrá la eficacia de cosa juzgada, esto es, no vincula a la posterior sentencia que eventualmente pudiera dictar el juez de lo civil al enjuiciar dicha cláusula[11]. Lo cual deja en el aire la posibilidad de encontrarnos con sentencias contradictorias entre el orden contencioso-administrativo y el orden civil al enjuiciar la abusividad de una misma clausula contratual.

10. STS (Sala de lo Contencioso-administrativo) de 16 de septiembre de 2017, Núm. de recurso: 2452/2016 (RJ 2017, 4672).

11. El TS (Sala de lo Contencioso-administrativo) se ha pronunciado reiteradamente en el mismo sentido adoptado en su sentencia de 2017. En este aspecto, vid. sus sentencias de 21 de mayo de 2019, Núm. de recurso: 1135/2017 (2019, 2342); 18 de junio de 2019, Núm. de recurso: 3972/2017 (RJ 2019, 2583); 3 de octubre de 2019, Núm. de recurso: 5266/2017 (RJ 2019, 3906); y, 13 de noviembre de 2019, Núm. de recurso: 2531/2017 (RJ 2019, 4672).

1.2. LA COMPETENCIA OBJETIVA

Este criterio de competencia determina, en función del objeto del proceso, el juez o tribunal que debe conocer en primera o única instancia de una determinada clase de asuntos, en nuestro caso, de la pretensión de nulidad dirigida frente a las disposiciones generales de rango inferior a la ley que desarrollen o ejecuten la potestad sancionadora de las Administraciones públicas en materia de consumo, de la pretensión de nulidad o anulabilidad frente al acto administrativo sancionador en dicha materia, de la pretensión de condena a la apertura del procedimiento sancionador en caso de inactividad; o, de la pretensión de obtener del órgano judicial las autorizaciones en ejercicio de la potestad de control del cumplimiento de las obligaciones dimanantes del Derecho de la UE, cuando supongan una afectación de derechos fundamentales de la persona[12].

Para la distribución de la competencia objetiva la LJCA utiliza tres criterios: el criterio básico de la *«jerarquía del acto administrativo»* y los criterios complementarios de la materia y de la cuantía.

El criterio de la jerarquía del acto administrativo, también denominado de la calidad del órgano del que procede el acto o la disposición o determinación de la competencia sobre pautas protocolarias, establece que la actuación de las más altas instancias administrativas estatales o autonómicas serán enjuiciadas por los más altos órganos jurisdiccionales del ámbito nacional o autonómico; y, de ahí, hacia abajo de forma escalonada. Este criterio se considera básico, en contraposición a la materia y la cuantía, que son complementarios, porque se utilizan para sustraer un conjunto de asuntos de índole menor, que ordinario les corresponde a los órganos jurisdiccionales superiores, para atribuir se los a los órganos jurisdiccionales inferiores, generalmente, Juzgados de lo contencioso-administrativo o Juzgados centrales de lo contencioso-administrativo.

En atención a lo anterior, el art. 13, *c)* de la LJCA dispone que: *«salvo disposición expresa en contrario, la atribución de competencia por razón de la materia prevalece sobre la efectuada en razón del órgano administrativo autor del acto»*. Lo

12. Estando pendiente el tema de la desaparición de los órganos jurisdiccionales unipersonales y la creación de los Tribunales de Instancia integrados por Secciones básicas y, en su caso especializadas, como es la Sección de lo contencioso-administrativo, o la creación del Tribunal de Instancia Central con sus respectivas Secciones especializadas, como medidas de eficiencia organizativa de nuestro Servicio Público de Justicia (art. 1 del Proyecto de Ley Orgánica de 22 de marzo de 2024). De ser aprobada tal modificación, en donde se menciona a los Juzgados de lo Contencioso-administrativo o al Juzgado Central de lo Contencioso-administrativo entiéndase las Secciones con igual denominación (*v.gr*. Disposición adicional primera del Proyecto de ley).

que sucede es que la ley hace una enumeración muy exhaustiva de la competencia objetiva que le corresponde a cada uno de los órganos jurisdiccionales integrados en este orden jurisdiccional en función del órgano administrativo autor del acto o de la disposición que se impugne (arts. 8 a 13 LJCA).

Dicho lo anterior, debemos indicar que la competencia de los Juzgados de lo contencioso-administrativo únicamente se extiende al conocimiento en primera o única instancia de los recursos contencioso-administrativos deducidos frente a los actos administrativos sancionadores por la Administración local, y a los recursos que se deduzcan frente a la Administración autonómica (salvo que el acto sancionador proceda del Consejo de Gobierno), y siempre y cuando la sanción consiste en multas inferiores a 60.001 euros o ceses de actividades o privación de ejercicio de derechos, que sean inferiores a seis meses. A ellos también les corresponderá el conocimiento de las autorizaciones para la entrada en domicilios y restantes lugares cerrados cuyo acceso requiera el consentimiento del titular, siempre que ello proceda para la ejecución forzosa de los actos de la Administración pública o para realizar actos de entrada e inspección en domicilios, locales, terrenos y medios de transporte que haya sido acordada por la CNMC, cuando el titular del domicilio habiendo sido requerido a ello, y se oponga o exista riesgo de tal oposición (art. 8.9 LJCA).

A las Salas de lo contencioso-administrativo de los Tribunales Superiores de Justicia, le corresponderá en única instancia el conocimiento de los recursos directos que se interpongan frente a las disposiciones reglamentarias aprobadas por la Administración autonómica en el desarrollo de la potestad sancionadora que le corresponde a esta administración territorial [art. 10.1, b) LJCA]; la cuestión de ilegalidad sobre tal reglamento en el supuesto de que se hubiera planteado recurso contencioso-administrativo frente al acto sancionador con fundamento en la ilegalidad de la norma reglamentaria habiendo conocido del recurso indirecto el Juzgado de lo contencioso-administrativo (art. 27.2 LJCA); y, conocerá en única instancia de los recursos contencioso-administrativos que se interpongan frente a las resoluciones sancionadoras en materia de consumo dictadas por la Administración autonómica, cuando el conocimiento de estos asuntos no esté atribuido a los Juzgados de lo contencioso-administrativo [art. 10.1 a) LJCA], es decir, conocerán de las resoluciones sancionadoras consistentes en la imposición de sanciones consistentes en multas que sean igual o superior a 60.001 € o privación de derechos que impliquen cese de actividad o privación de derechos que excedan de los 6 meses[13].

13. Resulta difícil realizar una mayor precisión en atención al órgano administrativo del que emane la resolución sancionadora, dada la distinta regulación autonómica que

Los Juzgados centrales de lo contencioso-administrativo conocerán de la impugnación de resoluciones sancionadoras dictadas por la Dirección General de Consumo, hasta el límite cuantitativo de los 60.000 €, de la Secretaria General en materia de consumo si implica el cese de actividad o privación del ejercicio de derechos que no exceda de seis meses [art. 9.1, b) LJCA en relación con el art. 52 bis 5 de la LGDCU] o de cualquier otra Dirección con competencias específicas que pudiera sancionar en protección de los consumidores (*v. gr.* la Dirección de AESA); y, la autorización necesaria para requerir a los prestadores de servicios de la sociedad de información, la cesión de datos que permitan identificar al responsable del servicio de la sociedad de información que presuntamente a atentado o puede atentar contra alguno de los principios enumerados en el art. 8.2 de la Ley 34/2002, de 11 de julio de servicios de la sociedad de información y de comercio electrónico (en adelante LSSI).

A la Sala de lo contencioso-administrativo de la Audiencia Nacional, le corresponderá el conocimiento de las resoluciones sancionadoras dictadas por la Dirección General de Consumo no atribuidas a los Juzgados centrales de lo contencioso-administrativo; las resoluciones sancionadoras que dicte el Ministro de Consumo o la Secretaría General en materia de consumo en todos los supuestos, teniendo en cuenta que esta última tiene competencia para imponer multas que superen los 100.000 € y las que entrañen cese de actividad o privación del ejercicio de derechos que exceda de seis meses [art. 11. 1, a) en relación con el 52 bis 5 de la LGDCU; los recursos contencioso-administrativos deducidos frente a los actos del Ministro de Consumo y la Secretaría General en materia de consumo cuando rectifiquen en vía de recurso o en procedimiento de fiscalización o de tutela los dictados por la Dirección General de Consumo [art. 11.1, b) LJCA]; el recurso directo o la cuestión de ilegalidad planteada frente a las disposiciones de rango regla-

---

existe, que atribuye de forma desigual la competencia para dictar resolución sancionadora en materia de consumo. No obstante, a título de ejemplo, si hablamos de las resoluciones sancionadoras de la Junta de Andalucía, teniendo en cuenta lo dispuesto en la Ley 13/2003, de 17 de diciembre, de Defensa y Protección de los Consumidores y Usuarios de Andalucía, que atribuye la competencia para sancionar a la Delegación territorial de Salud y Consumo si las infracciones son leves o graves (con multa hasta 60.000 €), en tanto que la competencia para las muy graves se atribuye al Titular de la Dr. General de Consumo si la multa va desde 60.001 a 400.000 €, al Titular de Salud y Consumo (con multa desde 400.001 a 700.000 €) y el Gobierno de la Junta de Andalucía a propuesta del titular de la Consejería de Salud y Consumo si la multa va 700.001 a 1.000.000 €; podemos concluir, que le corresponde a los Juzgados de lo contencioso-administrativo el conocimiento de las infracciones leves y las graves, en tanto que las infracciones muy graves siempre será competencia del TSJ andaluz. Cuestión distinta es determinar cuál de sus Salas le corresponderá el conocimiento de estos asuntos, debiendo estar a las normas de reparto de asuntos o negocios para su precisión.

mentario dictado por el Ministro de Consumo; de los recursos frente a los actos administrativos sancionadores que dicte el Banco de España, la CNMV, la CNMC, y de la solicitud de autorización que formule la AEPD.

Nada dice la ley en torno a la distribución de competencias entre los Juzgados de lo contencioso-administrativo y los Tribunales Superiores de Justicia; o, entre los Juzgados centrales de lo contencioso-administrativo y la Audiencia Nacional en el supuesto de que la resolución sancionadora en materia de consumo impugnada imponga sanciones de distinta naturaleza de manera acumulada y todas ellas sean atacadas por el demandante, esto es, si se impugna tanto la multas como la sanción accesoria que implica una restricción de derechos tal como: el cierre temporal del establecimiento, de la instalación o del servicio o el decomiso de las mercancías objeto de infracción que sean propiedad del responsable (*ex art.* 50.3 en relación con el art. 49.4 LGDCU), superándose el límite cuantitativo de las multas que les corresponde conocer a los juzgados (60.000 €) o el límite cuantitativo de la sanción accesoria (6 meses). En este aspecto, ha de entenderse que ha de aplicarse el aforismo de *«quién puede lo más, puede lo menos»*, que es un criterio que expresa un principio general del derecho, según el cual quien tiene la capacidad o autoridad para realizar acciones de mayor envergadura también tiene la capacidad para realizar acciones de menor importancia sobre el mismo tema, esto es, la competencia le corresponderá al Tribunal Superior de Justicia o a la AN con preferencia a los juzgados. *De facto*, de plantearse esta situación el art. 7 *in fine* de la LJCA, señala que: *«si la competencia pudiera corresponder a un tribunal superior en grado, se acompañará una exposición razonada, estándose a lo que resuelva éste»*, esto es, nunca dará lugar al planteamiento de una cuestión de competencia.

Finalmente, y por lo que afecta a la competencia objetiva del Tribunal Supremo en materia sancionadora de consumo, tendrá la competencia para conocer del recurso contencioso-administrativo directo y la cuestión de ilegalidad planteados frente a las disposiciones generales de rango inferior a la ley aprobadas por el Consejo de Ministros, esto es, frente a los Reales Decretos.

1.3. LA COMPETENCIA TERRITORIAL

Las normas de atribución de la competencia territorial sólo tienen utilidad si son varios los órganos jurisdiccionales con el mismo grado competentes objetivamente para enjuiciar una pretensión determinada. En el orden contencioso-administrativo únicamente plantea problemas de distribución de la competencia entre los Tribunales Superiores de Justicia y los Juzgados de lo contencioso-administrativo, porque el resto de los órganos jurisdiccionales, esto es, los Juzgados centrales de lo contencioso-administrativo, la AN y el TS despliegan sus competencias en todo el territorio nacional.

Los criterios de atribución de la competencia territorial se recogen en el art. 14 de la LJCA, del que podemos destacar la exclusión de fueros convencionales (sumisión tácita o expresa), dicho de otro modo, en este ámbito de la Jurisdicción sólo existen fueros legales. De ahí, que las normas que regulan la competencia territorial sean normas de *ius cogens*. Además, consagra dos tipos de fueros: un fuero general y unos fueros especiales (en concreto la LJCA establece dos fueros especiales, el *forum domicili actori* y el *forum rei sitae*).

Como su nombre indica, el fuero general se aplicará a cualquier materia que no tenga atribuida un fuero especial, atribuyéndose la competencia territorial al órgano jurisdiccional en cuya circunscripción tenga su sede el órgano administrativo demandado, es decir, el órgano que hubiere dictado la disposición general o el acto administrativo sancionador que se impugna. Fuero que puede ser excepcionado en materia sancionadora, dado que el art. 14 de la LJCA, prevé el fuero del domicilio del demandante, de forma concurrente y electiva, con el fuero general, si el recurso contencioso-administrativo tuviera por objeto la autorización de entrada en domicilio o espacio equivalente, en principio ha de entenderse que pudiera ser competente el juzgado del lugar en el que esté sito el inmueble.

Si bien, la aplicación de este *forum domicili*, estará supeditada a que los juzgados territorialmente competentes ejerzan su jurisdicción en la Comunidad Autónoma donde se haya dictado la normativa autonómica aplicable (art. 14.1. párr. segundo de la LJCA). Fuero especial que, a nuestro entender, tampoco será viable en el supuesto de que el acto administrativo sancionador tenga por destinatario a varios sujetos, esto es, haya una concurrencia de responsabilidades, pues teniendo todos ellos sus domicilios en distintas provincias, la competencia vendrá atribuida al órgano jurisdiccional en cuya circunscripción tenga su sede el órgano que hubiere dictado el acto originario impugnado (*ex*. art. 14.3 LJCA).

1.4. LA COMPETENCIA FUNCIONAL

Las cuestiones que resuelve la competencia funcional son múltiples y variadas, por lo que refiere al control de la potestad sancionadora en materia de consumo, nos interesa la competencia para conocer de los recursos jurisdiccionales, en concreto, los devolutivos.

En cuanto a la competencia para conocer de los recursos jurisdiccionales dictados frente a las sentencias dictadas por los Juzgados de lo contencioso-administrativo o los Juzgados centrales de lo contencioso-administrativo al resolver el recurso contencioso-administrativo frente a los actos sancionadores, indicar que cabe recurso de apelación, del que conocerán respectivamente los Tribunales Superiores de Justicia y la Audiencia Nacional (arts.10.2, 11,2 y 81.1 y 2 LJCA)[14]. A estos órganos, también les corresponderá conocer de los recursos de queja que se interpongan frente a las resoluciones que declaran la inadmisión del recurso de apelación (arts. 10.2, 11.2 y 85 LJCA).

Respecto de las sentencias dictadas en única instancia por los Tribunales Superiores de Justicia o la Audiencia Nacional, de ser admisible, cabrá recurso de casación ordinario ante el Tribunal Supremo, y tratándose de las sentencias dictadas en única instancia por los Juzgados de lo contencioso-administrativo, recurso de casación por unificación de doctrina (art. 12, a) en relación con el art. 86.1 LJCA). Órgano al que también le corresponderá el conocimiento del recurso de queja contra las resoluciones que inadmiten la preparación del recurso de casación (art. 89.4 LJCA).

2. LAS PARTES DEL PROCESO

Las partes del proceso son los sujetos que pretenden o frente a los que se pretende una tutela jurisdiccional y que afectados por el pronunciamiento judicial asumen plenamente los derechos, las cargas y las responsabilidades inherentes al proceso. Lo que caracteriza al proceso contencioso-administrativo es que, por regla general, la posición activa se encuentra ocupada por el administrado (persona física, jurídica o ente sin personalidad jurídica) que ejerce el derecho de acción frente a una Administración pública (art. 20 LJCA).

Esta regla general, no obstante, tiene las siguientes excepciones: 1ª. Cuando la posición de la parte procesal activa no está ocupada por un administrado sino por otra Administración pública que pretende la declaración de nulidad del acto o de la disposición general dictados por otra Administración pública; 2ª. Cuando en la posición de la parte procesal pasiva, junto a la Administración demanda (la autora del acto o disposición general impugnados) se encuentra un particular que se opone a la pretensión de nulidad al verse afectado por la eventual sentencia estimatoria

14. Recurso que será admisible sólo en el supuesto de que la cuantía de la impugnación que se realice, exceda de los 30.000 €, salvo que el recurso se fundamente en la vulneración de un derecho fundamental, o en la impugnación indirecta del reglamento que presta cobertura al acto administrativo sancionador [art. 81. 2, a) y d) LJCA].

(codemandados); y, 3ª. Cuando es la propia Administración autora del acto la que pretende la declaración de nulidad y no puede eliminarlo de oficio por prohibirlo una norma imperativa, supuesto en el que la Administración habrá de instar la declaración de nulidad del acto por ser lesivo a los intereses generales, mientras que el administrado perjudicado por la eventual declaración de nulidad sostiene la conformidad a Derecho del acto impugnado.

Teniendo en cuenta que el objeto de nuestra investigación versa sobre la potestad sancionadora en materia de consumo, nos parece oportuno resaltar que la posición pasiva siempre estará ocupada por una Administración pública, la autora del reglamento o acto administrativo sancionador. Sin perjuicio a que junto a ella se reconozca legitimación activa a otros sujetos o entes. En la parte activa, normalmente nos encontraremos al empresario, profesional, distribuidor o comercializador que hubiera sido sancionado. Si bien, es cierto que cabe plantearse la posibilidad de que en la parte activa podamos encontrarnos a la Administración General del Estado en el supuesto de inactividad por parte de las CCAA, y viceversa, en los términos anteriormente expuestos. Respecto del procedimiento de lesividad, hemos de convenir que tendrá escasa o nula trascendencia en materia sancionadora.

Sentado lo anterior, y dado los escasos problemas que plantean el estudio de los presupuestos procesales relativos a las partes del proceso (capacidad para ser parte, capacidad procesal y postulación), centraremos nuestra atención en el análisis de la legitimación, al ser éste uno de los temas más complejos de los abordados por la disciplina jurídica procesal, no sólo por los debates encendidos a los que ha dado lugar el análisis de su naturaleza jurídica (si es un presupuesto procesal o material), sino también por el complejo estudio de los títulos jurídicos en los que se puede fundamentar, que avanzamos no sólo encuentra fundamento en la titularidad de un derecho subjetivo, sino también en la titularidad de un interés, que puede ser directo o legítimo.

Esbozados los fundamentos jurídico-materiales de la legitimación, debemos precisar qué se entiende por interés directo o legítimo, para más tarde precisar su materialización en las pretensiones que pueden ejercitarse frente a la potestad sancionadora en materia de consumo. Se entiende por interés directo, el interés personal identificado esencialmente por la posibilidad de evitar un perjuicio directo o la posibilidad de obtener un beneficio directo; en definitiva, el interés en cualquier ventaja directa que la impugnación de un acto o una disposición general puede provocar en la persona que lo afirma poseer al ejercitar la acción al interponer la demanda.

Este interés, se exige que sea real y actual, debiendo ser individualizado por el interesado, sin que sea suficiente la invocación de un interés frente a supuestos agravios potenciales o futuros. En tanto que el concepto de interés legítimo es más amplio que el anterior, pues abarca tanto los intereses directos como los indirectos, aunque al igual que aquél debe ser referido a un interés propio, cualificado o específico. Sin que pueda identificarse este interés con el mero interés en la legalidad administrativa, que podría equipararse al ejercicio de la acción popular, sólo admisible en los supuestos expresamente contemplados en la ley[15].

Por lo que refiere a la legitimación activa individual, la que ostentan las personas físicas o jurídicas o los entes sin personalidad jurídica para instar la acción que se pretende ante los tribunales contencioso-administrativo, parece meridianamente claro que ostenta legitimación quien tuviera la condición de interesado en el procedimiento administrativo sancionador, a saber: quien fue sancionado en dicha vía, que ostenta legitimación activa para impugnar el acto administrativo que le impone una multa o le priva de un derecho u ordena el cierre de la empresa, por ende, al ejercitar la acción ha de manifestar y probar que tiene un interés directo y real en que se anule la sanción que se le hubiera impuesto o ésta sea minorada por el órgano jurisdiccional al considerarla desproporcionada. Más complejo es precisar si el denunciante tiene legitimación activa para instar el procedimiento sancionador si aquél no hubiera culminado con una resolución sancionadora; o, si entiende que habría de haber correspondido una sanción más elevada a la efectivamente impuesta por la resolución administrativa en el supuesto de una tipificación errónea por parte del órgano administrativo sancionador.

En este sentido, hemos de recordar que el Derecho administrativo establece que la presentación de la denuncia no confiere por sí sola la condición de interesado en el procedimiento administrativo sancionador (art. 65. 2 LPACAP). Y es que, el problema de la legitimación activa del denunciante en defensa de un interés individual, esto es, del consumidor, tiene un carácter casuístico. Dicho de otro modo, el denunciante/demandante al ejercitar la acción ante los tribunales contencioso-administrativos habrá de poner de manifiesto, caso por caso, que espera obtener una ventaja si el procedimiento sancionador se inicia o se impone una mayor sanción a la entidad ya sancionada, manifestación que debe ir más allá del puro interés en que

15. BONACHERA VILLEGAS, R.: *El control jurisdiccional de los reglamentos, op. cit.*, págs. 128 y ss.

la actuación de la Administración sea legal o conforme a las prescripciones de las normas sancionadoras en materia de consumo[16].

Las líneas fundamentales de la jurisprudencia sobre la legitimación del denunciante en un procedimiento sancionador son las siguientes:

1. Con carácter general, se niega la condición de interesado al denunciante en los procedimientos sancionadores que tengan por objeto mediato la resolución final del mismo «absolviendo al denunciado». Ello implica que no se admite la legitimación activa si se pretende de los tribunales contencioso-administrativos la imposición de una sanción, ni tampoco si lo que pretende es la agravación de esta, esto es, una mayor responsabilidad administrativa. Y es que, solamente se ha admitido la posibilidad de impugnar el archivo de las actuaciones por la autoridad administrativa sancionadora cuando dicho archivo causa indefensión, es decir, con carácter general, la única acción que puede pretenderse de la Jurisdicción contencioso-administrativa consiste en un pronunciamiento en el que se reconoce al denunciante el derecho a que la Administración investigue los hechos por él denunciados y a que, a resultas de ello, ordene al órgano administrativo sancionador tramitar el procedimiento sancionador[17].

   La razón fundamental de esta línea jurisprudencial deriva de que la Ley, normalmente, no reconoce un derecho subjetivo o un interés legítimo al denunciante, a que el denunciado sea sancionado; y ello, incluso en el caso de que dicho denunciante sea cualificado, es decir, haya sido víctima de determinadas infracciones. Conclusión a la que se llega porque en el Derecho administrativo sancionador no se reconoce, a diferencia de lo que ocurre en el Derecho Penal, el derecho a ejercer la acción popular[18]. Es más, cuando la jurisprudencia ha indagado sobre la posibilidad de la existencia de un hipotético interés legítimo en el denunciante, en la mayoría de los

16. SSTS (Sala de lo Contencioso-administrativo) de 24 de mayo de 2006, Núm. de recurso: 957/2003 (RJ 2006, 6980) y 26 de junio de 2007 (RJ 2007, 6754).

17. SSTS (Sala de lo Contencioso-administrativo) de 13 de octubre de 2004, Núm. de recurso: 568/2001 (RJ 2004, 7018); 9 de octubre de 2006, Núm. de recurso: 199/2003 (RJ 2006, 7629) y 12 de febrero de 2007, Núm. de recurso: 146/2003 (RJ 2007, 1445).

18. En este sentido, vid. la STSJ de Galicia (Sala de lo Contencioso-administrativo) de 8 de julio de 2019, Núm. de recurso: 4507/2017 (JUR 2019, 245615), que niega legitimación activa al recurrente para solicitar una sanción más elevada que la impuesta por la Confederación de Aguas por vertido en el río que generó malos olores para los vecinos, pese a ser uno de los vecinos beneficiados por el pronunciamiento sancionador que además contenía un pronunciamiento indemnizatorio por los daños y perjuicios por el vertido.

casos se ha dictaminado la inexistencia de un derecho subjetivo o interés directo. El argumento fundamental utilizado para desestimar la existencia de tal interés es el siguiente: si la falta de imposición de una sanción o la falta de la agravación de esta no produce un efecto positivo en la esfera jurídica del demandante, o no elimina una carga o gravamen que pese sobre él, no hay interés legítimo alguno que pueda ver afectado por la tutela judicial efectiva cuando niega la existencia de legitimación activa[19].

A dichas argumentaciones se une otra relacionada con el reparto de roles entre la Administración y los Tribunales de Justicia en el ámbito sancionador. La potestad para sancionar le corresponde a la Administración, mientras que les compete a los tribunales, dado el carácter revisor de la Jurisdicción contencioso-administrativa, controlar la legalidad de los actos administrativos, pero sin que ello suponga sustituir a la Administración en el ejercicio de dicha potestad.

2. Este principio general no implica, sin embargo, que el denunciante carece de legitimación en todos los casos, pues la tendrá cuando, además de ser denunciante, sea titular de un interés legítimo. Esto sucede cuando el interés que sustenta la imposición de una sanción tenga incidencia en su esfera patrimonial[20], por ejemplo, en aquellos supuestos en los que el denunciante perjudicado, víctima de la

19. Así, la jurisprudencia al resolver sobre el sobreseimiento del procedimiento disciplinario, y la falta de legitimación activa ha descartado que puedan considerarse como beneficios o ventajas la mera alegación de que «la imposición de la sanción constituye por sí misma la satisfacción de un interés» [vid. las SSTS (Sala de lo Contencioso-administrativo) de 23 de mayo de 2003, Núm. de recurso: 527/2001 (RJ 2003, 4098); 12 de diciembre de 2012, Núm. de recurso: 887/2011 (RJ 2013, 773); de 19 de diciembre de 2017, Núm. de recurso: 5057/2016 (RJ 2017, 5618); 14 de junio de 2018, Núm. de recurso 178/2017 (RJ 2018, 2770) y 31 de enero de 2021, Núm. de recurso: 321/2020 (RJ 2022, 751). También ha descartado que exista tal beneficio y por tanto legitimación activa, cuando se invoca un mero interés moral, *«sin que valgan como sostenedores de ese interés los argumentos referidos a que se corrijan las irregularidades, o a que en el futuro no se produzcan, o a la satisfacción moral que comportaría la sanción, o la averiguación de los hechos, para el denunciante, (...)»* [vid. las SSTS (Sala de lo Contencioso-administrativo, de 26 de noviembre de 2002, Núm. de recurso: 65/2000 (RJ 2003, 1362); de 22 de mayo de 2007, Núm. de recurso. N.º 6841/2003 (RJ 2007, 5870); de 16 de diciembre de 2008, Núm. de recurso: 6339/2004 (RJ 2009, 91); y, de 28 de enero de 2019, Núm. de recurso: 4580/2017 (RJ 2019, 574).

20. Vid. las SSTS (Sala de lo Contencioso-administrativo) de 21 de septiembre de 2015, Núm. de recurso 4179/2012 (RJ 2015, 4352) y 20 de abril de 2015, Núm. de recurso: 1523/2012 (RJ 2015, 1855), en concreto en esta última se señala que en definitiva se trata de determinar si la anulación del acto impugnado puede producir un efecto positivo o la evitación de un efecto negativo en la esfera de derechos de la parte actora.

infracción cometida, ostente un interés legítimo a ser indemnizado en el daño causado por la infracción o a ser tenido en cuenta a la hora de imponer la sanción retributiva de la infracción cometida. Pero también se ha reconocido cuando le reporte ventajas que no necesariamente ha de vincularse con la posibilidad de obtener una reparación por los daños y perjuicios causados por la conducta denunciada, sino que puede traducirse en la adopción de diversas medidas correctoras en defensa de la competencia, como las destinadas a acordar el cese de la conducta infractora que le perjudica o a la obtención de beneficios competitivos[21].

3. Evidentemente de reconocerse legitimación activa al denunciante, la parte pasiva del proceso estará ocupada por la Administración pública con competencia sancionadora en materia de consumo, y junto a ella en calidad de parte demandada, la persona física o jurídica, a la que el denunciante imputa la responsabilidad administrativa.

Analizada la legitimación individual, procede ahora analizar la legitimación en defensa de intereses colectivos o difusos de los consumidores y usuarios, en cuyo supuesto la Ley legitima, no a los consumidores individualmente considerados, sino a los entes expresamente señalados por la

21. Vid. las SSTS (Sala de lo Contencioso-administrativo de 19 de octubre de 2015. Núm. de recurso: 1041/2013 (RJ 2015, 4905); de 18 de junio de 2014, Núm. de recurso: 2096/2013 (RJ 2014, 4235); y, de 17 de julio de 2014, Núm. de recurso. 3471/2013 (RJ 2014, 3710). En concreto, nos interesa resaltar el argumento de la primera de las sentencias para estimar la concurrencia de legitimación puesto que puede ser utilizado en los supuestos en los que el consumidor individual denuncia al infractor en las infracciones que pudieran conllevar una indemnización de daños y perjuicios o la reposición al estado anterior de la comisión de la infracción, pues en ella se señala que: «*El recurrente en este caso ha acreditado que la declaración de una conducta infractora puede reportarle ventajas que exceden del mero interés genérico por la legalidad ya que la propia entidad financiera ha negado la reclamación de indemnización de daños y perjuicios al recurrente por la pérdida sufrida en el valor de las acciones basándose en el acuerdo de archivo del Comité Ejecutivo de la Comisión Nacional del Mercado de Valores de 25 de marzo de 2010 que ahora recurre. Aporta al efecto el recurrente comunicación del Servicio de atención al cliente de Banif de 26 de julio de 2011 que dice literalmente lo siguiente: "por la presente acusamos recibo del burofax remitido por Vd a Banco Banif con fecha del 13 de julio de 2011, en el que se reitera su reclamación por los supuestos daños y perjuicios derivados de sus inversiones en las sociedades del grupo MEINL. Le comunicamos que Banco Banif niega cualquier responsabilidad relacionada con las inversiones a las que Vd alude en su burofax. Banco Banif ha cumplido en todo momento con sus obligaciones. En lo que se refiere, en concreto, a las inversiones por Vd. Realizadas en el grupo MEINL, el Acuerdo del Comité Ejecutivo de la Comisión Nacional del Mercado de Valores de 25 de marzo de 2010 ha entendido que Banco Banif no incurrió en incumplimiento alguno lo que corrobora la ausencia de cualquier responsabilidad de banco Banif en relación con los hechos a que se refiere su burofax*».

Ley, que normalmente tienen la condición de interesados en el procedimiento administrativo[22]. Y así, se recoge para el ámbito sancionador en el art. 46. 9 de la LGDCU, al señalar que:

> «*Cuando se vean afectados los intereses generales, colectivos o difusos de los consumidores y usuarios, las asociaciones de consumidores y usuarios constituidas conforme a lo previsto en esta norma, o en la normativa autonómica que les resulte de aplicación, se podrán personar en el procedimiento administrativo sancionador, en tanto no haya recaído resolución definitiva, y tendrán la consideración de partes interesadas en el mismo cuando el objeto de las actuaciones administrativas coincida con los fines establecidos en sus respectivos Estatutos y prueben la afectación concreta de los derechos e intereses legítimos de alguno de sus socios por las prácticas objeto del procedimiento*».

Dentro de los intereses generales, la LGDCU, siguiendo las pautas marcadas por el art. 11 de la Ley de Enjuiciamiento Civil (en adelante LEC) distingue dos subespecies de intereses: los intereses colectivos y los difusos. Sin embargo, al contrario de aquella que atribuye la legitimación activa a distintos entes en atención a si los perjudicados por el hecho dañoso son un grupo de consumidores y usuarios determinados o fácilmente determinables (interés colectivo), o si son una pluralidad indeterminada o de difícil determinación (interés difuso)[23], la LGDCU atribuye la condición de interesado a todas las asociaciones de consumidores y usuarios constituidas conforme a la LGDCU o conforme a la normativa autonómica que le sea de aplicación[24], sin más exigencia de que el objeto de las actuaciones administrativas objeto del procedimiento sancionador coincida con los fines establecidos en sus respectivos estatutos. Y así ha de entenderse que estas asociaciones tienen legitimación activa para ejercitar acciones en el proceso contencioso-administrativo de archivarse el procedimiento administrativo instado por denuncia suya; o, legitimación pasiva junto a la Administración pública sancionadora, de ser impugnado el acto administrativo sancionador.

---

22. BONACHERA VILLEGAS, R.: *Tutela procesal de los derechos e intereses de los consumidores*, ed. Tirant lo blanch, Valencia, 2018, pág. 45.
23. Señala Cordón Moreno que la diferencia entre estos dos tipos de intereses se sitúa por nuestra LEC «*no tanto en la naturaleza de los intereses en cuestión, como en el grado de determinación o determinabilidad de los consumidores y usuarios interesados (SAP de Madrid) de 28 de mayo de 2008, JUR 2008, 212676) y esta diferencia no es irrelevante, sino que de ella deriva un distinto régimen de la protección de unos y otros (...)*» (CORDÓN MORENO, F.: «La sentencia ADICAE: ¿Tutela de derechos difusos o de derechos colectivos?», en *Revista CESCO de Derecho de Consumo*, 28 de abril de 2016).
24. Para el concepto de asociación de consumidores y usuarios y los requisitos que deben cumplir para tener legitimación activa en defensa de intereses colectivos, vid. BONACHERA VILLEGAS, R.: *Tutela procesal de los derechos e intereses de los consumidores*, ed. Tirant lo blanch, Valencia, 2018, págs. 47 y ss.

En este aspecto, se pronuncia el Tribunal Supremo en su sentencia de 20 de junio de 2006, en la que analiza el acierto del órgano jurisdiccional de instancia que declara la nulidad del acto administrativo de archivo de un procedimiento sancionador abierto contra la mercantil Caja de Ahorros y Monte de Piedad de Madrid, a instancia de la Asociación de Usuarios de Servicios Bancarios (en adelante AUSBANC), a la que reconoce legitimación activa para impugnar tal acto, al entender que se trata de una entidad legalmente constituida, que tiene encomendada estatutariamente la defensa de los usuarios de los servicios financieros en general y de los servicios prestados por las entidades aseguradoras, entre otros. Y que, por tanto, tiene un interés legítimo en el procedimiento que el Tribunal de Defensa de la Competencia había sobreseído; desestimando, por tanto, los argumentos de la entidad mercantil y del abogado del Estado, que alegaban la falta de legitimación de AUSBAC en base a que dicha asociación desborda con su actuación procesal el ámbito para el que fue constituida, al no tener encomendada el ejercicio de la acción popular, que se subordina a los casos expresamente previstos por las Leyes.

El Tribunal Supremo consideró que el órgano judicial de instancia acertó al considerar la concurrencia del presupuesto de legitimación activa de AUSBANC, que aparece en este supuesto vinculada a la afectación de los intereses que tiene encomendada por la resolución del Pleno del Tribunal de Defensa de la Competencia que acuerda archivar la denuncia formulada por dicha asociación, pues dicha resolución afecta a los intereses colectivos, al incidir directamente en la esfera jurídica y económica de sus asociados y con carácter general en la de los usuarios de los servicios crediticios y de aseguramiento, al tener dicha asociación como objeto, según autorizan sus Estatutos, la defensa de los derechos e intereses legítimos de los usuarios de servicios prestados por, entre otras entidades, las entidades de crédito y las compañías aseguradoras, de conformidad con lo dispuesto en el artículo 19.1 b) de la Ley jurisdiccional. Así pues, reconoce legitimación a la asociación para entablar la acción ante los tribunales de lo contencioso-administrativo con el objetivo de que se enjuicie la legalidad de la resolución de archivo, legitimación que se desprende del contenido de las pretensiones deducidas en su escrito de su demanda, al hacer valer la tutela de derechos e intereses legítimos colectivos, y resultar evidente que la estimación del recurso contencioso-administrativo produce potencialmente un beneficio para los consumidores y usuarios, demandantes de créditos hipotecarios para la adquisición de viviendas, al permitirles lograr condiciones más equitativas y competitivas en la suscripción de las pólizas de seguro de vida o de amortización de crédito, que redundan en una minoración de las cargas financieras asumidas[25].

Pero no son los únicos entes a los que se reconoce legitimación activa en el ejercicio de acciones colectivas en defensa de los intereses de los consumidores, dado que el art. 19. 1, *b)* de la LJCA atribuye legitimación para actuar en el proceso contencioso-administrativo a las asociaciones, sindicatos y grupos y entidades a los que se refiere el art. 18 del mismo texto legal, siempre que resulten afectados o estén legalmente habilitados para la defensa de los derechos e intereses legítimos colectivos. Reconocimiento que ha de relacionarse con lo dispuesto en las letras i) mismo precepto que, en defensa del derecho a la igualdad de trato y no discriminación e intolerancia, atribuye legitimación además de a las personas afectadas y siempre con su autorización a:

> *«la Autoridad Independiente para la Igualdad de Trato y la No Discriminación, así como, en relación con las personas afiliadas o asociadas a los mismos, los partidos políticos, los sindicatos, las asociaciones profesionales de trabajadores autónomos, las organizaciones de personas consumidoras y usuarias y las asociaciones y organizaciones legalmente constituidas que tengan entre sus fines la defensa y promoción de los derechos humanos, de acuerdo con lo establecido en la Ley integral para la igualdad de trato y la no discriminación.*
>
> *Cuando las personas afectadas sean una pluralidad indeterminada o de difícil determinación, la legitimación para instar acciones judiciales en defensa de derechos o intereses difusos corresponderá a la Autoridad Independiente para la Igualdad de Trato y la No Discriminación, a los partidos políticos, los sindicatos y las asociaciones profesionales de trabajadores autónomos más representativos, así como a las organizaciones de personas consumidoras y usuarias de ámbito estatal, y a las organizaciones, de ámbito estatal o del ámbito territorial en el que se produce la situación de discriminación, que tengan entre sus fines la defensa y promoción de los derechos humanos, de acuerdo con lo establecido en la Ley integral para la igualdad de trato y la no discriminación, sin perjuicio en todo caso de la legitimación individual de aquellas personas afectadas que estuviesen determinadas».*

Y con relación a la discriminación de las víctimas de discriminación por orientación e identidad sexual, expresión de género o características sexuales, con lo dispuesto en la letra j) del precepto, que atribuye legitimación además de las personas afectadas y siempre que cuenten con su autorización expresa a:

> *«los partidos políticos, las organizaciones sindicales, las organizaciones empresariales, las asociaciones profesionales de personas trabajadoras autónomas, las aso-*

25. STS (Sala de lo Contencioso-Administrativo) de 20 de junio de 2006, Núm. de recurso: 9688/2003 (RJ 2006, 4634).

ciaciones de personas consumidoras y usuarias y las asociaciones y organizaciones legalmente constituidas que tengan entre sus fines la defensa y promoción de los derechos de las personas lesbianas, gais, bisexuales, trans e intersexuales o de sus familias, de acuerdo con lo establecido en la Ley para la igualdad real y efectiva de las personas trans y para la garantía de los derechos de las personas LGTBI.

Cuando las personas afectadas sean una pluralidad indeterminada o de difícil determinación, la legitimación para demandar en juicio la defensa de estos intereses difusos corresponderá exclusivamente a los organismos públicos con competencia en la materia, a los partidos políticos, las organizaciones sindicales, las organizaciones empresariales, las asociaciones profesionales de personas trabajadoras autónomas, las asociaciones de personas consumidoras y usuarias y las asociaciones y organizaciones legalmente constituidas que tengan entre sus fines la defensa y promoción de los derechos de las personas lesbianas, gais, bisexuales, trans e intersexuales o de sus familias».

Pero legitimación activa de todos estos entes, no es incondicionada, pues en todo caso debe haber una correspondencia entre el objeto de las actuaciones administrativas sancionadoras y los fines establecidos en sus respectivos estatutos[26]. Ello implica que el ámbito de actuación de las dos últimas asociaciones en defensa del derecho de igualdad, tengan una legitimación más limitada que el de las asociaciones de consumidores en general si va referido al ejercicio de la potestad sancionadora, dado que aquellas sólo actuarán en el supuesto de que la infracción de consumo se fundamenta en conductas discriminatorias en el acceso a los bienes y la prestación de los servicios y, en especial, las previstas como tales en la Ley Orgánica 3/2007, de 22 de marzo, para la igualdad efectiva de mujeres y hombres, cuando no sean constitutivas de delito [art. 47.1, *n)* LGDCU]; en la Ley 15/2022, de 12 de julio, integral para la igualdad de trato y la no discriminación[27]; o, las previstas en la Ley 4/2023, de 28 de febrero, para la igualdad real y efectiva de las personas trans y para la garantía de los derechos de las personas LGTBI [art. 79.3 *b)* y 4 *d), e), f)* y *g)*]; en tanto que las asociaciones de consumidores y usuarios sólo tendrán restringida la legitimación en

26. Esa correspondencia puede observarse en la STS (Sala de lo Contencioso-administrativo) de 5 de diciembre de 2002, Núm. de recurso: 710/1997 (RJ 2002, 10835), en el que se discute sobre la legitimación activa de la Asociación de Usuarios de la Comunicación (AUC) para impugnar el RD 1466/1997, de 19 de septiembre, sobre determinación del régimen jurídico de líneas regulares de cabotaje marítimo y navegaciones de interés público. Tras el análisis de los estatutos de la citada asociación, se concluye que carece de legitimación activa dado que el objeto social de la asociación no se extiende al sector de los transportes si no tan sólo al sector de la comunicación.
27. Sobre las dudas que plantea esta ley en cuanto al régimen administrativo sancionador, vid. BONACHERA VILLEGAS, R.: «A vueltas con la igualdad: la Ley 15/2022, de 12 de julio, integral para la igualdad de trato y la no discriminación», *Revista General de Derecho Procesal,* Núm. 60, 2023, págs. 4 ss.

función del ámbito material de consumo en el que actúan, recogido en sus estatutos.

Lo mismo cabía decir respecto a la legitimación de las asociaciones de empresarios o distribuidores, que tendrán legitimación activa para impugnar disposiciones generales de rango inferior a la ley en las que se desarrolle la potestad sancionadora que pudiera afectar a los empresarios, cuando exista correspondencia entre el ámbito material de dichas disposiciones y el ámbito de actuación reconocido en sus estatutos.

Cuestión distinta es determinar si todas estas asociaciones tendrán legitimación para el ejercicio de cualquier acción, y no sólo para el ejercicio de la acción colectiva a la declaración de nulidad del acto o disposición impugnados, sino también respecto a una pretendida acción de condena pues de lo dispuesto en la LGDCU, no cabe concluir tal legitimación[28]. Dado que para el ejercicio de tal acción deberá contar con la autorización de su asociado, la auténtica parte del proceso contencioso-administrativo, actuando por tanto la asociación con el carácter de represente voluntario de aquel, y no en el ejercicio de una acción colectiva de condena.

Finalmente, hemos de tratar el tema de la legitimación activa de las administraciones públicas para impugnar los actos administrativos de otra administración en defensa de los intereses colectivos de los consumidores y usuarios; y, no sólo en defensa de sus propias competencias en el supuesto de una eventual invasión por la otra administración pública, por vía de lo previsto en el art. 19.1 letras c) d) y e) de la LJCA.

En este aspecto, nos parece significativa la sentencia del Tribunal Supremo de 20 de enero de 2007, en la que se reconoce legitimación activa a la administración de la Comunidad Autónoma de Canarias para acceder al recurso contencioso-administrativo instado contra la resolución del Tribunal de Defensa de la Competencia, que ordenó el archivo del procedi-

28. En este sentido, vid. la STS (Sala de lo Contencioso-administrativo) de 21 de febrero de 2022, Núm. de recurso: 699/2017 (RJ 2022, 1022), que reconoce legitimación activa a la Asociación Española de la Industria Eléctrica para impugnar el RD 897/2017, de 6 de octubre, que se regula la figura del consumidor vulnerable, el bono social y otras medidas de protección para los consumidores domésticos de energía eléctrica, esto es, para la pretensión declarativa de nulidad, pero no para formular la pretensión de condena a la indemnización o reconocimiento de la situación individualizada en favor de las empresas asociadas, a la devolución del gasto por el bono en él reconocido. Lo mismo se ha resuelto respecto a la legitimación de las asociaciones de consumidores y usuarios, en la STS (Sala de lo Contencioso-administrativo) de 25 de junio de 2008, Núm. de Recurso: 905/ 2007 (RJ 2008, 4300) y en la STSJ de Valencia (Sala de lo Contencioso-administrativo) de 5 de julio de 2001, Núm. de Resolución: 1084/2001 (JUR 2001, 307661).

miento sancionador instado frente a diversas compañías aéreas. En esta sentencia se reconoce que el archivo del procedimiento sancionador afecta a las condiciones de competitividad y funcionamiento en que prestan sus servicios las compañías aéreas de transporte regular de pasajeros, materia esta que tiene indudable transcendencia para los habitantes de las Islas Canarias, al facilitar su movilidad; y, con ello, al desarrollo económico y social del archipiélago. Lo que evidencia el interés directo y legítimo de la Comunidad Autónoma, y por tanto su legitimación activa, para impugnar el acto de archivo, ya que tal legitimación deriva de la obligación de satisfacer el interés general que tiene encomendada toda administración pública (*ex* art. 103.1 CE). Y más aún, cuando la impugnación atañe directamente al ejercicio de las competencias de la Comunidad Autónoma de Canarias en defensa de los intereses de los consumidores y usuarios, dado que tiene atribuida tal defensa en su propio Estatuto de Autonómica[29].

Por lo que afecta a la intervención del Ministerio Fiscal, hemos de estar a lo dispuesto en el art. 3.14 del Estatuto Orgánico del Ministerio Fiscal, y en el art. 19.1 f) de la LJCA, que autorizan el ejercicio de la acción en defensa de la legalidad en los procesos contencioso-administrativos, pudiendo además intervenir en calidad de parte, cuando el interés social lo justifique, en aquellos procesos promovidos por las asociaciones o entidades constituidas para la protección de los derechos e intereses de los consumidores por aplicación supletoria del art. 15 de la LECiv (*v.gr.* Disposición final primera de la LJCA)[30].

---

29. STS (Sala de lo Contencioso-administrativo) de 20 de enero de 2007, Núm. de recurso: 6991/2003 (RJ 2007, 790). En igual sentido, vid. la STSJ de Madrid (Sala de lo Contencioso-administrativo) de 29 de octubre de 2014, Núm. de recurso: 56/2014 (RJCA 2015, 19).

30. En este aspecto, la Circular de la Fiscalía General del Estado, Núm. 2/2018, de 1 de junio (ARP 2019, 937) al admitir la intervención del Ministerio Fiscal en el proceso contencioso-administrativo realiza dos matizaciones: en primer lugar, para subrayar que esta novedosa vía de legitimación entra en juego únicamente en aquellos supuestos en que la acción ejercitada no se tramita por los cauces del procedimiento especial y sumario para la protección de los derechos fundamentales regulado en los artículos 114 y ss. LJCA. Dado que, si la pretensión se deduce por esa vía, la legitimación del Fiscal deriva directamente de la propia naturaleza del procedimiento, en la forma y con el alcance que se determinaban en la sobre la intervención del Ministerio Fiscal en la nueva Ley de lo contencioso— administrativo. Y ello, porque en estos casos la personación del Fiscal es preceptiva e indeclinable, sin margen en ningún caso para la apreciación discrecional del interés social subyacente en el caso concreto, puesto que tal interés —identificado con la tutela de un derecho fundamental— se presupone en atención a la naturaleza de la acción ejercida.

3. EL PROCEDIMIENTO

En este último apartado vamos a tratar de examinar, a vista de pájaro, los procedimientos a través de los cuales el demandante puede obtener una declaración de nulidad del reglamento que afecta a la potestad sanciona-

La segunda observación se refiere al exacto alcance acerca de la legitimación procesal del Fiscal. Y es que la intervención del Ministerio Fiscal en el proceso contencioso-administrativo, en virtud de los arts. 11 y 15 de la LECiv, permiten reconocerle legitimación, pero no afectan a la naturaleza de los procedimientos ni al objeto de los mismos, tal y como se contemplan y regulan en la LJCA y en la legislación administrativa aplicable en cada caso. En este sentido hay que subrayar que la LGDCU solo se aplica, a las relaciones entre consumidores o usuarios y empresarios, quedando por tanto fuera de su radio de acción cualquier controversia propia del Derecho Administrativo, de tal manera que la iniciativa y la postura de la Fiscalía en el proceso deberán atenerse al régimen específico de la propia LJCA en cuanto concierne a la recurribilidad de las resoluciones y disposiciones administrativas (actos recurribles, plazos, clase de recurso ejercitable en cada caso, motivos en los que puede fundarse el recurso, etc.).

Partiendo de esas premisas, el Fiscal podrá, según los casos, asumir la posición de recurrente apreciando la procedencia del ejercicio de la acción de que se trate, o podrá ser llamado a intervenir en el proceso incoado a instancia de las asociaciones de consumidores y usuarios.

En ambos supuestos, y con mayor cautela si cabe cuando se trate de cuestionar de manera directa o indirecta la legalidad de una disposición general, estatal o autonómica, señala la Circular que habrá adoptarse las decisiones acerca de la personación de la Fiscalía, de tal modo que la postura que se haya de adoptar en el procedimiento sea objeto de una cuidadosa coordinación, en un doble frente: de un lado, con la propia actuación del Ministerio Fiscal en el proceso civil; y, de otro lado, de cara a mantener la unidad de criterio interna en el área contencioso— administrativa, donde puede resultar especialmente chocante una actuación descoordinada de la Fiscalía ante un determinado acto o comportamientos similares del mismo o diferentes órganos de la Administración, y, sobre todo, en relación con un mismo texto normativo reglamentario.

Por ello, se indica en la Circular que es importante reforzar la coordinación en ambos frentes. En el primer aspecto, mediante el intercambio de información y la adopción de criterios compartidos entre los Fiscales especialistas en materia civil y contencioso-administrativa en los distintos niveles territoriales, y, con especial intensidad entre los Fiscales de Sala Delegados para ambas materias. En el segundo, asegurando la coordinación interna en el seno de la especialidad contencioso-administrativa, para lo que resulta oportuno hacer extensivas a la totalidad de las intervenciones del Fiscal relacionadas con los derechos de los consumidores y usuarios las directrices sobre dación de cuenta, consulta e información al Fiscal de Sala Delegado que ya rigen, conforme a la Instrucción 1/2016. La confluencia de ambas esferas de coordinación permitirá adoptar decisiones eficaces sobre la actuación del Fiscal cuando se detecte que la tutela de los derechos e intereses de los consumidores inicialmente intentada en el ámbito civil trasciende o excede del marco de relaciones jurídico-privadas y exige cuestionar una actuación de origen administrativo o, llegado el caso, la normativa reglamentaria que afecta a la materia controvertida. Y, recíprocamente, cuando se cuestionen ante la jurisdicción contenciosa resoluciones o disposiciones administrativas susceptibles de afectar a tales derechos e intereses, la visión específica de su

dora de los consumidores o a obtener dicha declaración si recae sobre la declaración de nulidad, anulabilidad o reforma de la resolución administrativa sancionadora, sin que sea nuestra intención hacer un estudio de los distintos trámites o peculiaridades de cada uno de los procedimientos, sino más bien señalar cuál es el procedimiento adecuado en atención a las distintas pretensiones que se pueden ejercitar ante los tribunales contencioso-administrativos.

En este sentido, la pretensión declarativa de nulidad y, las que a aquella pudieran acumularse, se puede encauzar por los trámites de los procedimientos ordinarios; o, según qué caso, por los cauces del procedimiento especial de protección de los derechos fundamentales de la persona. A estos procedimientos se suma la cuestión de ilegalidad, procedimiento especial, establecido con la finalidad nomofiláctica, de eliminar el reglamento ilegal, que es un complemento indispensable del recurso indirecto, pues a través de sus cauces se logra la declaración de nulidad de la disposición general con efectos *erga omnes*, en el supuesto de que el órgano judicial competente para conocer del acto administrativo sancionador no tuviera competencia para dictar la nulidad del reglamento que sirvió de base para dictarlo (arts. 123 a 126 LJCA).

A través de los cauces del procedimiento administrativo común, predominantemente escrito, se tramitarán la generalidad de las acciones (arts. 43 a 77 LJCA), salvo que hubiera de encauzarse por los trámites del procedimiento abreviado (art. 78 LJCA). Por los trámites de este procedimiento, predominantemente oral, se tramitarán las pretensiones que son competencia de los Juzgados de lo contencioso-administrativo y, en su caso, de los Juzgados centrales de lo contencioso-administrativo, cuya cuantía no supere los 30.000 €. Ello implica que no pueda tramitarse por sus cauces las siguientes materias: el recurso directo planteado frente al reglamento sancionador, y la impugnación frente a las resoluciones administrativas sancionadoras de importe superior a 30.000 € (que habrá de calcularse conforme a lo dispuesto en la LECiv, con las especialidades del art. 42.1 LJCA) y aquellas otras que tengan la consideración de cuantía indeterminada

impacto en dichas relaciones jurídico-privadas facilitará una perspectiva mucho más clara acerca de su incidencia *real* en la situación jurídica individual de los ciudadanos o colectividades afectados, de gran utilidad para ponderar la concurrencia de un verdadero interés social.

En todo caso, la intervención del Fiscal en el orden contencioso en este ámbito habrá de fundamentarse en la concurrencia de un cualificado interés social o en la apreciación de especiales situaciones de inferioridad, subordinación e indefensión y deberá venir precedida, como se expuso *supra*, por la correspondiente dación de cuenta, conforme al art. 25 EOMF al Fiscal de Sala Delegado.

como el cierre de empresas, establecimientos o cese de actividad si se alega que no es posible su valoración económica (*ex art.* 42.2 LJCA).

Pero no son el único camino por seguir, dado que el demandante podrá optar por el procedimiento especial de tutela de los derechos fundamentales de la persona (art. 114 y ss. LJCA) cuando el recurso contencioso-administrativo tenga por objeto el restablecimiento de un derecho fundamental vulnerado por la actuación administrativa impugnada. Por lo demás, este cauce procedimental será el adecuado para obtener de los órganos jurisdiccionales la autorización para afectar la entrada en lugar cerrado o la afectación de cualquier otro derecho fundamental de los administrados, habiendo de seguirse los cauces de los arts. 122 bis o 122 ter, según el caso.

En concreto el apdo. 1º del art. 122 bis regula el procedimiento que permite obtener la autorización judicial para requerir a los prestadores de servicios de la sociedad de información la cesión de datos que permita identificar al responsable del servicio de la información que ha atentado contra algunos de los derechos protegidos por el art. 8.2 de la Ley 34/2002, de 11 de julio, de servicios de la información y de comercio electrónico. La tramitación se inicia con una solicitud del órgano competente, en el que se expondrá las razones que justifica la petición. El Juzgado tras recibir la petición dictará resolución en el plazo de 24 horas, previa audiencia del Ministerio Fiscal, y siempre que no se vean afectados los derechos fundamentales, dictará resolución autorizando la solicitud. En tanto que el art. 122 ter, regula el procedimiento de autorización judicial de conformidad a una decisión de la Comisión Europea de transmisión internacional de datos.

Bibliografía

AGUILERA MORALES, M.: Unos mismos hechos. Un ensayo sobre las contracciones fácticas en los procesos, ed. Marcial Pons, Barcelona, 2021.

ALENZA GARCÍA, J. F.: «Comentario al art. 47», en *Comentarios a las normas de protección de los consumidores. Texto refundido (RDL 1/2007) y otras leyes y reglamentos vigentes en España y en la Unión Europea* (Dir. Cámara Lapuente), ed. Colex, Madrid, 2011.

– «Comentario al art. 48», en *Comentarios a las normas de protección de los consumidores. Texto refundido (RDL 1/2007) y otras leyes y reglamentos vigentes en España y en la Unión Europea* (Dir. Cámara Lapuente), ed. Colex, Madrid, 2011.

BONACHERA VILLEGAS, R.: *El control jurisdiccional de los reglamentos, ed. Aranzadi*, Navarra, 2006.

– *Tutela procesal de los derechos e intereses de los consumidores*, ed. Tirant lo blanch, Valencia, 2018.

– «El control jurisdiccional de la potestad sancionadora por la introducción de cláusulas abusivas en los contratos celebrados con los consumidores», *Revista General de Derecho Procesal*, Núm. 46, 2018.

– «Una vuelta de tuerca al caso Dieselgate», *Actualidad Civil*, Núm. 6, 2023.

– «A vueltas con la igualdad: la Ley 15/2022, de 12 de julio, integral para la igualdad de trato y la no discriminación», *Revista General de Derecho Procesal*, Núm. 60, 2023.

BONACHERA VILLEGAS, R. y DEL ÁGUILA MARTÍNEZ, J.: «Las reclamaciones administrativas en materia de consumo y la potestad sancionadora de consumo», en *Revista de Derecho Administrativo*, N.º 60, mayo de 2022.

CABAÑAS GARCÍA, J. C.: *Los procesos civiles sobre consumidores y usuarios y de control de las cláusulas generales de los consumidores*, ed. Tecnos, Madrid, 2005.

CORDERO LOBATO, E.: «Tipificación y competencia en el Derecho sancionador de consumo. Un estudio de la jurisprudencia contencioso-administrativa», *CESCO*, abril, 2008, pág. 82 (disponible en el enlace https://centrodeestudiosdeconsumo.com/images/DERECHO_SANCIONADOR/derechosancionador/46.pdf).

– «¿Qué OMIC debe tramitar una reclamación de consumo?: ¿La del lugar de comisión de la infracción, la del domicilio del consumidor o la del empresario?», *CESCO*, mayo de 2015 (disponible en el enlace https://centrodeestudiosdeconsumo.com/images/ARBITRAJE/Encarna-Cordero-Qu%C3%A9-OMIC-debe-tramitar-una-reclamaci%C3%B3n-de-consumo.pdf).

– «Airbnb, Facebook, Volkswagen… algunas cuestiones sobre la cooperación administrativa de consumo en el seno de la UE [Reglamento (UE) 2017/2394] desde el Derecho español», *CESCO*, diciembre de 2018 (disponible en el enlace web https://centrodeestudiosdeconsumo.com/images/Airbnb_Facebook_Volkswagen_Algunas_cuestiones_sobre_la_cooperacion_administrativa_de_consumo.pdf).

CORDÓN MORENO, F.: «La sentencia ADICAE: ¿Tutela de derechos difusos o de derechos colectivos?», en CESCO, Núm. 17, abril de 2016 (disponible en el enlace https://revista.uclm.es/index.php/cesco/issue/view/123).

DIAZ SASTRE, S. y VELASCO CABALLERO, F.: «Comentario al art. 47», en *Comentario del Texto Refundido de la Ley General para la Defensa de los Consumidores y Usuarios y otras leyes complementarias* (coord. Bercovitz Rodríguez-Cano), ed. Aranzadi, Navarra, 2009.

DOMÍNGUEZ YAMASAKI, M.ª I.: «Comentario al artículo 52 bis», en *Comentarios al Texto Refundido de la Ley de Consumidores y Usuarios* (Dir. Cañizares Laso, coord. Zumaquero Gil), Tomo I, ed. Tirant lo blanch, Valencia, 2022.

GALLARDO CASTILLO, M.ª J.: *Los principios de la potestad sancionadora. Teoría y Práctica*, ed. Iustel, Madrid, 2007.

GARBERÍ LLOBREGAT, J. y BUITRÓN RAMÍREZ, G.: *El procedimiento sancionador (comentarios, jurisprudencia y formularios)*, Vol. I, ed. Tirant lo blanch, Valencia, 2021.

LASARTE ÁLVAREZ, C.: *Manual sobre protección de consumidores y usuarios*, Dykinson, 11.ª ed. Madrid, 2019.

LÓPEZ BARJA DE QUIROGA, J.: *El principio de non bis in ídem*, ed. Dykinson, Madrid, 2004.

MARTÍN RETORTILLO-BAQUER, L.: «Las sanciones administrativas en relación con la defensa de los consumidores con especial referencia a la publicidad de las mismas», en *Revista de Administración Pública*, núm. 16, 1991.

NIETO GARCÍA, A.: *Derecho administrativo sancionador*, ed. Tecnos, Madrid, 1993.

– *Derecho administrativo sancionador*, ed. Tecnos, Madrid. 2012.

ORTELLS RAMOS, M. (con Bonet Navarro, Martín Pastor y otros): *Introducción al Derecho Procesal* (Ortells Ramos Dir. y coord.), Aranzadi, Navarra, 2019, pág. 138.

REBOLLO PUIG, M.: *Potestad sancionadora, alimentación y salud pública*, Colección Estudios, Serie Administración del Estado, Madrid, 1989.

– «Sucesión de normas administrativas sancionadoras: irretroactividad y excepciones», en *REALA*, Núm. 16, octubre, 2021.

SANTAOLALLA MONTOYA, C.: «La Directiva ECN+ desde la perspectiva de protección del consumidor europeo», *La Ley Unión Europea*, N.º 69, 30 de abril de 2019 (LA LEY 5050/2019).

ZABALLOS ZURILLA, M.ª: «Otra vuelta de tuerca a la regulación de la potestad sancionadora en el LGDCU, tras la reforma operada por la Ley 23/2022», *Revista CESCO*, Núm. 45/2023 (disponible en el enlace web https://revista.uclm.es/index.php/cesco/article/view/3282/2584).

Apéndice Normativo

REAL DECRETO LEGISLATIVO 1/2007, DE 16 DE NOVIEMBRE, POR EL QUE SE APRUEBA EL TEXTO REFUNDIDO DE LA LEY GENERAL PARA LA DEFENSA DE LOS CONSUMIDORES Y USUARIOS Y OTRAS LEYES COMPLEMENTARIAS

(*BOE* de 30 de Noviembre de 2007)

(...)

TEXTO REFUNDIDO DE LA LEY GENERAL PARA LA DEFENSA DE LOS CONSUMIDORES Y USUARIOS Y OTRAS LEYES COMPLEMENTARIAS

LIBRO PRIMERO
Disposiciones generales

(...)

TÍTULO IV
Potestad sancionadora

CAPÍTULO I
DISPOSICIONES GENERALES

Artículo 46. **Principios generales**

1. Las infracciones en materia de consumo serán objeto de las sanciones administrativas correspondientes, previa instrucción del oportuno expediente, sin perjuicio de las responsabilidades civiles, penales o de otro orden que pudiesen corresponder.

2. En los supuestos en que las infracciones tipificadas en esta ley pudieran ser constitutivas de delito, el órgano competente comunicará tal extremo a la autoridad judicial o al Ministerio Fiscal. La autoridad judicial y el Ministerio Fiscal comunicarán al órgano competente la resolución o acuerdo que hubieran adoptado. De no haberse estimado la existencia de ilícito penal, o en el caso de haberse dictado resolución de otro tipo que ponga fin al procedimiento penal, podrá iniciarse o proseguir el procedi-

miento sancionador. En todo caso, el órgano competente quedará vinculado por los hechos declarados probados en vía judicial.

3. La instrucción de causa penal ante los tribunales de Justicia suspenderá la tramitación del expediente administrativo sancionador que hubiere sido incoado por los mismos hechos y, en su caso, la eficacia de los actos administrativos de imposición de sanción. No obstante, la instrucción de causa penal no será obstáculo para que la Administración adopte las medidas necesarias para salvaguardar la salud, seguridad y otros intereses de los consumidores en virtud de las potestades no sancionadoras que tenga conferidas.

4. En ningún caso se producirá una doble sanción por los mismos hechos y en función de los mismos intereses públicos protegidos, si bien deberán exigirse las demás responsabilidades que se deduzcan de otros hechos o infracciones concurrentes.

5. Cuando el mismo hecho y en función de idéntico ataque a los intereses públicos pueda ser calificado como infracción con arreglo a dos o más preceptos de esta Ley o de otras normas sancionadoras, se aplicará el que prevea más específicamente la conducta realizada y, si todos ofrecieran los mismos caracteres, el que establezca mayor sanción, sin perjuicio de que prevalezcan y sean de aplicación preferente las disposiciones sectoriales respecto de aquellos aspectos expresamente previstos en las disposiciones del derecho de la Unión Europea de las que traigan causa.

6. Cuando de la comisión de una infracción derive necesariamente la comisión de otra u otras, se deberá imponer únicamente la sanción correspondiente a la infracción más grave cometida, sin perjuicio de que, al calificar la infracción o al fijar la extensión de la sanción, se tengan en cuenta todas las circunstancias.

7. Cuando se trate de hechos concurrentes constitutivos de infracción, procederá la imposición de todas las sanciones o multas previstas en esta y las otras Leyes aplicables para cada una de las infracciones. No obstante, al imponer las sanciones, se tendrán en cuenta, a efectos de su graduación, las otras sanciones recaídas para que conjuntamente resulten proporcionadas a la gravedad de la conducta del infractor.

Se considerará que hay hechos concurrentes constitutivos de infracción cuando el mismo sujeto haya incumplido diversos deberes que supongan diferentes lesiones del mismo o de distintos intereses públicos sin que una de las infracciones conlleve necesariamente la otra, aunque haya servido para facilitarla o encubrirla, y ello con independencia de que se refieran a los mismos productos o servicios, o que esos incumplimientos sean sancionables conforme al mismo tipo de infracción.

8. No obstante lo dispuesto en el apartado anterior, se sancionará como única infracción, aunque valorando la totalidad de la conducta, la pluralidad continuada de acciones u omisiones idénticas o similares realizadas por un sujeto en relación con una serie de productos o prestaciones del mismo tipo.

9. Cuando se vean afectados los intereses generales, colectivos o difusos de los consumidores y usuarios, las asociaciones de consumidores y usuarios constituidas conforme a lo previsto en esta norma, o en la normativa autonómica que les resulte de aplicación, se podrán personar en el procedimiento administrativo sancionador, en tanto no haya recaído resolución definitiva, y tendrán la consideración de partes interesadas en el mismo cuando el objeto de las actuaciones administrativas coincida con los fines establecidos en sus respectivos Estatutos y prueben la afectación concreta de los derechos e intereses legítimos de alguno de sus socios por las prácticas objeto del procedimiento.

10. En aquellos procesos en los que la parte actora alegue discriminación y aporte indicios fundados sobre su existencia corresponderá a la parte contra la que se dirija la queja o la demanda la aportación de una justificación objetiva y razonable, suficientemente probada, de las medidas adoptadas y de proporcionalidad. A los efectos de lo dispuesto en el párrafo anterior, la administración competente en materia de consumo, así como los órganos judiciales de oficio o a instancia de parte podrán recabar informe de los organismos públicos competentes en materia de igualdad.

11. Lo establecido en este título lo es con plena garantía de las competencias de las comunidades autónomas en materia de protección de los consumidores, pudiendo estas establecer la regulación necesaria para el pleno ejercicio de dichas competencias.

En concreto, mediante norma con rango de ley podrán preverse otras circunstancias o supuestos adicionales a los previstos en los artículos 48.3, 48.4, 49.2 y 50. Igualmente, las sanciones previstas en el artículo 49 y los plazos de prescripción y caducidad establecidos en el artículo 52 serán considerados como mínimos, pudiendo ser desarrollados y ampliados por normas con rango de ley.

CAPÍTULO II
INFRACCIONES Y SANCIONES

Artículo 47. **Infracciones en materia de defensa de los consumidores y usuarios**

Son infracciones en materia de defensa de los consumidores y usuarios las siguientes:

a) El incumplimiento de los requisitos, condiciones, obligaciones o prohibiciones de naturaleza sanitaria.

b) Las acciones u omisiones que produzcan riesgos o daños efectivos para la salud o seguridad de los consumidores y usuarios, ya sea en forma consciente o deliberada, ya sea por abandono de la diligencia y precauciones exigibles en la actividad, servicio o instalación de que se trate.

c) El incumplimiento o transgresión de los requisitos previos que concretamente formulen las autoridades competentes para situaciones específicas, al objeto de evitar contaminaciones, circunstancias o conductas nocivas de otro tipo que puedan resultar gravemente perjudiciales para la salud pública.

d) La alteración, adulteración o fraude en bienes y servicios susceptibles de consumo por adición o sustracción de cualquier sustancia o elemento, alteración de su composición o calidad o incumplimiento de las condiciones que correspondan a su naturaleza.

e) El incumplimiento del régimen de garantías y servicios posventa, o del régimen de reparación de productos de naturaleza duradera.

f) El incumplimiento de las normas reguladoras de precios, la imposición injustificada de condiciones sobre prestaciones no solicitadas o cantidades mínimas o cualquier otro tipo de intervención o actuación ilícita que suponga un incremento de los precios o márgenes comerciales.

g) El incumplimiento de las normas relativas a registro, normalización o denominación de productos, etiquetado, envasado y publicidad de bienes y servicios, incluidas las relativas a la información previa a la contratación.

h) El incumplimiento de las disposiciones sobre seguridad en cuanto afecten o puedan suponer un riesgo para los consumidores y usuarios.

i) La obstrucción o negativa a suministrar datos o a facilitar las funciones de información, vigilancia o inspección.

j) La introducción o existencia de cláusulas abusivas en los contratos, así como la no remoción de sus efectos una vez declarado judicialmente su carácter abusivo o sancionado tal hecho en vía administrativa con carácter firme.

k) Las limitaciones o exigencias injustificadas al derecho del consumidor de poner fin a los contratos de prestación de servicios o suministro de productos de tracto sucesivo o continuado, la obstaculización al ejercicio de tal derecho del consumidor a través del procedimiento pactado, la falta de previsión de éste o la falta de comunicación al usuario del procedimiento para darse de baja en el servicio.

l) Toda actuación discriminatoria contra personas consumidoras vulnerables independientemente del motivo o contra cualquier consumidor o usuario por el ejercicio de los derechos que confiere esta Ley o sus normas de desarrollo, ya sea no atendiendo sus demandas, negándoles el acceso a los establecimientos o dispensándoles un trato o imponiéndoles unas condiciones desiguales, así como el incumplimiento de las prohibiciones de discriminación previstas en el Reglamento (UE) 2018/302, cuando dicha actuación no sea constitutiva de delito.

m) El uso de prácticas comerciales desleales con los consumidores o usuarios.

n) Las conductas discriminatorias en el acceso a los bienes y la prestación de los servicios y, en especial, las previstas como tales en la Ley Orgánica 3/2007, de 22 de marzo, para la igualdad efectiva de mujeres y hombres, cuando no sean constitutivas de delito.

ñ) La negativa a aceptar el pago en efectivo como medio de pago dentro de los límites establecidos por la normativa tributaria y de prevención y lucha contra el fraude fiscal

o) El incumplimiento de los deberes y prohibiciones impuestos por la Administración mediante órdenes o como medidas cautelares o provisionales dictadas con el fin de evitar la producción o continuación de riesgos o lesiones para los consumidores y usuarios, así como el incumplimiento de los compromisos adquiridos para poner fin a la infracción y corregir sus efectos.

p) La obstrucción o negativa a suministrar las condiciones generales de la contratación que establece el artículo 81.1 de esta ley o cualquier otra información requerida por la Administración competente en el ejercicio de sus competencias de acuerdo con esta ley.

q) El incumplimiento de las obligaciones en relación con los servicios de atención al cliente incluidas en esta norma.

r) El incumplimiento del régimen establecido en materia de contratos celebrados fuera de los establecimientos mercantiles.

s) El incumplimiento de las obligaciones que la regulación de contratos celebrados a distancia impone en materia de plazos de ejecución y de devolución de cantidades abonadas; el envío o suministro, con pretensión de cobro, de bienes o servicios no solicitados por el consumidor y usuario; el uso de técnicas de comunicación que requieran el consentimiento expreso previo o la falta de oposición del consumidor y usuario, cuando no concurra la circunstancia correspondiente; así como la negativa u obstrucción al ejercicio del derecho de desistimiento.

t) El incumplimiento de las obligaciones que la regulación de contratos celebrados a distancia impone en materias no recogidas en la letra anterior.

u) Cualquier otro incumplimiento de los requisitos, obligaciones o prohibiciones establecidas en esta norma o en disposiciones que la desarrollen, que no esté previsto en los tipos recogidos en este artículo será considerado infracción de la normativa de consumo y sancionado en los términos previstos en la legislación autonómica que resulte de aplicación.

Artículo 48. **Calificación y Graduación de las infracciones**

1. Las infracciones contrarias a la salud de los consumidores y usuarios recogidas en las letras a) b) y c) del artículo anterior se calificarán de conformidad con lo previsto en el artículo 35 de la Ley 14/1986, de 25 de abril, General de Sanidad. Las mismas reglas, adaptando las referencias al bien jurídico protegido, se aplicarán respecto a las infracciones lesivas de la seguridad de los consumidores y usuarios.

2. Cuando no sea de aplicación lo previsto en el apartado anterior, las infracciones se calificarán inicialmente por los caracteres de la acción u omisión y de la culpabilidad del responsable conforme a las siguientes reglas:

a) Las infracciones de los apartados f), g), i), k), l), m), n), ñ), p), q) y t) del artículo 47 se calificarán como leves, salvo que tengan la consideración de graves de acuerdo con el apartado tercero de este artículo.

b) Las infracciones de los apartados d), e), h), j), o), r) y s) se calificarán como graves, salvo que tengan la consideración de muy graves de acuerdo con el apartado tercero de este artículo.

c) Los reglamentos de los diferentes productos, actividades y servicios podrán concretar la gravedad de las especificaciones de infracción que prevean atendiendo a los criterios señalados en esta Ley, sin que en ningún caso puedan constituir nuevas infracciones o sanciones, ni alterar la naturaleza o límites que esta Ley contiene.

3. Las infracciones que, de acuerdo con el apartado anterior, merezcan en principio la calificación de leve o grave de acuerdo con el apartado anterior serán calificadas respectivamente como graves o muy graves si concurriere alguna de las siguientes circunstancias:

a) Haber sido realizadas aprovechando situaciones de necesidad de determinados bienes, productos o servicios de uso o consumo ordinario y generalizado, así como originar igual situación.

b) Haberse realizado explotando la especial inferioridad, subordinación o indefensión de determinados consumidores o grupos de ellos.

c) Cometerse con incumplimiento total de los deberes impuestos o con una habitualidad, duración u otras circunstancias cualitativas o cuantitativas que impliquen desprecio manifiesto de los intereses públicos protegidos por esta Ley.

d) Producir una alteración social grave, injustificada y previsible en el momento de la comisión, originando alarma o desconfianza en los consumidores o usuarios o incidiendo desfavorablemente en un sector económico.

e) Realizarse prevaliéndose de la situación de predominio del infractor en un sector del mercado.

f) Ser reincidente el responsable por la comisión de cualesquiera delitos o infracciones lesivas de los intereses de los consumidores o usuarios en las condiciones y plazos previstos en el artículo 29.3.d) de la Ley 40/2015, de 1 de octubre, de Régimen Jurídico del Sector Público.

4. Las infracciones que, de acuerdo con los apartados anteriores, merezcan en principio la calificación de grave o muy grave se considerarán respectivamente como leve o grave si antes de iniciarse el procedimiento sancionador el responsable corrigiera diligentemente las irregularidades en que consista la infracción siempre que no haya causado perjuicios directos, devolviera voluntariamente las cantidades cobradas, colaborara activa-

mente para evitar o disminuir los efectos de la infracción u observara espontáneamente cualquier otro comportamiento de análogo significado.

No obstante, no se tendrá en cuenta lo dispuesto en el párrafo anterior, y se impondrá la sanción en su grado máximo, cuando se acredite alguna de las siguientes circunstancias:

a) Que se trate de una infracción continuada o de una práctica habitual.

b) Que la infracción comporte un riesgo para la salud o la seguridad de los consumidores y usuarios, salvo que el riesgo forme parte del tipo infractor.

5. Cuando concurrieran circunstancias del apartado 3 con las del apartado 4 se podrán compensar para la calificación de la infracción.

Artículo 49. **Sanciones**

1. La imposición de sanciones deberá garantizar, en cualquier circunstancia, que la comisión de una infracción no resulte más beneficiosa para la parte infractora que el incumplimiento de las normas infringidas. Sobre esta base, las infracciones serán sancionadas con multa comprendida entre los siguientes importes máximos y mínimos:

a) Infracciones leves: entre 150 y 10.000 euros, pudiéndose sobrepasar esas cantidades hasta alcanzar entre dos y cuatro veces el beneficio ilícito obtenido.

b) Infracciones graves: entre 10.001 y 100.000 euros pudiéndose sobrepasar esas cantidades hasta alcanzar entre cuatro y seis veces el beneficio ilícito obtenido.

c) Infracciones muy graves: ente 100.001 y 1.000.000 de euros, pudiéndose sobrepasar esas cantidades hasta alcanzar entre seis y ocho veces el beneficio ilícito obtenido.

No obstante, cuando la aplicación de los rangos indicados anteriormente conlleve la imposición de una sanción desproporcionada en relación con la capacidad económica del infractor se podrá utilizar el rango asignado a la calificación de un menor nivel de gravedad para el cálculo de la sanción.

2. Para determinar, dentro de los mínimos y máximos establecidos, el importe de la multa correspondiente a cada infracción, se atenderá especialmente a la concurrencia de alguna de las circunstancias de los apartados 3 o 4 del artículo anterior que no hubieran podido ser tenidas en cuenta para alterar la calificación de la infracción o que no se dieran con todos sus

requisitos, además de la naturaleza de la infracción, el grado de culpabilidad o la existencia de intencionalidad, el carácter continuado de la infracción, el número de consumidores afectados, el nivel de los daños y perjuicios que hayan sufrido, las sanciones impuestas por la misma infracción a su autor en otros Estados miembros en casos transfronterizos así como el volumen de negocio anual o cualquier otro indicador de su capacidad económica.

3. El beneficio ilícito se calculará, cuando no pueda ser determinado exactamente, con criterios estimativos e incluirá el aumento de ingresos y el ahorro de gastos que haya supuesto directa o indirectamente la infracción sin descontar multas, perjuicios de los comisos o cierres, ni las cantidades que por cualquier concepto haya tenido que abonar el responsable a la Administración o a los consumidores y usuarios como consecuencia de la infracción.

4. La clausura o cierre de establecimientos, instalaciones o servicios que no cuenten con las autorizaciones o registros sanitarios preceptivos, o la suspensión de su funcionamiento hasta tanto se rectifiquen los defectos o se cumplan los requisitos exigidos por razones de sanidad, higiene o seguridad y la retirada del mercado precautoria o definitiva de bienes o servicios por razones de salud y seguridad, no tienen el carácter de sanción.

5. Cuando se impongan sanciones con arreglo al artículo 21 del Reglamento (UE) 2017/2394, su importe máximo para infracciones muy graves, equivaldrá al 4 % del volumen de negocio anual del empresario en España o en los Estados miembros afectados por la infracción. En caso de no disponerse de esta información, se podrán imponer multas cuyo importe máximo equivaldrá a dos millones de euros.

6. El órgano competente para imponer la sanción podrá resolver la terminación del procedimiento sancionador cuando los presuntos infractores propongan compromisos que resuelvan los efectos sobre los consumidores y usuarios derivados de las conductas objeto del expediente y quede garantizado suficientemente el interés público. Los compromisos serán vinculantes y surtirán plenos efectos una vez incorporados a la resolución que ponga fin al procedimiento.

7. Cuando hayan adquirido firmeza en vía administrativa, las resoluciones por la que se ponga fin al procedimiento sancionador en relación con infracciones que tengan la calificación de muy graves conforme a esta norma, así como aquellas que se dicten con arreglo al artículo 21 del Reglamento (UE) 2017/2394, serán de libre acceso y publicadas en la página web de la autoridad correspondiente, una vez sea notificada a los interesados.

Dicha publicación se llevará a cabo tras resolver, en su caso, sobre los aspectos confidenciales de su contenido y previa disociación de los datos de carácter personal a los que se refiere el artículo 4.1 Reglamento (UE) 2016/679 del Parlamento Europeo y el Consejo, de 27 de abril de 2016, relativo a la protección de las personas físicas en lo que respecta al tratamiento de sus datos personales y a la libre circulación de estos datos, salvo en lo que se refiere al nombre de los infractores.

Artículo 50. **Sanciones accesorias**

La administración pública competente podrá acordar en relación con las infracciones en materia de defensa de los consumidores y usuarios previstas en esta norma las siguientes sanciones accesorias:

1. El comiso de las mercancías objeto de la infracción que sean propiedad del responsable, salvo que ya se hubiere adoptado definitivamente para preservar los intereses públicos o que, pudiendo resultar de lícito comercio tras las modificaciones que procedan, su valor, sumado a la multa, no guarde proporción con la gravedad de la infracción, en cuyo caso podrá no acordarse tal medida o acordarse solo parcialmente en aras de la proporcionalidad. La resolución sancionadora que imponga esta sanción decidirá el destino que, dentro de las previsiones que en su caso se encuentren establecidas en la normativa aplicable, deba dar la Administración competente a los productos decomisados. Todos los gastos que origine el comiso, incluidos los de transporte y destrucción, serán de cuenta del infractor.

2. La publicidad de las sanciones leves y graves impuestas, cuando hayan adquirido firmeza en vía administrativa, así como los nombres, apellidos, denominación o razón social de las personas naturales o jurídicas responsables y la índole y naturaleza de las infracciones, siempre que concurra riesgo para la salud o seguridad de los consumidores y usuarios, reincidencia en infracciones de naturaleza análoga o acreditada intencionalidad en la infracción.

3. El cierre temporal del establecimiento, instalación o servicio por un plazo máximo de cinco años en los casos de infracciones muy graves.

4. La exigencia al infractor de rectificación de los incumplimientos identificados en la resolución que ponga fin al procedimiento.

Artículo 51. **Personas responsables**

1. Son responsables de las infracciones de consumo las personas físicas o jurídicas que dolosa o culposamente incurran en las mismas.

2. Cuando en relación con los mismos bienes o servicios e infracciones conexas hayan intervenido distintos sujetos, como fabricantes o importadores, envasadores, marquistas, distribuidores o minoristas, cada uno será responsable de su propia infracción.

3. Asimismo, la responsabilidad de los coautores de una misma infracción será independiente y se impondrá a cada uno la sanción correspondiente a la infracción en la extensión adecuada a su culpabilidad y demás circunstancias personales. En particular, se entenderán incluidos en este caso los anunciantes y agencias de publicidad respecto de las infracciones de publicidad subliminal, engañosa o que infrinja lo dispuesto en la normativa sobre publicidad de determinados bienes o servicios.

4. Los importadores o quienes distribuyan por primera vez en el mercado nacional productos de consumo que puedan afectar a la seguridad y salud de los consumidores o usuarios, tienen el deber de asegurar que dichos productos cumplen los requisitos exigibles para ser puestos a disposición de los consumidores o usuarios. Asimismo, responderán solidariamente de las sanciones impuestas a sus suministradores o proveedores, con independencia de la responsabilidad que les corresponda por sus propias infracciones cuando, dentro de su deber de diligencia, no hayan adoptado las medidas que estén a su alcance, incluyendo la facilitación de información, para prevenir las infracciones cometidas por estos.

5. Cuando una infracción sea imputada a una persona jurídica podrán ser consideradas también como responsables las personas que integren sus organismos rectores o de dirección, así como los técnicos responsables de la elaboración y control.

6. Conforme a lo previsto en el artículo 28.2 de la Ley 40/2015, de 1 de octubre, en el procedimiento sancionador podrá exigirse al infractor la reposición de la situación alterada por la infracción a su estado original y, en su caso, la indemnización de daños y perjuicios causados al consumidor o usuario, que será determinada y exigida por el órgano al que corresponda el ejercicio de la potestad sancionadora debiendo notificarse al infractor para que proceda a su satisfacción en un plazo que será determinado en función de la cuantía. De no satisfacerse la indemnización en el plazo que al efecto se determine en función de su cuantía, se procederá en la forma prevista en el artículo 101 de la Ley 39/2015, de 1 de octubre, del Procedimiento Administrativo Común de las Administraciones Públicas.

7. La atribución al empresario de la carga de probar el cumplimiento de las obligaciones que le competen de conformidad con lo previsto en esta ley

también abarca el ámbito administrativo sancionador en el caso de obligaciones de dar o hacer por parte del empresario.

Artículo 52. **Prescripción y caducidad**

1. Las infracciones muy graves prescribirán a los cinco años, las graves a los tres años y las leves al año. Las sanciones impuestas por la comisión de infracciones muy graves prescribirán a los cinco años, las impuestas por la comisión de infracciones graves a los tres años y las impuestas por infracciones leves al año.

2. El plazo de prescripción de la infracción de la normativa de consumo no comenzará a computar hasta que esta se manifieste o exteriorice y, en el caso de infracciones continuadas, solo cuando finalice la acción infractora o el último acto con que la infracción se consume.

3. Interrumpirán la prescripción las actuaciones judiciales en el ámbito penal sobre los mismos hechos o sobre otros hechos conexos cuya separación de los constitutivos de la infracción de la normativa de consumo sea jurídicamente imposible, de manera que la sentencia que pudiera recaer vinculara a la Administración actuante.

4. Igualmente interrumpirá la prescripción de las infracciones de la normativa de consumo la iniciación de procedimientos administrativos de naturaleza sancionadora por los mismos hechos, con conocimiento del interesado, sobre la base de normativa sectorial si, finalmente, apreciándose identidad de fundamento, procediese la aplicación preferente de la normativa de consumo. En estos supuestos, se reiniciará el cómputo del plazo de prescripción si el expediente sancionador estuviera paralizado durante más de un mes por causa no imputable al presunto responsable.

5. El plazo de prescripción de las sanciones comenzará a contarse desde el día siguiente a aquel en que sea ejecutable la resolución por la que se impone la sanción o haya transcurrido el plazo para recurrirla. Interrumpirá la prescripción en estos supuestos la iniciación, con conocimiento del interesado, del procedimiento de ejecución, volviendo a transcurrir el plazo si aquél está paralizado durante más de un mes por causa no imputable al infractor. En el caso de desestimación presunta del recurso de alzada o de reposición interpuesto contra la resolución por la que se imponga la sanción, el plazo de prescripción de la sanción comenzará a contarse desde el día siguiente a aquél en que finalice el plazo legalmente previsto para la resolución de dichos recursos.

6. Se producirá la caducidad del procedimiento sancionador en caso de no haber recaído resolución transcurridos nueve meses desde su iniciación.

La falta de impulso de alguno de los trámites seguidos en el procedimiento no producirá por sí misma su caducidad. Si se acuerda la acumulación en un único procedimiento de infracciones que hasta entonces se tramitaban separadamente, el plazo para dictar resolución se contará desde el acuerdo de iniciación del último de los procedimientos incoado.

Las actuaciones realizadas en el curso de un procedimiento caducado, así como los documentos y otros elementos de prueba obtenidos en dicho procedimiento, conservarán su validez y eficacia a efectos probatorios en otros procedimientos iniciados o que puedan iniciarse con posterioridad en relación con el mismo u otro responsable.

En cualquier caso, podrá iniciarse un procedimiento sancionador en tanto no haya prescrito la infracción, con independencia del momento en que hubieran finalizado las diligencias preliminares dirigidas al esclarecimiento de los hechos o la caducidad de un procedimiento previo sobre los mismos hechos.

7. De forma complementaria a los supuestos recogidos en el artículo 22 de la Ley 39/2015, de 1 de octubre, el transcurso del plazo de nueve meses previsto para resolver el procedimiento se podrá suspender, mediante resolución motivada, cuando deba solicitarse a terceros la aportación de documentos y otros elementos de juicio necesarios o cuando se requiera la cooperación o coordinación con otras autoridades de consumo de otras comunidades autónomas o de la Unión Europea. A tales efectos, el tiempo de suspensión abarcará el tiempo que transcurra desde la remisión de la solicitud hasta la recepción de la información solicitada por el órgano competente para continuar el procedimiento.

8. La muerte del infractor extingue la responsabilidad. En caso de sanciones pecuniarias impuestas sobre entidades disueltas y liquidadas, la administración correspondiente podrá dirigirse, para el cobro de las sanciones pecuniarias impuestas a dichas entidades, contra los socios o partícipes que responderán solidariamente del importe de la deuda y hasta el límite del valor de la cuota de liquidación que se les hubiera adjudicado.

CAPÍTULO III
RÉGIMEN DE COMPETENCIAS Y PUNTOS DE ENLACE

Artículo 52 bis. Administración competente

1. Las Administraciones españolas que en cada caso resulten competentes sancionarán las infracciones de consumo cometidas en territorio

español cualquiera que sea la nacionalidad, el domicilio o el lugar en que radiquen los establecimientos del responsable.

Las autoridades competentes en materia de consumo sancionarán, asimismo, las conductas tipificadas como infracciones en materia de defensa de los consumidores y usuarios de los empresarios de los sectores que cuenten con regulación específica, en tanto en cuanto dicha regulación no atribuya la competencia sancionadora en materia de consumo a otra administración, y las prácticas comerciales desleales con los consumidores o usuarios.

2. A efectos de lo previsto en el apartado anterior, corresponderá a los órganos administrativos de las comunidades autónomas la tramitación y resolución de los procedimientos sancionadores derivados de la aplicación de las infracciones previstas en la presente Ley cometidas, aunque parcialmente, en sus respectivos territorios.

3. Las infracciones se entenderán cometidas en cualquiera de los lugares en que se desarrollen las acciones u omisiones constitutivas de las mismas y, además, salvo en el caso de infracciones relativas a los requisitos de los establecimientos e instalaciones o del personal, en todos aquellos en que se manifieste la lesión o riesgo para los intereses de los consumidores y usuarios protegidos por la norma sancionadora.

En concreto, en relación con el lugar de manifestación de la lesión o riesgo indicado en el párrafo anterior, las infracciones cometidas a través de internet se considerarán cometidas en el lugar en el que el consumidor o usuario tenga su residencia habitual tanto en el caso de que la infracción se produzca en el marco de un contrato de consumo como cuando la infracción derive de una práctica comercial no vinculada a un contrato de consumo pero haya sido dirigida de forma activa por parte del empresario a dicho consumidor o usuario.

4. En caso en que, de conformidad con las reglas anteriores, resultasen competentes órganos de diversas administraciones autonómicas, se establecerán mecanismos de colaboración en el seno de la Comisión Sectorial de Consumo.

5. No obstante, cuando la infracción produzca lesiones o riesgos para los intereses de los consumidores o usuarios de forma generalizada en el territorio de más de una comunidad autónoma, de tal forma que se pueda ver afectada la unidad de mercado nacional y la competencia en el mismo de acuerdo con lo establecido en este precepto, la competencia correspon-

derá a los órganos competentes en materia de consumo de la Administración General del Estado.

A estos efectos, cuando los órganos competentes en materia de consumo de la Administración General del Estado inicien un procedimiento sancionador sobre la base de la competencia establecida en este apartado, deberán comunicarlo motivadamente a las autoridades de consumo de las comunidades autónomas, y de las ciudades autónomas de Ceuta y Melilla. Con independencia de lo anterior, las autoridades de consumo de las comunidades autónomas, y de las ciudades autónomas de Ceuta y Melilla, tendrán competencia para los expedientes sancionadores de acuerdo con los apartados 1 a 4 de este artículo, y los órganos competentes en materia de consumo de la Administración General del Estado deberán tener en cuenta las sanciones impuestas por estas autoridades con carácter previo para la determinación de la sanción correspondiente, en aras de garantizar su proporcionalidad.

En caso de que sea competente la Administración General del Estado, la competencia corresponderá a la Dirección General competente en materia de consumo de la Administración General del Estado cuando la sanción impuesta no supere los 100.000 euros ni implique el cierre temporal del establecimiento, instalación o servicio y a la Secretaría General competente en materia de consumo de la Administración General del Estado en el resto de supuestos. En todo caso, la competencia de la Secretaría General competente en materia de consumo de la Administración General del Estado se extenderá de acuerdo con lo previsto en este apartado a las infracciones generalizadas o generalizadas con dimensión en la Unión Europea, previstas en el Reglamento (UE) 2017/2394, del Parlamento Europeo y del Consejo, de 12 de diciembre de 2017, y a las cometidas a través de internet cuando la residencia o domicilio del responsable, siempre que coincida con el lugar en que se realice efectivamente la gestión administrativa y dirección del negocio, esté fuera de la Unión Europea.

Para considerar que una infracción de la normativa de consumo produce lesiones o riesgos para los intereses de los consumidores o usuarios de forma generalizada, de tal forma que se pueda ver afectada la unidad de mercado nacional y la competencia en el mismo, se tendrán en cuenta, entre otras circunstancias, el número de consumidores y usuarios afectados, la dimensión del mercado donde opere la compañía infractora, la cuota de mercado de la entidad correspondiente o los efectos de la conducta sobre los competidores efectivos o potenciales y sobre los consumidores y usuarios.

Artículo 52 ter. **Oficina de enlace**

1. La Dirección General competente en materia de consumo de la Administración General del Estado actuará como Oficina de enlace única a los efectos del Reglamento (UE) 2017/2394, del Parlamento Europeo y del Consejo de 12 de diciembre de 2017.

2. Dicho órgano será responsable de coordinar las actividades de investigación y ejecución que realicen las autoridades competentes, otras autoridades públicas contempladas en el artículo 6 del Reglamento (UE) 2017/2394 y, en su caso, los organismos designados, en relación con las infracciones reguladas en dicho Reglamento.

3. El órgano referido en el apartado 1 comunicará a la Comisión Europea las autoridades competentes que sean responsables de que se cumpla la legislación de la Unión que protege los intereses de los consumidores o usuarios y garantizará que colaboren estrechamente, de modo que puedan desempeñar eficazmente sus funciones.

4. Las autoridades competentes designadas dispondrán al menos de las facultades mínimas de investigación y ejecución previstas en el artículo 9 del Reglamento (UE) 2017/2394 y las ejercerán de conformidad con su artículo 10.

5. Con sujeción a lo establecido en el artículo 103 de la Ley 39/2015, de 1 de octubre, las autoridades competentes podrán imponer multas coercitivas, una vez efectuado requerimiento de ejecución de los actos y resoluciones administrativas destinadas al cumplimiento de lo establecido en el Reglamento (UE) 2017/2394. El requerimiento deberá advertir del plazo establecido para su cumplimiento, así como de la cuantía de la multa que pudiere ser impuesta en caso de incumplimiento. Para la determinación del plazo se estará a la naturaleza y extensión de la obligación, debiendo ser suficiente para su cumplimiento, no pudiendo exceder la cuantía de la multa de 3.000 euros o del 10% del importe de la obligación, si esta fuere cuantificable. Si la persona requerida no diere cumplimiento a lo ordenado en el plazo establecido, el órgano competente podrá reiterar las multas por períodos que sean suficientes para su cumplimiento, no pudiendo, en cualquier caso, otorgarse un plazo inferior al establecido en el primer requerimiento. Estas multas son independientes de las que puedan imponerse en concepto de sanción y compatibles con ellas.

(...)

LEY 13/2003, DE 17 DE DICIEMBRE, DE DEFENSA Y PROTECCIÓN DE LOS CONSUMIDORES Y USUARIOS DE ANDALUCÍA

(*BOJA* de 31 de Diciembre de 2003)

(...)

TÍTULO II
DISCIPLINA DE MERCADO Y DERECHOS DE LOS CONSUMIDORES

CAPÍTULO IV
RÉGIMEN SANCIONADOR

SECCIÓN 1.ª
INFRACCIONES

Artículo 71. **Tipos de infracciones**

1. Las infracciones se calificarán en leves, graves y muy graves.

2. Serán infracciones por incumplimiento de requisitos y condiciones de elaboración y comercialización de bienes o por incumplimiento de las condiciones técnicas de la instalación o de la prestación del servicio.

1.ª Elaborar, distribuir, suministrar u ofertar bienes o servicios sin cumplir correctamente los deberes de información que impongan o regulen las leyes y los reglamentos en relación con cualquiera de los datos o menciones obligatorios o voluntarios y por cualquiera de los medios previstos para tal información.

2.ª Utilizar indebidamente marcados, marchamos, troqueles o distintivos similares, no emplear los obligatorios o emplear los que no cumplan las condiciones reglamentarias en cuanto sea susceptible de perjudicar los intereses de los consumidores, salvo que constituya fraude.

3.ª Elaborar, distribuir, suministrar, vender u ofertar bienes cuando su composición, características técnicas o calidad no se ajusten a la normativa o difieran de la declarada o anotada en el correspondiente registro.

4.ª Elaborar, distribuir u ofertar al público bienes prohibidos o con componentes o envases no permitidos o sin contar con las autorizaciones preceptivas u otros controles administrativos impuestos para la protección de los consumidores.

5.ª Desviar para consumo humano y poner a disposición de los consumidores bienes no aptos para ello o destinados específicamente para otros usos.

6.ª Vender o poner a disposición de los consumidores bienes destinados exclusivamente a un uso empresarial o profesional, siempre que ello sea susceptible de perjudicar los intereses de los consumidores.

7.ª Incumplir las condiciones de las instalaciones, establecimientos o vehículos en que se elaboren, conserven, distribuyan o vendan bienes o se presten servicios, o su utilización o apertura sin los preceptivos controles administrativos previos cuando aquellas condiciones o estos controles estén impuestos para la protección de los consumidores.

8.ª Ofertar o prestar servicios al público que estén prohibidos o que no se hayan sometido a los controles administrativos previos o periódicos impuestos para la protección de aquéllos.

9.ª Incumplir las exigencias de personal cualificado o de los deberes impuestos al personal o a la empresa en relación con el personal cuando sea susceptible de perjudicar a los consumidores.

10.ª Prestar servicios incumpliendo las condiciones que impongan las disposiciones de aplicación cuando puedan causar un perjuicio a los intereses económicos de los consumidores, así como cortar el suministro de servicio público de prestación continua sin respetar las garantías a que aquéllos tienen derecho.

11.ª Poner a disposición de los consumidores bienes de uso duradero sin existir piezas de repuesto en la forma obligada, así como el incumplimiento por quien en cada caso esté obligado del deber de fabricar o garantizar la existencia de repuestos en las condiciones establecidas por las leyes y reglamentos.

12.ª Poner a disposición de los consumidores bienes de uso duradero sin servicios de asistencia técnica para su reparación o siendo éstos manifiestamente inadecuados, así como incumplir la obligación de mantener tales servicios.

13.ª Realizar otras acciones u omisiones que, incluso sin infracción de normas de obligado cumplimiento, produzcan riesgo o daño efectivo para la salud o seguridad de los consumidores, si se realizan por falta de las precauciones exigibles en la actividad de que se trate.

14.ª Construir, vender o alquilar viviendas que incumplan las Normas Básicas de la Edificación o reglamentación equivalente, cuando se produzca un perjuicio real en alguno de los derechos reconocidos al consumidor en esta Ley.

3. Serán infracciones por alteración, adulteración o fraude en bienes y servicios:

1.ª Defraudar en la prestación de servicios de instalación o reparación de bienes y de asistencia en el hogar por:

a) La sustitución de piezas para conseguir un aumento del precio, aunque el consumidor haya prestado su consentimiento por las falsas indicaciones del infractor.

b) La facturación de trabajos no realizados.

c) La facturación de trabajos ejecutados con accesorios de peor calidad que los indicados al consumidor.

2.ª Defraudar en el peso, medida, cantidad o calidad de los bienes ofertados o destinados a ello, así como en las condiciones ofrecidas de prestación de servicios respecto a la calidad, cantidad, intensidad, continuidad u otros elementos relevantes según su naturaleza o categoría.

3.ª Manipular los aparatos o sistemas de medición de los bienes o servicios suministrados a los consumidores.

4. Serán infracciones en materia de documentación, transacciones comerciales y precios:

1.ª No entregar o negarse a extender recibo justificante, factura o documento acreditativo de las transacciones realizadas o servicios prestados cuando sea preceptivo o lo solicite el consumidor, o justificación documental de los contratos formalizados, así como cobrar o incrementar el precio por su expedición

2.ª Cobrar o intentar cobrar a los consumidores precios superiores a los anunciados, expuestos, o a los autorizados o impuestos por la Administración o comunicados a ésta.

3.ª Ocultar a los consumidores parte del precio mediante formas de pago o de prestaciones no acordadas.

4.ª Realizar transacciones en las que se imponga injustificadamente al consumidor comprar una cantidad mínima o productos no solicitados o aceptar servicios no pedidos, así como la negativa a efectuar la transacción si no se aceptan esas condiciones.

5.ª Acaparar y retirar del mercado bienes con el fin de incrementar los precios o esperar las elevaciones previsibles de los mismos con perjuicio de los consumidores.

6.ª Negarse a elaborar presupuestos, cuando sea obligatorio, o imponer condiciones o precios por su confección si ello está prohibido, así como incrementar los precios previstos en el presupuesto sin la conformidad del consumidor.

7.ª No entregar a los consumidores el correspondiente resguardo de depósito cuando éste sea preceptivo o cuando aquéllos lo soliciten, así como su emisión con incumplimiento de los requisitos establecidos.

8.ª Incrementar los precios de los repuestos o piezas al aplicarlos en las reparaciones o instalaciones de bienes, así como cargar injustificadamente por mano de obra, traslado o visita cantidades muy superiores a los costes medios estimados de cada sector.

9.ª Realizar trabajos de reparación, instalación o similares útiles al consumidor cuando no hayan sido solicitados o autorizados por éste.

10.ª No entregar a los consumidores el documento de garantía cuando la normativa así lo establezca, cobrar cualquier cantidad por las reparaciones incluidas en la garantía. Asimismo, negarse al cumplimiento de las obligaciones que de aquella se derivan o imponer injustificadamente condiciones, dificultades o retrasos en relación con las obligaciones derivadas de la misma.

11.ª No entregar a los consumidores las instrucciones de uso y mantenimiento o cualquier otro documento exigido por la normativa correspondiente, a los efectos de poder utilizar, ocupar, mantener y conservar un bien.

12.ª No formalizar los seguros, avales u otras garantías similares impuestas legalmente en beneficio de los consumidores.

13.ª Carecer, no llevar o llevar incorrectamente la documentación, libros o registros establecidos obligatoriamente que afecten a la protección de los intereses de los consumidores.

14.ª El incumplimiento de las normas reguladoras de precios, incluidas las referentes a marcado y exhibición de los mismos

5. Serán infracciones en materia de prácticas comerciales desleales con los consumidores cualquier acto de competencia desleal, de conformidad con la legislación estatal vigente en la materia

6. Serán infracciones por incumplimiento de obligaciones o prohibiciones contractuales legales:

1.ª Incluir en los contratos con consumidores reenvíos a condiciones generales o características contenidas en textos o documentos que no se faciliten previa o simultáneamente a la conclusión del contrato o sin permitir al adherente una posibilidad efectiva de conocer su existencia, alcance y contenido en el momento de la celebración de aquél.

2.ª Introducir en los contratos, en los contratos-tipo establecidos de forma unilateral o en las condiciones generales de contratación cláusulas abusivas de las previstas en los artículos 85 a90 del Real Decreto Legislativo 1/2007, de 16 de noviembre, por el que se aprueba el texto refundido de la Ley General para la defensa de los consumidores y usuarios y otras leyes complementarias, así como las declaradas como tales por sentencia judicial

3.ª Realizar ventas a domicilio prohibidas, así como incumplir las condiciones y requisitos de cualquier contratación a distancia, así como de contratación fuera de establecimientos mercantiles, cuando tales incumplimientos perjudiquen a los intereses de los consumidores

4.ª Realizar prácticas tendentes directamente a excluir o reducir la libertad del consumidor para contratar una prestación.

7. Serán infracciones por incumplimiento de los deberes de los sujetos inspeccionados:

1.ª Realizar cualquier conducta que suponga un incumplimiento de los deberes, prohibiciones y requisitos establecidos legal o reglamentariamente en beneficio de los consumidores si, tras el requerimiento de la Administración y el transcurso del tiempo concedido para ello, no se realizan las correcciones oportunas.

2.ª Resistirse u obstruir las actuaciones de la inspección, tanto por el inspeccionado como por terceros.

3.ª No atender en tiempo y/o forma los requerimientos formulados por la Administración

4.ª Manipular, trasladar o disponer sin autorización de las muestras depositadas reglamentariamente.

5.ª La negativa o resistencia a suministrar datos o a facilitar la información requerida por la Administración para el cumplimiento de las funciones de información, vigilancia, investigación, inspección, tramitación y ejecución en las materias a las que hace referencia esta ley, así como suministrar información inexacta o documentación falsa

8. Otras infracciones:

1.ª Realizar acciones dirigidas a coartar el libre ejercicio por los consumidores o por sus organizaciones o asociaciones de las facultades de reclamación o denuncia.

2.ª No disponer de libros de hojas de quejas y reclamaciones oficiales, así como negarse o resistirse a suministrarlos a los consumidores que lo soliciten u ocultar o alterar las reclamaciones realizadas por este medio.

Suministrar libros de hojas de quejas y reclamaciones que no sean oficiales a los consumidores que muestren su voluntad de presentar una reclamación.

3.ª No responder en plazo las quejas y reclamaciones que presenten los consumidores.

4.ª No tener expuesto al público, en las condiciones establecidas reglamentariamente, el cartel anunciador de la existencia de hojas de quejas y reclamaciones.

5.ª Actuar con desatención o desconsideración hacia los consumidores, incluidos los retrasos y esperas excesivas o el trato inadecuado.

6.ª Imponer injustificadamente a los consumidores el deber de comparecer personalmente para ejercer sus derechos o realizar cobros, pagos o trámites similares, o exigir de forma abusiva la cumplimentación de impresos y la aportación de datos que impongan molestias desproporcionadas, así como obstaculizar, impedir o dificultar que los consumidores puedan ejercer sus derechos.

7.ª Actuar de forma discriminatoria contra consumidores o grupos de ellos por sus circunstancias personales o sociales o por haber ejercido sus derechos.

8.ª Incumplir las específicas prohibiciones de venta o suministro de bienes, acceso a establecimientos, prestación de servicios o publicidad a menores cuando suponga riesgo para su salud, seguridad o legítimos intereses económicos y sociales como consumidores.

9.ª En general, el incumplimiento de los requisitos, de las obligaciones o prohibiciones establecidas en la presente Ley, en la legislación estatal en la materia y en las disposiciones que las desarrollan.

10.ª El incumplimiento del acuerdo al que se haya llegado con el consumidor mediante el proceso de mediación, así como del laudo arbitral en el plazo establecido al efecto, salvo acuerdo expreso de las partes

11.ª La negativa a someterse al Sistema Arbitral de Consumo para la resolución de los conflictos cuando la empresa haya dado publicidad al distintivo de adhesión al mismo o se encuentre adherido al mismo con carácter genérico

12.ª La negativa injustificada a satisfacer las demandas del consumidor o usuario que estén dentro de las disponibilidades del vendedor o prestador, conforme a la normativa que resulte de aplicación

Artículo 72. **Agravación de la calificación**

1. Todas las acciones u omisiones recogidas en el artículo anterior tendrán la calificación de infracciones leves a excepción de las infracciones 1.ª, cuando afecte a la contratación de préstamos hipotecarios y productos financieros, 5.ª y 13.ª, del apartado 2, infracciones 2.ª y 3.ª del apartado 3, infracción 12.ª del apartado 4, infracción 1.ª y 2.ª del apartado 6, infracciones 1.ª, 2.ª, 3.ª, si no fuese atendido un segundo o posteriores requerimientos, 4.ª y 5.ª del apartado 7, que inicialmente tendrán la calificación de graves

2. Las infracciones calificadas inicialmente como leves pasarán a ser calificadas como graves cuando concurran alguna de las siguientes circunstancias:

a) Haberlas cometido voluntariamente o faltando a los más elementales deberes de diligencia exigibles,

b) Tratarse de una infracción continuada o práctica habitual.

c) Tener una alta repercusión en el mercado, afectando a gran número de consumidores.

3. Las infracciones calificadas como graves, de acuerdo con los apartados anteriores, tendrán la calificación de muy graves cuando concurra alguna de las siguientes circunstancias:

a) Producir una alteración social grave, originando alarma o desconfianza en los consumidores o afectando desfavorablemente a un sector económico.

b) Haberse realizado explotando la especial situación de inferioridad o indefensión de determinados consumidores o grupos de ellos, como inmigrantes, menores, personas mayores o discapacitadas.

c) Haberse realizado aprovechando situaciones de necesidad de determinadas personas, así como originar tal situación, o bien recaer sobre bienes o servicios de uso o consumo ordinario y generalizado

d) Haberse realizado prevaliéndose el infractor de su situación de predominio en un sector del mercado.

SECCIÓN 2.ª
SANCIONES

Artículo 73. **Tipos de sanciones**

1. A los responsables de las infracciones tipificadas en esta Ley se les impondrán las sanciones de multa o de amonestación.

2. En su caso, además de la multa, se impondrán las sanciones complementarias de cierre o no utilización del establecimiento, suspensión del servicio o comiso.

3. Las sanciones se establecerán de conformidad con lo dispuesto en los siguientes artículos y sin perjuicio de las demás medidas no sancionadoras que procedan.

Artículo 74. **Cuantía de las multas**

1. Las infracciones serán sancionadas con multas comprendidas entre los siguientes importes máximos y mínimos:

a) Infracciones muy graves: entre 60.001 y un 1.000.000 de euros.

b) Infracciones graves: entre 5.001 y 60.000 euros.

c) Infracciones leves: entre 200 y 5.000 euros.

2. Para las infracciones graves y muy graves, estas cantidades pueden sobrepasarse hasta alcanzar el décuplo del valor de los beneficios ilícitos obtenidos o de los perjuicios causados por la infracción y, en su defecto, del valor de los bienes o servicios objeto de la infracción, así como, en su caso, del coste de la campaña publicitaria o comunicaciones comerciales siempre que la infracción se cometa a través de estos medios

Artículo 75. **Amonestaciones**

Las infracciones leves en que concurra una atenuante podrán ser castigadas, en lugar de con multa, con la sanción de amonestación, consistente en su simple pronunciamiento en la resolución sancionadora.

Artículo 76. **Sanciones complementarias para infracciones graves y muy graves**

1. Con carácter excepcional, en los casos de infracciones muy graves y en los de infracciones graves en que concurran agravantes que lo justifiquen, podrá imponerse la sanción de cierre total o parcial, o no utilización por el responsable del establecimiento, instalación o local, o la de suspensión del servicio o de la actividad en la que se cometiera la infracción. Esta sanción comportará la prohibición de continuar la actividad de oferta o comercialización en los servicios de la sociedad de la información cuando la infracción se haya cometido por este medio.

2. En el caso de infracciones muy graves, las sanciones previstas en el apartado anterior no podrán ser impuestas por un plazo superior a un año. En el supuesto de infracciones graves, no podrán imponerse por tiempo superior a tres meses. Sólo el Consejo de Gobierno podrá imponer esta sanción por más de seis meses.

3. La resolución que imponga estas sanciones determinará exacta y motivadamente el contenido y duración de las mismas.

Artículo 77. **Comisos**

1. Se podrá imponer el comiso total o parcial, según lo que resulte proporcionado, de los efectos e instrumentos que, siendo propiedad del responsable, hubieran sido utilizados en la comisión de las infracciones muy graves, o de las graves en que concurran agravantes que lo justifiquen.

2. No se acordará esta sanción respecto de los efectos o instrumentos que hayan sido o deban ser objetos de una medida de contenido similar que

se haya adoptado o deba adoptarse sin finalidad punitiva para restablecer o asegurar los derechos de los consumidores.

3. La Administración decidirá, en la misma resolución sancionadora, o con posterioridad a la misma, el destino que, dentro de las previsiones que en su caso se hayan establecido reglamentariamente, haya de darse a los objetos decomisados. Los gastos que origine el comiso serán de cuenta del infractor.

Artículo 78. **Comiso del beneficio**

1. Se impondrá también, junto con las sanciones que procedan de conformidad con los artículos anteriores, el comiso del beneficio obtenido con la infracción. La resolución sancionadora podrá acordar la no imposición de este comiso en los casos en que no se haya producido beneficio o sea de cuantía ínfima, o bien cuando la sanción de multa y las demás procedentes sean suficientes para expresar el reproche que la infracción merece.

2. El beneficio ilícito se calculará, cuando no pueda ser determinado exactamente, con criterios estimativos, e incluirá el aumento de ingresos y el ahorro de gastos que haya supuesto directa o indirectamente la infracción, sin descontar las multas ni los gastos o daños que supongan las otras sanciones, pero sí las cantidades abonadas por el responsable a los consumidores perjudicados por la infracción como devolución de cantidades cobradas indebidamente, indemnizaciones u otros conceptos.

Artículo 79. **Atenuantes y agravantes**

1. Para determinar concretamente, dentro de los mínimos y máximos establecidos, las sanciones que procedan imponer y su extensión, se tendrán en cuenta las circunstancias atenuantes y agravantes previstas en los apartados siguientes.

2. Son circunstancias agravantes:

a) La reincidencia.

b) La reiteración.

c) El haber originado un grave perjuicio a los consumidores y usuarios

d) La posición relevante en el mercado del infractor.

e) El incumplimiento de las advertencias o requerimientos previos formulados por la Administración para la subsanación de las irregularidades detectadas

f) El haber obtenido un importante beneficio económico como consecuencia directa o indirecta de la comisión de la infracción

g) Afectar a un producto o servicio que esté dirigido al público infantil o a otros destinatarios particularmente indefensos

3. Son circunstancias atenuantes:

Haber corregido diligentemente las irregularidades en que consista la infracción, colaborado activamente para evitar o disminuir sus efectos u observado espontáneamente cualquier otro comportamiento de significado análogo, como la compensación, satisfacción o reparación efectiva de los daños y perjuicios causados, siempre y cuando no concurra intoxicación, lesión o muerte, ni existan indicios racionales de delito, con anterioridad a cualquier requerimiento o advertencia realizado por la Administración o, en su caso, en cualquier momento previo a la propuesta de resolución sancionadora.

4. Estas circunstancias agravantes o atenuantes no se apreciarán en aquellos supuestos en los que esta Ley las haya incluido en el tipo infractor o hayan sido tenidas en cuenta para calificar la gravedad de la infracción.

Artículo 80. **Tramos de las multas**

1. A efectos de graduación de la sanción de multa, en función de su gravedad, esta se dividirá en dos tramos, inferior y superior, de igual extensión. Sobre esta base se observarán, según las circunstancias que concurran, las siguientes reglas:

1.º Si concurre sólo una circunstancia atenuante, la sanción se impondrá en su mitad inferior. Cuando sean varias, en la cuantía mínima de dicha mitad, pudiendo llegar en supuestos muy cualificados a sancionarse conforme al marco sancionador correspondiente a las infracciones inmediatamente inferiores en gravedad.

2.º Si concurre sólo una circunstancia agravante, la sanción se impondrá en su mitad superior. Cuando sean varias o una muy cualificada, podrá alcanzar la cuantía máxima de dicha mitad.

3.º Si no concurren circunstancias atenuantes ni agravantes, el órgano sancionador, en atención a todas aquellas otras circunstancias de la infracción, individualizará la sanción dentro de la mitad inferior.

4.º Si concurren tanto circunstancias atenuantes como agravantes, el órgano sancionador las valorará conjuntamente, pudiendo imponer la sanción entre el mínimo y el máximo correspondiente a la calificación de la infracción por su gravedad.

2. Para la determinación de la multa procedente, aunque sin bajar en ningún caso del mínimo legalmente establecido, se podrá tener en cuenta la situación económica del infractor.

Artículo 81. **Reincidencia y reiteración**

1. Existirá reincidencia por la comisión en el término de un año de más de una infracción de la misma naturaleza cuando así haya sido declarado por resolución firme.

2. Se apreciará reiteración cuando, en el plazo de dos años anteriores a la comisión de la nueva infracción, el infractor hubiera sido sancionado de manera firme en vía administrativa por la comisión de otra infracción de las tipificadas en esta Ley o en otras cuyo bien jurídico protegido sea los intereses de los consumidores, o condenado ejecutoriamente por un delito en el que hubieran resultado perjudicados sujetos en su condición de consumidores.

SECCIÓN 3.ª
RESPONSABLES

Artículo 82. **Autores**

1. Serán responsables como autores las personas físicas o jurídicas que, dolosa o imprudentemente, realicen las acciones u omisiones antijurídicas tipificadas como infracciones en esta Ley.

2. Cuando en relación con los mismos bienes o servicios hayan intervenido distintos sujetos, como productores, importadores, distribuidores, minoristas u otros, cada uno será responsable como autor de la infracción que, en su caso, haya cometido. Las sanciones que se impongan a cada uno serán independientes, individualizadas y adecuadas a las circunstancias objetivas y subjetivas concurrentes en cada una de esas infracciones.

3. Igualmente, la responsabilidad de los distintos coautores de una misma infracción será independiente y se impondrá a cada uno de ellos la sanción correspondiente a la infracción en la extensión adecuada a su culpabilidad y demás circunstancias personales.

Están incluidos en este supuesto los anunciantes, agencias y medios de publicidad respecto de las infracciones de publicidad subliminal, engañosa o que infrinja lo dispuesto en la normativa sobre publicidad de determinados bienes o servicios, sin perjuicio de las causas de exoneración recogidas en el apartado anterior.

4. No procederá sancionar a quienes ignorasen la ilicitud de su conducta si, según la naturaleza de su actividad y la índole de los hechos, no hubieran podido conocerla pese a emplear la diligencia que les sea exigible.

Artículo 83. **Otros responsables**

1. Además de los autores, serán sancionados por su participación en infracciones ajenas:

a) Los profesionales que con su pericia o asesoramiento técnico hayan cooperado dolosa y necesariamente a la comisión de infracciones graves o muy graves.

b) Los gestores, directores o administradores de empresas y organizaciones cuando su conducta dolosa haya sido necesaria en la comisión de la infracción grave o muy grave por la entidad en la que prestasen sus servicios profesionales.

c) Los que, con beneficio propio, hayan colaborado en la comisión de infracciones graves o muy graves adquiriendo productos o servicios ilegales, si han actuado dolosamente con conocimiento de la ilicitud, salvo que su conducta sea constitutiva de una infracción propia, en cuyo caso sólo serán sancionados como autores conforme al artículo anterior.

2. Estos sujetos serán sancionados, independientemente del autor, con multa o amonestación y comiso del beneficio ilícito obtenido. La cuantía de la multa estará entre el mínimo y el máximo de las infracciones leves o graves según la infracción del autor sea grave o muy grave.

Artículo 84. **Responsables solidarios**

Los importadores y quienes distribuyan por primera vez en España productos procedentes del extranjero responderán solidariamente de las sanciones pecuniarias impuestas en aplicación de esta Ley a sus suministradores o proveedores con independencia de la responsabilidad que les corresponda por sus propias infracciones.

SECCIÓN 4.ª
CONCURSO DE INFRACCIONES Y DE NORMAS

Artículo 85. **Concurso de infracciones**

1. Al responsable de dos o más infracciones se le impondrán todas las sanciones correspondientes, salvo lo dispuesto en los apartados siguientes.

2. En el caso de que un solo hecho constituya dos o más infracciones o cuando una de ellas sea medio para cometer la otra, las sanciones se impondrán en proporción a la gravedad real de la conducta.

3. Cuando la comisión de una infracción comporte necesariamente la comisión de otra u otras, se impondrá sólo la sanción correspondiente a la más grave de las infracciones realizadas sin perjuicio de que, al fijar su extensión, se tengan en cuenta todas las circunstancias.

4. Se sancionará como una única infracción continuada, aunque valorando la totalidad de la conducta, la realización de una pluralidad de acciones idénticas o similares que infrinjan el mismo precepto en ejecución de un plan preconcebido o aprovechando idéntica ocasión. En particular, se aplicará esta regla cuando se cometan las mismas infracciones en relación con una misma clase de bienes o servicios, o con diferentes consumidores. Sin embargo, esas mismas acciones se considerarán infracciones diferentes y podrán sancionarse autónomamente si el responsable continúa realizándolas tras la advertencia, requerimiento u orden de la Administración para que cese en ellas o tras la iniciación de un primer procedimiento sancionador.

Artículo 86. **Prohibición de la doble sanción**

1. No podrán sancionarse los hechos que hayan sido ya sancionados penal o administrativamente y en los que se aprecie identidad de sujeto, hecho y fundamento.

2. En caso de que los hechos de que conozcan los órganos de defensa del consumidor pudieran ser constitutivos de infracción penal procederán, en cuanto a la suspensión y reanudación del procedimiento sancionador, de conformidad con lo establecido en la legislación estatal aplicable.

3. Para evitar que un sujeto sea sancionado administrativamente dos veces por el mismo hecho y con igual fundamento, se procederá conforme a las siguientes reglas:

a) Si los hechos constitutivos de las infracciones previstas en esta Ley hubieran ya sido sancionados administrativamente conforme a otra legislación y se apreciara la identidad de sujeto, hecho y fundamento, los órganos de defensa del consumidor se abstendrán de imponer las sanciones previstas en esta Ley, declarándolo así tras, en su caso, la tramitación que resulte necesaria. Esta decisión podrá adoptarse antes de la iniciación del procedimiento sancionador o en el curso del mismo.

b) Si los hechos todavía no hubieran sido sancionados conforme a otra legislación administrativa, pero se hubiera iniciado el procedimiento encaminado a ello o concurrieran circunstancias que lo justifiquen, los órganos de defensa del consumidor podrán acordar motivadamente la iniciación del procedimiento sancionador que les corresponda tramitar, suspendiéndolo, hasta conocer la decisión adoptada por los otros órganos. Una vez conocida esa resolución, los órganos de defensa del consumidor tomarán la decisión pertinente sobre la procedencia o no de iniciar o reanudar el procedimiento sancionador.

c) En los demás casos, los órganos de defensa del consumidor adoptarán, en el curso del procedimiento sancionador, todas las medidas necesarias para que, en ningún caso, se produzca una doble sanción.

SECCIÓN 5.ª
EXTINCIÓN DE LA RESPONSABILIDAD

Artículo 87. **Prescripción de las infracciones y caducidad del procedimiento**

1. Las infracciones previstas en esta ley prescriben a los cuatro años contados desde el día en que la infracción se hubiera cometido. A estos efectos, se tendrán en cuenta las reglas siguientes:

a) Se entenderá cometida la infracción el día de finalización de la actividad o el del último acto con el que la infracción esté plenamente consumada.

b) En el caso de infracción continuada, el plazo comenzará a contarse desde el día en que se realizó la última de las acciones típicas incluida en aquella.

c) En el caso de la infracción permanente, el plazo empezará a contarse desde que se ponga fin a la situación ilícita creada. Se entenderá que la infracción persiste en tanto los productos y servicios continúen ofreciéndose o prestándose con la misma irregularidad determinante de la infracción.

d) Excepcionalmente, en el caso de que los hechos constitutivos de la infracción fueran desconocidos de manera general por carecer de cualquier signo externo, el plazo se computará desde que estos se manifiesten. Salvo en este caso, será irrelevante el momento en que la Administración haya conocido la infracción, a efectos de determinar el plazo de prescripción de la infracción para el ejercicio de la potestad sancionadora.

2. El plazo máximo para resolver y notificar la resolución expresa de los procedimientos sancionadores por las infracciones establecidas en la presente ley será de diez meses, a contar desde la fecha de su inicio.

3. Caducará la acción para perseguir las infracciones cuando, conocida por la Administración la existencia de una infracción y finalizadas las diligencias dirigidas al esclarecimiento de los hechos, hubiera transcurrido un año sin que el órgano competente hubiera incoado el oportuno procedimiento. A estos efectos, cuando exista toma de muestras, las actuaciones de la inspección se entenderán finalizadas una vez se tenga conocimiento del resultado del análisis inicial. Las solicitudes de análisis contradictorios y dirimentes que fueren necesarios interrumpirán los plazos de caducidad hasta que se practiquen

Artículo 88. **Interrupción del plazo de prescripción**

En cuanto a la interrupción del plazo de prescripción de las infracciones, se estará a lo dispuesto en la Ley de Régimen Jurídico de las Administraciones Públicas y del Procedimiento Administrativo Común. Además, interrumpirán la prescripción las actuaciones judiciales penales y la tramitación de otros procedimientos administrativos sancionadores en cuanto tales actuaciones impidieran iniciar o continuar el procedimiento para sancionar las infracciones previstas en esta Ley.

Artículo 89. **Prescripción de las sanciones**

Las sanciones impuestas en aplicación de esta Ley prescribirán en los plazos y conforme al régimen establecido en la Ley de Régimen Jurídico de las Administraciones Públicas y del Procedimiento Administrativo Común.

Artículo 90. **Responsabilidades en supuestos de extinción de personas jurídicas**

1. En el caso de infracciones cometidas por personas jurídicas que se extinguieren antes de ser sancionadas, la responsabilidad administrativa, en lo que se refiere a las sanciones pecuniarias de multa y de comiso, se exigirá a las personas físicas que desde los órganos de dirección determinaron, con su conducta dolosa o negligente, la comisión de la infracción.

2. Las obligaciones de pago de multa y de comiso impuestas con anterioridad a la extinción de la personalidad jurídica, si no son satisfechas en la liquidación, se transmitirán a los socios o partícipes en el capital, quienes

responderán de ellas mancomunadamente y hasta el límite del valor de la cuota de liquidación que se les hubiere adjudicado.

SECCIÓN 6.ª
EJECUCIÓN, EFECTOS Y CONDONACIÓN

Artículo 91. **Ejecución de las sanciones**

Las sanciones impuestas serán objeto de ejecución con arreglo a lo establecido en la Ley de Régimen Jurídico de las Administraciones Públicas y del Procedimiento Administrativo Común y demás normas aplicables.

Todas las Administraciones Públicas prestarán la debida colaboración para hacer efectiva la exacta ejecución de las sanciones.

Artículo 92. **Difusión de las sanciones y otras medidas sobre los infractores**

1. Los órganos de defensa del consumidor, cuando lo consideren conveniente para asegurar la salud, seguridad e intereses económicos y sociales de los consumidores o su derecho a la información y a la transparencia de la actuación administrativa, darán difusión a las resoluciones sancionadoras firmes en vía administrativa, que hayan sido impuestas en el plazo de tres años, con el contenido y por los medios que se consideren apropiados para conseguir la finalidad perseguida. Esta difusión, que en ningún caso podrá realizarse con carácter sancionador, procederá especialmente cuando, por la actitud del responsable u otras razones, haya motivos para pensar que subsisten los peligros para los consumidores

2. La imposición de las sanciones previstas en esta Ley comportará limitaciones para contratar con la Administración en los casos y condiciones que establezca la legislación sobre contratos de las Administraciones Públicas.

3. Con independencia de las sanciones impuestas, el titular de la Consejería con competencias en materia de consumo podrá proponer al Consejo de Gobierno, para las infracciones muy graves, la supresión, cancelación o suspensión total o parcial de cualesquiera ayudas públicas que tuviese reconocidas o hubiese solicitado el responsable. Igualmente, el Consejo de Gobierno podrá, de conformidad con la legislación estatal, hacer la propuesta al Consejo de Ministros si la ayuda pública es estatal. El Consejo de Gobierno y el Consejo de Ministros decidirán, en sus respectivos ámbitos, de acuerdo con las circunstancias que en cada caso concurran.

Artículo 93. **Multas coercitivas**

1. Con sujeción a lo establecido en la Ley 30/1992, de 26 de noviembre, de Régimen Jurídico de las Administraciones Públicas y del Procedimiento Administrativo Común, los órganos competentes en materia de consumo, conforme a lo establecido en la presente norma, podrán imponer multas coercitivas, una vez efectuado requerimiento de ejecución de los actos y resoluciones administrativas destinadas al cumplimiento de lo establecido por la presente ley y demás disposiciones relativas a la protección y defensa de los intereses de los consumidores.

2. El requerimiento deberá efectuarse mediante comunicación escrita, debiéndose advertir del plazo establecido para su cumplimiento, así como la cuantía de la multa que pudiere ser impuesta en caso de incumplimiento.

3. Para la determinación del plazo se estará a la naturaleza y extensión de la obligación, debiendo ser suficiente para su cumplimiento, no pudiendo exceder la cuantía de la multa de 3.000 euros, o del 10% del importe de la obligación, si esta fuere cuantificable.

4. Si la persona requerida no diere cumplimiento a lo ordenado en el plazo establecido, el órgano competente podrá reiterar las multas con sujeción a lo establecido en los párrafos anteriores, por períodos que sean suficientes para su cumplimiento, no pudiendo, en cualquier caso, otorgarse un plazo inferior al establecido en el primer requerimiento.

5. Estas multas son independientes de las que puedan imponerse en concepto de sanción y compatibles con ellas

SECCIÓN 7.ª
COMPETENCIA SANCIONADORA

Artículo 94. **Órganos competentes en la Junta de Andalucía**

1. Los órganos de la Administración de la Junta de Andalucía competentes para iniciar, instruir y resolver los procedimientos sancionadores se determinarán reglamentariamente. La competencia para resolver habrá de atribuirse por decreto del Consejo de Gobierno y la de iniciar e instruir podrá ser atribuida por orden del titular de la Consejería de la que dependa la defensa de los consumidores.

2. Las competencias sancionadoras de estos órganos están referidas a las infracciones de consumo cometidas, siquiera sea parcialmente, en el territorio de la Comunidad Autónoma, cualquiera que sea el domicilio o el lugar

en que radiquen los establecimientos o domicilio del responsable. Los órganos citados en el apartado anterior no se inhibirán en favor de otras administraciones autonómicas.

Artículo 95. **Órganos competentes en las Corporaciones locales**

1. Los órganos municipales competentes para iniciar, instruir o resolver los procedimientos sancionadores se determinarán conforme a la legislación de régimen local y a sus propias normas de organización.

2. Las competencias sancionadoras de estos órganos, sin menoscabo de las de la Administración autonómica, están referidas a las infracciones en que concurran las siguientes condiciones:

a) que hayan sido detectadas o conocidas por los propios servicios municipales, ya sea por su labor inspectora, por denuncia o por cualquier otro medio;

b) que la Administración autonómica no haya iniciado procedimiento sancionador, y

c) que se hayan cometido íntegramente en el término municipal.

3. Cuando los servicios municipales tengan conocimiento de infracciones en esta materia no localizadas exclusivamente en su término municipal, lo pondrán inmediatamente en conocimiento de los órganos de defensa del consumidor de la Administración autonómica, remitiendo todo lo actuado y cuantos antecedentes obren en su poder. Además, no obstante tener competencias para sancionar, en todo caso los órganos municipales podrán limitarse a poner los hechos en conocimiento de la Administración autonómica para su persecución y sanción.

4. La Administración autonómica no iniciará procedimiento contra el mismo sujeto a quien se estuviese tramitando un procedimiento sancionador por la Administración municipal si concurren los mismos hechos y fundamento jurídico. Sin embargo, si se descubrieran infracciones conexas en otros términos municipales de modo que resultara conveniente la instrucción de un único procedimiento, tramitado y resuelto por la Administración de la Junta de Andalucía, podrá acordarse así.

Artículo 96. **Lugar de comisión de la infracción**

Las infracciones tipificadas en esta Ley se entenderán cometidas en cualquiera de los lugares en que se localicen las acciones u omisiones en que consistan y, además, salvo en el caso de infracciones relativas a los requisitos de los establecimientos, instalaciones o personal, en todos aquellos en que se manifieste la lesión o riesgo para los derechos de los consumidores protegidos por la ley.

(...)

LEY 16/2006, DE 28 DE DICIEMBRE, DE PROTECCIÓN Y DEFENSA DE LOS CONSUMIDORES Y USUARIOS DE ARAGÓN

(*BOA* de 30 de Diciembre de 2006)

(...)

TÍTULO III
DE LA POTESTAD SANCIONADORA

CAPÍTULO PRIMERO
COMPETENCIA Y PROCEDIMIENTO

Artículo 73. **Potestad sancionadora**

1. La potestad sancionadora en materia de defensa del consumidor se ajustará al procedimiento sancionador vigente y se ejercerá por los órganos competentes de las Administraciones públicas aragonesas. Las infracciones de los preceptos de esta Ley, de la normativa que la desarrolle o de la normativa básica estatal en esta materia, serán objeto de las sanciones administrativas correspondientes, previa instrucción del oportuno expediente, sin perjuicio de las responsabilidades civiles, penales o de otro orden que pudieran concurrir.

2. El ejercicio por las Administraciones locales de la potestad sancionadora en esta materia se regirá por lo dispuesto en la legislación de régimen local.

Artículo 74. **Órganos administrativos competentes**

1. En el ámbito de la Administración de la Comunidad Autónoma, corresponde a los directores de los Servicios Provinciales de Huesca, Teruel y Zaragoza del Departamento competente en materia de consumo, la incoación de los expedientes sancionadores por infracciones en materia de protección al consumidor. No obstante lo anterior, la incoación de los expedientes sancionadores siempre podrá realizarse por el director general o por el titular del departamento que tenga atribuida la competencia en materia de consumo.

2. En el ámbito de la Administración de la Comunidad Autónoma, los órganos competentes para la resolución de expedientes sancionadores, así como para la imposición de sanciones, serán:

a) El Gobierno de Aragón, para la imposición de multas por infracciones muy graves, de cuantía superior a 150.000 euros.

b) El titular del Departamento competente en materia de consumo, para la imposición de multas por infracciones muy graves, cuya cuantía no exceda de 150.000 euros.

c) El director general competente en materia de consumo, para la imposición de multas por infracciones graves.

d) Los directores de los Servicios Provinciales del Departamento competente en materia de consumo, para la imposición de multas por infracciones leves.

3. En el ámbito de las Administraciones locales se estará a lo que, en cada caso, disponga la legislación de régimen local.

Artículo 75. **Actuaciones y medidas provisionales**

1. Iniciado el procedimiento sancionador, el órgano competente para resolver podrá adoptar, mediante acuerdo motivado, las medidas provisionales que resulten necesarias para asegurar el cumplimiento de la resolución que pudiera recaer y, en todo caso, para asegurar el cumplimiento de la legalidad y salvaguardia de la salud, seguridad y de los intereses económicos y sociales de los consumidores, todas o algunas de las siguientes medidas provisionales:

a) Suspensión temporal en cualquier fase de la distribución de un producto para garantizar la salud y seguridad.

b) Suspensión temporal de la prestación de servicios para garantizar la salud y la seguridad.

c) Imposición de medidas previas en cualquier fase de la comercialización de productos, bienes y servicios a fin de que sean subsanadas las deficiencias detectadas.

d) Prohibición de la venta de un producto mediante la inmovilización cautelar, hasta tanto se compruebe, de forma directa o mediante las pruebas o analíticas correspondientes, que no entraña riesgo para la salud o la seguridad de los consumidores.

2. Las medidas provisionales se deberán mantener el tiempo necesario para la realización de las pruebas solicitadas o la subsanación de las deficiencias o eliminación de riesgos encontrados. Las medidas provisionales serán levantadas por la autoridad competente cuando el supuesto riesgo para la salud, la seguridad o los intereses económicos y sociales de los consumidores no fuese confirmado o fueran subsanados los hechos que las motivaron.

CAPÍTULO SEGUNDO
TIPIFICACIÓN DE LAS INFRACCIONES

Artículo 76. **Infracciones en materia de protección a la salud y seguridad de los consumidores**

Constituyen infracción en materia de protección de la salud y seguridad de los consumidores:

a) El incumplimiento de los requisitos, condiciones, obligaciones o prohibiciones en materia de salud y seguridad de los bienes y servicios puestos a disposición del consumidor.

b) Las acciones u omisiones que produzcan riesgos o daños efectivos para la salud o seguridad de los consumidores, ya sea de forma consciente o deliberada, ya por abandono de la diligencia y precauciones exigibles en la actividad, servicio o instalación de que se trate.

c) El incumplimiento o transgresión de los requerimientos previos que concretamente formulen las autoridades que resulten competentes para situaciones específicas, al objeto de evitar contaminaciones o circunstancias nocivas de otro tipo que puedan resultar gravemente perjudiciales para la salud pública o la seguridad de los consumidores.

d) El incumplimiento de las medidas de inmovilización de bienes y productos y cierre, suspensión de establecimientos y servicios, y demás reguladas en el artículo 12 de esta Ley.

Artículo 77. **Infracciones por alteración, adulteración, fraude o engaño**

Son infracciones por alteración, adulteración, fraude o engaño las siguientes:

a) La elaboración, distribución, suministro o venta de productos o bienes a los que se haya adicionado o sustraído cualquier sustancia o elemento para variar su composición, estructura, peso o volumen, en detrimento de sus cualidades, ya fuere para corregir defectos mediante procesos o procedimientos no autorizados, ya para encubrir la inferior calidad, la alteración o el origen de los productos utilizados.

b) La elaboración, distribución, suministro o venta de bienes cuando su composición o calidad no se ajuste a las disposiciones vigentes o a la correspondiente autorización administrativa o difiera de la declarada y anotada en el registro correspondiente.

c) El fraude en cuanto al origen, calidad, composición, cantidad, peso o medida de cualquier clase de productos, bienes o servicios destinados al público, o su presentación mediante determinados envases, etiquetas, rótulos, cierres, precintos o cualquier otra información o publicidad que induzca al engaño o confusión o enmascare la verdadera naturaleza del producto, bien o servicio.

d) El fraude en la prestación de toda clase de servicios, de forma que se incumplan las condiciones de calidad, cantidad, intensidad o naturaleza de los mismos, con arreglo a la categoría con que éstos se ofrezcan.

e) La oferta de productos, bienes o servicios mediante publicidad o información, de cualquier clase y por cualquier medio, en que se les atribuyan calidades, características, comprobaciones, certificaciones o resultados que difieran de los que realmente tienen o puedan obtenerse, y toda la publicidad que, de cualquier forma, incluida la presentación de los mismos, induzca a error o sea susceptible de inducir a error a las personas a las que se dirige.

f) La utilización de las etiquetas, envases o propaganda de nombres, clase, indicaciones de procedencia u otras que no correspondan al producto, bien o servicio e induzcan a confusión al consumidor.

g) La negativa a someterse al sistema arbitral para la resolución de los conflictos en materia de consumo cuando el empresario haya dado publicidad al distintivo de adhesión al mismo, incluyéndolo en cualquier forma en la oferta o promoción de los bienes o servicios que pone en el mercado o, en cualquier caso, cuando se encuentre adherido al mismo con carácter genérico mediante oferta pública de sometimiento.

h) La utilización engañosa o fraudulenta de distintivos de calidad de consumo, de adhesión al sistema arbitral o, en general, de cualesquiera señales o distintivos que generan expectativas de calidad o confianza en el consumidor.

i) En general, cualquier situación que conduzca a engaño o confusión o que impida reconocer la verdadera naturaleza del producto o servicio de que es objeto el consumo.

Artículo 78. **Infracciones por transacciones comerciales, condiciones técnicas de venta y en materia de precios y garantía**

Son infracciones en materia de transacciones comerciales y condiciones técnicas de venta y en materia de precios y garantía:

a) La venta de productos y bienes o la prestación de servicios a precios superiores a los máximos legalmente establecidos, a los precios comunicados, a los precios anunciados o a los presupuestados al consumidor y, en general, el incumplimiento de las disposiciones o las normas vigentes en materia de precios y márgenes comerciales.

b) La ocultación al consumidor de parte del precio mediante formas de pago o prestación no manifiesta o mediante rebajas en la cantidad o la calidad reales respecto a las prestaciones aparentemente convenidas.

c) La realización de transacciones en que se imponga al consumidor la condición expresa o tácita de adquirir productos o servicios cuantitativa o cualitativamente no solicitados.

d) La intervención de cualquier persona, firma o empresa de forma que suponga la aparición de un nuevo escalón intermedio dentro del proceso habitual de distribución, siempre que origine o dé ocasión a un aumento no autorizado de los precios o márgenes máximos fijados.

e) El acaparamiento y la retirada injustificada de materias, bienes o servicios destinados directa o indirectamente al suministro o a la venta, con perjuicio directo o inmediato para el consumidor.

f) La no entrega de presupuesto previo, documento acreditativo de la operación, resguardo de depósito, factura o comprobante de la venta de productos y bienes o de la prestación de los servicios, en los casos que sea preceptiva o cuando lo solicite el consumidor, así como la entrega de presupuesto que incumpla los requisitos mínimos establecidos en la normativa vigente.

g) La introducción de cláusulas abusivas en los contratos.

h) La no asunción o incumplimiento de la garantía entregada al consumidor en el momento de la adquisición de productos, bienes y servicios.

i) La no entrega de garantía escrita o entrega de garantía escrita que no respete los requisitos mínimos, dispuestos por la normativa vigente, en la adquisición de productos y bienes o suministro de servicios que obligatoriamente conlleven su entrega.

j) El incumplimiento de la normativa vigente o de las condiciones ofrecidas al consumidor, si fueran más favorables, en materia de garantía y arreglo o reparación de bienes de consumo, especialmente si son de uso duradero, así como la insuficiencia de la asistencia técnica o inexistencia de piezas de repuesto, contraviniendo lo dispuesto en la normativa aplicable o las condiciones ofrecidas al consumidor en el momento de adquisición de tales bienes, si fueran más favorables.

k) El incumplimiento de las disposiciones sobre crédito al consumo.

Artículo 79. **Infracciones en materia de normalización, documentación y condiciones de venta**

Son infracciones en materia de normalización, documentación y condiciones de venta y en materia de suministros o de prestación de servicios:

a) El incumplimiento de las disposiciones relativas a la normalización y a la tipificación de los productos, bienes o servicios que se comercialicen o existan en el mercado.

b) La contravención de las disposiciones administrativas que prohíben la venta de ciertos productos, bienes o servicios en determinados establecimientos o a determinadas personas.

c) El incumplimiento de las disposiciones que regulan el marcado de precios, el etiquetado, el envasado, depósito y almacenaje, embalaje, transporte y la publicidad sobre productos, bienes y servicios.

d) El incumplimiento de las disposiciones sobre utilización de marchamos, contrastes, precintos y contramarcas en los productos puestos a disposición del mercado.

e) El incumplimiento de las normas relativas a documentación, información, libros o registros establecidos obligatoriamente para el adecuado régimen y funcionamiento de la empresa, instalación o servicio o como garantía para la protección del consumidor.

f) El incumplimiento de las condiciones de venta en establecimientos permanentes, en la vía pública, venta domiciliaria, ambulante, por correo o por entregas sucesivas o de cualquier otra forma de toda clase de bienes y servicios.

g) El corte de suministro de servicios de interés general de tracto sucesivo o continuado, sin constancia fehaciente de recepción previa por el consumidor de una notificación concediéndole plazo suficiente para subsanar el motivo que pueda esgrimirse como fundamento del corte, y sin las previas autorizaciones administrativas o judiciales que, en su caso, puedan proceder.

Artículo 80. **Otras infracciones**

Constituyen otras infracciones en materia de defensa del consumidor:

a) La negativa a satisfacer las demandas del consumidor o usuario, cualquiera que sea su nacionalidad o lugar de residencia, cuando su satisfacción esté dentro de las disponibilidades del empresario, así como cualquier forma de discriminación con respecto a las referidas demandas, sin que ello menoscabe la posibilidad de establecer diferencias en las condiciones de acceso directamente justificadas por criterios objetivos.

b) El suministro de información inexacta o documentación falsa, así como la negativa, resistencia u obstrucción a suministrar datos y a facilitar la información requerida por las autoridades competentes en orden al cumplimiento de las funciones de información, vigilancia, investigación, inspección, tramitación y ejecución en las materias a que se refiere esta Ley, en especial, las encaminadas a evitar las tomas de muestras o impedir la eficacia de la inspección, la manipulación, traslado o disposición de cualquier forma de mercancía cautelarmente intervenida.

c) El incumplimiento del deber de colaboración con la Inspección de Consumo, así como la desatención de sus citaciones.

d) La resistencia, coacción, amenaza, represalia o cualquier otra forma de intimidación o presión al personal encargado de las funciones de inspección a las que se refiere la presente Ley o contra las empresas, particulares u organizaciones de consumidores que hayan entablado o pretendan entablar cualquier clase de acción legal, denuncia o participación en procedimientos en materia de defensa del consumidor.

e) La manipulación, el traslado o la disposición no autorizados de las muestras depositadas reglamentariamente o de la mercancía intervenida por los funcionarios competentes como medida cautelar, así como su desaparición o destrucción intencionada o imprudente.

f) El incumplimiento de las normas que regulan la sociedad de servicios de la información en relación con la defensa de los consumidores.

g) El incumplimiento, por parte de los proveedores de servicios de acceso a redes de telecomunicaciones y titulares de medios de pago utilizados en las transacciones electrónicas, de las obligaciones impuestas en esta Ley o en las leyes sectoriales relevantes en materia de consumo.

h) En general, el incumplimiento de cualquiera de las disposiciones establecidas en la presente Ley o en la legislación estatal o autonómica en materia de defensa del consumidor.

CAPÍTULO TERCERO
CALIFICACIÓN DE LAS INFRACCIONES

Artículo 81. **Clasificación de las infracciones**

Las infracciones en materia de defensa de los consumidores tipificadas en esta ley se clasifican en leves, graves y muy graves.

Artículo 82. **Infracciones leves**

1. Salvo que de conformidad con lo dispuesto en el párrafo 2 del artículo siguiente hubieran de tener la consideración de graves, se reputarán infracciones leves:

a) Las tipificadas en el apartado a) del artículo 76 de esta Ley cuando no afecten a ninguno de los colectivos de consumidores considerados como especialmente protegibles en el artículo 5 o cuando no tengan por objeto productos, bienes y servicios objeto de especial atención de los definidos en el artículo 6 de esta ley.

b) Las tipificadas en los apartados a), b), c), d), e), f) e i) del artículo 77 de esta Ley cuando no afecten a ninguno de los colectivos de consumidores considerados como especialmente protegibles en el artículo 5 o cuando no tengan por objeto productos, bienes y servicios objeto de especial atención de los definidos en el artículo 6 de esta ley.

c) Las tipificadas en los apartados a), b), c) y d) del artículo 78 de esta Ley cuando el impacto de la conducta infractora comporte un incremento injusto del precio o de los márgenes comerciales que no supere el veinte por ciento.

d) Las tipificadas en los apartados f), h), i) y j) del artículo 78 de esta Ley cuando el precio del bien, producto o servicio no supere los dos mil euros.

e) Las tipificadas en los apartados a), b), c), d), e) y f) del artículo 79 de esta Ley cuando no afecten a ninguno de los colectivos de consumidores considerados como especialmente protegibles en el artículo 5 o cuando no tengan por objeto productos, bienes y servicios objeto de especial atención de los definidos en el artículo 6 de esta ley.

f) Las tipificadas en el apartado a) del artículo 80 de esta Ley cuando no afecten a ninguno de los colectivos de consumidores considerados como especialmente protegibles en el artículo 5.

g) Las tipificadas en el apartado h) del artículo 80 de esta Ley cuando no fuesen subsumibles en ningún otro tipo infractor específico.

2. También se reputarán infracciones leves las contempladas en los apartados a), b), c), d), e), f), h) y j) del párrafo 1 del artículo 83 cuando, sin concurrir ninguna circunstancia agravante en su comisión, concurran al menos dos de las circunstancias atenuantes reguladas en el párrafo 3 del artículo 94 de esta ley; asimismo, las tipificadas en el apartado b) del artículo 80 en conflictos cuya cuantía no supere los 2.000 euros, siempre que no afecte a más de un consumidor.

Artículo 83. **Infracciones graves**

1. Siempre que, de conformidad con lo que dispone el artículo siguiente, no hayan de tener la consideración de muy graves, se reputarán infracciones graves:

a) Las tipificadas en el apartado a) del artículo 76 de esta Ley cuando afecten a alguno de los colectivos de consumidores considerados como especialmente protegibles en el artículo 5 o tengan por objeto productos, bienes y servicios objeto de especial atención de los definidos en el artículo 6 de esta ley.

b) Las tipificadas en los apartados b), c) y d) del artículo 76 de esta Ley cuando no generasen contaminaciones o circunstancias de otro tipo que hubieran resultado gravemente perjudiciales para la salud pública o la seguridad de consumidores.

c) Las tipificadas en los apartados a), b), c), d), e), f) e i) del artículo 77 de esta Ley cuando afecten a alguno de los colectivos de consumidores considerados como especialmente protegibles en el artículo 5 o tengan por objeto productos, bienes y servicios objeto de especial atención de los definidos en el artículo 6 de esta ley.

d) Las tipificadas en los apartados g) y h) del artículo 77 de esta Ley.

e) Las tipificadas en los apartados a), b), c) y d) del artículo 78 de esta Ley cuando el impacto de la conducta infractora comporte un incremento injusto del precio o de los márgenes comerciales en más de un veinte por ciento.

f) Las tipificadas en los apartados f), h), i) y j) del artículo 78 de esta Ley cuando el precio del bien, producto o servicio supere los dos mil euros.

g) Las tipificadas en los apartados e), g), y k) del artículo 78 de esta Ley.

h) Las tipificadas en los apartados a), b), c), d), e) y f) del artículo 79 de esta Ley cuando afecten a alguno de los colectivos de consumidores considerados como especialmente protegibles en el artículo 5 o tengan por objeto productos, bienes y servicios objeto de especial atención de los definidos en el artículo 6 de esta ley.

i) Las tipificadas en el apartado g) del artículo 79 de esta Ley.

j) Las tipificadas en el apartado a) del artículo 80 de esta Ley cuando afecten a alguno de los colectivos de consumidores considerados como especialmente protegibles en el artículo 5.

k) Las tipificadas en los apartados b), c), d), f) y g) del artículo 80 de esta Ley.

l) Las tipificadas en el apartado e) del artículo 80 de esta Ley cuando no se hubiese producido la desaparición o destrucción intencionada de las muestras.

2. Asimismo, tendrán en todo caso la consideración de graves aquellas infracciones inicialmente consideradas como leves en las que concurran las siguientes circunstancias:

a) Que se trate de una infracción continuada o práctica habitual.

b) Que las conductas infractoras se produzcan consciente o deliberadamente, o por falta de los controles y las precauciones exigibles en la actividad, el servicio o la instalación de que se trate.

Artículo 84. **Infracciones muy graves**

1. Son infracciones muy graves:

a) Las tipificadas en los apartados b), c) y d) del artículo 76 de esta Ley cuando hubiesen generado contaminaciones o circunstancias de otro tipo que hubieran resultado gravemente perjudiciales para la salud pública o la seguridad de consumidores.

b) Las tipificadas en el apartado e) del artículo 78 de esta Ley cuando como consecuencia de la conducta infractora se genere una situación de carencia en un sector o en una zona de mercado determinada por la infracción.

c) Las tipificadas en el apartado e) del artículo 80 de esta Ley cuando se hubiese producido la desaparición o destrucción intencionada de las muestras.

2. Asimismo, tendrán en todo caso la consideración de muy graves aquellas infracciones inicialmente consideradas como graves de conformidad con lo dispuesto en los párrafos 1 y 2 del artículo anterior en las que, además, concurra alguna de las siguientes circunstancias:

a) Que la comisión de la infracción genere un beneficio desproporcionado al infractor, presumiéndose como tal en todo caso aquél que duplica el beneficio legítimo o que supera los 500.000 euros.

b) Que se trate de una infracción masiva, entendiendo por tal la que afecta a un gran número de consumidores teniendo alta repercusión en el mercado, considerándose a estos efectos gran número aquél que supera las doscientas personas.

CAPÍTULO CUARTO
RESPONSABILIDAD

Artículo 85. **Sujetos responsables**

1. Con carácter general, son responsables de las infracciones tipificadas en esta Ley las personas físicas o jurídicas que, por acción u omisión, hayan participado en su comisión, ya sea en calidad de productores, importadores, distribuidores, manipuladores, comercializadores de productos y bienes y suministradores de servicios, así como cualesquiera otros profesionales intermediarios en el proceso de producción, distribución y comercialización.

2. En particular se podrán considerar responsables:

a) Cuando se trate de infracciones en productos envasados, será responsable la firma o razón social cuyo nombre figure en la etiqueta, salvo que se demuestre la falsificación o la mala conservación del producto por el tenedor, distribuidor o comercializador, y siempre que se especifiquen en el envasado original las condiciones de conservación. También se considerará responsable el envasador si se prueba su connivencia con el propietario de la marca.

b) Cuando se trate de infracciones en productos a granel, se considerará responsable el tenedor, distribuidor o comercializador en cuyo poder se encuentre el producto, salvo que se pueda demostrar que dicha responsabilidad corresponde a un tenedor anterior.

c) Cuando se trate de infracciones cometidas con ocasión de la comercialización o distribución de productos o servicios franquiciados, será responsable tanto el vendedor o prestador directo del servicio como la persona o entidad franquiciadora.

d) Cuando se trate de infracciones cometidas en el contexto del comercio electrónico o la sociedad de la información, se considerará responsable al prestador de servicios de la sociedad de la información que oferta el producto o servicio y, en la medida en que no colaboren con la Administración protectora del consumidor, al proveedor de acceso a la red de telecomunicaciones y, en su caso, al titular del medio de pago imprescindible para la materialización de operaciones comerciales en un medio electrónico.

3. Si una infracción es imputada a una persona jurídica, podrán ser consideradas también como responsables las personas que integren los órganos rectores o de dirección de aquélla, así como los técnicos responsables de la elaboración y control del producto.

4. Cuando el cumplimiento de las obligaciones previstas en esta Ley corresponda a varias personas conjuntamente, responderán de forma solidaria de las infracciones que, en su caso, se cometan.

Artículo 86. **Responsabilidades en supuestos de extinción de personas jurídicas**

1. En el caso de infracciones cometidas por personas jurídicas que se extinguieren antes de ser sancionadas, la responsabilidad administrativa, en lo que se refiere a las sanciones pecuniarias de multa y de comiso, se exigirá a los administradores y, además, a las personas físicas que desde los órganos de dirección determinaron, con su conducta dolosa o negligente, la comisión de la infracción.

2. Las obligaciones de pago de multa y de comiso impuestas con anterioridad a la extinción de la personalidad jurídica, si no son satisfechas en la liquidación, se transmitirán a los socios o partícipes en el capital, quienes responderán solidariamente.

Artículo 87. **Restitución de la situación alterada por la infracción**

1. Las responsabilidades administrativas que se deriven del procedimiento sancionador serán compatibles con la exigencia al infractor de la restitución de la situación alterada por el mismo a su estado originario, que podrá ser determinada por el órgano competente.

2. Sin perjuicio de la utilización genérica de la facultad anterior cuando existan en el expediente elementos de juicio para determinarla, en todo caso se exigirá la restitución de la situación alterada en los siguientes supuestos:

a) En las infracciones tipificadas en el artículo 79.g), relativas al irregular corte de suministro de servicios de interés general de tracto sucesivo o continuado, en las que se impondrá como medida de restitución la reanudación inmediata del servicio.

b) En las infracciones en materia de defensa del consumidor que hayan causado un perjuicio al medio ambiente, se impondrá como medida de restitución la reparación del perjuicio causado al medio ambiente.

c) En aquellos otros supuestos que reglamentariamente se establezcan se impondrán las medidas de restitución que el Gobierno de Aragón, en desarrollo de esta Ley, determine.

3. El acuerdo anterior será ejecutivo desde el momento en el que el acto administrativo que imponga tal obligación de restitución haya puesto fin a la vía administrativa.

Artículo 88. **Restitución de cantidades indebidamente percibidas**

1. Independientemente de las sanciones a que se refiere esta Ley, el órgano sancionador impondrá a la persona o entidad infractora la obligación de restituir inmediatamente al consumidor la cantidad percibida indebidamente en los supuestos de aplicación de precios superiores a los autorizados, comunicados, presupuestados o anunciados al público.

2. El acuerdo anterior será ejecutivo desde el momento en el que el acto administrativo que imponga tal obligación de restitución haya puesto fin a la vía administrativa.

Artículo 89. **Ejecución forzosa**

1. El órgano sancionador podrá proceder, previo apercibimiento, a la ejecución forzosa de las resoluciones recaídas en los expedientes sancionadores mediante apremio sobre el patrimonio o mediante la imposición de multas coercitivas, de conformidad con lo dispuesto en los apartados siguientes.

2. Procederá el apremio sobre el patrimonio cuando la resolución del expediente sancionador acuerde la imposición de una o varias multas y éstas no sean abonadas en periodo voluntario, siguiéndose el procedimiento establecido por las normas reguladoras del procedimiento recaudatorio en vía de apremio.

3. Procederá la imposición de multas coercitivas sucesivas e independientes de las sanciones que pudieran imponerse como consecuencia de expediente sancionador y compatibles con éstas cuando, de conformidad con lo señalado en los dos artículos precedentes, se haya impuesto al infractor en concepto de restitución de la situación alterada una obligación de hacer o la obligación de reintegrar al consumidor o usuario las cantidades indebidamente percibidas y ésta no se hubiese cumplido en el plazo concedido al efecto. Entre la imposición de las sucesivas multas coercitivas deberá transcurrir el tiempo necesario para cumplir lo ordenado.

4. Respecto de la cuantía de las multas coercitivas se habrá de estar a lo siguiente:

a) Cuando la obligación de restituir fuere una obligación de hacer, del tipo de las reguladas en el artículo 87 de esta Ley, la cuantía de la primera multa coercitiva será de hasta 300 euros, de hasta 600 euros la segunda y de hasta 1.200 euros las sucesivas, hasta alcanzar como máximo la cuantía correspondiente al triple de la sanción impuesta.

b) Cuando se trate de la obligación de restitución económica que se regula en el artículo 88 de esta Ley, la cuantía de cada multa coercitiva podrá alcanzar hasta el treinta por ciento del importe de la cantidad a reintegrar, hasta alcanzar en conjunto el triple de dicho importe que, a su vez, no podrá ser superior a tres veces la cuantía de la sanción impuesta.

5. Si una vez agotadas las multas coercitivas, por haberse llegado a los topes máximos autorizados, las obligaciones impuestas siguieren sin ser cumplidas, se podrán utilizar por la Administración actuante para lograr dicha ejecución cualesquiera otros medios de ejecución forzosa que estén

previstos en la legislación general de régimen jurídico y procedimiento de las Administraciones públicas.

CAPÍTULO QUINTO
SANCIONES

Artículo 90. **Sanciones pecuniarias. Cuantías**

Las infracciones en materia de defensa del consumidor serán sancionadas con multas, con arreglo a la siguiente escala:

a) Infracciones leves, desde 100 hasta 3.000 euros.

b) Infracciones graves, desde 3.000,01 hasta 30.000 euros, pudiéndose rebasar dicha cantidad hasta alcanzar el quíntuplo del valor de los productos, bienes o servicios objeto de la infracción.

c) Infracciones muy graves, desde 30.000,01 hasta 600.000 euros, pudiendo rebasar dicha cantidad hasta alcanzar el quíntuplo del valor de los productos, bienes o servicios objeto de la infracción.

Artículo 91. **Amonestaciones**

No obstante lo dispuesto en el artículo anterior, las infracciones leves en las que concurra una circunstancia atenuante podrán ser sancionadas, en lugar de con multa, con amonestación consistente en un simple pronunciamiento en la resolución sancionadora.

Artículo 92. **Sanciones complementarias en supuestos de infracciones graves o muy graves**

1. En caso de infracciones graves, al margen de la imposición de la sanción pecuniaria que corresponda, podrá imponerse con carácter complementario:

a) La sanción de decomiso o retirada de la mercancía falsificada, fraudulenta, no identificada o que entrañe o pueda entrañar riesgo para el consumidor, corriendo por cuenta del infractor todos los gastos que se originen como consecuencia de ello.

b) El cierre temporal total o parcial de la empresa, establecimiento o instalación infractora por un plazo máximo de tres meses si hubieran concurrido circunstancias agravantes. Esta sanción comportará la prohibición de continuar la oferta o comercialización en los servicios de la sociedad de la información cuando la infracción se hubiera cometido por este medio

c) La prohibición de contratar con las Administraciones públicas de Aragón durante un periodo máximo de dos años.

2. En el caso de infracciones muy graves, al margen de la imposición de la sanción pecuniaria que corresponda, podrá imponerse con carácter complementario:

a) La sanción de decomiso o retirada de la mercancía falsificada, fraudulenta, no identificada o que entrañe o pueda entrañar riesgo para el consumidor, corriendo por cuenta del infractor todos los gastos que se originen como consecuencia de ello.

b) El cierre temporal total o parcial de la empresa, establecimiento o instalación infractora por un plazo máximo de cinco años para el caso de infracciones muy graves que supongan un alto riesgo para la salud y seguridad de las personas, un grave y considerable perjuicio económico o bien tengan una importante repercusión social o se aprecie en ellas un comportamiento especulativo por parte del infractor. En caso de reincidencia, se podrá proceder a la clausura definitiva de dicha empresa, establecimiento o instalación. Esta sanción comportará la prohibición de continuar la oferta o comercialización en los servicios de la sociedad de la información cuando la infracción se hubiera cometido por este medio.

c) La prohibición de contratar con las Administraciones públicas de Aragón durante un periodo máximo de cinco años.

Artículo 93. **Efectos accesorios de las sanciones**

1. La autoridad a quien corresponda resolver el expediente sancionador podrá acordar como efectos accesorios de las correspondientes sanciones, y con independencia de las mismas, la publicación de las sanciones impuestas en el caso de infracciones graves o muy graves. Esta publicidad deberá hacer referencia a los nombres y los apellidos de las personas físicas o la denominación o razón social de las personas jurídicas responsables, la clase y la naturaleza de las infracciones y la sanción principal impuesta, y deberá realizarse mediante su inserción en el Boletín Oficial de Aragón y en los medios de comunicación social de mayor difusión. También deberá comunicarse a las organizaciones de consumidores. El coste de dicha publicidad correrá de cuenta de la persona o entidad sancionada.

2. El Gobierno de Aragón podrá regular la imposibilidad de ser perceptor de ayudas oficiales, tales como créditos, subvenciones, desgravaciones fiscales y otros, por parte de las personas físicas o jurídicas que hubieren

sido sancionadas por infracciones muy graves en materia de defensa de los consumidores.

Artículo 94. **Graduación de las sanciones. Circunstancias atenuantes y agravantes**

1. Para determinar concretamente, dentro de los mínimos y máximos establecidos, las sanciones que proceda imponer y su extensión, se tendrán en cuenta las circunstancias atenuantes y agravantes previstas en los apartados siguientes.

2. Son circunstancias agravantes:

a) La reincidencia.

b) La reiteración.

c) La importancia del volumen de ventas generado por la actuación ilícita.

d) La entidad del beneficio ilícito obtenido.

e) El efecto perjudicial que la infracción haya podido producir sobre los precios y sobre los mismos sectores implicados.

f) La posición relevante en el mercado del infractor.

g) El incumplimiento de las advertencias o requerimientos previos formulados por la Administración para la subsanación de las irregularidades detectadas.

3. Son circunstancias atenuantes:

a) La escasa entidad del beneficio ilícito obtenido o del volumen de ventas generado por la actuación ilícita.

b) Haber corregido diligentemente las irregularidades en que consista la infracción, colaborado activamente para evitar o disminuir sus efectos u observado espontáneamente cualquier otro comportamiento de significado análogo, con anterioridad a cualquier requerimiento o advertencia realizado por la Administración pública o, en su caso, en cualquier momento previo a la propuesta de resolución sancionadora.

c) Haber acreditado en el correspondiente expediente, antes de que la sanción sea firme en vía administrativa, que las personas perjudicadas han sido compensadas satisfactoriamente de los perjuicios causados, siempre y cuando no concurra intoxicación, lesión, enfermedad o muerte ni existencia de indicios racionales de delito.

Artículo 95. **Reincidencia y reiteración**

1. Existirá reincidencia por la comisión en el término de un año de más de una infracción de la misma naturaleza cuando así haya sido declarado por resolución firme.

2. Se apreciará reiteración cuando, en el plazo de dos años anteriores a la comisión de la nueva infracción, el infractor hubiera sido sancionado de manera firme en vía administrativa por la comisión de otra infracción de las tipificadas en esta Ley o en otras cuyo bien jurídico protegido sean los intereses de los consumidores.

CAPÍTULO SEXTO
CONCURSO DE INFRACCIONES

Artículo 96. **Concurso de infracciones**

1. Al responsable de dos o más infracciones se le impondrán todas las sanciones correspondientes, salvo lo dispuesto en los apartados siguientes.

2. Cuando la comisión de una infracción comporte necesariamente la comisión de otra u otras, se impondrá sólo la sanción correspondiente a la más grave de las infracciones realizadas, sin perjuicio de que, al fijar su extensión, se tengan en cuenta todas las circunstancias.

3. Se sancionará como una única infracción continuada, aunque valorando la totalidad de la conducta, la realización de una pluralidad de acciones idénticas o similares que infrinjan el mismo precepto en ejecución de un plan preconcebido o aprovechando idéntica ocasión. En particular, se aplicará esta regla cuando se cometan las mismas infracciones en relación con una misma clase de bienes o servicios o con diferentes consumidores. Sin embargo, esas mismas acciones se considerarán infracciones diferentes y podrán sancionarse autónomamente si el responsable continúa realizándolas tras la advertencia, requerimiento u orden de la Administración pública para que cese en ellas o tras la iniciación de un primer procedimiento sancionador.

Artículo 97. **Principio de non bis in ídem**

En ningún caso se producirá una doble sanción en supuestos de identidad de sujeto infractor, hechos y fundamento sancionador, si bien deberán exigirse siempre las demás responsabilidades que se deduzcan de otros hechos o infracciones concurrentes.

Artículo 98. **Principios de proporcionalidad y efectividad de las sanciones**

La imposición de sanciones pecuniarias se hará de manera que la comisión de las infracciones no resulte más beneficiosa para la parte infractora que el incumplimiento de las normas infringidas, siempre con respeto al principio de proporcionalidad y guardándose la debida adecuación entre la gravedad del hecho constitutivo de la infracción y la sanción impuesta.

CAPÍTULO SÉPTIMO
PRESCRIPCIÓN

Artículo 99. **Prescripción**

1. De las infracciones.

1.1. Las infracciones a que se refiere esta Ley prescribirán por el transcurso de los siguientes plazos: las muy graves, a los tres años; las graves, a los dos años, y las leves, al año.

1.2. El plazo de prescripción empezará a contar desde el día siguiente al de la comisión de la infracción. A efectos de la determinación de este momento inicial se tendrán en cuenta las siguientes reglas:

a) Se entenderá cometida la infracción el día de finalización de la actividad o el del último acto con el que la infracción esté plenamente consumada.

b) En el caso de infracción continuada, el plazo comenzará a contarse desde el día en que se realizó la última de las acciones típicas incluida en aquélla.

c) Excepcionalmente, en el caso de que los hechos constitutivos de la infracción fueran desconocidos de manera general por carecer de cualquier signo externo, el plazo se computará desde que éstos se manifiesten. Salvo en este caso, será irrelevante el momento en que la Administración pública haya conocido la infracción, a efectos de determinar el plazo de prescripción de la infracción para el ejercicio de la potestad sancionadora.

1.3. Interrumpirá la prescripción de la infracción la iniciación, con conocimiento del presunto responsable, del procedimiento sancionador, reanudándose el plazo de prescripción si el expediente sancionador estuviera paralizado más de un mes por causa no imputable al presunto responsable.

2. De las sanciones.

2.1. Las sanciones por faltas muy graves prescribirán a los tres años; las impuestas por faltas graves, a los dos años, y las impuestas por faltas leves, al año.

2.2. El plazo de prescripción de las sanciones comenzará a contarse desde el día siguiente a aquél en que adquiera firmeza la resolución por la que se impone la sanción.

2.3. Interrumpirá la prescripción la iniciación, con conocimiento del interesado, del procedimiento de ejecución, volviendo a transcurrir el plazo si aquél está paralizado durante más de un mes por causa no imputable al infractor.

(...)

LEY 7/2014, DE 23 DE JULIO, DE PROTECCIÓN DE LAS PERSONAS CONSUMIDORAS Y USUARIAS DE LAS ILLES BALEARS

(*BOIB* de 31 de Julio de 2014)

(...)

TÍTULO IV
POTESTAD SANCIONADORA

Artículo 77. **Atribución de la potestad sancionadora**

1. Corresponde a la administración pública autonómica la potestad sancionadora en materia de consumo, y deben ejercerla los órganos de esta administración que tengan atribuida esta competencia.

2. Las infracciones en materia de consumo cometidas en el ámbito territorial de las Illes Balears serán sancionadas previa tramitación del correspondiente procedimiento sancionador.

Artículo 78. **Responsabilidad de las infracciones**

1. Serán responsables de las infracciones tipificadas en esta ley las personas físicas o jurídicas que por acción u omisión hubieren participado en las mismas.

2. El fabricante, el distribuidor, el importador o el vendedor de productos, bienes o servicios a los consumidores, responde del origen, la identidad y la idoneidad de los mismos, y de las infracciones comprobadas en ellos.

3. En el supuesto de productos envasados, identificados, etiquetados o cerrados con cierre íntegro, responde la firma o la razón social que figure en la etiqueta, la presentación o la publicidad. Podrá eximirse de esa responsabilidad probando su falsificación o incorrecta manipulación por terceras personas, que serán las responsables. Asimismo, también será responsable quien distribuya, comercialice y envase dichos productos.

En los productos etiquetados en un idioma distinto del exigido legal o reglamentariamente, se imputará la responsabilidad al distribuidor o al comercializador.

4. De los productos comercializados con marca propia, genérica o de distribución -marcas blancas- serán responsables tanto el titular de la marca como el fabricante.

5. Si el bien no lleva los datos necesarios para identificar al responsable de la infracción, de acuerdo con lo establecido por la normativa, se considerarán responsables los que comercialicen el bien, sin perjuicio de su derecho de repetición.

6. De los productos a granel será responsable el tenedor de los mismos, sin perjuicio de que se pueda identificar y probar la responsabilidad del anterior tenedor o proveedor.

7. Sin perjuicio de otras responsabilidades que puedan corresponderle, el vendedor de bienes, productos y servicios será responsable de las infracciones cometidas por incumplimiento del régimen establecido en materia de garantías y en materia del derecho de desistimiento reconocido legal o contractualmente. En caso de que sea imposible o una carga excesiva para el consumidor dirigirse contra el vendedor, será responsable el productor.

8. Cuando una infracción sea imputada a una persona jurídica podrán ser consideradas responsables también las personas físicas que integren sus órganos rectores, de dirección o administración, así como los técnicos responsables de la elaboración y el control de los productos o servicios en relación con los cuales se ha producido la infracción.

9. La actuación infractora de un empresario, individual o social, podrá ser imputada a las personas físicas o jurídicas que lo controlen o mantengan con él un contrato de franquicia o de venta o comercialización en exclusiva de sus productos y servicios.

10. En las infracciones cometidas en la prestación de servicios se considerará responsable a la persona física o jurídica obligada a la prestación del servicio.

11. Cuando se trate de infracciones cometidas con ocasión de la comercialización o la distribución de productos o servicios franquiciados, serán responsables solidarios el vendedor o el prestador directo del servicio y, en su caso, la persona o la entidad franquiciadora.

12. Si en la comisión de la infracción concurren varias personas, responderán solidariamente de ella.

Artículo 79. **Responsabilidades en supuestos de extinción de personas jurídicas**

1. En el caso de infracciones cometidas por personas jurídicas que se extinguieran antes de ser sancionadas, la responsabilidad administrativa, en lo que se refiere a las sanciones pecuniarias de multa y de comiso, se exigirá a las personas físicas que integren los órganos de dirección o administración en el momento de comisión de la infracción.

2. Las obligaciones de pago de multa y de comiso impuestas con anterioridad a la extinción de la personalidad jurídica, si no son satisfechas en la liquidación, se transmitirán a los socios o partícipes en el capital, quienes responderán solidariamente, hasta el límite del valor de la cuota de liquidación que se les haya adjudicado.

Artículo 80. **Otros responsables**

1. Cuando una empresa o cualquier persona se presente en el mercado como representante, actúe en nombre de otra empresa, haga ostentación pública de esta condición o actúe como si la tuviera, serán responsables solidarios tanto la empresa o la persona representante como la representada, salvo que se acredite ausencia de vinculación entre ellas.

2. Sin perjuicio de lo establecido en el apartado 1 de este artículo, cuando se desconozca el domicilio de un responsable o este no disponga de ninguno en territorio español, las notificaciones podrán dirigirse a cualquier persona que actúe como representante o en nombre de dicho responsable en territorio español, de hecho o de derecho, o haga ostentación pública de esta condición o actúe como si la tuviera.

Artículo 81. **Tipificación de infracciones**

Se consideran infracciones en materia de defensa de los consumidores, además de las previstas en la legislación básica, las siguientes:

I. Infracciones relativas a la información precontractual

1. Presentar u ofrecer por cualquier medio productos, bienes o servicios de modo que se induzca a error o confusión acerca de la verdadera naturaleza de los mismos, atribuyéndoles cualesquiera cualidades o características que difieran de los que realmente tienen o puedan obtener.

2. Hacer publicidad engañosa de productos, bienes o servicios.

3. Poner a disposición de los consumidores productos, bienes o servicios sin la información mínima y/o relevante, veraz, correcta, suficiente y transparente sobre sus características esenciales así como sobre sus condiciones de utilización.

4. No proporcionar gratuitamente la información precontractual que debe facilitarse al consumidor o la información obligatoria en materia de precios.

5. Vender al público bienes o prestar servicios a precios superiores a los máximos legalmente establecidos o a los precios comunicados o anunciados.

6. Exigir la contratación de productos o servicios accesorios no deseados, aprovechando la empresa su posición de superioridad o prevaliéndose de una situación en la que se encuentre mermada la libertad de elección del consumidor o vinculando la formalización de otro contrato a dicha contratación.

7. Utilizar cualquier método de venta que induzca a pagar servicios o productos accesorios que vienen predeterminados en la oferta sin que el consumidor los haya solicitado expresamente o cuando se induzca o se confunda al consumidor para que los solicite sin tener plena conciencia de ello.

8. Utilizar cualquier método de venta que no informe, no posibilite o dificulte la obtención de los descuentos a los que tengan derecho los consumidores.

9. No entregar presupuesto cuando sea preceptivo, entregarlo sin los requisitos legal o reglamentariamente previstos o cobrar por su elaboración si está prohibido.

10. No obtener el consentimiento previo del consumidor en las modificaciones o los aumentos del presupuesto.

11. Incluir en la oferta, la promoción o la publicidad de bienes, productos y servicios, formatos, tamaños de letras o contrastes que incumplan la normativa específica aplicable.

12. No indicar, en las ofertas comerciales en las que se presenten de forma detallada los servicios que se ofrecen, si el empresario está adherido a un sistema extrajudicial de resolución de conflictos o a un código de conducta o de buenas prácticas, ni el modo de obtener información sobre sus características o el modo de acceder a dicho sistema extrajudicial.

13. No hacer constar inequívocamente el carácter comercial y la identidad del empresario en las comunicaciones comerciales realizadas mediante técnicas de comunicación a distancia.

14. Exigir al consumidor cualquier tipo de contraprestación por la recepción de comunicaciones comerciales o de publicidad.

15. Utilizar prácticas comerciales agresivas, abusivas, desleales o engañosas.

16. Incurrir en conductas discriminatorias en el acceso a los bienes y la prestación de servicios.

II. Infracciones relativas a los contratos con los consumidores

1. Incumplir la normativa en materia de establecimiento, gratuidad, contenido o funcionamiento de los servicios de atención al cliente.

2. Comercializar bienes y prestar servicios sin que el consumidor pueda, en cualquiera de sus fases, identificar, localizar y contactar con la empresa o el profesional.

3. No prever o no informar los prestadores de servicios o de suministros de tracto sucesivo o continuado sobre el procedimiento para darse de baja del servicio, limitar injustificadamente este derecho u obstaculizar su ejercicio.

4. Suspender el suministro o la prestación de servicios de interés general de tracto sucesivo sin realizar los requerimientos u obtener las autorizaciones que procedan o sin cumplir los demás requisitos establecidos en la normativa de aplicación.

5. No informar al consumidor en los servicios y suministros calculados mediante contador, sobre si se aplica el sistema de lectura real o estimada o sobre cuál es el procedimiento de medición, o aplicarlos fuera de los casos legal o reglamentariamente admitidos.

6. No entregar al consumidor recibo justificante, copia o documento acreditativo de las condiciones esenciales del contrato en el que se incluyan todos los datos exigidos legal o reglamentariamente junto con las condiciones generales de contratación, en su caso, aceptadas y firmadas por el consumidor.

7. No formalizar gratuitamente y en soporte duradero el contrato cuando sea legal o reglamentariamente exigible.

8. No entregar junto con el contrato la documentación complementaria exigida legal o reglamentariamente.

9. No proporcionar en la compraventa de viviendas la documentación exigida legal o reglamentariamente en el momento de la entrega.

10. No entregar, junto con el contrato, las instrucciones de uso o conservación de los productos o servicios adquiridos y/o contratados cuando así sea exigible legal o reglamentariamente.

11. Incluir en los contratos, en las instrucciones de uso o en las condiciones de utilización, formatos, tamaños de letras o contrastes que incumplan la normativa específica aplicable.

12. No informar al consumidor o no respetar el contenido del derecho al desistimiento del contrato reconocido legal, reglamentaria o contractualmente, o no proporcionarle el documento de desistimiento.

13. Introducir cláusulas abusivas en los contratos.

14. Incumplir los requisitos establecidos legalmente sobre las cláusulas no negociadas individualmente.

15. Incluir en los contratos remisiones o reenvíos a condiciones generales o a textos o documentos que no se faciliten previa o simultáneamente a la conclusión del contrato, o sin permitir al adherente una posibilidad efectiva de conocer su existencia, alcance y contenido en el momento de la formalización de aquel.

16. No enviar inmediatamente al consumidor justificación de la contratación efectuada telefónica o electrónicamente, incluyendo las condiciones generales y particulares.

17. Incumplir el deber de formalización y entrega de los contratos, de la documentación preceptiva y del régimen establecido expresamente en los contratos suscritos fuera del establecimiento mercantil.

18. Incumplir las obligaciones en materia de información y documentación que se debe suministrar al consumidor, de plazos de ejecución y de devolución de cantidades abonadas y, en general, el régimen jurídico establecido para los contratos suscritos a distancia.

19. En los contratos suscritos a distancia, el uso de técnicas de comunicación comercial que requieran el consentimiento expreso previo o la falta de oposición del consumidor, sin que se den estos requisitos.

20. Incumplir la obligación de anular, a solicitud del consumidor, los cargos derivados de un uso fraudulento o indebido de la tarjeta de crédito.

21. Incumplir el régimen jurídico de garantías establecido legal o contractualmente ante la falta de conformidad de los productos, así como las condiciones para su ejercicio.

22. Engañar, defraudar u ocultar la existencia y las características de los servicios de asistencia técnica o de los talleres oficiales de reparación de vehículos.

23. No respetar el derecho a un adecuado servicio técnico y, en general, incumplir las disposiciones normativas sobre los servicios de asistencia técnica y los talleres oficiales de reparación de vehículos.

24. No integrar en el contrato las condiciones establecidas en la oferta, la promoción y la publicidad de bienes, productos y servicios, así como no ajustarse estos a las descripciones realizadas en la oferta, publicidad, presentación o a lo dispuesto en el contrato.

25. Defraudar en la prestación de toda clase de servicios, de forma que se incumplan las condiciones, el plazo, el precio, la calidad, la cantidad, la intensidad o la naturaleza de los mismos, conforme a la categoría con que estos se ofrezcan. Se considerará fraude el mero incumplimiento de lo pactado o exigible sin necesidad de ánimo específico.

26. Alterar, adulterar o defraudar en cuanto al origen, la calidad, la composición, la cantidad, el peso o la medida, el precio o el plazo de entrega de cualquier clase de bienes o productos. Se considera fraude el mero incumplimiento de lo exigible sin necesidad de existencia de un ánimo específico.

27. No entregar el resguardo de depósito correspondiente cuando un consumidor entregue un bien o producto para su verificación, comprobación, reparación o sustitución.

28. Imponer injustificadamente al consumidor la condición expresa o tácita de comprar productos o contratar servicios no solicitados o imponer al consumidor la realización de una prestación que corresponde al empresario.

29. Exigir cualquier tipo de contraprestación, precio o pago por bienes o servicios no entregados o no prestados.

30. No remitir a los consumidores las grabaciones de las conversaciones en las que se contenga la información precontractual y contractual, incumplir los requisitos exigidos para ello o hacer la grabación sin advertir al consumidor.

31. Publicitar la sumisión al sistema arbitral de consumo con la intención de engañar al consumidor.

32. Negarse injustificadamente a satisfacer las pretensiones del consumidor realizadas de buena fe o conforme al uso establecido.

33. No aceptar las monedas de curso legal entregadas de buena fe o conforme a los usos o no aceptar los medios ofertados como medio de pago.

34. Cobrar comisiones superiores a las permitidas por ley o autorizadas por los organismos competentes por usar tarjetas de crédito o débito como edio de pago.

III. Infracciones relativas a la idoneidad de los productos y servicios

1. Incumplir las disposiciones que regulen el marcado, etiquetado y envasado de productos.

2. Producir, importar, distribuir, manipular o comercializar bienes o productos no seguros.

3. No poner en conocimiento previo de los consumidores, por medios apropiados, los riesgos que puedan provenir de una utilización previsible de los bienes y servicios, teniendo en cuenta la naturaleza, las características y la duración de los mismos y las circunstancias personales de sus destinatarios.

4. Producir, importar, distribuir, manipular o comercializar productos que en su composición lleven sustancias clasificadas como peligrosas sin estar envasados con las garantías de seguridad exigidas, sin llevar de forma visible las advertencias oportunas respecto a su manipulación o sin contener las explicaciones para mitigar los posibles efectos perjudiciales sobre la salud y seguridad.

5. Producir, importar, distribuir, manipular o comercializar bienes o servicios que carezcan de las marcas de seguridad obligatorias o de los datos mínimos que permitan identificar al responsable del bien o al prestador del servicio.

6. No retirar del mercado, no suspender la comercialización o la prestación del servicio o no recuperar de los consumidores los productos, bienes o servicios que no se ajusten a las condiciones o a los requisitos exigidos o que, por cualquier otra causa, supongan un riesgo previsible para la salud y la seguridad de las personas, en cuanto tengan conocimiento de los mismos.

7. Utilizar sustancias, ingredientes o materiales prohibidos o susceptibles de generar riesgos para la salud y la seguridad de las personas, salvo que se cumplan los requisitos de seguridad, publicidad e información legal o reglamentariamente exigibles.

8. Vulnerar las medidas adoptadas por los órganos competentes en materia de consumo o desatender total o parcialmente las instrucciones que estos impongan, ante situaciones de riesgo para la salud y la seguridad de los consumidores.

9. Incumplir las disposiciones sobre seguridad en cuanto afecten o puedan suponer un riesgo para los consumidores.

10. No conservar las empresas los datos y los documentos necesarios para que pueda comprobarse la trazabilidad de los bienes o productos durante los plazos establecidos legal o reglamentariamente.

11. Producir, importar, distribuir, manipular o comercializar bienes o productos que lleven marcas distintivas sobre el cumplimiento de los requisitos mínimos de seguridad, sin que efectivamente se acredite su cumplimiento.

12. Incumplir las disposiciones relativas a la normalización o clasificación de bienes o servicios a disposición de los consumidores en el mercado.

13. Elaborar, distribuir, suministrar o vender bienes o servicios cuando su composición, calidad o características no se ajusten a las disposiciones vigentes o difieran de las declaradas por cualquier medio.

14. Corregir defectos en los bienes mediante procesos y procedimientos que no estén expresa y reglamentariamente autorizados o dirigidos a encubrir la inferior calidad o la alteración de los productos utilizados.

15. Comercializar bienes o productos con fecha de consumo preferente sobrepasada.

IV. Infracciones sobre los procedimientos de control administrativo

1. No disponer de hojas de reclamaciones o denuncia a disposición de los consumidores, de los carteles informativos sobre las mismas o de los medios sustitutivos de dichos carteles.

2. No entregar las hojas de reclamaciones o denuncia a los consumidores que las soliciten.

3. Consignar, en las hojas de reclamaciones o denuncia, los datos identificativos de la empresa de forma errónea o incompleta e incumplir las demás obligaciones establecidas en la normativa que los regula.

4. Suspender la prestación de un servicio contratado de tracto sucesivo, con posterioridad a la presentación de una reclamación y sin otra justificación razonable de la suspensión.

5. Incumplir las normas relativas a documentación, información, libros o registros establecidos obligatoriamente para el régimen y el funcionamiento adecuados de la empresa, la instalación o el servicio y como garantía para la protección del consumidor, la carencia de toda o parte de la documentación, su defectuosa gestión o la negativa a suministrarla a la administración, cuando afecte a la determinación o la calificación de los hechos presuntamente constitutivos de infracción.

6. Incumplir los requerimientos efectuados por los órganos administrativos, encaminados al esclarecimiento de los hechos y las responsabilidades susceptibles de sanción.

7. Incumplir o desatender reiteradamente los requerimientos efectuados por la administración para la subsanación de simples irregularidades o para la subsanación de incumplimientos. Se entenderá que hay reiteración cuando después de dos requerimientos no se diera cumplimiento a los mismos.

8. Excusarse reiteradamente, negarse o resistirse las personas físicas o jurídicas a comparecer, siempre que medie citación notificada al respecto por parte de la administración en desarrollo de las labores de información, vigilancia, investigación, inspección, tramitación y ejecución, de acuerdo con esta ley. Se entenderá que hay reiteración cuando después de dos citas no haya comparecencia.

9. Realizar actos de represalia, coacción, presión o desconsideración sobre los funcionarios para influir en la actuación inspectora o limitarles su libertad de movimiento.

10. Realizar actos de resistencia, obstrucción o negativa a facilitar las funciones de inspección, vigilancia o información, así como a suministrar o facilitar datos a los inspectores, y, en especial, la negativa encaminada a evitar las tomas de muestras o a hacer ineficaz la inspección.

11. Incumplir las medidas cautelares, adoptadas por las autoridades competentes, así como incumplir las medidas necesarias para asegurar la

eficacia de las resoluciones administrativas que pudieran recaer en los procedimientos.

12. Incumplir las disposiciones o resoluciones administrativas sobre la prohibición de venta, comercialización o distribución de determinados bienes o la prestación de servicios a determinados establecimientos o a tipos específicos de consumidores.

13. Incumplir la obligación de conservación, depósito y custodia de los productos sobre los que se haya practicado una toma de muestras.

V. Otras conductas infractoras

1. Instar la inclusión de un consumidor en un registro de solvencia financiera, sin que se cumplan los requisitos establecidos en la normativa de protección de datos de carácter personal.

2. Realizar actos de resistencia, coacción, amenaza, represalia o cualquier otra forma de presión a los consumidores o a las asociaciones de consumidores que hayan promovido o pretendan promover cualquier clase de acción legal, denuncia, reclamación o participación en procedimientos ya iniciados.

3. Incumplir las disposiciones contenidas en la normativa sobre crédito al consumo para la protección de los consumidores.

4. Acaparar o detraer injustificadamente del mercado bienes o productos destinados directa o indirectamente al suministro o las venta al público, cuando tales actividades puedan causar un perjuicio para el consumidor.

5. Realizar otros actos de incumplimiento de los requisitos, las obligaciones o las prohibiciones establecidos en la legislación en materia de defensa de los consumidores.

Artículo 82. **Clasificación y calificación de las infracciones**

1. Las infracciones en materia de consumo se clasifican en leves, graves y muy graves:

a) Son infracciones graves las tipificadas en el artículo 81 anterior, apartados I.1, I.2, I.3, I.6, I.7, I.15, I.16, II.2, II.3, II.4, II.13, II.14, II.15, II.17, II.18, II.20, II.22, II.24, II.25, II.26,II.29, II.31, III.2, III.5, III.8, III.9, III.10, III.14, IV. 2, IV.4, IV.8, IV.10, IV.11, IV.12, IV.13, V.1 y V.4.

b) Son infracciones muy graves las tipificadas en el artículo 81 anterior, apartados III.4, III.6, III.7, IV.9 y V.2.

c) El resto son infracciones leves.

2. No obstante la calificación inicial, las infracciones en materia de consumo se calificarán como graves o muy graves en función de la concurrencia de uno o más de los siguientes criterios:

a) Que se produzca daño o riesgo considerable en la salud o la seguridad de los consumidores.

b) Que se produzca una lesión considerable de los intereses económicos de los consumidores.

c) Que la cuantía del beneficio ilícito obtenido sea desproporcionada en relación con el valor del bien, del servicio o del suministro.

d) Que la cuantía del perjuicio causado como consecuencia directa o indirecta de la infracción sobrepase el importe máximo establecido para las sanciones aplicables a las infracciones calificadas como graves.

e) Que produzcan una alteración social grave, originando alarma o desconfianza en los consumidores o afectando desfavorablemente a un sector económico.

f) Que concurra negligencia grave o dolo.

g) Que la infracción se haya generalizado, teniendo en cuenta el número de destinatarios afectados por la misma.

h) Que el infractor tenga una posición relevante en el mercado o en cualquier otro ámbito de actuación.

i) Que se haya creado una situación de desabastecimiento de un sector o de una zona de mercado.

j) Que se haya cometido aprovechando la situación especial de desequilibrio o indefensión de determinados consumidores o de consumidores vulnerables.

3. La concurrencia de tres o más agravantes, sin que haya atenuantes, en una infracción leve o grave implicará su calificación como grave o muy grave, respectivamente.

4. La concurrencia de dos o más atenuantes, sin que haya agravantes, en una infracción muy grave o grave, implicará su calificación como infracción grave o leve, respectivamente.

Artículo 83. **Criterios de graduación de las sanciones**

Una vez calificadas las infracciones como leves, graves o muy graves, se graduarán las sanciones en grado mínimo, medio o máximo. En la graduación de las sanciones deberán observarse los siguientes criterios:

1. Agravantes:

a) Que exista dolo o intencionalidad.

b) Que haya reiteración en la conducta infractora por haber cometido otras infracciones en materia de defensa del consumidor, cuando así haya sido declarado por resolución firme en vía administrativa.

c) Que haya reincidencia por comisión en más de una ocasión de la misma infracción en el plazo de cinco años, cuando así haya sido declarado por resolución firme en vía administrativa.

d) Que la naturaleza de los perjuicios causados a los consumidores revista gravedad por la naturaleza o los efectos de los mismos, o en atención a las circunstancias personales de los consumidores.

e) Que exista un elevado volumen de ventas o de prestación de servicios.

f) Que se hayan cometido valiéndose de situaciones de necesidad en el consumidor.

g) Que afecte a bienes de uso o consumo común, ordinario y generalizado.

2. Atenuantes:

a) La subsanación posterior de los hechos, siempre que se realice antes de dictarse resolución del procedimiento sancionador.

b) La reparación efectiva del daño causado al consumidor.

c) El sometimiento de los hechos al arbitraje de consumo.

d) La ausencia de ánimo de lucro.

e) El reducido volumen de ventas de la empresa siempre que el perjuicio causado sea de escasa entidad.

3. Si no concurren atenuantes ni agravantes, se impondrá la sanción en grado medio. Si concurren una o más atenuantes, se impondrá la sanción en grado mínimo y, si concurren una o más agravantes, se impondrá en grado máximo.

En la imposición de las sanciones se podrán compensar las circunstancias agravantes o atenuantes, salvo que se acredite la existencia de dolo, lo que supondrá la imposición de la sanción en su grado máximo.

4. La imposición de las sanciones pecuniarias se hará de manera que la comisión de las infracciones no resulte más beneficiosa para el infractor que el cumplimiento de las normas infringidas, siempre con respeto al principio de proporcionalidad, guardándose la debida adecuación entre la gravedad del hecho constitutivo de la infracción y la sanción a imponer.

Artículo 84. **Reducción de la sanción**

1. Se aplicará una reducción del cincuenta por ciento del importe de la sanción correspondiente a las infracciones graves o leves si el presunto responsable presta su conformidad con el contenido de la resolución de inicio y justifica el ingreso del citado importe durante los quince días siguientes a su notificación. En este caso, se entiende que la persona interesada renuncia a formular alegaciones y presentar cualquier tipo de ulterior recurso.

2. Se aplicará una reducción del veinte por ciento del importe de la sanción correspondiente a las infracciones graves o leves si el presunto responsable presta su conformidad con el contenido de la propuesta de resolución y justifica el ingreso del citado importe durante los quince días siguientes a su notificación. En este caso, se entiende que la persona interesada renuncia a formular alegaciones y a presentar cualquier tipo de ulterior recurso.

Artículo 85. **Cuantía de las sanciones**

Por la comisión de infracciones en materia de defensa del consumidor se podrán imponer las siguientes sanciones:

a) Multa de 300 euros a 4.500 euros en caso de infracciones leves.

b) Multa de 4.500,01 euros a 24.000 euros en caso de infracciones graves y se puede sobrepasar esta cuantía hasta llegar al quíntuple del valor de los productos o servicios objeto de la infracción.

c) Multa de 24.000,01 euros a 660.000 euros en caso de infracciones muy graves, pudiendo rebasarse dicha cantidad hasta alcanzar el quíntuple del valor de los bienes o servicios objeto de la infracción.

Artículo 86. **Sanciones accesorias**

1. La autoridad a la que corresponda resolver el procedimiento podrá acordar, previa propuesta del instructor y como sanción, el decomiso de la

mercancía adulterada, falsificada, fraudulenta o no identificada y de aquella que pueda suponer un riesgo para el consumidor, siendo la persona infractora quien pague los gastos que originen las operaciones de intervención, depósito, decomiso y destrucción de la mercancía.

2. También se podrá imponer como sanción a la empresa responsable de la infracción el pago de todos los gastos derivados del procedimiento de toma de muestras.

3. Además podrá acordarse como sanción el cierre temporal del establecimiento, la instalación o el servicio donde se cometió la infracción por el plazo máximo de cinco años, en aquellos casos en los que se cometa una falta muy grave.

4. En las infracciones en materia de publicidad, el órgano competente para sancionar podrá exigir a la persona infractora como sanción, de oficio o a instancia de las organizaciones de consumidores y usuarios, la publicación a sus expensas de un comunicado en el que se rectifique la publicidad efectuada, que deberá realizarse en las mismas o similares condiciones en que se produjo la actuación sancionada. En el caso que la persona infractora no cumpla esta obligación será procedente la ejecución subsidiaria.

5. Por razones de ejemplaridad, la autoridad que adopte la resolución del procedimiento sancionador podrá acordar que se dé publicidad a las sanciones graves o muy graves impuestas cuando estas hayan adquirido firmeza en vía administrativa, acompañadas del nombre de la empresa y de las personas naturales o jurídicas responsables, con expresa indicación de las infracciones cometidas. Dichos datos se publicarán en el Butlletí Oficial de les Illes Balears y en el Boletín Oficial del Estado, si la empresa infractora es de ámbito estatal o internacional, y, si se considera oportuno, en un medio de comunicación.

Artículo 87. **Órganos competentes**

1. El titular de la dirección general competente en materia de consumo de la Administración de la comunidad autónoma de las Illes Balears es el órgano competente para iniciar, tramitar y resolver los procedimientos sancionadores en dicha materia.

2. La competencia en esta materia se ejercerá si las infracciones se hubiesen cometido en territorio de la comunidad autónoma de las Illes Balears, cualquiera que sea la naturaleza o el carácter de la relación de consumo.

3. Las infracciones se entenderán cometidas en el territorio de las Illes Balears cuando las ofertas, las comunicaciones comerciales o cualquier otro

tipo de propuestas han sido dirigidas a los consumidores que se encuentren en dicho territorio, cualquiera que sea la nacionalidad o el domicilio de quien las cometa e independientemente del lugar en que se ubiquen sus establecimientos.

4. La infracción se entiende igualmente cometida en territorio de las Illes Balears cuando el contrato se haya suscrito en dicho territorio.

5. Los contratos suscritos a distancia o fuera del establecimiento mercantil, cualquiera que sea su modalidad, en los que intervenga como parte un consumidor se considerarán suscritos en el lugar en que este tenga su residencia habitual.

6. Se entenderá cometida en el territorio de las Illes Balears la infracción relativa a los contratos de transporte aéreo, cuando el vuelo de que se trate tenga su origen o destino en las Illes Balears y el usuario tenga en él su residencia habitual.

Artículo 88. **Medidas cautelares**

1. El órgano competente para iniciar y resolver el procedimiento podrá adoptar las medidas cautelares en la misma resolución de iniciación del procedimiento o durante la instrucción del mismo, siempre que concurra una situación de riesgo para la salud o la seguridad de los consumidores o puedan lesionarse sus intereses económicos y sociales, y sea necesario para garantizar la eficacia de la resolución que pueda recaer.

2. Se podrán adoptar cualquiera de las medidas previstas en el artículo 73 de la presente ley.

3. Las medidas cautelares se extinguirán con la eficacia de la resolución administrativa que ponga fin al procedimiento.

Artículo 89. **Procedimiento**

1. La imposición de las sanciones previstas en la presente ley requerirá la tramitación de un procedimiento en los términos previstos legal o reglamentariamente.

2. Los procedimientos sancionadores en materia de consumo se tramitarán siempre de forma ordinaria sin acudir a procedimientos abreviados o simplificados.

3. El procedimiento se tramitará de acuerdo con lo previsto en la presente ley y en la normativa reglamentaria de la Administración de la comunidad autónoma de las Illes Balears sobre procedimiento sancionador.

4. El plazo máximo para dictar y notificar la resolución expresa en los procedimientos sancionadores en materia de consumo será de un año, con independencia de la naturaleza de la infracción. Dicho plazo comenzará a contarse desde la fecha de la resolución de iniciación y finalizará con la notificación o el intento debidamente justificado de notificación de la resolución sancionadora. Transcurrido dicho plazo se producirá la caducidad del procedimiento.

La declaración de caducidad del procedimiento no impedirá la incoación de uno nuevo, si no hubiera prescrito la infracción.

5. Las solicitudes de análisis contradictorios suspenderán el plazo de caducidad del procedimiento hasta que se reciban sus resultados. Lo mismo ocurrirá con los análisis dirimentes que fuera necesario practicar.

6. Las personas físicas o jurídicas que resulten presuntamente responsables de los hechos que sean constitutivos de infracción administrativa tendrán la consideración de interesadas en los procedimientos sancionadores que se instruyan en materia de consumo.

7. En los procedimientos sancionadores se garantizarán al presunto responsable, entre otros, los siguientes derechos:

a) Ser notificado de los hechos que se le imputen, de las infracciones que tales hechos puedan constituir y de las sanciones que, en su caso, se le puedan imponer, así como de la identidad del instructor, de la autoridad competente para imponer la sanción y de la norma que atribuye tal competencia.

b) Formular alegaciones y utilizar los medios de defensa admitidos por el ordenamiento jurídico que resulten procedentes.

c) Los demás derechos reconocidos por la legislación estatal y autonómica que resulten de aplicación.

8. Si en el curso de la información reservada o en la tramitación del procedimiento el órgano competente o el instructor estima que existe identidad de sujeto, hecho y fundamento entre la presunta infracción administrativa y una posible falta o delito, se dará traslado de las actuaciones al Ministerio Fiscal.

En tal supuesto, así como cuando se tenga conocimiento de que se está sustanciando un proceso penal en el que concurren las circunstancias enumeradas en el párrafo anterior, el órgano competente para la iniciación del procedimiento acordará su suspensión y, en su caso, de la eficacia de los actos administrativos de imposición de sanción hasta que se dicte la resolución judicial. Las medidas administrativas que hubieran sido adoptadas para salvaguardar la salud y la seguridad de las personas se mantendrán en tanto la autoridad judicial se pronuncie sobre las mismas.

En ningún caso se producirá una doble sanción por los mismos hechos y en función de los mismos intereses públicos protegidos, si bien deberán exigirse las demás responsabilidades que se deduzcan de otros hechos o infracciones concurrentes.

En todo caso los hechos declarados probados por resolución judicial penal firme vinculan a los órganos administrativos respecto a los procedimientos sancionadores que sustancien.

Artículo 90. **Prescripción**

1. Las infracciones en materia de defensa del consumidor prescriben a los seis años las calificadas de muy graves, a los cuatro años las graves y a los dos las leves. En los supuestos de concurrencia de infracciones o de infracciones conexas o tramitadas en un mismo procedimiento, el plazo de prescripción será el que corresponda a la infracción más grave.

2. El plazo de prescripción comienza a contar desde el día de la comisión de la infracción y se interrumpe en el momento en que se notifique la resolución de inicio del procedimiento sancionador. Si iniciado el procedimiento este se paraliza por más de un mes por causa imputable a la administración, se iniciará de nuevo íntegramente el cómputo de los plazos de prescripción a partir del día siguiente de haber transcurrido dicho mes.

3. A los efectos del cómputo del plazo de prescripción se tendrán en cuenta las siguientes reglas para determinar la consumación de la infracción:

a) Se entenderá cometida la infracción el día de finalización de la actividad o el del último acto con el que la infracción esté plenamente consumada.

b) En el caso de infracción continuada, el plazo comenzará a contar desde el día en que se realizó la última de las acciones típicas incluidas en aquella.

c) En el caso de infracción permanente o infracción de estado, el plazo empezará a contarse desde que se ponga fin a la situación ilícita creada.

d) En el caso de que los hechos constitutivos de la infracción fueran desconocidos de manera general por carecer de cualquier signo externo, el plazo se computará desde su manifestación.

4. Las sanciones a que se refiere la presente ley prescriben a los seis años las muy graves, a los cuatro años las graves y a los dos años las leves, desde que adquieran firmeza en vía administrativa.

5. La prescripción de las sanciones se interrumpirá en los términos previstos en la Ley de régimen jurídico de las administraciones públicas y del procedimiento administrativo común.

(...)

LEY 3/2003, DE 12 DE FEBRERO, DEL ESTATUTO DE LOS CONSUMIDORES Y USUARIOS DE LA COMUNIDAD AUTÓNOMA DE CANARIAS

(*BOIC* de 19 de Febrero de 2003)

(...)

TÍTULO V
DE LA POTESTAD SANCIONADORA

Artículo 39. **Potestad sancionadora**

1. Corresponde a las Administraciones Públicas de Canarias la potestad sancionadora en materia de consumo, ejerciéndose por los órganos administrativos que la tengan atribuida.

2. En el ámbito de la Administración Pública de la Comunidad Autónoma de Canarias los órganos competentes para la imposición de sanciones son:

a) El Gobierno de Canarias para imponer sanciones por infracciones calificadas como muy graves.

b) El consejero competente en materia de consumo para imponer sanciones por infracciones calificadas como graves, cuando la cuantía de la multa supere 6.000 euros.

c) El director general competente en materia de consumo para imponer sanciones por infracciones calificadas como leves y las graves cuando la cuantía de la multa no exceda de 6.000 euros.

Las facultades a que se refiere este apartado podrán ser objeto de desconcentración por decreto del Gobierno.

Artículo 40. **Tipificación de las infracciones**

1. Tendrán la consideración de infracciones en materia de defensa de los consumidores y usuarios los incumplimientos de los deberes y prohibiciones establecidos en la presente Ley. Las infracciones se clasifican en muy graves, graves y leves.

2. Tendrán la consideración de infracciones muy graves las siguientes:

a) Las acciones u omisiones que produzcan riesgos o daños efectivos para la salud o seguridad de los consumidores y usuarios realizadas de forma consciente o deliberada.

b) El incumplimiento o transgresión de los requerimientos previos que concretamente formulen las autoridades competentes para situaciones específicas, al objeto de evitar contaminaciones o circunstancias lesivas para la salud pública o la seguridad de los consumidores y usuarios.

c) El incumplimiento de las medidas provisionales adoptadas por la autoridad competente.

d) Las infracciones graves previstas en las letras b), c) y e) del apartado 3 de este artículo que puedan producir un riesgo o daño grave y directo para la salud y seguridad de los consumidores y usuarios.

e) La reincidencia en la comisión de infracciones graves de la misma naturaleza en el último año. El plazo comenzará a contarse desde el día siguiente a aquel en que adquiera firmeza la resolución.

3. Tendrán la consideración de infracciones graves las siguientes:

a) Las acciones u omisiones que produzcan o puedan producir riesgos o daños efectivos para la salud o seguridad de los consumidores y usuarios realizadas por abandono de la diligencia y precauciones exigibles en la actividad, servicio o instalación de que se trate.

b) El incumplimiento de las disposiciones relativas a la seguridad de bienes y servicios.

c) La elaboración, distribución, suministro o venta de bienes y productos a los que se haya adicionado o sustraído cualquier sustancia o elemento para variar su composición, calidad, estructura, peso o volumen, para corregir defectos mediante procesos o procedimientos que no estén expresa y reglamentariamente autorizados, o para encubrir la inferior calidad o alteración de los productos utilizados.

d) La puesta en el mercado de bienes y productos o la prestación de servicios cuando haya sido declarada prohibida por una norma o por una resolución administrativa.

e) La comercialización de bienes y productos o la prestación de servicios que, precisando autorización administrativa, carezcan de ella.

f) El incumplimiento del deber de veracidad informativa o publicitaria en la venta de bienes y productos o en la prestación de servicios, de manera que se les atribuyan calidades, características, resultados o condiciones de adquisición, uso o devolución que difieran de las que realmente posean o puedan obtenerse, y toda la publicidad que, de cualquier forma, induzca o pueda inducir a error a las personas a las que se dirige, así como aquella que silencie datos fundamentales que impidan conocer las verdaderas características o naturaleza del producto o servicio.

g) La inclusión, en las condiciones generales de los contratos que suscriban los consumidores y usuarios o en las ofertas publicitarias, de cláusulas que limiten o vulneren los derechos reconocidos en las disposiciones aplicables o que resulten abusivas para éstos o contrarias a la buena fe.

h) La resistencia, negativa u obstrucción a las labores de inspección, a suministrar datos o informaciones solicitadas por las autoridades competentes o sus agentes, en el curso de las funciones de información, vigilancia, investigación, inspección, tramitación y ejecución, así como el suministro de información inexacta o documentación falsa o el incumplimiento de los requerimientos de subsanación de irregularidades previstas en el artículo 33.

i) La reincidencia en la comisión de infracciones leves de la misma naturaleza en el último año. El plazo comenzará a contarse desde el día siguiente a aquel en que adquiera firmeza la resolución.

j) Cualquier conducta tendente a ocultar, hacer desaparecer o manipular las muestras depositadas reglamentariamente o las mercancías decomisadas o intervenidas.

4. Tendrán la consideración de infracciones leves las siguientes:

a) La elaboración, distribución, suministro o venta de bienes y productos cuando su composición, calidad, cantidad, etiquetado o precio no se ajuste a las disposiciones vigentes o difiera de la declarada u ofertada.

b) El incumplimiento en la prestación de todo tipo de servicios, de las condiciones de calidad, intensidad, naturaleza, plazo o precio de acuerdo con la normativa que resulte aplicable o con las condiciones que se presten u oferten.

c) El incumplimiento de las disposiciones que normalicen bienes y productos, así como de aquellas que regulen los requisitos documentales y de funcionamiento establecidos en la normativa vigente reguladora de la actividad comercial y de prestación de servicios.

d) El incumplimiento de las normas reguladoras de precios, incluidas las referentes a marcado o exhibición, la exigencia en la entrega de bienes o prestación de servicios de cantidades superiores a las anunciadas, ofertadas, presupuestadas, autorizadas, comunicadas o legalmente establecidas, así como la no aceptación de los medios de pago admitidos legalmente u ofertados.

e) La imposición injustificada de condiciones, recargos o cobros indebidos, de prestaciones accesorias no solicitadas o de cantidades mínimas o máximas.

f) La negativa injustificada a satisfacer las demandas del consumidor y usuario producidas de buena fe o conforme al uso establecido, cuando su satisfacción esté dentro de las disponibilidades del vendedor o prestador de un servicio, así como cualquier forma de discriminación con respecto a las referidas demandas.

g) La carencia o la no tenencia de las hojas de reclamaciones a disposición del consumidor y usuario, la negativa a su entrega, así como la no exhibición en lugar visible del preceptivo cartel anunciador de su existencia.

h) La no entrega a los consumidores y usuarios del correspondiente resguardo de depósito o su emisión con incumplimiento de los requisitos preceptivos.

i) La no entrega a los consumidores y usuarios del correspondiente presupuesto previo o su emisión con incumplimiento de los requisitos preceptivos.

j) La no expedición a los consumidores y usuarios del documento de garantía, la entrega del documento de garantía con incumplimiento de los requisitos establecidos, así como la vulneración o inobservancia de los derechos que las normas o los documentos de garantía entregados u ofertados reconocen a los consumidores y usuarios.

k) La no extensión o entrega de la correspondiente factura o documento acreditativo de las transacciones comerciales o prestaciones de servicios, así como su emisión con incumplimiento de los requisitos preceptivos.

l) La excusa reiterada, la negativa o resistencia a la comparecencia de las personas físicas o jurídicas, en las dependencias propias o ante las autoridades competentes, siempre que medie requerimiento notificado, expreso y por escrito al respecto por parte de las autoridades competentes o sus agentes en desarrollo de las labores de información, mediación, vigilancia, investigación, inspección, tramitación y ejecución.

m) El incumplimiento de los requisitos, obligaciones o prohibiciones expresamente establecidos en la normativa en materia de defensa de los consumidores y usuarios y disposiciones complementarias, cuando no suponga falta grave o muy grave.

Artículo 41. **Responsabilidad de las infracciones**

1. Serán responsables de las infracciones tipificadas en esta Ley, las personas físicas o jurídicas que por acción u omisión hubieran participado o incurrieran en las mismas.

2. El fabricante, importador, vendedor o suministrador de bienes, productos o servicios responderán del origen, identidad e idoneidad de los bienes, productos y servicios y de las infracciones comprobadas en ellos.

3. De los productos a granel será responsable el tenedor de los mismos sin perjuicio de que se pueda identificar y probar la responsabilidad del anterior tenedor o proveedor.

4. En el supuesto de productos envasados, etiquetados o cerrados con cierre íntegro, responde de su calidad, composición, cantidad y seguridad, la firma o razón social que figure en la etiqueta, presentación o publicidad, el importador o el primer comercializador. Podrá eximirse de su responsabilidad probando su falsificación, incorrecta manipulación o conservación, siempre que se indique la forma de conservación.

5. Si en la comisión de una infracción concurriesen varias personas, éstas responderán solidariamente.

Artículo 42. **Sanciones**

1. Las infracciones en materia de defensa del consumidor serán sancionadas con multas, con arreglo a la siguiente escala:

a) Infracciones leves, hasta 3.000 euros.

b) Infracciones graves, desde 3.000,01 a 15.000 euros, pudiéndose rebasar dicha cantidad hasta alcanzar el quíntuplo del valor de los productos, bienes o servicios objeto de la infracción.

c) Infracciones muy graves, desde 15.000,01 a 600.000 euros, pudiendo rebasar dicha cantidad hasta alcanzar el quíntuplo del valor de los productos, bienes o servicios objeto de la infracción.

El Gobierno de Canarias podrá revisar y actualizar las cuantías de las sanciones, teniendo en cuenta la variación de los índices de precios al consumo.

2. 3. La autoridad competente para resolver el procedimiento podrá acordar como sanción accesoria el decomiso de la mercancía adulterada, deteriorada, prohibida, no autorizada, falsificada, fraudulenta, no identificada o que pueda entrañar riesgo para el consumidor.

Dicha autoridad determinará el destino final que deba darse a los bienes y productos decomisados, que deberán destruirse si su utilización o consumo constituyera peligro para la seguridad o salud pública, siendo por cuenta del infractor los gastos que originen las operaciones de intervención, transporte, depósito y destrucción de los bienes y productos, así como cuantos otros sean necesarios para asegurar el destino final de los mismos.

4. En los supuestos de infracciones muy graves, el Gobierno de Canarias podrá acordar el cierre temporal del establecimiento, instalación o servicio donde se cometió la infracción, por el plazo máximo de cinco años, siendo de aplicación en tal caso lo prevenido al respecto por la legislación laboral.

Artículo 43. **Graduación de las sanciones**

La graduación de las sanciones se efectuará atendiendo a las circunstancias siguientes:

1. Agravantes:

a) Existencia de intencionalidad o reiteración en la conducta infractora.

b) La producción de una grave alteración social.

c) La alta incidencia de la infracción en el mercado.

d) La naturaleza de los perjuicios causados a los consumidores y usuarios.

e) Que afecte a productos, bienes o servicios de uso o consumo común, ordinario y generalizado.

f) La incidencia en los colectivos especialmente protegidos.

2. Atenuantes:

a) La subsanación posterior de los hechos siempre que se realice antes de dictarse la resolución del procedimiento sancionador.

b) La reparación efectiva del daño causado.

Artículo 44. **Prescripción y procedimiento**

1. El plazo de prescripción de las infracciones en materia de consumo será de cinco años para las muy graves, de tres años para las graves y de dos años para las leves. El plazo de prescripción empezará a contar desde el día de la comisión de la infracción y se interrumpirá en el momento en que el interesado tenga conocimiento de la iniciación de un procedimiento sancionador.

2. Las solicitudes de pruebas periciales así como de análisis y ensayos técnicos, contradictorios y dirimentes, que fueran necesarios para determinar la responsabilidad, interrumpirán el cómputo del plazo de caducidad del procedimiento ya iniciado hasta que se practiquen.

3. Las sanciones impuestas por faltas muy graves prescribirán a los tres años, las impuestas por faltas graves a los dos años y las impuestas por faltas leves al año.

4. El procedimiento para la imposición de sanciones en esta materia se determinará reglamentariamente.

TÍTULO VI
COMPETENCIAS DE LAS ADMINISTRACIONES PÚBLICAS

Artículo 45. **Competencias de la Administración Pública de la Comunidad Autónoma de Canarias**

1. Corresponde al Gobierno de Canarias la dirección y planificación de la política de defensa de los consumidores y usuarios en su ámbito territorial, ejercer la potestad reglamentaria en esta materia y coordinar la actuación de las entidades locales en la consecución de los objetivos fijados en esta Ley.

2. El Gobierno de Canarias dispondrá de un registro actualizado e informatizado de los servicios municipales de consumo, así como de las organizaciones de consumidores y usuarios y/o federaciones existentes y operativas en el territorio.

3. Corresponde a los órganos de la Administración Pública de la Comunidad Autónoma de Canarias con competencia sectorial en materia de consumo, dentro de la planificación general mencionada en el apartado anterior, la ejecución de la presente Ley y de las normas que la desarrollan, realizando, con sujeción a los principios que la inspiran, las siguientes actuaciones:

a) Coordinar los planes de actuación conjunta en materia de protección al consumidor.

b) Apoyar a las entidades locales, así como elaborar programas de actuación conjunta con las mismas a fin de garantizar los principios de colaboración y cooperación administrativa y actuar supletoriamente cuando aquéllas no puedan desarrollar las funciones previstas en la presente Ley.

c) Establecer líneas de coordinación y cooperación con las asociaciones de consumidores y las organizaciones empresariales.

d) Diseñar, coordinar y ejecutar campañas de control de mercado, estableciendo anualmente un programa en el que, a fin de garantizar una protección homogénea del consumidor a nivel autonómico, se definan las actuaciones autonómicas y el grado de participación de los distintos órganos administrativos.

e) Diseñar, coordinar y ejecutar actuaciones singulares y generales de información y formación dirigidas al consumidor y usuario.

f) Realizar la inspección y control de mercado de bienes, productos y servicios de consumo, practicar las oportunas tomas de muestras de productos, así como adoptar las medidas provisionales en los supuestos previstos en esta Ley.

g) Ejercer la potestad sancionadora, con base en la competencia atribuida en la presente Ley.

h) Fomentar y desarrollar en colaboración con la Administración del Estado el Sistema Arbitral de Consumo.

i) En general, adoptar en el ámbito de sus competencias cuantas medidas sean necesarias para el debido cumplimiento de lo establecido en esta Ley.

Artículo 46. **Competencias de las entidades locales**

1. Corresponde a las entidades locales velar por la protección y defensa de los consumidores y usuarios, en el ámbito de su territorio, con el alcance y contenido que les atribuye la presente Ley y el resto de las normas jurídicas que le sean de aplicación, y en concreto:

a) La información y educación de los consumidores y usuarios y el establecimiento de oficinas y servicios de información al consumidor y usuario.

b) La inspección de productos y servicios de uso o consumo común, ordinario y generalizado puestos a disposición del consumidor y usuario, para comprobar su origen e identidad, el cumplimiento de la normativa vigente en materia de precios, etiquetado, presentación y publicidad y los demás requisitos o signos externos que hacen referencia a sus condiciones de higiene, sanidad y seguridad.

c) Prestar las colaboraciones precisas, en los supuestos de crisis o emergencias que afecten a la salud, seguridad o intereses económicos de los consumidores y usuarios.

d) El ejercicio de la potestad sancionadora, por la comisión de infracciones de carácter leve o grave en materia de consumo, en relación con las empresas y establecimientos domiciliados en su ámbito territorial, siempre y cuando la infracción se haya cometido en el mismo y fuera conocida por sus propios servicios de inspección.

2. El ejercicio de las competencias tendrá que ser determinado por el correspondiente decreto u ordenanza.

Artículo 47. **Colaboración y coordinación administrativa**

1. Las Administraciones Públicas de Canarias competentes en materia de defensa de los consumidores y usuarios ajustarán su actuación a los principios de colaboración y cooperación, de acuerdo con las reglas generales de las relaciones interadministrativas.

2. Con objeto de asegurar la necesaria coordinación interadministrativa, los respectivos ayuntamientos y cabildos insulares se comunicarán entre sí y con el órgano competente en materia de consumo de la Administración Pública de la Comunidad Autónoma de Canarias, los procedimientos sancionadores iniciados y, en su caso, la sanción impuesta, en materia de defensa de los consumidores y usuarios.

3. Los distintos órganos de la Administración Pública de la Comunidad Autónoma de Canarias con potestad sancionadora en sectores materiales relacionados con la defensa de los consumidores y usuarios, se comunicarán entre sí los procedimientos sancionadores que inicien y, en su caso, las sanciones impuestas en los mismos.

4. El órgano de la Administración Pública de la Comunidad Autónoma de Canarias con competencias específicas en materia de consumo se encargará de la coordinación de los distintos departamentos del Gobierno con competencias concurrentes, respecto de la política de defensa de los consumidores y usuarios que se establezca por éste.

5. La Administración Pública de la Comunidad Autónoma de Canarias concertará con las entidades locales fórmulas de participación activa de éstas en programas conjuntos de protección de los consumidores y usuarios y entre éstos, las actuaciones en campañas de control de productos y servicios y la atención de las demandas de información, formación y cooperación en materia de consumo.

(...)

LEY DE CANTABRIA 1/2006, DE 7 DE MARZO, DE DEFENSA DE LOS CONSUMIDORES Y USUARIOS

(*BOC* de 15 de Marzo de 2006)

(...)

TÍTULO IV
RÉGIMEN SANCIONADOR

CAPÍTULO I
DISPOSICIONES GENERALES

Artículo 43. **Responsabilidad civil y penal**

La responsabilidad civil o penal en la que pudieran incurrir los diferentes sujetos que intervienen en el proceso de producción, fabricación, elaboración o comercialización de bienes o prestación de servicios podrá exigirse con independencia de lo dispuesto en el presente Título.

Artículo 44. **Potestad sancionadora**

1. En el ámbito de la presente Ley, y sin perjuicio de lo previsto en el artículo siguiente, la potestad sancionadora corresponde al Gobierno de Cantabria, quien la ejercerá a través de los siguientes órganos:

a) El/la Director/a General competente por razón de la materia, para imponer las sanciones que se deriven de infracciones leves.

b) El/la Consejero/a competente por razón de la materia, para imponer las sanciones que se deriven de infracciones graves.

c) El Gobierno de Cantabria, para imponer las sanciones que se deriven de infracciones muy graves.

2. Se autoriza al Gobierno de Cantabria para modificar, mediante decreto, las competencias atribuidas en el apartado anterior.

3. Cuando en el mismo procedimiento se contemplen diversas infracciones calificadas de forma distinta, el órgano competente para dictar resolución será el que la tenga para sancionar la más grave.

4. Las competencias sancionadoras previstas en este artículo habrán de encontrarse referidas a infracciones cometidas en el territorio de la Comunidad Autónoma de Cantabria, con independencia del lugar donde radique el domicilio social o residencia del empresario o profesional.

5. No podrán ser sancionados con arreglo a la presente Ley los hechos previamente sancionados en vía penal o administrativa en los que se aprecie identidad de sujeto, hecho y fundamento. De igual modo, cuando las infracciones ya hubieran sido objeto de sanción, con identidad de sujeto, objeto y fundamento, en territorio de otra Comunidad Autónoma, no podrán ser sancionadas en la Comunidad Autónoma de Cantabria.

6. Cuando el órgano competente tenga conocimiento de que se está desarrollando un procedimiento sancionador sobre los mismos hechos en otra Comunidad Autónoma, solicitará al órgano administrativo territorial correspondiente comunicación sobre las resoluciones adoptadas, a efectos de aplicar la previsión contenida en el apartado anterior. En cualquier caso, no podrán efectuarse inhibiciones en favor de otras Administraciones autonómicas.

Artículo 45. **Competencia sancionadora de los municipios**

1. Sin menoscabo de las competencias sancionadoras de la Administración autonómica, que podrán ejercerse en todo caso, los municipios podrán iniciar, instruir y resolver los procedimientos sancionadores previstos en la presente Ley. A estos efectos, y sin perjuicio de que el importe de las sanciones a imponer por los municipios sea el previsto en el artículo 51 de la presente Ley, su competencia orgánica se determinará conforme a la legislación de régimen local y a sus normas de organización.

2. Las competencias sancionadoras de los municipios estarán referidas a infracciones en las que concurran las circunstancias siguientes:

a) Haber sido detectadas o conocidas por los propios servicios municipales.

b) Haberse desarrollado la conducta típica íntegramente en el término municipal correspondiente.

c) No haberse iniciado el correspondiente procedimiento sancionador por los órganos competentes de la Administración autonómica.

3. Cuando los órganos del municipio tuvieran conocimiento de la comisión de conductas tipificadas como infracciones en la presente Ley no localizadas exclusivamente dentro de su término municipal, lo pondrán de

forma inmediata en conocimiento de los órganos competentes del Gobierno de Cantabria, remitiendo toda la información que obrare en su poder. De igual modo, y sin perjuicio de las competencias sancionadoras previstas para las infracciones localizadas exclusivamente dentro de su término municipal, los municipios podrán limitarse, previa motivación, a poner los hechos en conocimiento de los órganos competentes del Gobierno de Cantabria para su correspondiente sanción.

4. Los órganos competentes del Gobierno de Cantabria se inhibirán de ejercer su potestad sancionadora cuando tuvieran conocimiento de que se ha incoado con anterioridad un procedimiento sancionador por los órganos competentes de un municipio con identidad de sujeto, hecho y fundamento. A estos efectos, los órganos competentes del municipio pondrán en conocimiento de los órganos competentes del Gobierno de Cantabria de forma inmediata la incoación de un procedimiento sancionador. No obstante, si durante la tramitación se descubrieran infracciones conexas en otros términos municipales que hicieren conveniente la instrucción de un único procedimiento, los órganos competentes del Gobierno de Cantabria podrán requerir motivadamente a la Administración local para que se abstenga de continuar la tramitación iniciada y remita, en el menor tiempo posible, toda la documentación e información que obrare en su poder.

5. Los órganos competentes de los municipios se inhibirán de ejercer su potestad sancionadora cuando tuvieran conocimiento de que se ha incoado con anterioridad un procedimiento sancionador por los órganos competentes del Gobierno de Cantabria con identidad de sujeto, hecho y fundamento. A estos efectos, los órganos competentes del Gobierno de Cantabria pondrán en conocimiento del municipio, que pudiera ejercer la competencia sancionadora de acuerdo con lo previsto en la presente Ley, de forma inmediata la incoación de un procedimiento sancionador.

Artículo 46. **Personas responsables**

1. Son responsables de las infracciones de consumo las personas físicas o jurídicas que dolosa o culposamente incurran en las mismas.

2. Cuando en relación con los mismos bienes o servicios e infracciones conexas hayan in tervenido distintos sujetos, como fabricantes o importadores, envasadores, marquistas, distri buidores o minoristas, cada uno será responsable de su propia infracción.

3. Asimismo, la responsabilidad de los coautores de una misma infracción será indepen diente y se impondrá a cada uno la sanción correspondiente a la infracción en la extensión adecuada a su culpabilidad y demás

circunstancias personales. En particular, se entenderán incluidos en este caso los anunciantes y agencias de publicidad respecto de las infracciones de publicidad subliminal, engañosa o que infrinja lo dispuesto en la normativa sobre publicidad de determinados bienes o servicios.

4. Los importadores o quienes distribuyan por primera vez en el mercado nacional produc tos de consumo que puedan afectar a la seguridad y salud de los consumidores o usuarios, tienen el deber de asegurar que dichos productos cumplen los requisitos exigibles para ser puestos a disposición de los consumidores o usuarios. Asimismo, responderán solidariamente de las sanciones impuestas a sus suministradores o proveedores, con independencia de la res ponsabilidad que les corresponda por sus propias infracciones cuando, dentro de su deber de diligencia, no hayan adoptado las medidas que estén a su alcance, incluyendo la facilitación de información, para prevenir las infracciones cometidas por estos.

5. Cuando una infracción sea imputada a una persona jurídica podrán ser consideradas también como responsables las personas que integren sus organismos rectores o de dirección, así como los técnicos responsables de la elaboración y control.

6. Conforme a lo previsto en el artículo 28.2 de la Ley 40/2015, de 1 de octubre, en el pro cedimiento sancionador podrá exigirse al infractor la reposición de la situación alterada por la infracción a su estado original y, en su caso, la indemnización de daños y perjuicios causados al consumidor o usuario, que será determinada y exigida por el órgano al que corresponda el ejercicio de la potestad sancionadora debiendo notificarse al infractor para que proceda a su satisfacción en un plazo que será determinado en función de la cuantía. De no satisfacerse la indemnización en el plazo que al efecto se determine en función de su cuantía, se procederá en la forma prevista en el artículo 101 de la Ley 39/2015, de 1 de octubre, del Procedimiento Administrativo Común de las Administraciones Públicas.

7. La atribución al empresario de la carga de probar el cumplimiento de las obligaciones que le competen de conformidad con lo previsto en esta ley también abarca el ámbito administra tivo sancionador en el caso de obligaciones de dar o hacer por parte del empresario.

Artículo 47. **Lugar de comisión de la infracción**

A los efectos previstos en este Título, las infracciones se entienden cometidas en cualquiera de los lugares en los que se desarrollen las acciones u omisiones que conforman la conducta típica o se materialice la lesión o riesgo para los intereses de los consumidores o usuarios. No obstante, si la conducta tipificada está directamente vinculada al establecimiento o superficie comercial en los que se desarrolla la actividad, la infracción se entenderá cometida en el término municipal donde radique el inmueble referido.

Artículo 48. **Medidas preventivas**

1. Sin perjuicio de las medidas que se puedan adoptar en el curso del procedimiento sancionador, el órgano competente de las Administraciones públicas de Cantabria para la iniciación de procedimientos en materia de consumo adoptará mediante acuerdo motivado, y siempre que concurra una situación de riesgo para la salud o la seguridad de los consumidores o usuarios o puedan lesionarse de forma grave sus intereses económicos y sociales, las siguientes medidas preventivas:

a) Suspensión o prohibición de las producción, fabricación, elaboración o comercialización de bienes o de la prestación de servicios.

b) Inmovilización de los bienes objeto de producción, fabricación, elaboración o comercialización.

c) Cierre del establecimiento mercantil o industrial donde se desarrollare la actividad económica o del correspondiente dominio de la sociedad de la información.

d) Cualquier otra medida ajustada a la legalidad vigente que fuera necesaria.

2. Las medidas previstas en el apartado anterior podrán ser adoptadas en el mismo acuerdo de iniciación del procedimiento o durante la instrucción del mismo por el órgano competentes para resolver. No obstante, en los casos de urgencia y para la protección provisional de los interese implicados, las referidas medidas también podrán ser adoptadas y ejecutadas por los servicios de inspección antes de la iniciación del procedimiento administrativo, debiendo ser ratificadas por el órgano competentes en el plazo de diez días hábiles, computados desde el día siguiente a aquel en que se hayan adoptado, cesando sus efectos si en dicho plazo no se produce la notificación de la ratificación.

3. Las medidas provisionales deben ser proporcionales al daño que se pretende evitar, debiendo mantenerse exclusivamente el tiempo necesario. En todo caso, podrán ser alzadas o modificadas durante la tramitación del procedimiento, de oficio o a instancia de parte, si no se confirman los indicios que las motivaron, se subsanan las deficiencias observadas o por cualquier otra causa desaparece el peligro que trataba de evitarse.

4. Las medidas provisionales se extinguirán con la eficacia de la resolución administrativa que ponga fin al procedimiento sancionador.

CAPÍTULO II
INFRACCIONES

Artículo 49. **Concepto**

1. Constituyen infracciones administrativas en esta materia las acciones u omisiones de los distintos sujetos responsables tipificadas en la presente Ley y en el resto de normativa general y sectorial aplicable en la Comunidad de Cantabria.

2. Las infracciones se califican en esta Ley como leves, graves y muy graves.

3. Como principio general, al responsable de dos o más infracciones se le impondrán todas las sanciones correspondientes. No obstante, en el caso de que un solo hecho sea constitutivo de dos o más infracciones, o cuando una de ellas sea medio para cometer la otra, la sanción o sanciones se impondrán en proporción a la gravedad de la conducta. Del mismo modo, tendrá la consideración de una sola infracción administrativa continuada la realización de una pluralidad de acciones u omisiones tipificadas en esta Ley que infrinjan un mismo mandato, en ejecución de un plan preconcebido o aprovechando idéntica ocasión.

4. Tendrá la consideración de infracción administrativa permanente la realización de una acción u omisión tipificada en la presente Ley cuyos efectos perjudiciales para el consumidor perduren en el tiempo transcurrido desde que aquélla se comete hasta el momento de ser conocidas por el órgano administrativo competente.

Artículo 50. **Tipificación de infracciones**

Son infracciones administrativas en materia de defensa de los consumidores y usuarios las acciones u omisiones tipificadas en la presente Ley.

1. Infracciones en materia de protección de la salud y seguridad de los consumidores:

a) El incumplimiento de los requisitos, condiciones, obligaciones o prohibiciones de natura leza sanitaria.

b) Las acciones u omisiones que produzcan riesgos o daños efectivos para la salud o seguri dad de los consumidores y usuarios, ya sea en forma consciente o deliberada, ya por abandono de la diligencia y precauciones exigibles en la actividad, servicio o instalación de que se trate.

c) El incumplimiento o transgresión de los requisitos previos que concretamente formulen las autoridades competentes para situaciones específicas, al objeto de evitar contaminaciones, circunstancias o conductas nocivas de otro tipo que puedan resultar gravemente perjudiciales para la salud pública.

2. Infracciones por alteración, adulteración o fraude en bienes y servicios:

a) La alteración, adulteración o fraude en bienes y servicios susceptibles de consumo por adición, sustracción de cualquier sustancia o elemento, alteración de su composición o calidad o incumplimiento de las condiciones que correspondan a su naturaleza.

b) La elaboración, distribución, suministro o venta de bienes, productos y servicios suscep tibles de consumo cuando su composición, calidad, cantidad, peso, tamaño u otros elementos relevantes no se ajusten a las disposiciones vigentes o difieran de las declaradas u ofertadas.

c) El incumplimiento de las disposiciones administrativas que prohíban elaborar, distribuir, suministrar o comercializar determinados productos, bienes o servicios, y la elaboración, dis tribución, suministro o comercialización de los que precisen autorización administrativa y no la posean, salvo que esté atribuido expresamente a otra autoridad.

3. Infracciones en materia de documentación, transacciones comerciales y precios:

a) El incumplimiento de las normas relativas a registro, normalización o denominación de productos, etiquetado, envasado y publicidad de bienes y servicios, incluidas las relativas a la información previa a la contratación.

b) La no exhibición al público en lugar visible desde el exterior del horario comercial de la oficina o establecimiento.

c) No disponer de hojas de reclamaciones en modelo normalizado, no anunciar su existen cia, así como negarse a facilitarlas a los consumidores que las soliciten.

d) La falta de transparencia y exposición pública y visible de los precios de los bienes o servicios ofertados o incumplimiento de las normas reguladoras en esta materia.

e) El cobro a los consumidores de precios superiores a los presupuestados o comunicados comercialmente, así como incrementar los precios de los repuestos al aplicarlos en las repa raciones.

f) La ausencia de entrega de un presupuesto previo cuando sea obligatorio o sea solicitado por el consumidor, así como su emisión con incumplimiento de los requisitos exigidos por la normativa aplicable.

g) La ausencia de entrega del resguardo de depósito de bienes a los consumidores cuando sea preceptivo o cuando aquellos lo soliciten, así como su emisión con incumplimiento de los requisitos exigidos en la normativa aplicable.

h) No extender recibo justificante, factura, contrato o documento acreditativo de las tran sacciones comerciales realizadas en los términos previstos legalmente, así como su emisión con incumplimiento de los requisitos exigidos por la normativa aplicable.

i) La facturación de trabajos no realizados, o ejecutados sustituyendo piezas cuando las mismas no fueran necesarias, para conseguir un incremento del precio, o con instalación de piezas o accesorios de peor calidad que los indicados por el consumidor o usuario o que los presupuestados o cobrados, o realizar trabajos de reparación, instalación o similares cuando no hayan sido solicitados o autorizados por éste.

j) La negativa a aceptar el pago en efectivo como medio de pago dentro de los límites establecidos por la normativa tributaria y de prevención y lucha contra el fraude fiscal.

k) El incumplimiento de los deberes y prohibiciones impuestos por la Administración me diante órdenes o como medidas cautelares o provisionales dictadas con el fin de evitar la producción o continuación de riesgos o lesiones para los consumidores y usuarios, así como el incumplimiento de los compromisos adquiridos para poner fin a la infracción y corregir sus efectos.

l) Realizar prácticas comerciales desleales, por acción u omisión, que provoquen o puedan provocar a los consumidores y usuarios un comportamiento que de otra forma no hubiera tenido lugar, así como la realización de publicidad ilícita infringiendo lo establecido en las dis posiciones aplicables.

m) La introducción o existencia de cláusulas abusivas en los contratos, así como la no re moción de sus efectos una vez declarado judicialmente su carácter abusivo o sancionado tal hecho en vía administrativa con carácter firme.

n) Las limitaciones o exigencias injustificadas al derecho del consumidor de poner fin a los contratos de prestación de servicios o suministro de productos de tracto sucesivo o continuado, la obstaculización al ejercicio de tal derecho del consumidor a través del procedimiento pac tado, la falta de previsión de éste o la falta de comunicación al usuario del procedimiento para darse de baja del servicio.

ñ) La negativa injustificada a vender un bien expuesto o un servicio públicamente ofertado, o la violación del derecho de los consumidores a decidir razonablemente la cantidad de bienes que desean adquirir o de servicios que desean recibir en un establecimiento, o la limitación del número de artículos que pueden ser adquiridos o el incumplimiento de las obligaciones sobre venta conjunta o la imposición injustificada de condiciones sobre prestaciones no solicitadas.

o) El incumplimiento de los deberes de información a los consumidores y usuarios acerca de las condiciones normales de utilización y conservación de los bienes o servicios, así como de la obligación legal de entregar las instrucciones de uso y conservación de los bienes adquiridos.

p) El incumplimiento del régimen de garantías y servicios postventa, o del régimen de re paración de productos de naturaleza duradera.

q) El incumplimiento de los deberes y obligaciones sobre servicio técnico de productos de naturaleza duradera, o sobre la existencia de repuestos previstos legalmente.

4. Infracciones en la contratación a distancia y fuera de establecimientos mercantiles:

a) El incumplimiento del régimen establecido en materia de contratos celebrados fuera de establecimientos mercantiles.

b) El incumplimiento de las obligaciones que la regulación de los contratos celebrados a distancia impone en materia de plazos de ejecución y devolución de cantidades abonadas, el envío o suministro, con pretensión de cobro, de bienes o servicios no solicitados por el consu midor y usuario y el uso de técnicas de comunicación que requieran el consentimiento expreso previo o la falta de oposición del consumidor y usuario, cuando no concurra la circunstancia correspondiente, así como la negativa u obstrucción al ejercicio del derecho de desistimiento.

c) El incumplimiento de las obligaciones que la regulación de los contratos celebrados a distancia impone en materias no recogidas en la letra anterior.

5. Otras infracciones:

a) El incumplimiento de las obligaciones en relación con los servicios de atención al cliente previstos en la normativa vigente.

b) La falta de contestación a la reclamación del consumidor o usuario en el plazo de diez hábiles, salvo que la complejidad del asunto justifique un plazo mayor, que no podrá exceder de un mes.

c) La obstrucción o negativa a suministrar información a los inspectores de consumo, o a facilitar las funciones de vigilancia, inspección o control.

d) La obstrucción o negativa a suministrar las condiciones generales de la contratación que establece la normativa vigente o cualquier otra información requerida por la Administración competente en el ejercicio de sus competencias.

e) El suministro de información inexacta o incompleta por empresarios profesionales a las autoridades competentes o a sus agentes.

f) La utilización del distintivo oficial de adhesión al Sistema Arbitral de Consumo, sin estar adherido o utilizar distintivos de arbitraje de consumo susceptibles de inducir a error al con sumidor.

g) Toda actuación discriminatoria contra personas consumidoras vulnerables independien temente del motivo o contra cualquier consumidor o usuario por el ejercicio de los derechos que confiere esta Ley o sus normas de desarrollo, ya sea no atendiendo sus demandas, negán doles el acceso a los establecimientos o dispensándoles un trato o imponiéndoles unas condi ciones desiguales, así como el incumplimiento de las prohibiciones de discriminación previstas en el Reglamento (UE) 2018/302, cuando dicha actuación no sea constitutiva de delito.

h) El incumplimiento de la obligación de afianzar o garantizar las cantidades entregadas a cuenta para los casos legalmente previstos.

i) Cualquier otro incumplimiento de los requisitos, obligaciones o prohibiciones establecidas en la legislación en materia de defensa de los consumidores y usuarios o cualquier otra situa ción que induzca a engaño o confusión al mismo.

Artículo 50 bis. ***Calificación de las infracciones.***

1. Las infracciones contrarias a la salud de los consumidores y usuarios recogidas en los apartados a), b) y c) del artículo 50.1 se calificarán de conformidad con lo previsto en el artículo 35 de Ley 14/1986, de 25 de abril,General de Sanidad. Las mismas reglas, adaptando las referencias al bien jurídico protegido, se aplicarán respecto a las infracciones lesivas de la seguridad de los consumidores y usuarios.

2. Las infracciones previstas en esta Ley tendrán la calificación de leves, salvo las señaladas en el apartado 3 y las especialidades previstas en los apartados 4 y 5 de este artículo.

3. En todo caso, serán calificadas como graves las siguientes infracciones:

a) La contemplada en el artículo 50.2.a).

b) Las descritas en el artículo 50.3.k), 50.3.m) y 50.3.p).

c) Las contempladas en el artículo 50.4.a) y 50.4.b).

d) Las señaladas en el artículo 50.5.c) cuando sea reiterada la obstrucción a la Inspección de Consumo y 50.5.h).

e) Asimismo, tendrán en todo caso la consideración de graves aquellas infracciones calificadas como leves en las que concurran alguna de las siguientes circunstancias:

1 .ª Que las conductas infractoras se produzcan consciente o deliberadamente, o por falta de los controles y las precauciones exigibles en la actividad, el servicio o la instalación de que se trate.

2 .ª Que menoscaben la habitabilidad de la vivienda.

4. Las infracciones que, de acuerdo con el apartado anterior, merezcan en principio la calificación de leve o grave de acuerdo con el apartado anterior serán calificadas respectivamente como graves o muy graves si concurriere alguna de las siguientes circunstancias:

a) Haber sido realizadas aprovechando situaciones de necesidad de determinados bienes, productos o servicios de uso o consumo ordinario y generalizado, así como originar igual situación.

b) Haberse realizado explotando la especial inferioridad, subordinación o indefensión de determinados consumidores o grupos de ellos.

c) Cometerse con incumplimiento total de los deberes impuestos o con una habitualidad, duración u otras circunstancias cualitativas o cuantitativas que impliquen desprecio manifiesto de los intereses públicos protegidos por esta Ley.

d) Producir una alteración social grave, injustificada y previsible en el momento de la comisión, originando alarma o desconfianza en los consumidores o usuarios o incidiendo desfavorablemente en un sector económico.

e) Realizarse prevaliéndose de la situación de predominio del infractor en un sector del mercado.

f) Ser reincidente el responsable por la comisión de cualesquiera delitos o infracciones lesivas de los intereses de los consumidores o usuarios en las condiciones y plazos previstos en el artículo 29.3.d) de la Ley 40/2015, de 1 de octubre, de Régimen Jurídico del Sector Público .

5. Las infracciones que, de acuerdo con los apartados anteriores, merezcan en principio la calificación de grave o muy grave se considerarán respectivamente como leve o grave si antes de iniciarse el procedimiento sancionador el responsable corrigiera diligentemente las irregularidades en que consista la infracción, siempre que no haya causado perjuicios directos, devolviera voluntariamente las cantidades cobradas, colaborara activamente para evitar o disminuir los efectos de la infracción u observara espontáneamente cualquier otro comportamiento de análogo significado.

No obstante, no se tendrá en cuenta lo dispuesto en el párrafo anterior, y se impondrá la sanción en su grado máximo, cuando se acredite alguna de las siguientes circunstancias:

a) Que se trate de una infracción continuada o de una práctica habitual.

b) Que la infracción comporte un riesgo para la salud o la seguridad de los consumidores y usuarios, salvo que el riesgo forme parte del tipo infractor.

6. Cuando concurrieran circunstancias del apartado 4 con las del apartado 5 se podrán compensar para la calificación de la infracción

CAPÍTULO III
SANCIONES

Artículo 51. **Importe de las sanciones**

1. La imposición de sanciones deberá garantizar, en cualquier circunstancia, que la comisión de una infracción no resulte más beneficiosa para la parte infractora que el incumplimiento de las normas infringidas.

Sobre esta base, las infracciones serán sancionadas con multa comprendida entre los si guientes importes máximos y mínimos:

a) Infracciones leves: entre 150 y 10.000 euros, pudiéndose sobrepasar esas cantidades hasta alcanzar entre dos y cuatro veces el beneficio ilícito obtenido.

b) Infracciones graves: entre 10.001 y 100.000 euros pudiéndose sobrepasar esas cantida des hasta alcanzar entre cuatro y seis veces el beneficio ilícito obtenido.

c) Infracciones muy graves: ente 100.001 y 1.000.000 euros, pudiéndose sobrepasar esas cantidades hasta alcanzar entre seis y ocho veces el beneficio ilícito obtenido.

No obstante, cuando la aplicación de los rangos indicados anteriormente conlleve la imposi ción de una sanción desproporcionada en relación con la capacidad económica del infractor se podrá utilizar el rango asignado a la calificación de un menor nivel de gravedad para el cálculo de la sanción.

2. Las anteriores cuantías de las multas se encontrarán a su vez divididas conforme al si guiente esquema:

a) Infracciones leves:

Grado mínimo, entre 150 y 3.500 euros.

Grado medio, entre 3.500,01 y 7.000 euros.

Grado máximo, entre 7.000,01 y 10.000 euros.

b) Infracciones graves:

Grado mínimo de 10.000,01 a 35.000 euros.

Grado medio de 35.000,01 a 70.000 euros.

Grado máximo de 70.000,01 a 100.000 euros.

c) Infracciones muy graves:

Grado mínimo, entre 100.000,01 y 350.000 euros.

Grado medio, entre 350.000,01 y 700.000 euros.

Grado máximo, entre 700.000,01 y 1.000.000 euros.

3. Para determinar, dentro de los mínimos y máximos establecidos, el importe de la multa correspondiente a cada infracción, se atenderá especialmente a la concurrencia de alguna de las circunstancias que no hubieran podido ser tenidas en cuenta para alterar la calificación de la infracción o que no se dieran con todos sus requisitos, además de la naturaleza de la infracción, el grado de culpabilidad o la existencia de intencionalidad, el carácter continuado de la infracción, el número de consumidores afectados, el nivel de los daños y perjuicios que hayan sufrido, las sanciones impuestas por la misma infracción a su autor en otros Estados miembros en casos transfronterizos así como el volumen de negocio anual o cualquier otro indicador de su capacidad económica.

4. El beneficio ilícito se calculará, cuando no pueda ser determinado exactamente, con cri terios estimativos e incluirá el aumento de ingresos y el ahorro de gastos que haya supuesto directa o indirectamente la infracción sin descontar multas, perjuicios de los comisos o cierres, ni las cantidades que por cualquier concepto haya tenido que abonar el responsable a la Admi nistración o a los consumidores y usuarios como consecuencia de la infracción.

5. La clausura o cierre de establecimientos, instalaciones o servicios que no cuenten con las autorizaciones o registros sanitarios preceptivos, o la suspensión de su funcionamiento hasta tanto se rectifiquen los defectos o se cumplan los requisitos exigidos por razones de sanidad, higiene o seguridad y la retirada del mercado precautoria o definitiva de bienes o servicios por razones de salud y seguridad, no tienen el carácter de sanción.

6. Cuando se impongan sanciones con arreglo al artículo 21 del Reglamento (UE) 2017/2394, su importe máximo para infracciones muy graves, equivaldrá al 4 % del volumen de negocio anual del empresario en España o en los Estados miembros afectados por la infracción. En caso de no disponerse de esta información, se podrán imponer multas cuyo importe máximo equivaldrá a dos millones de euros.

7. El órgano competente para imponer la sanción podrá resolver la terminación del proce dimiento sancionador cuando los presuntos infractores propongan compromisos que resuelvan los efectos sobre los consumidores y usuarios derivados de las conductas objeto del expediente y quede garantizado suficientemente el interés público. Los compromisos serán vinculantes y surtirán plenos efectos una vez incorporados a la resolución que ponga fin al procedimiento.

8. Cuando hayan adquirido firmeza en vía administrativa, las resoluciones por las que se ponga fin al procedimiento sancionador en relación con infracciones que tengan la calificación de muy graves conforme a esta norma, así como aquellas que se dicten con arreglo al artículo 21 del Reglamento (UE) 2017/2394, serán de libre acceso y publicadas en la página web de la autoridad correspondiente, una vez sea notificada a los interesados. Dicha publicación se llevará a cabo tras resolver, en su caso, sobre los aspectos confidenciales de su contenido y previa disociación de los datos de carácter personal a los que se refiere el artículo 4.1 Regla mento (UE) 2016/679 del Parlamento Europeo y el Consejo, de 27 de abril de 2016, relativo a la protección de las personas físicas en lo que respecta al tratamiento de sus datos personales y a la libre circulación de estos datos, salvo en lo que se refiere al nombre de los infractores.

Artículo 52. **Circunstancias agravantes y atenuantes**

La cuantía de la sanción se graduará atendiendo a las circunstancias siguientes:

1. Son circunstancias agravantes:

a) La reiteración o reincidencia en la comisión de actos tipificados en esta Ley.

b) La comisión del hecho mediando dolo o negligencia grave.

c) La existencia de advertencias previas inatendidas de la autoridad o sus agentes.

d) Que la comisión del acto tenga como destinatario directo a alguno de los colectivos especialmente protegidos que se encuentran especificados en el artículo 4 de la presente Ley.

e) El incumplimiento de cualquiera de las obligaciones que se disponen en la presente Ley para el mercado inmobiliario de nueva edificación.

2. Son circunstancias atenuantes:

a) La corrección diligente de las irregularidades constitutivas de la infracción, la colaboración activa para evitar o disminuir sus efectos o la observancia de otro comportamiento de resultado análogo.

b) Que los perjudicados hayan sido compensados satisfactoriamente por los perjuicios causados, siempre que no concurra intoxicación, lesión o muerte, ni existencia de indicios racionales de delito.

c) El sometimiento previo de los hechos al arbitraje de consumo o la adhesión al sistema arbitral de consumo por parte del infractor.

3. Son circunstancias mixtas, que podrán ser utilizadas, en su caso, para agravar o reducirla sanción:

a) El volumen de negocio en relación a los hechos objeto de la infracción y la capacidad económica de la empresa.

b) El número de consumidores afectados.

c) La duración del período de tiempo durante el cual se cometió la infracción.

d) La cuantía del beneficio obtenido.

4. Se entiende que existe reiteración cuando en el año anterior a la comisión de la nueva infracción en materia de defensa de consumidores y usuarios, el infractor hubiera sido sancionado de manera firme en vía administrativa por la comisión de otra infracción del mismo grupo. A estos efectos, los municipios que ejerzan la potestad sancionadora que les reconoce esta Ley, deberán comunicar a la Dirección General competente en materia de consumo las resoluciones firmes que, en su caso, hayan dictado.

5. Se entiende que existe reincidencia cuando en el año anterior a la comisión de la nueva infracción, el infractor hubiera sido sancionado de manera firme en vía administrativa por la comisión de la misma infracción. A estos efectos, los municipios que ejerzan la potestad sancionadora que les reconoce esta Ley, deberán comunicar a la Dirección General competente en materia de consumo las resoluciones firmes que, en su caso, hayan dictado.

6. Las circunstancias agravantes o atenuantes previstas en este artículo no se tendrán en cuenta cuando su concurrencia sea exigida en el tipo infractor.

7. Las sanciones habrán de imponerse de modo que la comisión de la infracción no resulte más beneficiosa para la persona infractora que el cumplimiento de las normas infringidas.

Artículo 53. **Graduación de las sanciones**

Según las circunstancias que concurran se observarán las siguientes reglas para la imposición de las sanciones:

a) Si no concurren circunstancias modificativas de la responsabilidad o si concurren más atenuantes que agravantes, se concretará la multa dentro del grado mínimo correspondiente a la clasificación de la infracción.

b) Si concurre sólo una circunstancia agravante, la sanción se impondrá en su grado medio.

c) Si concurren varias circunstancias agravantes, la sanción se impondrá en su grado máximo.

d) Si concurren tanto circunstancias atenuantes como agravantes, el órgano sancionador las valorará conjuntamente, pudiendo imponer la sanción entre el mínimo y el máximo correspondiente a la calificación de la infracción por su gravedad.

Artículo 54. **Reducción de las sanciones**

Cuando no concurra ningún riesgo para la salud, intoxicación, lesión o muerte o existencia de indicios racionales de delito, la multa impuesta podrá reducirse hasta en tres cuartas partes de su cuantía cuando el infractor, en el plazo de un mes desde la notificación de la resolución, reponga a su estado originario la situación alterada por la infracción o abone el importe total de los daños y perjuicios causados. Dichas circunstancias deberán ser acreditadas por el sancionado, de manera suficiente, con anterioridad a la resolución del correspondiente recurso administrativo interpuesto.

Artículo 55. **Sanciones accesorias**

La Administración podrá acordar en relación con las infracciones en materia de defensa de los consumidores y usuarios previstas en esta norma las siguientes sanciones accesorias:

1. El comiso de las mercancías objeto de la infracción que sean propiedad del responsable, salvo que ya se hubiere adoptado definitivamente para preservar los intereses públicos o que, pudiendo resultar de lícito comercio tras las modificaciones que procedan, su valor, sumado a la multa, no guarde proporción con la gravedad de la infracción, en cuyo caso podrá no acor darse tal medida o acordarse sólo parcialmente en aras de la proporcionalidad. La resolución sancionadora que imponga esta sanción decidirá el destino que, dentro de las previsiones que en su caso se encuentren establecidas en la normativa aplicable, deba dar la Administración competente a los productos decomisados. Todos los gastos que origine el comiso, incluidos los de transporte y destrucción, serán de cuenta del infractor.

2. La publicidad de las sanciones leves y graves impuestas, cuando hayan adquirido firmeza en vía administrativa, así como los nombres, apellidos, denominación o razón social de las per sonas naturales o jurídicas responsables y la índole y naturaleza de las infracciones, siempre que concurra riesgo para la salud o seguridad de los consumidores y usuarios, reincidencia en infracciones de naturaleza análoga o acreditada intencionalidad en la infracción.

3. El cierre temporal del establecimiento, instalación o servicio por un plazo máximo de cinco años en los casos de infracciones muy graves.

4. La exigencia al infractor de rectificación de los incumplimientos identificados en la reso lución que ponga fin al procedimiento.

CAPÍTULO IV
EXTINCIÓN DE LA RESPONSABILIDAD

Artículo 56. **Prescripción de las infracciones**

1. Las infracciones muy graves prescribirán a los cinco años, las graves a los tres años y las leves al año.

2. El plazo de prescripción de la infracción de la normativa de consumo no comenzará a computar hasta que esta se manifieste o exteriorice y, en el caso de infracciones continuadas, solo cuando finalice la acción infractora o el último acto con que la infracción se consume.

Artículo 57. **Interrupción del plazo de prescripción**

1. Interrumpirán la prescripción las actuaciones judiciales en el ámbito penal sobre los mis mos hechos o sobre otros hechos conexos cuya separación de los constitutivos de la infracción de la normativa de consumo sea jurídicamente imposible, de manera que la sentencia que pudiera recaer vinculara a la Administración actuante.

2. Igualmente interrumpirá la prescripción de las infracciones de la normativa de consumo la iniciación de procedimientos administrativos de naturaleza sancionadora por los mismos hechos, con conocimiento del interesado, sobre la base de normativa sectorial si, finalmente, apreciándose identidad de fundamento, procediese la aplicación preferente de la normativa de consumo. En estos supuestos, se reiniciará el cómputo del plazo de prescripción si el ex pediente sancionador estuviera paralizado durante más de un mes por causa no imputable al presunto responsable.

3. Del mismo modo, también interrumpirá la prescripción la presentación de una solicitud de arbitraje de consumo hasta su definitiva resolución.

Artículo 58. **Prescripción de las sanciones**

1. Las sanciones impuestas por la comisión de infracciones muy graves prescribirán a los cinco años, las impuestas por la comisión de infracciones graves a los tres años y las impuestas por infracciones leves, al año.

2. El plazo de prescripción de las sanciones comenzará a contarse desde el día siguiente a aquel en que sea ejecutable la resolución por la que se impone la sanción o haya transcurrido el plazo para recurrirla.

Interrumpirá la prescripción en estos supuestos la iniciación, con conocimiento del intere sado, del procedimiento de ejecución, volviendo a transcurrir el plazo si aquél está paralizado durante más de un mes por causa no imputable al infractor. En el caso de desestimación presunta del recurso de alzada o de reposición interpuesto contra la resolución por la que se imponga la sanción, el plazo de prescripción de la sanción comenzará a contarse desde el día siguiente a aquél en que finalice el plazo legalmente previsto para la resolución de dichos re cursos.

CAPÍTULO V
PROCEDIMIENTO

Artículo 59. **Procedimiento**

1. La imposición de las sanciones previstas en la presente Ley requerirá la tramitación del correspondiente procedimiento sancionador en los términos previstos en la normativa estatal reguladora del procedimiento para el ejercicio de la potestad sancionadora.

2. Será competente para iniciar los procedimientos sancionadores el titular de la Dirección General competente en materia de defensa de los consumidores y usuarios.

3. Se producirá la caducidad del procedimiento sancionador en caso de no haber recaído resolución transcurridos nueve meses desde su iniciación. La falta de impulso de alguno de los trámites seguidos en el procedimiento no producirá por sí misma su caducidad. Si se acuerda la acumulación en un único procedimiento de infracciones que hasta entonces se tramitaban separadamente, el plazo para dictar resolución se contará desde el acuerdo de iniciación del último de los procedimientos incoado.

Las actuaciones realizadas en el curso de un procedimiento caducado, así como los docu mentos y otros elementos de prueba obtenidos en dicho procedimiento, conservarán su validez y eficacia a efectos probatorios en otros procedimientos iniciados o que puedan iniciarse con posterioridad en relación con el mismo u otro responsable. En cualquier caso, podrá iniciarse un procedimiento sancionador en tanto no haya prescrito la infracción, con independencia del momento en que hubieran finalizado las diligencias preliminares dirigidas al esclarecimiento de los hechos o la caducidad de un procedimiento previo sobre los mismos hechos.

4. De forma complementaria a los supuestos recogidos en el artículo 22 de la Ley 39/2015, de 1 de octubre, el transcurso del plazo de nueve meses previsto para resolver el procedi miento se podrá suspender, mediante resolución motivada, cuando deba solicitarse a terceros la aportación de documentos y otros elementos de juicio necesarios o cuando se requiera la cooperación o coordinación con otras autoridades de consumo de otras comunidades autóno mas o de la Unión Europea. A tales efectos, el tiempo de suspensión abarcará el tiempo que transcurra desde la remisión de la solicitud hasta la recepción de la información solicitada por el órgano competente para continuar el procedimiento.

CAPÍTULO VI
MULTAS COERCITIVAS

Artículo 60. **Multas coercitivas**

1. A fin de garantizar la ejecución de las de medidas preventivas previstas en los artículos 32 y 48, así como las resoluciones dictadas al amparo de esta Ley y demás disposiciones relativas a la defensa de los derechos de los consumidores y usuarios, la Dirección General de Consumo podrá imponer multas coercitivas reiteradas en el tiempo.

2. El órgano competente requerirá por escrito la adopción de las medidas provisionales o la ejecución de los actos o resoluciones de que se trate, apercibiendo al destinatario del plazo de que dispone para su cumplimiento y de la cuantía de la multa que le podrá se impuesta en caso de su inobservancia. El plazo deberá ser suficiente para el cumplimiento de la obligación de que se trate, y la multa acorde con la gravedad de la conducta y por un importe no inferior a 300 euros ni superior a 3.000 euros.

3. En el supuesto de que el obligado persista en el incumplimiento de lo ordenado, se podrán imponer multas coercitivas sucesivas, con un lapso de tiempo suficiente para cumplir lo ordenado.

4. Estas multas serán independientes de las que puedan imponerse en concepto de sanción y serán compatibles con las mismas

(...)

LEY 22/2010, DE 20 DE JULIO, DEL CÓDIGO DE CONSUMO DE CATALUÑA

(*DOGC* de 23 de Julio de 2010)

(...)

LIBRO TERCERO
La disciplina del mercado y los derechos de las personas consumidoras

TÍTULO III
De las infracciones y las sanciones

CAPÍTULO I
TIPIFICACIÓN DE LAS INFRACCIONES

Artículo 331-1. **Infracciones en materia de seguridad y por incumplimiento de disposiciones o resoluciones administrativas**

Son infracciones en materia de seguridad y por incumplimiento de disposiciones o resoluciones administrativas:

a) Incumplir las disposiciones sobre seguridad de los bienes y servicios puestos al mercado a disposición de las personas consumidoras.

b) Hacer acciones u omisiones que, aunque no incumplan ninguna disposición, produzcan un riesgo o un daño efectivo para la seguridad de las personas consumidoras, si se hacen sin las precauciones o cautelas exigibles en la actividad.

c) Incumplir las disposiciones o resoluciones administrativas sobre la prohibición de venta, comercialización o distribución de determinados bienes o la prestación de servicios a determinados establecimientos o a tipos específicos de personas consumidoras.

d) Vender, comercializar o distribuir sin autorización administrativa bienes que la necesitan.

Artículo 331-2. **Infracciones por alteración, adulteración, fraude o engaño**

Son infracciones por alteración, adulteración, fraude o engaño:

a) Elaborar para la distribución, el suministro y la venta bienes a los que se les ha adicionado o sustraído cualquier sustancia o elemento para variar su composición, estructura, peso o volumen, en detrimento de sus cualidades, para corregir sus defectos o para encubrir su grado de calidad, la alteración o el origen de los componentes utilizados.

b) Alterar la composición de bienes destinados al mercado respecto a las autorizaciones administrativas o a las declaraciones registradas correspondientes.

c) Incumplir, en cualquiera de las fases de la distribución de bienes o en la prestación de cualquier tipo de servicios, las normas relativas al origen, intensidad, naturaleza, calidad, composición, cantidad, peso, tamaño y presentación por medio de envases, etiquetas, letreros, cierres, precintos u otros elementos relevantes, según proceda, de acuerdo con la normativa o las condiciones en que se ofrecen al mercado.

d) Otorgar cualquiera distintivo que por su apariencia o configuración pueda inducir a error a las personas consumidoras, emplearlo o hacer publicidad de él indebida o fraudulentamente.

e) Ofrecer bienes o servicios, por medio de publicidad o de información de cualquier clase y por cualquier medio, atribuyéndoles cualidades, características, comprobaciones, certificaciones o resultados que difieran de los que realmente tienen o pueden obtener, y hacer publicidad de cualquier modo que induzca o pueda inducir a error, engaño o confusión a las personas a quien se dirige o que silencie datos fundamentales que impidan conocer las verdaderas características o naturaleza del bien o servicio.

f) Anunciar bienes o servicios por cualquier medio publicitario de modo que el contenido de la publicidad se confunda con el que es propio de la misión informativa, por la forma de expresar o difundir esta publicidad.

g) Incumplir las obligaciones hacia las personas consumidoras asumidas voluntariamente por medio de los códigos de conducta si se ha manifestado la adhesión a ellos.

h) Incumplir las obligaciones que se derivan de la falta de conformidad o de la garantía legalmente establecida u ofrecida a la persona consumidora o imponer injustificadamente condiciones, dificultades o retrasos con relación a las obligaciones que se derivan, incluso con relación a los bienes que se ofrecen como premio o regalo.

i) Sustituir piezas sin que sea necesario en la prestación de servicios de instalación o reparación de bienes y servicios a domicilio y de asistencia en el hogar para conseguir un aumento del precio, aunque la persona consumidora haya dado su consentimiento inducido por el prestador o prestadora; facturar trabajos no realizados, y utilizar materiales de calidad inferior a la indicada a la persona consumidora.

j) Poner a disposición de las personas consumidoras bienes de naturaleza duradera sin garantizar un servicio de asistencia técnica adecuado para su reparación y piezas de repuesto de la forma obligada o exigida, o no disponer de ellos en los supuestos y plazos establecidos por la normativa.

k) Ofrecer premios o regalos, si su coste ha repercutido en el precio de la transacción, si se reduce la calidad o cantidad del objeto principal de la transacción y si, de cualquier otro modo, la persona consumidora no recibe, de forma real y efectiva, lo que se le ha prometido en la oferta.

Artículo 331-3. **Infracciones en materia de transacciones comerciales y en materia de precios**

Son infracciones en materia de transacciones comerciales y condiciones técnicas de venta y en materia de precios:

a) Incumplir las disposiciones que regulan la información y publicidad de los precios de los bienes y servicios.

b) Vender bienes o prestar servicios a precios superiores a los máximos autorizados o a los legalmente establecidos, a los precios comunicados o a los precios anunciados.

c) Restringir o limitar la cantidad o calidad real de las prestaciones, o causar cualquier tipo de discriminación por razón de las condiciones, los medios o las formas de pago de los bienes o servicios.

d) Realizar prácticas comerciales desleales por acción u omisión que provoquen o puedan provocar a la persona consumidora un comportamiento económico que de otra forma no habría tenido.

e) Ofrecer o hacer transacciones en que se imponga la condición expresa o tácita de comprar una cantidad mínima del bien solicitado o de otros bienes o servicios diferentes a los que son objeto de la transacción, salvo que se trate de una unidad de venta o haya una relación funcional entre ellos.

f) Acaparar y retirar del mercado bienes y servicios con la finalidad de incrementar sus precios o esperar los aumentos previsibles en perjuicio de las personas consumidoras.

g) No entregar la documentación contractual, la factura o el comprobante de la venta de bienes o de la prestación de servicios, o cobrar o incrementar el precio por esta entrega.

h) Negarse injustificadamente a satisfacer las demandas de las personas consumidoras y hacer cualquier tipo de discriminación respecto a estas demandas.

i) Incrementar los precios previstos en el presupuesto sin la conformidad expresa de la persona consumidora.

j) Incrementar los precios de los recambios o de las piezas que se utilizan en las reparaciones o instalaciones de bienes.

k) Cobrar por mano de obra, traslado o visita cantidades que superen el doble de los costes medios estimados de cada sector.

Artículo 331-4. **Infracciones en materia de normalización, documentación y condiciones de venta y en materia de suministro o de prestación de servicios**

Son infracciones en materia de normalización, documentación y condiciones de venta y en materia de suministro o de prestación de servicios:

a) No formalizar los seguros, avales o demás garantías impuestas normativamente en beneficio de las personas consumidoras.

b) Incumplir las disposiciones relativas a la normalización o clasificación de bienes o servicios que se comercializan o existen en el mercado.

c) No cumplir las disposiciones que regulan el marcado, etiquetado y envasado de productos.

d) Tener dispuestos para la venta bienes con fecha de consumo preferente sobrepasada.

e) Incumplir, con relación a la protección de la persona consumidora, las normas relativas a la documentación, la información o los registros establecidos obligatoriamente para el régimen y el funcionamiento adecuados del establecimiento, empresa, instalación o servicio.

f) Incumplir las disposiciones sobre las condiciones de las relaciones de consumo, en todas las modalidades, y sobre las condiciones de las invitaciones a comprar.

g) Incumplir el régimen establecido sobre la entrega y el cambio de bienes y servicios promocionales o promocionados.

h) No elaborar presupuestos, si es obligatorio hacerlos, o cobrar para su elaboración, si está prohibido.

i) No entregar un resguardo a las personas consumidoras en el caso de depósito de un bien para cualquier tipo de intervención u operación.

j) No entregar a las personas consumidoras el documento de garantía, si la normativa establece que debe entregarse, o cobrar por las reparaciones que están incluidas.

k) No entregar a las personas consumidoras las instrucciones de uso y mantenimiento o cualquier otro documento exigido por la normativa, al efecto de poder utilizar, ocupar, mantener y conservar un bien.

l) No informar a las personas consumidoras sobre el período de reflexión o desistimiento, si este es preceptivo de acuerdo con la normativa.

m) No disponer de hojas oficiales de reclamación o denuncia o no anunciar su existencia.

n) No informar a las personas consumidoras sobre el horario de atención al público.

o) Hacer o facturar trabajos de reparación o instalación o similares, si no han sido solicitados o autorizados expresamente por la persona consumidora.

p) Enviar bienes o prestar servicios no solicitados previamente por el destinatario o destinataria y enviar ofertas o publicidad no solicitadas, si comportan gastos para el receptor o receptora.

q) Considerar que la falta de respuesta del destinatario o destinataria de una oferta o de publicidad equivale a la aceptación del bien o servicio ofrecidos.

r) Incumplir las obligaciones respecto a las explicaciones adecuadas en materia de créditos o préstamos establecidas por el artículo 263-1.

s) Incumplir las obligaciones de evaluar la solvencia de la persona consumidora en materia de créditos o préstamos establecidas por el artículo 263-2.

t) Imponer a las personas consumidoras la contratación de seguros y otros servicios accesorios con determinadas empresas o entidades.

Artículo 331-5. **Infracciones por incumplimiento de obligaciones o prohibiciones contractuales legales**

Son infracciones por incumplimiento de obligaciones o prohibiciones contractuales legales:

a) Incluir cláusulas abusivas en los contratos o realizar prácticas abusivas dirigidas a las personas consumidoras.

b) Realizar prácticas dirigidas a excluir o reducir la libertad de la persona consumidora para contratar cualquier prestación.

c) Incluir en los contratos cláusulas o realizar prácticas que excluyan o limiten los derechos de las personas consumidoras.

d) Incluir en los contratos con personas consumidoras remisiones a condiciones generales o características contenidas en documentos que no se facilitan previa o simultáneamente a la firma del contrato o sin permitir al adherente una posibilidad efectiva de conocer su existencia, alcance y contenido en el momento de hacer el contrato, salvo que se trate de una remisión a textos legales o reglamentarios.

e) Incluir en los contratos un formato, tamaño de letra o contraste que no faciliten su lectura y comprensión o que incumplan la normativa específica aplicable.

Artículo 331-6. **Otras infracciones**

Además de las infracciones tipificadas por los artículos 331-1 a 331-5, son también infracciones:

a) No suministrar datos o no facilitar la información requerida por las autoridades competentes o sus agentes para el cumplimiento de las funciones de información, vigilancia, investigación, inspección, tramitación y ejecución de las materias reguladas por la presente ley; suministrar información inexacta o incompleta o documentación falsa; impedir o dificultar el acceso del personal inspector a los locales y dependencias para hacer visitas de inspección y control, y hacer actuaciones que comporten negativa u obstrucción a los servicios de inspección y que, en consecuencia, imposibiliten total o parcialmente el cumplimiento de las tareas atribuidas por ley o reglamento.

b) No permitir a la inspección el acceso a la documentación industrial, mercantil, contable o de cualquier otro tipo de las empresas inspeccionadas.

c) Incumplir los requerimientos, las citaciones y las medidas adoptadas por la Administración, incluidas las de carácter provisional.

d) Manipular, trasladar, hacer desaparecer, ocultar o comercializar las muestras depositadas reglamentariamente o la mercancía inmovilizada por los funcionarios competentes como medida cautelar, o bien disponer de ellas sin autorización, así como actuar con falta de diligencia respecto a la obligación de custodia de la mercancía inmovilizada.

e) Coaccionar o amenazar al personal funcionario encargado de las funciones establecidas por la presente ley, a las empresas, los particulares o las entidades representativas de personas consumidoras y comerciantes que hayan iniciado o pretendan iniciar una acción legal, que hayan presentado una denuncia o que participen en procedimientos ya incoados, o bien ejercer represalias o cualquier otra forma de presión.

f) No tener la documentación reglamentaria exigida o llevarla defectuosamente, si afecta a la determinación o calificación de los hechos imputados.

g) Negarse o resistirse a suministrar hojas oficiales de reclamación o denuncia a las personas consumidoras que lo soliciten o suministrar hojas que no sean oficiales.

h) Incumplir las obligaciones de atención a las personas consumidoras de acuerdo con lo establecido por la normativa.

i) Imponer a las personas consumidoras el deber de comparecer personalmente para ejercer sus derechos o para hacer cobros, pagos o trámites similares; exigir la formalización de impresos y la aportación de datos innecesarios, y obstaculizar, impedir o dificultar que las personas consumidoras puedan ejercer sus derechos.

j) Incumplir el acuerdo a que se haya llegado con la persona consumidora en el proceso de mediación o incumplir el laudo arbitral en el plazo fijado, salvo acuerdo de las partes.

k) Vulnerar los derechos lingüísticos de las personas consumidoras o incumplir las obligaciones en materia lingüística establecidas por la normativa.

l) Incumplir los requisitos, obligaciones o prohibiciones establecidas por la presente ley y las demás disposiciones en materia de defensa de las personas consumidoras.

m) Realizar actividades de promoción, publicidad, oferta o cualquier otra que fomente o induzca a las personas consumidoras a la adopción de hábitos relacionados con los trastornos alimentarios como la anorexia y la bulimia, entre otros.

CAPÍTULO II
CLASIFICACIÓN DE LAS INFRACCIONES

Artículo 332-1. **Clasificación de las infracciones**

Las infracciones tipificadas por la presente ley se clasifican en leves, graves y muy graves.

Artículo 332-2. **Infracciones leves**

1. Las acciones u omisiones tipificadas como infracción en materia de defensa de las personas consumidoras tienen la calificación inicial de leves, salvo que puedan calificarse como graves o muy graves de acuerdo con lo establecido por el presente capítulo.

2. Las infracciones que tengan la calificación de graves deben calificarse como leves si, por su escasa entidad o trascendencia, queda probado en el expediente sancionador que existe una desproporción manifiesta entre la sanción a imponer y los efectos de la infracción cometida.

Artículo 332-3. **Infracciones graves**

1. Tienen la calificación de graves las infracciones tipificadas por los siguientes artículos:

a) Los artículos 331-1 y 331-2.

b) Los apartados a, b, c y d del artículo 331-3.

c) Los apartados a y s del artículo 331-4.

d) Los apartados a, b y c del artículo 331-5.

e) Los apartados a), b), c), d), e) y m) del artículo 331-6.

2. Las infracciones calificadas como leves deben calificarse como graves si concurre alguna de las siguientes circunstancias:

a) Que la cuantía del perjuicio producido como consecuencia directa o indirecta de la infracción supere el importe máximo establecido para las sanciones aplicables a las infracciones calificadas como leves.

b) Que se reincida en la comisión de una infracción leve.

Artículo 332-4. **Infracciones muy graves**

Las infracciones que hayan sido calificadas como graves de acuerdo con el artículo 332-3 deben calificarse como muy graves si concurre alguna de las siguientes circunstancias:

a) Que produzcan una alteración social grave, que origine alarma o desconfianza hacia las personas consumidoras o que las perjudique con carácter general con relación a un sector económico.

b) Que se hayan cometido aprovechando la situación especial de desequilibrio o indefensión de determinadas personas consumidoras o de colectivos especialmente protegidos.

c) Que se hayan cometido valiéndose de situaciones de necesidad de determinadas personas o de bienes o servicios de uso o consumo ordinario y generalizado.

d) Que hayan creado u originado situaciones de necesidad a las personas consumidoras.

e) Que los infractores las hayan cometidas valiéndose de su situación de predominio en un sector del mercado.

f) Que exista reincidencia en infracciones graves, siempre y cuando no sean a la vez consecuencia de la reincidencia en infracciones leves.

g) Que se haya creado una situación de desabastecimiento de un sector o una zona de mercado.

h) Que la cuantía del beneficio obtenido como consecuencia directa o indirecta de la infracción supere el importe máximo establecido para las sanciones aplicables a las infracciones calificadas como graves.

CAPÍTULO III
SANCIONES

Artículo 333-1. **Clasificación de las sanciones**

1. Las sanciones aplicables a las infracciones que tipifica la presente ley son las siguientes:

a) Para las infracciones leves, una multa de hasta 10.000 euros, en los grados que se indican a continuación:

– Grado bajo: hasta 3.000 euros.

– Grado medio: entre 3.001 y 7.000 euros.

– Grado alto: entre 7.001 y 10.000 euros.

b) Para las infracciones graves, una multa comprendida entre 10.001 y 100.000 euros, en los grados que se indican a continuación:

– Grado bajo: entre 10.001 y 30.000 euros.

– Grado medio: entre 30.001 y 70.000 euros.

– Grado alto: entre 70.001 y 100.000 euros.

Estas cantidades pueden ultrapasarse hasta alcanzar el quíntuplo del valor de los beneficios ilícitos obtenidos o de los perjuicios causados por la infracción y, en su defecto, del valor de los bienes o servicios objeto de la infracción.

c) Para las infracciones muy graves, una multa comprendida entre 100.001 y 1.000.000 de euros, en los grados que se indican a continuación:

– Grado bajo: entre 100.001 y 300.000 euros.

– Grado medio: entre 300.001 y 700.000 euros.

– Grado alto: entre 700.001 y 1.000.000 de euros.

Estas cantidades pueden ultrapasarse hasta alcanzar el décuplo del valor de los beneficios ilícitos obtenidos o de los perjuicios causados por la infracción y, en su defecto, del valor de los bienes o servicios objeto de la infracción.

2. En los casos establecidos por la presente ley y como complemento de las sanciones principales fijadas por el apartado 1, puede acordarse la imposición de las siguientes sanciones accesorias:

a) Decomiso y destrucción de la mercancía.

b) Cierre temporal de la empresa infractora.

c) Rectificación pública.

d) Publicación de la sanción.

Artículo 333-2. **Graduación de las sanciones**

1. Para determinar la cuantía y extensión de la sanción dentro de los mínimos y máximos establecidos, deben tenerse en cuenta las circunstancias agravantes, atenuantes y mixtas.

2. Son circunstancias agravantes las siguientes:

a) La reincidencia o reiteración de las conductas infractoras.

b) El incumplimiento de las advertencias o los requerimientos previos formulados por la Administración para que se enmienden las irregularidades detectadas.

c) La posición relevante del infractor o infractora en el mercado.

d) El hecho de que los afectados sean colectivos especialmente protegidos.

3. Son circunstancias atenuantes las siguientes:

a) La reparación o enmienda total o parcial de modo diligente de las irregularidades o los perjuicios que han originado la incoación del procedimiento.

b) El sometimiento de los hechos al arbitraje de consumo.

4. Son circunstancias mixtas las siguientes:

a) El volumen de negocio con relación a los hechos objeto de la infracción y la capacidad económica de la empresa.

b) La cuantía del beneficio obtenido.

c) Los daños o perjuicios causados a las personas consumidoras.

d) El número de personas consumidoras afectadas.

e) El grado de intencionalidad.

f) El período durante el cual se ha cometido la infracción.

Las circunstancias agravantes o atenuantes no deben tenerse en cuenta si la presente ley las ha incluido en el tipo infractor o si han sido tenidas en cuenta para calificar la gravedad de la infracción.

5. 6. Las sanciones deben imponerse de modo que la comisión de la infracción no resulte más beneficiosa para el infractor o infractora que el cumplimiento de las normas infringidas.

7. Las sanciones deben imponerse en grado máximo si en la comisión de las infracciones concurre alguna de las siguientes circunstancias:

a) Que hayan sido cometidas conscientemente, deliberadamente o sin cumplir los más elementales deberes de diligencia exigibles.

b) Que se trate de una infracción continuada o de una práctica habitual.

c) Que tengan una alta repercusión en el mercado, de modo que afecten a un elevado número de personas consumidoras.

d) Que vulneren los principios del consumo responsable.

e) Que se trate de prácticas ilícitas del mismo tipo generalizadas en un sector determinado.

f) Que comporten riesgo para la salud o la seguridad de las personas consumidoras, salvo que el riesgo forme parte del tipo infractor.

g) Que se utilicen fraudulentamente marcas o distintivos oficiales.

8. Pueden determinarse por reglamento criterios objetivos para graduar las sanciones de acuerdo con los principios enumerados en los apartados 2, 3 y 4.

Artículo 333-3. **Reincidencia y reiteración**

1. Se entiende que existe reincidencia si el sujeto que comete una infracción tipificada por la presente ley ya ha sido sancionado por una infracción de la misma naturaleza por medio de una resolución firme recaída dentro del año anterior a la comisión de la nueva infracción. Tienen la misma naturaleza las infracciones que están tipificadas por un mismo artículo del capítulo I.

2. Se entiende que existe reiteración si, dentro del año anterior a la comisión de la nueva infracción, el infractor o infractora ha sido sancionado por medio de una resolución firme por la comisión de otra infracción tipificada por la presente ley o por otras normas en que el bien jurídico protegido sean los intereses de las personas consumidoras, o ha sido condenado ejecuto-

riamente por un delito en que hayan resultado perjudicados sujetos en su condición de personas consumidoras.

Artículo 333-4. **Decomiso y destrucción de la mercancía**

1. La autoridad a quien corresponde resolver el expediente puede acordar, como sanción accesoria, el decomiso de la mercancía inmovilizada que implique un riesgo no aceptable para la salud, la seguridad, los intereses económicos o el derecho a la información de las personas consumidoras. Esta mercancía debe ser destruida si su utilización o consumo entrañan un peligro para la seguridad de la persona consumidora. En cualquier caso, el órgano sancionador debe determinar el destino final que es preciso dar a las mercancías decomisadas.

2. Los gastos que originan las operaciones de intervención, depósito, decomiso, transporte y destrucción de la mercancía objeto de la sanción corren a cargo del infractor o infractora.

Artículo 333-5. **Cierre o cese de la actividad de la empresa infractora**

1. En el caso de infracciones calificadas como muy graves, puede decretarse el cierre de la empresa, establecimiento o industria infractores, o el cese de su actividad, por un período máximo de cinco años.

2. El cierre o cese de la actividad puede comportar la adopción de medidas complementarias para garantizar la plena eficacia de la decisión adoptada.

3. El acuerdo de cierre o cese debe comunicarse a la empresa sancionada y trasladarse al ayuntamiento del término municipal donde se halla dicha empresa.

4. El acuerdo de cierre debe ser ejecutado por el órgano competente una vez la resolución sancionadora sea firme.

Artículo 333-6. **Restitución de cantidades percibidas indebidamente**

Independientemente de las sanciones establecidas por la presente ley, el órgano sancionador debe imponer al infractor o infractora la obligación de restituir inmediatamente la cantidad percibida indebidamente, en los casos de aplicación de precios superiores a los autorizados, comunicados, presupuestados o anunciados.

Artículo 333-7. **Indemnización por daños y perjuicios probados**

Con independencia de las sanciones establecidas por la presente ley, en el procedimiento sancionador puede dictarse una resolución para exigir al infractor o infractora la reposición de la situación alterada por la infracción a su estado original y, si procede, la indemnización por daños y perjuicios probados causados a la persona consumidora, que deben ser determinados por el órgano competente para imponer la sanción. Si el infractor o infractora no cumple voluntariamente esta resolución, queda abierta la pertinente vía judicial.

Artículo 333-8. **Rectificaciones públicas**

En el caso de infracciones en materia de publicidad, el órgano competente puede exigir al infractor o infractora que publique un comunicado de rectificación en las mismas condiciones o en condiciones similares a las condiciones en que se hizo la actuación sancionada. La ejecución de la rectificación pública debe llevarse a cabo una vez la resolución sancionadora sea firme.

Artículo 333-9. **Publicidad de las sanciones**

1. Las resoluciones sancionadoras pueden acordar como sanción accesoria, por razones de ejemplaridad y en previsión de futuras conductas infractoras, la publicación de las sanciones impuestas de conformidad con la presente ley. La ejecución de la publicación de las sanciones debe llevarse a cabo una vez la resolución sancionadora sea firme.

2. La publicidad de las sanciones debe hacer referencia a los nombres y apellidos de las personas físicas responsables, la denominación o la razón social de las personas jurídicas responsables, la clase y naturaleza de las infracciones, y la cuantía de las sanciones, y debe hacerse por medio del Diari Oficial de la Generalitat de Catalunya y de los medios de comunicación social adecuados. El coste de la publicación de las resoluciones debe correr a cargo de la persona o empresa sancionada.

Artículo 333-10. **Medidas complementarias en cláusulas y prácticas abusivas y desleales**

1. El órgano al que corresponde resolver el expediente puede, como medida complementaria, requerir al infractor la eliminación y el cese de la incorporación de cláusulas o de prácticas que sean consideradas abusivas o desleales.

2. En el supuesto de créditos y préstamos hipotecarios, el órgano al que corresponde resolver el expediente puede acordar la dación en pago u otras medidas complementarias, siempre y cuando exista una relación directa entre la cláusula o la práctica abusiva o desleal y la medida adoptada.

Article 333-11. **Reducción de las sanciones**

1. En caso de infracciones calificadas como graves o leves, se aplica una reducción del 50% del importe de la sanción propuesta si el presunto infractor presta su conformidad con la propuesta de resolución y efectúa el pago en un plazo de quince días a contar desde la notificación.

2. La reducción es de un 25% en los casos en que la conformidad y el pago en el mismo plazo se efectúa una vez notificada la resolución del expediente.

3. En los casos a los que se refieren los apartados 1 y 2, el presunto infractor reconoce su responsabilidad y renuncia a presentar alegaciones o posteriores recursos administrativos. En caso de que se presenten, no se tienen en cuenta y no se resuelven.

4. La finalización del procedimiento no necesita resolución expresa y se entiende producido el día en el que se efectúa el pago.

5. El plazo para interponer un recurso contencioso-administrativo empieza a contar a partir del día después del día del pago voluntario.

6. La finalización del procedimiento sancionador con reconocimiento de responsabilidad no prejuzga la continuación de las actuaciones hacia terceras personas implicadas o con relación a las medidas complementarias o accesorias que puedan derivarse.

Artículo 333-12. ***Medidas sustitutivas de las sanciones.*** 1. Las resoluciones sancionadoras como consecuencia de las infracciones en materia de derechos lingüísticos de los consumidores pueden prever medidas sustitutivas de la sanción económica.

2. Las medidas sustitutivas deben consistir en la realización de programas educativos, actividades o servicios relacionados con los derechos lingüísticos, vinculados al sector de actividad y las circunstancias en las que se ha cometido la infracción.

3. La medida sustitutiva debe solicitarla la persona o personas responsables de la infracción, antes de que la resolución sancionadora adquiera firmeza en vía administrativa.

4. La medida sustitutiva debe solicitarla, de forma voluntaria, la persona o personas físicas responsables de la infracción, de acuerdo con lo establecido por el artículo 334.1. En caso de que la responsabilidad sea de una persona jurídica, debe solicitarla quien acredite su representación, y deben ejecutarla las personas vinculadas laboral o contractualmente con la persona jurídica responsable.

5. El procedimiento para solicitar la medida sustitutiva debe regularse por decreto del Gobierno. La forma, duración y contenido de las medidas sustitutivas según las circunstancias de la infracción deben regularse mediante una orden del departamento competente en materia de política lingüística.

CAPÍTULO IV
RESPONSABILIDAD POR INFRACCIONES

Artículo 334-1. **Sujetos responsables**

1. Son responsables de las infracciones tipificadas por la presente ley las personas físicas o jurídicas que por acción u omisión hayan participado en ellas, con las particularidades establecidas por el presente capítulo.

2. Son responsables de las infracciones tipificadas por la presente ley, como autores, las personas físicas o jurídicas que las cometan.

3. Si en la cadena de producción, elaboración o comercialización de los bienes o servicios intervienen diferentes sujetos, cada uno de ellos es responsable de las infracciones que haya cometido.

4. Las personas, plataformas digitales o servicios en línea (online) que cooperan o encubren una conducta infractora en lo referente al ámbito de los trastornos de conducta alimentaria son los responsables de la misma, como cooperadores o encubridores. Cualquier persona, plataforma digital o servicio en línea que actúe como intermediario y que tenga o pueda tener conocimiento de una conducta infractora es también responsable si no adopta las medidas necesarias para suprimir o retirar los enlaces o los contenidos afectados.

5. Si una infracción es imputada a una persona jurídica, pueden ser consideradas también como responsables las personas que integran sus organismos rectores o de dirección. A efectos de la presente ley, integran los órganos rectores o de dirección las personas que consten en los registros públicos como tales, las que hayan hecho ostentación pública de esta condición o las que hayan actuado como si la tuviesen.

6. En caso de infracciones cometidas por personas jurídicas que se extingan antes de ser sancionadas, la responsabilidad administrativa debe exigirse a las personas físicas que desde los órganos de dirección determinaron, con una conducta dolosa o negligente, la comisión de la infracción.

7. Las sanciones impuestas antes de la extinción de la personalidad jurídica, si no son satisfechas en la liquidación, se transmiten a los socios o partícipes en el capital, los cuales deben responder mancomunadamente y hasta el límite del valor de la cuota de liquidación que se les haya adjudicado.

Artículo 334-2. **Bienes identificados**

1. En las infracciones cometidas en bienes envasados o identificados, se considera responsable la firma o la razón social que figura en la etiqueta o identificación, salvo que se demuestre que se ha falsificado o que es responsable algún otro integrante de la cadena de distribución o comercialización.

2. El primer comercializador en Cataluña de un bien envasado o identificado puede ser considerado responsable de la infracción cometida.

Artículo 334-3. **Bienes no identificados**

Si el bien no lleva los datos necesarios para identificar al responsable de la infracción, de acuerdo con lo establecido por la normativa, se consideran responsables quienes han comercializado el bien, salvo que demuestren la responsabilidad de algún integrante de la cadena de distribución o comercialización anterior.

Artículo 334-4. **Servicios**

1. En las infracciones cometidas en la prestación de servicios, la empresa o la razón social obligada a prestarlos, legalmente o por medio de un contrato con la persona consumidora, es considerada responsable.

2. Si puede probarse la falta de diligencia de un intermediario o intermediaria en la prestación de un servicio, puede considerársele responsable.

CAPÍTULO V
PRESCRIPCIÓN DE LAS INFRACCIONES Y DE LAS SANCIONES

Artículo 335-1. **Prescripción de las infracciones**

1. Las infracciones tipificadas por la presente ley prescriben:

a) En el caso de las infracciones leves, en el plazo de dos años contados desde el día en que se ha cometido la infracción, o desde la finalización del período de comisión si se trata de infracciones continuadas.

b) En el supuesto de infracciones graves, en el plazo de tres años contados desde el día en que se ha cometido la infracción, o desde la finalización del período de comisión si se trata de infracciones continuadas.

c) En el caso de infracciones muy graves, en el plazo de cuatro años contados desde el día en que se ha cometido la infracción, o desde la finalización del período de comisión si se trata de infracciones continuadas.

2. Excepcionalmente, si los hechos son totalmente desconocidos por falta de signos externos, el plazo empieza a computarse en el momento en que los hechos se manifiestan o son conocidos.

3. Las actuaciones judiciales penales, los procedimientos de mediación y arbitraje y la tramitación de otros procedimientos administrativos interrumpen el plazo de prescripción de las infracciones. El plazo se reanuda en el momento en que la Agencia Catalana del Consumo tiene conocimiento, mediante la recepción de la comunicación correspondiente, de la finalización del procedimiento que había provocado la interrupción.

Artículo 335-2. **Prescripción de las sanciones**

Las sanciones prescriben en el plazo de cuatro años a partir del día siguiente al día en que la resolución sancionadora deviene firme.

Artículo 335-3. **Prescripción de la ejecución de las sanciones**

1. La acción para exigir el pago de las multas prescribe en el plazo de cuatro años a partir del día siguiente al día en que la resolución sancionadora deviene firme.

2. La acción de cierre de los establecimientos comerciales prescribe a los seis meses de la fecha en que la autoridad competente recibe la comunicación para la ejecución del acuerdo, de conformidad con lo establecido por el artículo 333-5.3.

3. La publicación de los datos a que se refiere el artículo 333-9 prescribe en el plazo de seis meses a partir del momento en que la resolución sancionadora que la haya acordado devenga firme en vía administrativa.

TÍTULO IV
Del procedimiento sancionador

CAPÍTULO I
PROCEDIMIENTO SANCIONADOR

Artículo 341-1. **Inicio**

1. El procedimiento sancionador se inicia de oficio como consecuencia de las actas extendidas por los servicios de inspección, por la comunicación de una autoridad o un órgano administrativo, o por la denuncia formulada por las organizaciones de personas consumidoras o por los particulares sobre algún hecho o alguna conducta que puedan constituir una infracción.

2. El órgano actuante, si la presunta infracción advertida está incluida en otros ámbitos competenciales, debe comunicar los hechos al departamento y a los órganos afectados, con el fin de que puedan actuar de acuerdo con sus atribuciones o emitir, si procede, el correspondiente informe.

3. En el caso de que los hechos que constituyen infracciones administrativas de acuerdo con la presente ley puedan ser constitutivos de infracción penal, el órgano competente para iniciar el procedimiento, de oficio o a instancia del órgano instructor del procedimiento, debe ponerlos en conocimiento de la jurisdicción penal. Especialmente, en el caso de conductas reiteradas de puesta en el mercado de productos que generen un riesgo grave a las personas consumidoras, la comunicación a la jurisdicción penal debe llevarse a cabo, lo antes posible, con la indicación de todos los datos que el órgano administrativo disponga para identificar a las personas responsables. En ambos casos, si el procedimiento administrativo ha sido iniciado, debe acordarse su suspensión hasta que se pronuncie la resolución judicial correspondiente, y puede adoptar las medidas cautelares oportunas por medio de resolución notificada a los interesados.

Artículo 341-2. **Diligencias previas**

1. Antes de acordar la incoación del expediente sancionador, puede ordenarse la práctica de diligencias previas con la finalidad de averiguar las circunstancias de los hechos y los sujetos responsables.

2. En caso de toma de muestras reglamentaria, puede incoarse el expediente con el resultado del análisis inicial.

3. Deben establecerse por reglamento los órganos competentes para acordar la incoación o, si procede, el archivo de las diligencias practicadas por la inspección.

4. Las diligencias previas tienen carácter reservado.

Artículo 341-3. **Medidas cautelares**

1. El órgano competente, en los supuestos en que pueda decomisarse la mercancía como sanción accesoria, puede adoptar motivadamente las medidas cautelares establecidas por el artículo 323-1 para garantizar la eficacia de la resolución, sin perjuicio de que esta establezca el decomiso definitivo o deje sin efecto las medidas adoptadas.

2. Las medidas cautelares deben mantenerse hasta que el decomiso definitivo devenga ejecutivo.

Artículo 341-4. **Procedimiento abreviado**

En el supuesto de infracciones que deban calificarse como leves, puede instruirse un procedimiento sancionador abreviado, siempre y cuando se trate de una infracción flagrante y los hechos hayan sido recogidos en el acta correspondiente o en la denuncia de la autoridad competente.

Artículo 341-5. **Prueba**

1. La falta de la documentación exigida por reglamento o de una parte de esta, o la existencia de documentación llevada defectuosamente, si afecta a la determinación de los hechos imputados o a la calificación de estos, constituye una presunción de infracción.

2. La persona interesada, dentro del procedimiento, puede proponer la práctica de la prueba de la que intente valerse para defender su derecho. En cualquier caso, la Administración debe apreciar la prueba practicada en el expediente sancionador y debe valorar su resultado en conjunto.

Artículo 341-6. **Caducidad**

1. El plazo para notificar la resolución expresa de un procedimiento sancionador es de doce meses a partir de la notificación del acuerdo de incoación, excepto en los procedimientos sancionadores abreviados, en que el plazo de caducidad es de seis meses. El vencimiento de estos plazos sin que se haya notificado la resolución produce la caducidad del expediente.

2. La solicitud de practicar pruebas técnicas o un análisis contradictorio y el acuerdo por el que se decide la práctica de un análisis dirimente suspenden el plazo de caducidad del procedimiento hasta el momento en que el organismo competente conoce los resultados.

3. Si debe practicarse la notificación del edicto de cualquiera de los trámites del procedimiento, los plazos fijados por el apartado 1 se amplían por

el tiempo transcurrido entre el primer intento de notificación y la finalización de la publicación en el tablón de anuncios correspondiente.

Artículo 341-7. **Órganos competentes para imponer sanciones**

Los órganos competentes para imponer las sanciones establecidas por la presente ley son los siguientes:

a) El Gobierno y el consejero o consejera competente en materia de consumo, para las infracciones muy graves y para el cierre de establecimientos o el cese de la actividad.

b) El departamento o el organismo que tenga asignadas las competencias en materia de protección y defensa de las personas consumidoras, para las infracciones leves y graves.

c) Los alcaldes, en el ámbito de sus competencias según la legislación de régimen local, para la imposición de sanciones por infracciones leves y graves, de acuerdo con las cuantías establecidas. También pueden imponer multas coercitivas.

Artículo 341-8. **Efecto de las sanciones**

1. La imposición de sanciones graves y muy graves comporta limitaciones para contratar con la Administración en los casos y condiciones establecidos por la legislación sobre contratos.

2. El órgano sancionador puede proponer a la autoridad correspondiente, en el caso de infracciones graves y muy graves, la supresión, cancelación o suspensión de créditos, subvenciones, desgravaciones fiscales y demás ayudas oficiales que la empresa sancionada tenga reconocidos o haya solicitado.

3. Si corresponde a la Generalidad otorgar una ayuda solicitada por una empresa que haya sido objeto de una sanción firme por una infracción grave o muy grave, el órgano a quien corresponda resolver la solicitud puede denegar la concesión de la ayuda si no se han cancelado los antecedentes.

4. Las sanciones impuestas, una vez devenidas firmes en la vía administrativa, deben ejecutarse de forma inmediata. Sin embargo, si una resolución que ha agotado la vía administrativa es objeto de un recurso administrativo, el órgano competente puede acordar la suspensión del acto en los supuestos y con los efectos establecidos por la normativa del procedimiento administrativo común.

CAPÍTULO II
MULTAS COERCITIVAS

Artículo 342-1. **Competencia de la Administración**

Las administraciones competentes en materia de consumo pueden imponer multas coercitivas una vez hecho el requerimiento de ejecución de los actos y de las resoluciones administrativas destinadas al cumplimiento de lo establecido por la presente ley y las demás disposiciones relativas a la disciplina del mercado y a la defensa de los intereses de las personas consumidoras.

Artículo 342-2. **Comunicación y cumplimiento del requerimiento**

El órgano competente debe comunicar por escrito el requerimiento a que se refiere el artículo 341-1 y debe advertir a la persona requerida del plazo para cumplirlo y de la cuantía de la multa que, en caso de incumplimiento, puede serle impuesta. El plazo debe ser, en cualquier caso, suficiente para cumplir la obligación, y la multa no puede exceder de los 3.000 euros o del 10% del importe de la obligación si esta es cuantificable.

Artículo 342-3. **Reiteración de las multas**

1. La Administración, si comprueba el incumplimiento de lo que ha ordenado, puede reiterar las multas, sujetándose a lo establecido por el artículo 342-2, por períodos que sean suficientes para cumplirlo. Los nuevos plazos no pueden ser inferiores al señalado en el primer requerimiento.

2. Las multas a que se refiere el apartado 1 son independientes de las que pueden imponerse en concepto de sanción, y son compatibles con ellas.

(...)

LEY 3/2019, DE 22 DE MARZO, DEL ESTATUTO DE LAS PERSONAS CONSUMIDORAS EN CASTILLA-LA MANCHA

(*DOCM* de 1 de Abril de 2019)

(...)

TITULO IV
Intervención administrativa en materia de consumo

CAPÍTULO III
Marco autonómico y local

SECCIÓN 6ª
RÉGIMEN SANCIONADOR

Artículo 136. **Competencias en materia sancionadora**

1. Corresponde al órgano autonómico competente en materia de consumo la potestad para sancionar las conductas tipificadas como infracciones en materia de defensa de las personas consumidoras, sin perjuicio de las responsabilidades civiles, penales o de otra índole en que pueda incurrirse.

2. El órgano autonómico competente en materia de consumo sancionará las infracciones en materia de defensa de las personas consumidoras cometidas en su territorio.

3. Las infracciones se entenderán cometidas en cualquiera de los lugares en que se desarrollen las acciones u omisiones constitutivas de las mismas y, además, salvo en el caso de infracciones relativas a los requisitos de los establecimientos e instalaciones o del personal, en todos aquellos en que se manifieste la lesión o riesgo para los intereses de las personas consumidoras protegidos por la norma sancionadora.

Artículo 137. **Actuaciones u omisiones infractoras**

1. Cada hecho infractor, ya sea una actuación u omisión, será sancionado independientemente aplicando la sanción correspondiente, salvo en el supuesto de que un hecho constituya dos o más infracciones o cuando una

sea el medio necesario para cometer otra, caso en que se aplicará la sanción prevista para la infracción más grave en su mitad superior.

2. Se considera que un hecho infractor es independiente de otro cuando la comisión de uno pueda realizarse sin la realización del otro y viceversa. En este supuesto se impondrán tantas sanciones como hechos realizados.

Artículo 138. **Carácter de las infracciones en materia de disciplina de mercado**

Las infracciones en materia de disciplina de mercado se considerarán en todo caso infracciones en materia de defensa de las personas consumidoras y se sancionarán como tales.

Artículo 139. **Clasificación de las infracciones**

Las infracciones en materia de defensa de las personas consumidoras se clasifican como leves, graves y muy graves, de acuerdo con lo establecido en los artículos siguientes.

Artículo 140. **Infracciones leves**

Se consideran infracciones leves las siguientes:

1. La incorrección, falta de consideración o respeto a las personas consumidoras que pueda suponer una situación de inferioridad de la persona consumidora en cuestión, o bien, impedir el ejercicio de sus derechos o lesionar estos.

2. El mero incumplimiento de las disposiciones sobre salud o seguridad de los productos o servicios, cuando este no pueda ser considerado grave o muy grave.

3. No disponer de hojas de reclamaciones o no exhibir, de modo visible, el cartel anunciador de su existencia, así como negar la entrega de las mismas a las personas consumidoras que lo soliciten, aunque estas no hayan realizado ningún negocio con la empresa que debe entregarlas.

4. No acusar recibo de una reclamación o hacerlo con incumplimiento de lo exigido reglamentariamente.

5. No dar respuesta a las reclamaciones de las personas consumidoras o realizarlo fuera del plazo establecido o atenderlas a través de sistemas telefónicos no personalizados o que ocasionen esperas injustificadas.

6. La negativa injustificada a satisfacer las demandas de las personas consumidoras, producidas de buena fe o conforme al uso establecido, cuando su satisfacción esté dentro de las disponibilidades de la empresa vendedora o prestadora de un servicio, así como cualquier forma de discriminación con respecto a las referidas demandas, siempre y cuando no se demuestre que tal discriminación fue en razón de género, raza, religión, lugar de nacimiento o discapacidad en el acceso, porque en esos casos la infracción deberá ser tipificada conforme a lo estipulado en el artículo 141.15.

7. Exigir alguna contraprestación o generar gastos o disposición de dinero o cualquier otro bien a una persona consumidora, a consecuencia de la recepción de comunicaciones comerciales o publicidad, si la contratación no es fuera de establecimiento mercantil, a distancia o mediante uso de medios de la sociedad de la información, así como por bienes o servicios o la realización de cualquier clase de gestión que deba prestarse gratuitamente.

8. Exigir alguna contraprestación o generar gastos o disposición de dinero o cualquier otro bien a una persona consumidora por la parte que da lugar a confusión o falta de claridad en la adquisición de un bien o la prestación de un servicio.

9. No formalizar por escrito las ofertas, condiciones o manifestaciones cuando así se exija en la normativa de aplicación.

10. El incumplimiento de las disposiciones relativas a la normalización, tipificación o prestación de bienes o servicios que se produzcan, comercialicen o existan en el mercado.

11. El incumplimiento de las normas relativas a registro, normalización o tipificación, etiquetado, envasado y publicidad de bienes y servicios.

12. El incumplimiento de las normas relativas a instalaciones, información de horarios, accesibilidad, documentación, información, libros o registros establecidos obligatoriamente para el adecuado régimen y funcionamiento de la empresa, instalación o servicio, para el control de la trazabilidad de los productos y como garantía para la protección de la salud, la seguridad o los intereses económicos de las personas consumidoras.

13. El incumplimiento de obligaciones formales, documentales o de información en materia de seguridad de los productos o de los servicios.

14. El incumplimiento de los códigos de mejores prácticas, en los supuestos de haberse acogido a ellos, cuando ello no conlleve algún otro tipo de infracción tipificada.

15. El incumplimiento de los autocontroles de la empresa si estos resultan obligatorios por la legislación vigente y si no son constitutivos de algún otro tipo de infracción tipificada.

16. No entregar resguardo de depósito a las personas consumidoras en caso de depósito de un bien para cualquier tipo de intervención u operación. No elaborar presupuesto previo si resulta preceptivo por la normativa en vigor. No extender la correspondiente factura o factura simplificada o documento justificativo de la relación de consumo, o entregarlos sin cumplir con los requisitos mínimos establecidos.

17. El incumplimiento de la normativa de precios o contraprestaciones, siempre y cuando no tengan el carácter de grave o muy grave.

18. No informar, en su caso, de las limitaciones en los medios de pago en los establecimientos, así como del pago por anticipado o aplazado con antelación a la constitución del contrato o compra del bien o prestación del servicio, o hacerlo no ajustándose a lo establecido normativamente.

19. La obstrucción o negativa a suministrar datos o a facilitar la información o a permitir la toma de muestras requerida por las autoridades competentes o sus agentes para el cumplimiento de las funciones de información, vigilancia, inspección, tramitación y ejecución, así como el incumplimiento de las obligaciones en materia de existencia y conservación de documentación.

20. El incumplimiento de las disposiciones y régimen sobre garantía o conformidad de los productos de consumo, así como la insuficiencia de la asistencia técnica o de la existencia de repuestos con relación a la ofrecida o exigible por las personas consumidoras en la adquisición de tales bienes.

21. La omisión de la información necesaria en la publicidad, oferta comercial o exhibición en los establecimientos de bienes y servicios.

22. El incumplimiento de las medidas de cualquier naturaleza de corrección del mercado adoptadas por la administración en el ejercicio de las potestades atribuidas por esta ley.

23. Utilizar en la publicidad comercial los resultados de los estudios de mercado realizados por la administración directamente o a través de enti-

dades colaboradoras u organizaciones y asociaciones de personas consumidoras.

24. Los incumplimientos de los requisitos, obligaciones o prohibiciones contempladas en la presente ley u otras normas de protección de las personas consumidoras que no tengan la calificación de infracción grave o muy grave.

Artículo 141. **Infracciones graves**

Constituyen infracciones graves las siguientes:

1. La resistencia, coacción, amenaza, represalia o cualquier otra forma de presión al personal inspector o al resto del personal de la administración encargado de la función inspectora en cualquiera de sus fases, así como la tentativa de ejercitar tales actos.

2. Las acciones u omisiones que produzcan riesgos o daños efectivos para la salud o seguridad de las personas consumidoras, ya sea de forma consciente o deliberada, ya por abandono de la diligencia y precauciones exigibles en la actividad, servicio o instalación de que se trate.

3. La ausencia de corrección, consideración o respeto a las personas consumidoras con actuaciones ofensivas.

4. El fraude en la prestación de servicios de instalación o reparación de bienes y de asistencia en el domicilio por la sustitución innecesaria de piezas para conseguir un aumento del precio, la facturación de trabajos no realizados, la aplicación de precios superiores a los repuestos o piezas sustituidas o la facturación de trabajos efectuados con accesorios de peor calidad que los indicados a la persona consumidora o no acordes al modelo reparado.

5. La venta al público de bienes o la prestación de servicios a precios superiores a los máximos legalmente establecidos.

6. La realización de actos de competencia desleal y el acaparamiento o detracción injustificada al mercado de materias o productos destinados directa o indirectamente al suministro o venta, cuando tales actos y prácticas vayan dirigidos a las personas consumidoras, o aun cuando esto no sea así estos actos afecten a los derechos reconocidos de las personas consumidoras.

7. La realización de prácticas comerciales desleales por engañosas con las personas consumidoras, incluida la publicidad, o también prácticas que

puedan ser consideradas prácticas señuelo, o que se consideren de venta piramidal, o que sean engañosas por confusión o por omisión, o por ser prácticas comerciales encubiertas o por ser consideradas prácticas desleales por agresivas o abusivas; así como lo establecido en el artículo 41.2 de la presente ley.

8. El fraude en cuanto al origen, presentación, calidad, marca, composición, cantidad, peso o medida, duración, así como la elaboración, distribución o venta de bienes a los cuales se les haya añadido o sustraído cualquier sustancia o elemento o condición o prestación para variar su composición, estructura, peso, volumen o valor con fines fraudulentos, o cuando su composición, calidad, presentación o duración no se ajusten a las declaradas o contratadas por cualquier medio o a lo que pudiese esperar la persona consumidora. La obsolescencia programada podrá considerarse fraude en materia de calidad cuando así se desarrolle reglamentariamente.

También se considerará fraude el uso de envases, etiquetas, rótulos, cierres, precintos o cualquier otra información que induzca a engaño o confusión o enmascare la verdadera naturaleza del producto. En particular la comercialización, distribución o venta de productos sin marcado CE o con el marcado CE falsificado o sin documentar.

A efectos de todas las circunstancias contempladas en este apartado, se considerará fraude el mero incumplimiento de los requisitos exigibles sin necesidad de que exista ánimo específico.

9. La alteración, adulteración o fraude en bienes o servicios susceptibles de consumo por adición o sustracción de cualquier sustancia o elemento, alteración de su composición o calidad, incumplimiento de las condiciones que correspondan a su naturaleza o la garantía, arreglo o reparación de productos de naturaleza duradera y en general cualquier situación que induzca a engaño o confusión o que impida reconocer la verdadera naturaleza del bien o servicio.

10. Manipular de forma fraudulenta los aparatos y sistemas de medición de los bienes o servicios suministrados a las personas consumidoras.

11. El incumplimiento de las disposiciones o actos administrativos sobre prohibición de elaborar o comercializar determinados productos o servicios y la comercialización, distribución, venta o prestación de aquellos que en su caso precisen autorización administrativa y en especial su inscripción en registros administrativos preceptivos.

12. La prestación de servicios incumpliendo las condiciones para la apertura del establecimiento o para la actividad o de las obligaciones impuestas en la presente ley o en las leyes sectoriales en materia de consumo.

13. No constituir avales, seguros o garantías a favor de las personas consumidoras establecidos en la normativa sectorial o de consumo.

14. Causar cualquier perjuicio, directo o indirecto a la persona consumidora a consecuencia de la presentación por esta de una denuncia o reclamación, así como la no satisfacción a las personas consumidoras de las indemnizaciones, compensaciones o reparaciones establecidas reglamentariamente.

15. Las conductas discriminatorias en razón de género, raza, religión, lugar de nacimiento o discapacidad en el ac- ceso a bienes y a la prestación de servicios.

16. La exigencia de cualquier contraprestación por una empresa aprovechándose de una posición de poder respecto a una persona o en una situación en que se encuentre mermada o limitada la libertad de elección de la persona consumidora por cualquier circunstancia o en el supuesto en que se vincule la ejecución de otro contrato a la satisfacción de dicha contraprestación, siempre que no tenga el carácter de muy grave.

17. La realización de transacciones en las cuales se imponga injustificadamente a la persona consumidora la condición expresa o tácita de comprar una cantidad mínima o productos no solicitados o la de prestarle o prestar él un servicio no pedido o no ofrecido.

18. Exigir alguna contraprestación o generar gastos o disposición de dinero o cualquier otro bien a una persona consumidora a consecuencia de la recepción de comunicaciones comerciales o publicidad si la contratación es fuera de establecimiento mercantil, a distancia o mediante uso de medios de la sociedad de la información.

19. El incumplimiento o no acreditación de haber facilitado a la persona consumidora la información previa al contrato exigida reglamentariamente.

20. Las limitaciones o exigencias injustificadas al derecho de la persona consumidora de poner fin a los contratos de prestación de servicio o suministro de productos de tracto sucesivo o continuado, la obstaculización al ejercicio de tal derecho de las personas consumidoras mediante negativa expresa o tácita o a través del procedimiento pactado, o la falta de previsión

de este o la falta de comunicación a las personas consumidoras del procedimiento para darse de baja en el servicio.

21. La introducción de cláusulas abusivas de forma unilateral por la empresa, tanto en contratos realizados con las personas consumidoras, como en documentos establecidos como «contrato tipo» o bien en las condiciones generales de la contratación en relación con la oferta de bienes y servicios, especialmente si estos son de agua, electricidad, calefacción mediante sistemas urbanos o de contenido digital.

22. El incumplimiento del régimen establecido para los contratos celebrados fuera de los establecimientos mercantiles, los de contratación a distancia, contratación telefónica o de contratación con medios de la sociedad de la información, salvo que suponga la comisión de una infracción muy grave. Si tales contrataciones conllevan pago mediante tarjeta, será considerada infracción grave la no anulación inmediata del cargo exigido a la persona consumidora con las correspondientes anotaciones de adeudo y reabono en las cuentas de la empresa y de la persona consumidora titular de la tarjeta.

23. En la contratación telefónica o mediante el uso de medios de la sociedad de la información, no facilitar a requerimiento de la administración las grabaciones o las pruebas de las conversaciones o comunicaciones con las personas consumidoras en el plazo establecido o concedido al efecto, o hacerlo sin cumplir con los requisitos mínimos exigibles.

24. No disponer o no atender el correspondiente teléfono de atención a las personas consumidoras o dirección de correo electrónico cuando tal obligación esté recogida en la normativa sectorial o de consumo.

25. La suspensión del servicio de carácter continuado con posterioridad a la presentación de una reclamación mientras no se dé respuesta a la misma si esta está relacionada con el motivo de la suspensión.

26. El incumplimiento por parte de los proveedores de servicios de acceso a redes de telecomunicaciones y titulares de medios de pago utilizados en las transacciones electrónicas, de las obligaciones impuestas en la presente ley o leyes sectoriales en materia de consumo.

27. La imposición injustificada a las personas consumidoras del deber de personarse para ejercer sus derechos o realizar cobros, pagos o trámites similares, o exigirles de forma abusiva la cumplimentación de impresos y la aportación de datos que impongan molestias desproporcionadas, así

como obstaculizar, impedir o dificultar que las personas consumidoras puedan ejercer sus derechos.

28. El incumplimiento de las disposiciones en materia de créditos al consumo.

29. La actuación unilateral de una empresa en perjuicio de la persona consumidora motivada por la demora en los pagos que esta debería haber efectuado, sin posibilidad de que la persona consumidora pueda defenderse.

30. La exhibición o introducción en cualquier comunicación del distintivo de adhesión al Sistema Arbitral de Consumo sin encontrarse adherido al mismo o el de adhesión sin limitaciones a dicho sistema cuando existieran.

31. La exhibición de un sello de confianza o de calidad diferenciada o de un distintivo equivalente sin haber obtenido la necesaria autorización en su caso, o la exhibición de distintivos o menciones que evoquen directa o indirectamente un sello de confianza, de calidad diferenciada o un distintivo equivalente que es objeto de regulación.

32. Facilitar información falsa, inexacta o engañosa a las administraciones con relación a la defensa de los derechos de las personas consumidoras.

33. La manipulación, traslado o disposición en cualquier forma de mercancía cautelarmente intervenida o retirada del mercado.

34. La coacción, amenaza, represalia o cualquier otra forma de presión a las personas consumidoras u organizaciones de personas consumidoras que hayan promovido o pretendan promover cualquier clase de acción legal, denuncia, reclamación o participación en procedimientos ya iniciados, así como la tentativa de ejercitar tales actos, cuando no tengan la consideración de delito.

35. La obstrucción o negativa a suministrar las condiciones generales de la contratación.

36. El incumplimiento o transgresión de los requisitos previos que concretamente formulen las autoridades competentes para situaciones específicas, al objeto de evitar contaminaciones, circunstancias o conductas nocivas de otro tipo que puedan resultar gravemente perjudiciales para la salud pública.

37. El incumplimiento de la obligación de informar por las entidades que hayan cedido un crédito hipotecario u ordinario a un fondo de titulización.

38. La realización de campañas publicitarias que fomenten la violencia, la prostitución o la transmisión de mensajes estereotipados de subordinación o de desigualdad entre mujeres y hombres.

Artículo 142. **Infracciones muy graves**

Vendrá siempre a calificarse como muy grave la infracción consistente en no disponer de oficinas físicas de atención personal a las personas consumidoras, cuando tal obligación esté recogida en la normativa sectorial o de consumo.

Artículo 143. **Infracciones muy graves por concurrir determinadas circunstancias**

Además se calificarán como muy graves, las infracciones graves en que concurran las circunstancias siguientes:

1. Que produzcan una alteración social grave que origine alarma o desconfianza en las personas consumidoras o que les perjudique con carácter general con relación a un sector económico.

2. Que se hayan cometido valiéndose las personas infractoras de situación de dominio en un sector. A efectos de conseguir averiguar tal información las autoridades en materia de competencia vendrán obligadas expresamente a colaborar con la autoridad de consumo.

3. Que se hayan cometido valiéndose de situaciones de especial desequilibrio o indefensión de determinadas personas consumidoras o de colectivos especialmente protegidos o que se hayan cometido valiéndose de situaciones de necesidad de determinadas personas o de bienes o servicios de uso o consumo ordinario y generalizado.

4. Que provoquen situaciones de necesidad en las personas consumidoras o que causen situaciones de desabastecimiento de un sector o una zona.

5. El corte de suministro de servicios básicos de tracto sucesivo o continuado, sin constancia efectiva de recepción previa por la persona consumidora de una notificación concediendo plazo suficiente para alegar el motivo que pueda esgrimirse como fundamento del corte, y en su caso, sin

las previas autorizaciones administrativas o judiciales que pudieran proceder.

6. Que la cuantía del beneficio ilícito obtenido como consecuencia directa o indirecta de la actuación infractora, supere el importe máximo establecido para las sanciones aplicables a las infracciones calificadas como graves.

7. El incumplimiento del régimen establecido en materia contratos fuera de los establecimientos mercantiles, de las obligaciones que la regulación de contratos celebrados a distancia impone en materia de información y documentación, que se debe suministrar a la persona consumidora, de los plazos de ejecución y devolución de las cantidades abonadas, el envío con pretensión de cobro de envíos no solicitados por la persona consumidora y el uso de técnicas de comunicación que requieran el consentimiento expreso previo o la falta de oposición de la persona consumidora, cuando no concurra la circunstancia correspondiente, contratación telefónica o de contratación con medios de la sociedad de la información, se clasificarán como infracciones muy graves cuando exista reincidencia o el volumen de facturación realizada a que se refiere la infracción sea superior a 601.012,10 euros.

A efectos de conseguir averiguar tal información las autoridades fiscales vendrán obligadas expresamente a colaborar con la autoridad de consumo.

8. La imposición de diferentes precios sobre un producto cuya única diferenciación está en el hecho de que la persona destinataria sea hombre o mujer.

9. El incumplimiento de la obligación de informar por las entidades que hayan cedido un crédito hipotecario u ordinario a un fondo de titulización cuando la omisión de informar sobre la titulización de una hipoteca afecta a la capacidad de la deudora o deudor hipotecario para defenderse en un procedimiento de ejecución hipotecaria.

Artículo 144. **Sanciones**

1. Las sanciones han de imponerse de modo que la comisión de la infracción no resulte más beneficiosa para la persona infractora que el cumplimiento de las normas infringidas.

2. Por la comisión de infracciones en materia de defensa de la persona consumidora se podrán imponer las siguientes sanciones:

a) Por infracción leve:

1º. Amonestación por escrito o multa hasta 150 euros.

2º. Multa de hasta 5.000 euros, con los siguientes tramos:

Grado mínimo: desde 151 hasta 1.000 euros.

Grado medio: desde 1.001 euros hasta 3.000 euros.

Grado máximo: desde 3.001 hasta 5.000 euros.

b) Por infracción grave:

1º. Multa de 5.001 euros hasta 100.000 euros, pudiendo rebasar dicha cantidad hasta alcanzar el quíntuplo del valor de los productos o servicios objeto de la infracción. Los tramos serán los siguientes:

Grado mínimo: desde 5.001 euros hasta 6.000 euros.

Grado medio: desde 6.001 euros hasta 20.000 euros.

Grado máximo: desde 20.001 euros hasta 100.000 euros.

2º. Las infracciones del artículo 141, puntos 11 y 12, irán acompañados de la imposición del cierre temporal del establecimiento, instalación o servicio, hasta el máximo de un año.

c) Por infracción muy grave:

1º. Multa de 100.001 euros hasta 1.000.000 euros., pudiendo rebasar dicha cantidad hasta alcanzar el quíntuplo del valor de los productos o servicios objeto de la infracción. Los tramos serán los siguientes:

Grado mínimo: desde 100.001 euros hasta 300.000 euros.

Grado medio: desde 300.001 euros hasta 600.000 euros.

Grado máximo: desde 600.001 euros hasta 1.000.000 euros.

2º. Cierre temporal del establecimiento, instalación o servicio, por un plazo máximo de cinco años.

Aquellas empresas que sean sancionadas por infracciones muy graves, no podrán recibir ayudas de ninguna clase, ni directas ni indirectas, de la Administración Autonómica durante el plazo de cuatro años desde que la sanción sea firme en vía administrativa o, en su caso, judicial.

Todas las infracciones muy graves deberán ser publicadas en los medios de difusión regionales y en los medios oficiales de la Junta de Comunidades de Castilla-La Mancha.

3. Otras medidas sancionadoras:

a) La autoridad a la que corresponda resolver el expediente podrá acordar, como sanción accesoria, el decomiso de la mercancía adulterada, deteriorada, falsificada, fraudulenta no identificada o que pueda suponer riesgo para la persona consumidora, siendo de cuenta del infractor los gastos que originen las operaciones de intervención, depósito, comiso, transporte, distribución y destrucción de la mercancía.

b) Por razones de ejemplaridad y siempre que concurra alguna de las circunstancias de riesgo para la salud, seguridad, reincidencia en infracciones análogas o acreditada intencionalidad, la autoridad que adopte la resolución del procedimiento podrá acordar la publicidad de las sanciones impuestas en el plazo de tres meses desde que la resolución sea firme. Dicha publicación incluirá el nombre de la empresa o personas naturales o jurídicas responsables y la clase o naturaleza de las infracciones, tanto en el Diario Oficial de Castilla-La Mancha o boletines oficiales de la provincia o municipio, como en los medios de comunicación social que se consideren adecuados para la prevención de futuras conductas infractoras.

c) Se podrán dictar sanciones accesorias con finalidad pedagógica en casos reincidentes, mediante la realización

de acciones que promuevan una práctica empresarial corresponsable.

d) Igualmente, se podrán dictar sanciones accesorias con finalidad pedagógica en relación con el artículo 53, mediante la realización de actividades que faciliten la adquisición, consolidación y refuerzo de pautas de comportamiento corresponsable como personas consumidoras y usuarias. El incumplimiento de cada sanción accesoria podrá ser objeto de multa de 150 euros.

Artículo 145. **Graduación de las sanciones**

Para determinar la cuantía de la sanción dentro de los límites mínimos y máximos establecidos, deben tenerse en cuenta las circunstancias agravantes, atenuantes y mixtas contempladas en los artículos siguientes, sin que estas circunstancias puedan, en ningún caso, suponer un cambio en la calificación de la infracción.

Artículo 146. **Circunstancias agravantes**

Son circunstancias agravantes las siguientes:

1. La continuidad o persistencia en la conducta infractora.

2. La existencia de advertencias o requerimientos previos formulados por la administración para que se subsanen las irregularidades detectadas.

3. La posición relevante de la empresa infractora en el mercado.

4. El hecho de aprovecharse de que las personas afectadas pertenezcan a colectivos especialmente protegidos.

5. El incumplimiento generalizado dentro de un sector.

6. La utilización de métodos, sistemas de contratación o interpretaciones normativas a fin de eludir la aplicación de una norma de protección a las personas consumidoras.

7. La voluntad manifiesta de no reparar los perjuicios causados a las personas consumidoras.

8. El grado de culpabilidad o la existencia de intencionalidad.

9. Aprovecharse de una posición de poder respecto a una persona consumidora o a una situación en que se encuentre mermada la libertad de elección de las personas consumidoras por cualquier circunstancia.

10. La existencia de riesgo para la salud.

11. La naturaleza de los perjuicios causados.

12. La reincidencia, por comisión en el término de un año de más de una infracción de la misma naturaleza cuando haya sido declarado por resolución firme en vía administrativa.

Artículo 147. **Circunstancias atenuantes**

Son circunstancias atenuantes las siguientes:

1. La reparación de los perjuicios producidos a la persona consumidora y que originaron la incoación del procedimiento sancionador.

2. El acuerdo de reparación con la persona consumidora.

3. La simple inobservancia de las normas por error o ignorancia.

4. Estar adherido al Sistema Arbitral de Consumo.

5. Estar en posesión de un distintivo de mejores prácticas acreditado por la Junta de Comunidades de Castilla-La Mancha en materia de consumo.

6. Llevar a cabo programas e iniciativas de responsabilidad social en lo que se refiere a la protección de los derechos de las personas consumidoras y, especialmente, a colectivos vulnerables.

7. Colaborar con las administraciones públicas en materia de consumo.

8. La trayectoria de la actividad empresarial en el ámbito de consumo.

Artículo 148. **Circunstancias mixtas**

Son circunstancias mixtas las siguientes:

1. El volumen de negocio o facturación en relación a los hechos objeto de la infracción y la capacidad económica de la empresa.

2. La cuantía del beneficio obtenido.

3. Los daños o perjuicios causados a las personas consumidoras.

4. El número de personas consumidoras afectadas.

5. El grado de intencionalidad.

6. El periodo durante el cual se cometió la infracción.

Artículo 149. **Resolución y eficacia de las sanciones**

En aquellos casos en que se haya incoado un procedimiento administrativo sancionador en materia de consumo, como consecuencia de reclamación de las personas consumidoras, o sus representantes, la resolución del mismo podrá contemplar expresamente como medio para la ejecución de la resolución, la compulsión sobre las personas, a efectos de que se restituyan cantidades indebidamente cobradas o se realicen actos por parte de la persona infractora para resarcir a la reclamante, conforme al art. 104 de la Ley 39/2015, de 1 de octubre, de Procedimiento Administrativo Común de las Administraciones Públicas. En caso de que la persona infractora no las restituya en plazo y modo acordado en la resolución, se le sancionará por cantidad similar y en su caso se iniciará el cobro de la multa por la vía de apremio.

Una vez cobrada la administración restituirá de oficio esa cantidad a la persona consumidora.

Este procedimiento estará limitado a cantidades que se determinen reglamentariamente y que no hayan sido reclamadas por la vía arbitral de consumo.

Artículo 150. **Prescripción de las infracciones**

1. Las infracciones tipificadas como leves prescriben al año, las graves a los tres años y las muy graves a los cinco años. El plazo de prescripción empieza a contar desde el día en que se cometió la infracción, o desde la finalización de la conducta infractora si se tratara de infracciones continuadas o permanentes y se interrumpe por la iniciación, con conocimiento de la presunta persona infractora, del procedimiento sancionador, reiniciándose el plazo de prescripción si el expediente sancionador estuviera paralizado durante más de un mes por causa no imputable al presunto responsable.

2. Cuando exista toma de muestras, las actuaciones de la inspección se entenderán finalizadas después de practicado el análisis inicial. No obstante, no se considerará análisis inicial el resultado de los ensayos realizados sobre una muestra tomada con carácter indicativo. Las solicitudes de pruebas técnicas o análisis contradictorios y dirimentes que fuesen necesarios suspenderán el plazo máximo legal para resolver y notificar la resolución del procedimiento ya iniciado, durante el tiempo necesario para la incorporación de los resultados al expediente.

Artículo 151. **Prescripción de las sanciones**

Las sanciones impuestas en aplicación de esta ley prescribirán por el transcurso de los siguientes plazos: las leves al año, las graves a los tres años y las muy graves a los cinco años. El plazo de prescripción empieza a contar desde el día siguiente a aquel en que sea ejecutable la resolución por la que se impone la sanción o haya transcurrido el plazo para recurrirla. Interrumpe la prescripción la iniciación, con conocimiento del interesado, del procedimiento de ejecución, volviendo a transcurrir el plazo si aquél está paralizado durante más de un mes por causa no imputable a la parte infractora. En el caso de desestimación presunta del recurso de alzada interpuesto contra la resolución por la que se impone la sanción, el plazo de prescripción de la sanción comenzará a contarse desde el día siguiente a aquel en que finalice el plazo legalmente previsto para la resolución de dicho recurso.

Artículo 152. **Responsabilidad por infracciones cometidas en bienes envasados e identificados**

En las infracciones cometidas en bienes envasados e identificados, se considera responsable la firma o razón social en cuyo nombre se comercialice el producto y que figura en la etiqueta o identificación, salvo que se demuestre que se falsificó o que es responsable algún otro integrante de la cadena de distribución o comercialización.

Artículo 153. **Responsabilidad por infracciones cometidas en bienes envasados y no identificados**

Si el bien no lleva los datos necesarios para identificar al responsable de la infracción, de acuerdo con lo establecido por la normativa, se consideran responsables los que comercializaron el bien, sin perjuicio de su derecho de repetición.

Artículo 154. **Responsabilidad por infracciones cometidas en bienes no envasados**

Si el bien no está envasado, se consideran responsables los que comercializaron el bien, sin perjuicio de su derecho de repetición.

Artículo 155. **Responsabilidad por infracciones cometidas en la prestación de servicios**

En las infracciones cometidas en la prestación de servicios, la empresa o razón social obligada a prestarlos, legalmente o por medio de un contrato con la persona consumidora, será considerada responsable.

Artículo 156. **Otros sujetos responsables**

1. Cuando se desconozca el domicilio de la parte responsable o este no disponga de ninguno en territorio español, las actuaciones que, en su caso, procedan, podrán dirigirse a cualquier persona que actúe como representante o en nombre de dicho responsable en territorio español, de hecho o de derecho, o que haga ostentación pública de esta condición o que actuase como si la tuviera, y también podrá ser considerado responsable de las actividades de la empresa, sin perjuicio de su derecho de repetición frente a esta.

2. Cuando una empresa o cualquier persona se presente en el mercado como representante, actúe en nombre de otra empresa o haga ostentación pública de esta condición o actuase como si la tuviera, será responsable solidaria de las actividades de la empresa de la que aparece como representante, salvo que por parte de esta se acredite la ausencia de vinculación con ella y justifique la interposición de acciones frente a la misma.

Se considerará que existe vinculación si en cualquier comunicación comercial de la empresa representada se hace referencia a la representante como parte de la estructura empresarial de hecho o de derecho de la empresa representada.

Artículo 157. **Responsabilidad del receptor de la contraprestación**

Sin perjuicio de lo establecido en los preceptos anteriores, quien reciba una contraprestación de una persona consumidora derivada de una relación de consumo será responsable del cumplimiento de la normativa de defensa de la persona consumidora y de la sectorial de aplicación derivada de esa relación de consumo, sin perjuicio de su derecho de repetición frente a quien considere responsable.

Artículo 158. **Especialidades en la iniciación del procedimiento**

1. Cuando se presente una denuncia, se deberá comunicar al denunciante la iniciación o no del procedimiento cuando tenga la condición de interesado conforme a la Ley Reguladora del Procedimiento Administrativo Común de las Administraciones Públicas.

2. Una vez notificado el acuerdo de iniciación, las personas interesadas dispondrán de un plazo de quince días para presentar cuantas alegaciones, documentos o informaciones estimen convenientes y, en su caso, proponer prueba concretando los medios de que pretendan valerse. En la notificación del acuerdo de iniciación se indicará a las personas interesadas dicho plazo, así como la puesta de manifiesto del procedimiento y la posibilidad de obtener copia de los documentos que consten en el mismo, indicando el lugar para ello.

Artículo 159. **Especialidades en la instrucción del procedimiento**

1. La persona designada para la instrucción del procedimiento podrá realizar de oficio cuantas actuaciones resulten necesarias para el examen o valoración de los hechos, recabando los datos e informaciones que sean relevantes para determinar, en su caso, la existencia de responsabilidades susceptibles de sanción.

2. Si a consecuencia de la instrucción del procedimiento resultara modificada la determinación inicial de los hechos, su posible calificación, las sanciones imponibles o las responsabilidades susceptibles de sanción se notificará todo ello a la persona inculpada en la propuesta de resolución.

3. Para el caso de tomas de muestras, a la práctica de prueba consistente en la realización de pruebas analíticas le será de aplicación lo establecido al respecto.

4. Cuando, a consecuencia de una reclamación o por cualquier otra circunstancia, el objeto de valoración o comprobación sea una unidad concreta

de un producto, las pruebas analíticas o periciales que procedan se realizarán con arreglo a la normativa vigente.

5. Corresponderá a la empresa probar el cumplimiento de sus obligaciones establecidas reglamentariamente, así como las manifestaciones realizadas de acuerdo con lo establecido en esta ley.

6. No será necesaria la prueba de aquellos hechos notorios o que la persona inculpada haya reconocido.

Artículo 160. **Alegaciones a la propuesta de resolución y comunicación de la resolución al denunciante**

1. La propuesta de resolución se notificará a las personas interesadas, concediéndose un plazo de quince días para formular alegaciones y presentar los documentos e informaciones que consideren pertinentes ante la persona designada para la instrucción del procedimiento.

2. La propuesta de resolución se remitirá al órgano competente para resolver el procedimiento, junto con todos los documentos, alegaciones e informaciones que consten en el mismo.

3. Cuando se presente una denuncia, se deberá comunicar al denunciante su resolución cuando tenga la condición de interesado conforme a la Ley Reguladora del Procedimiento Administrativo Común de las Administraciones Públicas.

Artículo 161. **Caducidad del procedimiento**

1. Si no hubiese recaído resolución transcurridos nueve meses desde la iniciación, teniendo en cuenta las posibles interrupciones de su cómputo por causas imputables a la parte interesada o por la suspensión del procedimiento, se producirá la caducidad. En estos casos, la resolución que declare la caducidad ordenará el archivo de actuaciones conforme a lo establecido en la Ley de procedimiento administrativo común de las administraciones públicas.

2. La práctica de pruebas, la solicitud de informes o la realización de análisis deben adecuarse a los requisitos establecidos con carácter básico por el artículo 22.1 de la Ley 39/2015, de 1 de octubre, de Procedimiento Administrativo Común de las Administraciones Públicas.

3. Suspenderá los plazos de caducidad, una vez iniciado el procedimiento, el tiempo necesario solicitado por la empresa para llegar a un acuerdo con la persona consumidora, que no podrá ser superior a dos meses. A estos efectos, la persona inculpada deberá solicitar la suspensión

y justificar la propuesta de resolución extrajudicial del conflicto realizada a la persona consumidora, indicando el plazo propuesto para llegar a un acuerdo.

Si, solicitada la suspensión por la persona inculpada, no se justifica simultáneamente a ella la propuesta a la persona consumidora de resolución extrajudicial del conflicto, se considerará que existe una voluntad manifiesta de no reparar los perjuicios causados al mismo, lo cual supondrá la continuación del procedimiento.

4. Una vez producida la caducidad de un procedimiento y declarada esta, podrá iniciarse otro en tanto no haya prescrito la infracción.

Artículo 162. **Notificaciones**

Cuando proceda la notificación por medio de anuncios o la publicación de un acto, esta se realizará mediante la publicación en el Diario Oficial de Castilla-La Mancha de una somera referencia sobre el contenido del acto y la indicación del lugar en donde los interesados podrán comparecer, en el plazo de diez días, para conocimiento del contenido íntegro del mencionado acto y la constancia de tal conocimiento.

Artículo 163. **Fondo para acciones de interés general**

1. Los ingresos derivados de la imposición de las sanciones establecidas en esta ley deberán ser destinados a la atención y protección de las personas consumidoras.

2. Reglamentariamente, se desarrollará el mecanismo para el retorno de las cuantías que serán objeto del fondo para acciones de interés general, de forma que garantice el cumplimiento de tal fin.

Disposiciones transitorias, derogatorias y finales.

(...)

LEY 2/2015, DE 4 DE MARZO, POR LA QUE SE APRUEBA EL ESTATUTO DEL CONSUMIDOR DE CASTILLA Y LEÓN

(*BOCL* de 12 de Marzo de 2015)

(...)

TÍTULO IV
Potestad sancionadora

Artículo 39. **Régimen**

La Administración de la Comunidad de Castilla y León, en el uso de su potestad sancionadora, sancionará las conductas tipificadas como infracción en materia de defensa de los consumidores y usuarios, sin perjuicio de las responsabilidades civiles, penales o de otro orden que puedan concurrir.

CAPÍTULO I
INFRACCIONES

Artículo 40. **Concepto**

Constituyen infracciones administrativas en materia de defensa de los consumidores y usuarios, las acciones u omisiones contra lo dispuesto en la presente Ley y en el resto de la normativa en materia de consumo que resulte de aplicación, alcanzando la potestad sancionadora de la Comunidad Autónoma de Castilla y León en esta materia a todas las infracciones administrativas que se cometan en el ámbito de su territorio, sin perjuicio de lo dispuesto en la legislación estatal.

Artículo 41. **Principios generales**

1. Las infracciones en materia de consumo serán objeto de sanción administrativa previa instrucción del oportuno procedimiento.

2. Cuando a juicio de la Administración competente, las infracciones pudieran ser constitutivas de delito o falta, procederá su traslado al Ministerio Fiscal y se suspenderá el procedimiento administrativo. Las medidas administrativas precautorias o cautelares que se hubieran adoptado para salvaguardar la salud y seguridad de las personas, se mantendrán hasta tanto la autoridad judicial se pronuncie sobre las mismas. La sanción penal

excluirá la imposición de sanción administrativa, siempre que exista identidad de hecho sujeto y fundamento. Si no se hubiera estimado la existencia de delito o falta, la Administración podrá continuar el expediente sancionador con base, en su caso, en los hechos que el órgano judicial haya considerado probados.

3. Las infracciones se califican como leves, graves y muy graves de acuerdo con los criterios establecidos en la normativa básica estatal.

4. Las infracciones que tengan la calificación de graves deben de calificarse como leves si, por su escasa entidad y/o transcendencia, queda probado en el expediente sancionador que existe una desproporción manifiesta entre la sanción a imponer y los efectos de la infracción cometida.

5. Como principio general, al responsable de dos o más infracciones se le impondrán todas las sanciones correspondientes. No obstante, en el caso de que un solo hecho sea constitutivo de dos o más infracciones, o cuando una de ellas sea medio para cometer la otra, la sanción o sanciones se impondrán en proporción a la gravedad de la conducta. Del mismo modo, tendrá la consideración de una sola infracción administrativa continuada la realización de una pluralidad de acciones u omisiones tipificadas en esta Ley que infrinjan un mismo o semejante precepto, en ejecución de un plan preconcebido o aprovechando idéntica ocasión.

6. Tendrá la consideración de infracción administrativa permanente la realización de una conducta, por acción u omisión, constitutiva de un único ilícito, el cual se mantiene durante un espacio prolongado de tiempo y cuyos efectos perjudiciales para el consumidor perduran en el tiempo transcurrido desde que aquélla se comete hasta el momento en que es conocida por el órgano administrativo competente.

7. En el caso de la publicidad y de las distintas modalidades de contratación a distancia y de comercio electrónico, la infracción se entenderá cometida en el lugar donde radique el domicilio del consumidor o usuario.

Artículo 42. **Clasificación de las infracciones**

1. A los efectos de esta Ley, salvo aquellas infracciones que deban ser calificadas como graves o muy graves de acuerdo con la normativa estatal, serán infracciones administrativas leves las siguientes:

a) El incumplimiento de los requisitos, condiciones, obligaciones o prohibiciones de naturaleza sanitaria.

b) Las acciones y omisiones que produzcan o puedan producir algún riesgo o daño para la salud o seguridad de los consumidores y usuarios, ya sea en forma consciente o deliberada, ya por abandono de la diligencia y precauciones exigibles en la actividad, servicio o instalación de que se trate.

c) El incumplimiento o transgresión de los requisitos previos que concretamente formulen las autoridades competentes para situaciones específicas, al objeto de evitar contaminaciones, circunstancias o conductas nocivas de otro tipo que puedan resultar gravemente perjudiciales para la salud pública.

d) La alteración, adulteración o fraude en la calidad o cantidad de toda clase de bienes o servicios susceptibles de consumo por adicción o sustracción de cualquier sustancia, elemento, alteración de su composición o calidad, incumplimiento de las condiciones que correspondan a su naturaleza, arreglo o reparación de productos de naturaleza duradera y en general cualquier situación que induzca a engaño o confusión o que impida reconocer la verdadera naturaleza del bien o servicio.

e) El incumplimiento de las normas reguladoras de precios, la imposición injustificada de condiciones sobre prestaciones no solicitadas o cantidades mínimas, o cualquier tipo de intervención o actuación ilícita que suponga un incremento de los precios o márgenes comerciales de los bienes y servicios, así como el incumplimiento de las normas sobre publicidad de precios, facturación y la ocultación al consumidor de parte del precio mediante las formas de pago.

f) El incumplimiento de las disposiciones relativas a registro, normalización o tipificación, envasado, etiquetado, publicidad e información de bienes y servicios.

g) El incumplimiento de las disposiciones sobre seguridad en cuanto afecten o puedan suponer un riesgo para los consumidores y usuarios.

h) La obstrucción, resistencia o negativa a suministrar datos o a facilitar las funciones de información, vigilancia, inspección, toma de muestras y la adopción de medidas cautelares.

i) La introducción de cláusulas abusivas en los contratos o en las ofertas publicitarias.

j) Las limitaciones o exigencias injustificadas al derecho del consumidor de poner fin a los contratos de prestación de servicios o suministro de productos de tracto sucesivo o continuado, la obstaculización al ejercicio de tal derecho del consumidor a través del procedimiento pactado, la falta de previsión de éste o la falta de comunicación al usuario del procedimiento para darse de baja en el servicio.

k) La negativa a satisfacer las demandas del consumidor o usuario, cualquiera que sea su nacionalidad o lugar de residencia, cuando su satisfacción esté dentro de las disponibilidades del empresario, así como cualquier forma de discriminación con respecto a las referidas demandas, sin que ello menoscabe la posibilidad de establecer diferencias en las condiciones de acceso directamente justificadas por criterios objetivos.

l) El uso de prácticas comerciales desleales; las engañosas, por acción u omisión, y las agresivas, realizadas antes, durante y después de una transacción comercial, siempre que afecten a los consumidores y usuarios y ocasione a éstos un grave perjuicio económico.

m) Las conductas discriminatorias en el acceso a los bienes y la prestación de los servicios y en especial las previstas en la legislación reguladora para la igualdad efectiva de mujeres y hombres.

n) El incumplimiento de los requisitos, obligaciones o prohibiciones expresamente establecidos en la normativa en materia de defensa de los consumidores y usuarios y disposiciones complementarias, cuando no supongan falta grave o muy grave.

ñ) La obstrucción o negativa a suministrar las condiciones generales de la contratación que establece la legislación estatal respecto a las cláusulas no negociadas individualmente.

o) El incumplimiento de las normas sobre autorizaciones, registros y documentación, establecidos como requisitos para el ejercicio de la actividad o como garantía para la protección de los consumidores y usuarios.

p) El incumplimiento de las disposiciones generales reguladoras de la garantía de los productos y servicios.

q) El incumplimiento de las disposiciones que regulan la prestación de servicios.

r) La negativa a entregar al consumidor o usuario factura o comprobante de la operación, ejemplar del contrato suscrito por el consumidor o usuario, documento de garantía de los bienes de naturaleza duradera, resguardo de depósito, o cualquier otro tipo de documento exigido reglamentariamente para la protección de los consumidores y usuarios.

s) La negativa injustificada a vender un bien expuesto o prestar un servicio públicamente ofertado, o la violación del derecho de los consumidores y usuarios a decidir libremente la cantidad de bienes o servicios que desean adquirir en un establecimiento.

t) El incumplimiento de las disposiciones reguladoras del almacenamiento, conservación y condiciones de venta o suministro de bienes.

u) La falta de remisión al órgano administrativo competente de cuantos datos o documentos deban presentarse. A estos efectos, se entenderá que hay falta de remisión cuando la misma no se produzca dentro del plazo concedido por el órgano competente al reiterar el requerimiento.

v) La excusa reiterada, negativa o resistencia a la comparecencia en las oficinas públicas siempre que medie requerimiento, notificado expresamente y por escrito al respecto por las autoridades competentes.

w) La carencia de las hojas de reclamaciones a disposición del consumidor y usuario y la omisión del anuncio, así como la negativa a su entrega.

x) La utilización de prácticas de oferta, promoción y publicidad engañosa que, por acción u omisión pueda inducir a los consumidores o usuarios a error susceptible de afectar a su comportamiento económico.

2. Se consideran infracciones administrativas graves:

a) Todas aquellas cláusulas y prácticas no consentidas expresamente que, en contra de la buena fe, causen en perjuicio del consumidor y usuario un desequilibrio importante de los derechos y obligaciones que deriven del contrato.

b) El suministro de información o documentación inexacta o falsa y/o engañosa.

c) Cualquier conducta tendente a ocultar, hacer desaparecer o manipular las muestras depositadas reglamentariamente o las mercancías intervenidas.

d) El incumplimiento de normas de calidad del servicio, en especial en relación a los servicios de información y atención al cliente.

e) El incumplimiento de la obligación de informar a los consumidores y usuarios, a requerimiento de las autoridades competentes, de los bienes o productos objeto de medidas de retirada del mercado.

f) La comisión de tres faltas leves en el período de un año.

g) El reiterado incumplimiento de las indicaciones de la autoridad administrativa.

h) La prestación de servicios o el envío de productos no solicitados con pretensión de cobro.

i) El incumplimiento del régimen establecido en materia de contratos celebrados fuera de establecimientos mercantiles.

j) El incumplimiento de las obligaciones que la regulación de contratos celebrados a distancia impone en materia de información y documentación que se debe suministrar al consumidor y usuario, de los plazos de ejecución y de devolución de cantidades abonadas, el envío, con pretensión de cobro, de productos y servicios no solicitados por el consumidor y usuario y el uso de técnicas de comunicación que requieran el consentimiento expreso previo o la falta de oposición del consumidor y usuario, cuando no concurra la circunstancia correspondiente.

k) ...

3. Son infracciones administrativas muy graves las infracciones calificadas como graves, de conformidad con lo previsto en el presente artículo, cuando concurra alguno de los siguientes supuestos:

a) Que generen alarma social o produzcan una situación de desconfianza grave entre los consumidores y usuarios.

b) Que afecten desfavorablemente y de forma grave a un sector económico.

c) Que afecte a un amplio número de consumidores y usuarios.

d) Que se cometa la infracción abusando de una posición de dominio en el mercado.

e) Las acciones u omisiones que produzcan riesgos o daños efectivos para la salud o seguridad de los consumidores y usuarios, realizadas de forma consciente o deliberada.

f) El incumplimiento de las medidas provisionales adoptadas por la autoridad competente.

g) La reincidencia en la comisión de infracciones graves de la misma naturaleza en el último año. El plazo comenzará a contarse desde el día siguiente a aquel en que adquiera firmeza la resolución.

h) La comisión de dos faltas graves en el período de un año.

i) El incumplimiento del régimen establecido en materia de contratos celebrados fuera de establecimientos mercantiles, cuando exista reincidencia o el volumen de facturación realizada a que se refiere la infracción sea superior a 601.012,10 €.

j) El incumplimiento de las obligaciones que la regulación de contratos celebrados a distancia impone en materia de información y documentación que se debe suministrar al consumidor y usuario; de los plazos de ejecución y de devolución de cantidades abonadas; el envío, con pretensión de cobro, de productos y servicios no solicitados por el consumidor y usuario y el uso de técnicas de comunicación que requieran el consentimiento expreso previo o la falta de oposición del consumidor y usuario, cuando no concurra la circunstancia correspondiente, cuando exista reincidencia o el volumen de facturación realizada a que se refiere la infracción sea superior a 601.012,10 €.

CAPÍTULO II
RESPONSABILIDAD

Artículo 43. **Sujetos responsables**

1. Serán sujetos responsables de las infracciones, aun a título de simple inobservancia, las personas físicas o jurídicas que participen o incurran en las mismas tanto por acción como por omisión.

2. En particular, se considerarán responsables, salvo prueba que acredite la responsabilidad de un tercero:

a) De las infracciones cometidas en productos envasados, etiquetados o cerrados con cierre íntegro, la firma o razón social que figure en el envase o etiqueta, presentación o publicidad.

Podrán eximirse de esa responsabilidad probando su falsificación o incorrecta manipulación por terceras personas, que serán las responsables.

b) De las infracciones cometidas en productos que carezcan de etiquetado, en la etiqueta no conste la identificación de la empresa, o se vendan a granel, el tenedor de los mismos.

c) De las infracciones cometidas en la prestación de servicios, la persona física o jurídica con la que contrató el consumidor la prestación del servicio o la que resulte legalmente obligada.

d) De las infracciones cometidas en la publicidad, oferta y contratación de bienes o servicios realizadas a través de medios telemáticos, el titular de la página.

e) De las infracciones relacionadas con la falta de conformidad de los productos, el vendedor de los mismos.

3. Sin perjuicio de lo previsto en el apartado 2, se considerará que comete infracción el que intencionadamente o por negligencia distribuya, suministre o venda bienes de consumo que incumplan las normas sobre etiquetado.

4. En el supuesto de infracciones cometidas en productos procedentes de otros países de la Unión Europea o de Estados que no formen parte de ésta, se considerará responsable a la persona física o jurídica que en primer lugar introduzca o ponga en circulación el producto en el mercado español.

5. Cuando una infracción sea imputada a una persona jurídica podrán ser consideradas responsables también las personas físicas que integren sus órganos rectores o de dirección, así como los técnicos responsables de la elaboración y control, de acuerdo con la legislación vigente en materia societaria.

En el supuesto de personas jurídicas, cuando quede constancia de forma fehaciente de la negativa o voto en contra de alguno de sus miembros en relación con la realización de la actuación tipificada como infracción, el mismo será exonerado de responsabilidad.

CAPÍTULO III
SANCIONES

Artículo 44. **Cuantías**

1. Las infracciones en materia de defensa de los consumidores y usuarios serán sancionadas de acuerdo con la siguiente graduación:

a) Las infracciones leves, con multa desde 200 euros hasta 3.005,06 euros.

b) Las infracciones graves, con multas pecuniarias entre 3.005,07 euros y 15.025,30 euros.

c) Las infracciones muy graves, con multas pecuniarias entre 15.025,31 y 601.012,10 euros.

Sin perjuicio de la multa que proceda, y a los efectos de evitar que la comisión de infracciones resulte más beneficiosa para la persona que las comete que el cumplimiento de la norma infringida, la sanción económica que en su caso se imponga podrá ser incrementada hasta el quíntuplo de la cuantía correspondiente al beneficio obtenido por el ilícito.

Artículo 45. **Cierre del establecimiento**

De acuerdo con lo establecido en la normativa básica estatal, en el supuesto de infracciones muy graves, el órgano competente para la resolución del expediente podrá acordar el cierre temporal de la empresa, establecimiento o industria por un período de hasta cinco años.

Artículo 46. **Sanciones accesorias**

1. El órgano competente para la resolución del expediente sancionador podrá acordar como sanción accesoria el decomiso de la mercancía adulterada, deteriorada, falsificada, fraudulenta, no identificada o que pueda entrañar un riesgo para el consumidor. Los gastos derivados del decomiso y destrucción de la mercancía, así como aquellos otros necesarios para asegurar el destino final de la misma, serán de cuenta del infractor.

2. Por razones de ejemplaridad y siempre que concurra alguna de las circunstancias de riesgo para la salud, seguridad o intereses económicos de los consumidores, reincidencia en infracciones análogas o acreditada intencionalidad, el órgano competente para la resolución del expediente sancionador podrá acordar la publicidad de las sanciones impuestas, que se hará efectiva cuando éstas hayan adquirido firmeza, mediante la inclusión en el Boletín Oficial correspondiente y en los medios de comunicación social, de los nombres, apellidos, denominación o razón social de las personas naturales o jurídicas responsables y la índole o naturaleza de las infracciones cometidas. Los gastos ocasionados por la publicación serán de cuenta del infractor.

3. En el caso de infracciones en materia de publicidad, el órgano competente para resolver el expediente sancionador podrá exigir al infractor la rectificación de la publicidad efectuada en las mismas condiciones en que se produjo la infracción.

Artículo 47. **Graduación de las sanciones**

1. Para determinar la cuantía y extensión de la sanción aplicable dentro de los mínimos y máximos establecidos, deben tenerse en cuenta las circunstancias agravantes, atenuantes y mixtas.

2. Son circunstancias agravantes las siguientes:

a) Existencia de reincidencia, por comisión, en el término de un año, de más de una infracción de la misma naturaleza cuando así haya sido declarado por resolución firme.

b) Existencia de reiteración por parte del sujeto responsable si, dentro del año anterior a la comisión de la nueva infracción, el infractor ha sido sancionado, mediante resolución, por la comisión de otra infracción tipificada por la presente Ley o por otras normas en las que el bien jurídico protegido sean los intereses de los consumidores y usuarios.

c) La existencia de amonestaciones o los requerimientos previos formulados por la Administración para que se subsanen las irregularidades detectadas.

d) La posición relevante en el mercado del infractor o infractora.

e) El tipo de consumidor o usuario afectado o que se trate de colectivos especialmente protegidos.

f) Existencia de intencionalidad por parte del sujeto responsable.

3. Son circunstancias atenuantes las siguientes:

a) La reparación posterior total o parcial de los hechos o los perjuicios que han originado, siempre que se realice antes de dictarse resolución del procedimiento sancionador.

b) El sometimiento de los hechos al Sistema Arbitral de Consumo.

c) El acuerdo de reparación con el consumidor y usuario.

4. Son circunstancias mixtas las siguientes:

a) Naturaleza de los riesgos, daños o perjuicios causados.

b) Número de consumidores y usuarios afectados.

c) Tipo de producto o servicio afectado por la infracción en relación a los supuestos de especial protección.

d) Cuantía del beneficio obtenido como consecuencia de la infracción.

e) Volumen de negocios y/o capacidad económica del infractor.

5. Si iniciado un procedimiento sancionador, el infractor reconoce su responsabilidad y acredita haber rectificado las circunstancias constitutivas

de la infracción cometida además de la compensación satisfactoria de los perjuicios causados en su caso, todo ello con anterioridad a que se dicte la resolución del expediente, se podrá resolver directamente éste con la imposición de la sanción correspondiente en una cantidad mínima o, en su caso, imponiendo como sanción una amonestación.

6. Las sanciones deben imponerse de modo que la comisión de la infracción no resulte más beneficiosa para el infractor que el cumplimiento de las normas infringidas.

Artículo 48. **Restitución de cantidades percibidas indebidamente**

Independientemente de las sanciones establecidas en esta Ley, el órgano sancionador impondrá a la persona o entidad infractora la obligación de restituir inmediatamente la cantidad percibida indebidamente en los supuestos de aplicación de precios superiores a los autorizados, comunicados, presupuestados o anunciados al público.

Artículo 49. **Prescripción de infracciones y sanciones**

1. Las infracciones previstas en esta Ley prescribirán las muy graves en el plazo de cinco años, las graves en el plazo de tres años y las leves en el plazo de un año.

El plazo de prescripción de las infracciones empieza a contar desde el día en que éstas se hubieran cometido. En el caso de infracción continuada empezará a contarse desde el día que se realizó la última de las acciones típicas incluidas en aquella. En el caso de infracción permanente empezará a contarse desde que se ponga fin a la situación ilícita creada.

2. Las sanciones previstas en esta Ley prescribirán las muy graves en el plazo de cinco años, las graves en el plazo de tres años y las leves en el plazo de un año.

El plazo de prescripción de las sanciones empieza a contar desde el día siguiente a aquel en que adquiera firmeza la resolución por la que se impone la sanción.

CAPÍTULO IV
PROCEDIMIENTO SANCIONADOR

Artículo 50. **Régimen jurídico**

1. El procedimiento sancionador derivado de infracciones contra lo dispuesto en la presente Ley y disposiciones que la desarrollen se tramitará

conforme a lo dispuesto en la norma reguladora del procedimiento sancionador de la Comunidad de Castilla y León y subsidiariamente se aplicará la normativa estatal de procedimiento para el ejercicio de la potestad sancionadora.

2. El plazo máximo para resolver y notificar la resolución expresa será de seis meses contados a partir de la fecha del acuerdo de incoación del procedimiento.

3. Las solicitudes de análisis contradictorios interrumpirán el plazo de caducidad hasta que sean recibidos sus resultados. Lo mismo ocurrirá con los análisis dirimentes que fuera necesario practicar.

Artículo 51. **Competencia sancionadora**

Los órganos y autoridades de la Administración de la Comunidad de Castilla y León competentes para iniciar, instruir y resolver los procedimientos sancionadores derivados de infracciones contra lo dispuesto en esta Ley, disposiciones de desarrollo, legislación estatal y comunitaria aplicable se determinarán en las correspondientes normas de atribución de competencias.

(...)

LEY 11/1998, DE 9 DE JULIO, DE PROTECCIÓN DE LOS CONSUMIDORES DE LA COMUNIDAD DE MADRID

(*BOCM* de 16 de Julio de 1998)

(...)

TITULO V
De la potestad sancionadora

CAPITULO I
NORMAS GENERALES

Artículo 46. **Potestad sancionadora**

1. Corresponde a las Administraciones Públicas de la Comunidad de Madrid la potestad sancionadora en materia de consumo, ejerciéndose por los órganos administrativos de la misma que la tengan atribuida.

2. Las infracciones en materia de consumo cometidas en el ámbito territorial de la Comunidad de Madrid serán sancionadas, previa tramitación del correspondiente procedimiento sancionador.

CAPITULO II
DE LAS INFRACCIONES

Artículo 47. **Protección de la salud y seguridad de los consumidores**

Constituyen infracción en materia de protección de la salud y seguridad de los consumidores:

1. El incumplimiento de los requisitos, condiciones, obligaciones o prohibiciones de naturaleza sanitaria.

2. Las acciones u omisiones que produzcan riesgos o daños efectivos para la salud o seguridad de los consumidores, ya sea en forma consciente o deliberada, ya por abandono de la diligencia y precauciones exigibles en la actividad, servicio o instalación de que se trate.

3. El incumplimiento o transgresión de los requerimientos previos que concretamente formulen las autoridades que resulten competentes para

situaciones específicas, al objeto de evitar contaminaciones o circunstancias nocivas de otro tipo que puedan resultar gravemente perjudiciales para la salud pública o la seguridad de los consumidores.

4. El incumplimiento de las disposiciones relativas a la seguridad de bienes y servicios.

Artículo 48. **Alteración, adulteración o fraude de bienes y productos**

Constituyen infracciones por alteración, adulteración o fraude de bienes y productos:

1. La elaboración, distribución, suministro o venta de bienes y productos a los que se haya adicionado o sustraído cualquier sustancia o elemento para variar su composición, calidad, estructura, peso o volumen, para corregir defectos mediante procesos o procedimientos que no estén expresa y reglamentariamente autorizados, o para encubrir la inferior calidad o alteración de los productos utilizados.

2. La elaboración, distribución, suministro o venta de bienes y productos cuando su composición, calidad, cantidad, etiquetado, plazo o precio, no se ajuste a las disposiciones vigentes o difiriera de la declarada u ofertada.

Artículo 49. **Prestación de servicios defectuosa o incorrecta**

Constituyen infracciones por defectuosa o incorrecta prestación de servicios:

1. El incumplimiento en la prestación de todo tipo de servicios, de las condiciones de calidad, cantidad, intensidad, naturaleza, plazo o precio, de acuerdo con la normativa que resulte aplicable, o con las condiciones que se presten u oferten.

2. La vulneración o inobservancia de los derechos que las normas o los documentos de garantía, entregados u ofertados, reconocen a los consumidores.

3. La defectuosa prestación de servicios durante el período de garantía.

4. La puesta en el mercado de bienes de naturaleza duradera sin garantizar un servicio de asistencia técnica para su reparación y la no disposición de piezas de repuesto en los supuestos y plazos establecidos por la normativa

Artículo 50. **Normalización técnica, comercial y de prestación de servicios**

Constituyen infracciones en materia de normalización técnica, comercial y de prestación de servicios, así como en materia de condiciones o técnicas de venta y suministro de bienes o servicios.

1. El incumplimiento de las disposiciones que normalicen bienes y productos, así como de aquellas que regulen los requisitos documentales y de funcionamiento establecidos en la normativa vigente reguladora de la actividad comercial y de prestación de servicios.

2. La puesta en el mercado de bienes y productos cuya comercialización haya sido declarada prohibida por una norma o por una resolución administrativa, así como la comercialización de aquellos, que, precisando autorización administrativa, carezcan de ella.

3. El incumplimiento del deber de veracidad informativa o publicitaria en la venta de bienes y productos o en la prestación de servicios, de manera que se les atribuya calidades, características, resultados o condiciones de adquisición, uso o devolución que difieran de los que realmente posean o puedan obtenerse, y toda la publicidad que, de cualquier forma, induzca o pueda inducir a error a las personas a las que se dirige, así como aquella que silencie datos fundamentales que impidan conocer las verdaderas características o naturaleza del producto o servicio.

4. El incumplimiento de las normas reguladoras de precios, incluido las referentes a marcado y exhibición de los mismos.

5. La realización de transacciones en las que se imponga injustificadamente al consumidor condiciones, recargos o cobros indebidos, prestaciones accesorias no solicitadas o cantidades mínimas así como la no aceptación de los medios de pago admitidos legalmente u ofertados.

6. La utilización de cualquier método de venta que infrinja lo dispuesto por las disposiciones aplicables o que limite la libertad de elección de los consumidores.

7. La no entrega a los consumidores de documento de garantía conforme a lo previsto en esta Ley y en las demás disposiciones que así lo establezcan.

8. La inclusión de cláusulas abusivas en las condiciones generales de los contratos y las ofertas publicitarias, así como la realización de prácticas no consentidas expresamente por los consumidores que, según la legislación aplicable, resulten abusivas y lesionen sus derechos.

9. La negativa injustificada a satisfacer las demandas del consumidor producidas de buena fe o conforme al uso establecido, cuando su satisfacción esté dentro de las disponibilidades del vendedor o prestador de un servicio, así como cualquier forma de discriminación con respecto a las referidas demandas.

10. La no extensión de la correspondiente factura o documento acreditativo de las transacciones comerciales o por la prestación de servicios, así como su emisión con incumplimiento de los requisitos preceptivos.

11. La no entrega a los consumidores del correspondiente resguardo de depósito o su emisión, con incumplimiento de los requisitos preceptivos.

12. El incumplimiento de los requisitos, obligaciones o prohibiciones expresamente establecidos por la normativa vigente en materia de defensa de los consumidores, y disposiciones complementarias.

13. La comercialización de bienes y la prestación de servicios sin que el consumidor pueda, en cualquiera de sus fases, identificar y localizar al responsable de aquella.

14. La carencia de hojas de reclamaciones, la negativa a facilitarlas a los consumidores, la falta de información clara, suficiente y perfectamente visible al público sobre la existencia de hojas de reclamaciones en el establecimiento y el incumplimiento de las demás obligaciones establecidas en la normativa reguladora de aquellas.

15. En los suministros de servicios, las altas no solicitadas por el titular del suministro, así como la imposición de limitaciones o exigencias injustificadas al consumidor para modificar el contrato o resolverlo.

16. Las prácticas comerciales desleales con los consumidores de acuerdo con lo establecido en la legislación aplicable

Artículo 51. **Información y vigilancia**

Constituyen infracciones en materia de información, vigilancia, investigación, inspección, tramitación y ejecución:

1. La resistencia, negativa u obstrucción a facilitar las labores de inspección, a suministrar datos o informaciones solicitadas por las autoridades competentes o sus agentes, en el curso de las funciones de información, vigilancia, investigación, inspección, tramitación y ejecución, así como el suministro de información inexacta o documentación falsa o el incumplimiento de los requerimientos de subsanación de irregularidades previstas en el artículo 37.

2. La manipulación, traslado o disposición en cualquier forma no autorizada legalmente, de las muestras depositadas reglamentariamente, o de las mercancías decomisadas o sujetas a medidas provisionales por las autoridades competentes.

3. El incumplimiento de las medidas provisionales, adoptadas por las autoridades competentes, en los procedimientos iniciados como consecuencia de las actuaciones de control efectuadas para la debida protección de los derechos reconocidos en esta Ley y normas aplicables, así como el incumplimiento de las medidas de carácter provisional que resultan necesarias para asegurar la eficacia de las resoluciones administrativas que pudieran recaer en los procedimientos sancionadores.

4. La excusa reiterada, negativa o resistencia a la comparecencia de las personas físicas o jurídicas, ante las dependencias propias o de las autoridades competentes, siempre que medie requerimiento notificado, expreso y por escrito al respecto por parte de las autoridades competentes o sus agentes en desarrollo de las labores de información, vigilancia, investigación, inspección, tramitación y ejecución.

5. El incumplimiento de los compromisos asumidos por la empresa como resultado de la mediación efectuada en el marco de las actuaciones administrativas de esta ley.

6. El incumplimiento de lo dispuesto en un laudo dictado en el marco del procedimiento establecido en el Sistema Arbitral de Consumo

Artículo 52. **Calificación de las infracciones**

1. Las infracciones en materia de consumo se calificarán como leves, graves o muy graves en función de la concurrencia de los siguientes criterios:

- Daño o riesgo para la salud o seguridad de los consumidores.

- Lesión de los intereses económicos de los consumidores.

- Cuantía del beneficio ilícito obtenido, en relación con el valor del producto, bien o servicio.

- Gravedad de la alteración social producida.

- Negligencia grave o dolo.

- Generalización de la infracción, en cuanto al número de destinatarios afectados por la misma.

- Que afecte directamente a un colectivo especialmente protegido.

- Situación de predominio en el mercado.

2. Se calificarán como leves las infracciones que incumplan los tipos regulados cuando no concurra ninguno de los criterios anteriores.

3. Serán calificadas como graves las conductas tipificadas, en las que concurra, al menos, uno de los criterios anteriores.

4. Serán infracciones muy graves las conductas tipificadas, en las que se den dos o más de los criterios anteriores.

5. Con independencia de la regulación precedente, las conductas contempladas en el artículo 51 se calificarán siempre como graves en los supuestos en que se produzca negativa reiterada a facilitar información o prestar colaboración en los servicios de control e inspección, y muy graves en aquellos casos en que la negativa a facilitar información o prestar colaboración a los servicios de control e inspección sea absoluta.

CAPITULO III
DE LAS SANCIONES

Artículo 53. **Sanciones**

1. Las infracciones en materia de defensa del consumidor serán sancionadas con multas de acuerdo con la siguiente graduación:

- Infracciones leves, hasta 500.000 pesetas.

- Infracciones graves, hasta 2.500.000 pesetas, pudiendo rebasar dicha cantidad hasta alcanzar el quíntuplo del valor de los productos, bienes o servicios objeto de la infracción.

- Infracciones muy graves, hasta 100.000.000 de pesetas, pudiendo rebasar dicha cantidad hasta alcanzar el quíntuplo del valor de los productos, bienes o servicios objeto de infracción.

2. La autoridad competente para resolver el expediente podrá acordar como sanción accesoria el decomiso de la mercancía adulterada, deteriorada, falsificada, fraudulenta, no identificada o que pueda entrañar riesgo para el consumidor.

Dicha autoridad determinará el destino final que deba darse a los bienes y productos decomisados, que deberán destruirse si su utilización o consumo constituyera peligro para la seguridad y salud pública.

Serán de cuenta del infractor los gastos que originen las operaciones de intervención, transporte, depósito y destrucción de los bienes y productos, así como cuantos otros sean necesarios para asegurar el destino final de los mismos.

3. Por razones de ejemplaridad y siempre que concurra alguna de las circunstancias de riesgo o daño efectivo para la salud, seguridad o intereses económicos de los consumidores, reincidencia en infracciones análogas o intencionalidad acreditada, la autoridad que adopte la resolución del procedimiento sancionador podrá acordar que se dé publicidad a las sanciones impuestas, una vez firmes en vía administrativa, mediante la publicación del nombre de la empresa o de las personas naturales o jurídicas responsables, con expresa indicación de las infracciones cometidas.

La publicidad se efectuará, al menos, en el «Boletín Oficial de la Comunidad de Madrid», así como en los medios de comunicación social que se consideren adecuados para la prevención de futuras conductas infractoras.

4. En los supuestos de infracciones muy graves el Consejo de Gobierno de la Comunidad de Madrid podrá acordar el cierre temporal del establecimiento, instalación o servicio donde se cometió la infracción, por el plazo máximo de cinco años.

Artículo 54. **Graduación de sanciones**

La graduación de las sanciones se efectuará atendiendo a las circunstancias siguientes:

1. Agravantes:

a) Existencia de intencionalidad o reiteración en la conducta infractora.

b) La reincidencia, por comisión en el término de un año de más de una infracción de la misma naturaleza, cuando así haya sido declarado por resolución firme.

c) El volumen de ventas o de prestación de servicios afectados.

d) La naturaleza de los perjuicios causados a los consumidores.

e) Que afecte a productos, bienes o servicios de uso común o primera necesidad.

f) La existencia de requerimiento de subsanación de irregularidades.

2. Atenuantes:

a) La subsanación posterior de los hechos siempre que se realice antes de dictarse resolución del procedimiento sancionador.

b) La reparación efectiva del daño causado.

Artículo 55. **Principio de proporcionalidad**

La imposición de sanciones pecuniarias se hará de manera que la comisión de las infracciones no resulte más beneficiosa para el infractor que el cumplimiento de la norma infringida, siempre con respeto al principio de proporcionalidad, guardándose la debida adecuación entre la gravedad del hecho constitutivo de la infracción y la sanción a imponer.

Artículo 56. **Competencia sancionadora**

Son órganos competentes para la imposición de sanciones:

a) El Director general de la Comunidad de Madrid que tenga atribuida la competencia de protección y defensa del consumidor, para la imposición de sanciones de hasta 2.500.000 pesetas.

b) El Consejero de la Comunidad de Madrid competente en esta materia, para la imposición de sanciones de 2.500.001 hasta 25.000.000 de pesetas.

c) El Consejo de Gobierno de la Comunidad de Madrid para la imposición de sanciones desde 25.000.001 hasta 100.000.000 de pesetas, así como para acordar el cierre temporal del establecimiento, instalación o servicio donde se cometió la infracción.

La cuantía de las sanciones será actualizada por el Consejo de Gobierno de la Comunidad de Madrid, teniendo en cuenta la variación de los precios al consumo.

Artículo 57. **Prescripción y caducidad**

1. Las infracciones en materia de defensa del consumidor prescribirán a los cinco años. El plazo de prescripción comienza a contar desde el día de la comisión de la infracción y se interrumpe en el momento en que el inte-

resado tenga conocimiento de la iniciación de un procedimiento sancionador o de un procedimiento de mediación o arbitraje.

2. La acción para perseguir las infracciones caducará cuando, acreditada por la Administración competente para sancionar la existencia de una infracción y finalizadas las diligencias dirigidas al esclarecimiento de los hechos, transcurran seis meses sin que el órgano competente haya ordenado incoar el oportuno procedimiento.

A estos efectos, cuando exista toma de muestras, las diligencias previas dirigidas al esclarecimiento de los hechos se entenderán finalizadas con la emisión del informe de análisis inicial y una vez que el órgano competente para la iniciación del procedimiento haya tenido conocimiento del mismo.

3. Las solicitudes de pruebas periciales así como de análisis, ensayos técnicos contradictorios y dirimentes e informes que sean determinantes para la resolución de los procedimientos o necesarios para determinar la responsabilidad tendrán el carácter de informes preceptivos e interrumpirán el cómputo del plazo de caducidad del procedimiento ya iniciado, hasta que el órgano instructor haya tenido conocimiento de los mismos.

4. Las sanciones impuestas por las infracciones muy graves previstas en la presente Ley prescribirán a los cuatro años, las graves a los tres años y las leves a los dos años.

Artículo 58. **Responsabilidad de las infracciones**

1. Serán responsables de las infracciones tipificadas en esta Ley las personas físicas o jurídicas que por acción u omisión hubieran participado en las mismas.

2. El fabricante, importador, vendedor o suministrador de bienes, productos o servicios responderán del origen, identidad e idoneidad de los bienes, productos y servicios y de las infracciones, comprobados en ellos.

3. De los productos a granel será responsable el tenedor de los mismos sin perjuicio de que pueda identificar y probar la responsabilidad del anterior tenedor o proveedor.

4. En el supuesto de productos envasados, etiquetados o cerrados con cierre íntegros, responde de su calidad, composición, cantidad y seguridad, únicamente la firma o razón social que figure en la etiqueta, presentación o publicidad, el importador o el primer comercializador. Podrá eximirse de su responsabilidad probando su falsificación, incorrecta manipulación o conservación, siempre que se indique la forma de conservación.

5. En los productos envasados en cuyo etiquetado el comerciante introduzca su marca comercial, éste responderá de su calidad, composición, cantidad y seguridad.

6. Cuando una infracción sea imputada a una persona jurídica podrán ser considerados responsables también las personas físicas que integren sus órganos rectores o de dirección así como los técnicos responsables de la elaboración o control.

7. Si en la comisión de una infracción concurriesen varias personas, éstas responderán solidariamente.

8. Las responsabilidades administrativas que se deriven del procedimiento sancionador serán compatibles con la exigencia al infractor de la reposición de la situación alterada por el mismo a su estado originario, así como con la indemnización por los daños y perjuicios causados al consumidor o consumidores que, cuando sean cuantificables, podrán ser determinados por el órgano competente, debiendo, en este caso, comunicarse al infractor para su satisfacción en el plazo que al efecto se determine, y quedando, de no hacerse así, expedita la vía judicial correspondiente

Artículo 59. **Derechos del presunto responsable**

1. Las personas físicas o jurídicas que resulten presuntamente responsables de los hechos que sean constitutivos de infracción administrativa, tendrán la consideración de interesados en los procedimientos sancionadores que se instruyan, en materia de consumo, por la Comunidad de Madrid.

2. Los procedimientos sancionadores respetarán la presunción de inocencia del presunto responsable, garantizándole los siguientes derechos:

- A ser notificado de los hechos que se le imputen, de las infracciones que tales hechos puedan constituir y de las sanciones que, en su caso, se les pudieran imponer, así como de la identidad del instructor, de la autoridad competente para imponer la sanción y de la norma que atribuye tal competencia.

- A formular alegaciones y utilizar los medios de defensa admitidos por el ordenamiento jurídico que resulten procedentes.

- Los demás derechos reconocidos por el artículo 35 de la Ley 30/1992, de 26 de noviembre, de Régimen Jurídico de las Administraciones Públicas y del Procedimiento Administrativo Común.

Artículo 60. **Efecto de las sanciones muy graves**

1. Con independencia de las sanciones impuestas, el Consejero competente en la materia podrá proponer al Consejo de Gobierno, para las infracciones muy graves, la supresión, cancelación o suspensión total de toda clase de ayudas, créditos o subvenciones, reconocidos o solicitados en cualquiera de los órganos o de las empresas públicas de la Comunidad de Madrid.

2. Las empresas sancionadas por la comisión de infracciones muy graves podrán ser inhabilitadas para contratar con la Administración durante un período máximo de cinco años, a partir de la fecha en que sea firme y definitiva la sanción impuesta.

Artículo 61. **Pago de las sanciones**

1. Para el pago de las sanciones se estará a lo dispuesto en la Ley 58/2003, de 17 de diciembre, General Tributaria, y en el Reglamento General de Recaudación, aprobado por Real Decreto 939/2005, de 29 de julio.

2. ...

(...)

DECRETO LEGISLATIVO 1/2019, DE 13 DE DICIEMBRE, DEL CONSELL, DE APROBACIÓN DEL TEXTO REFUNDIDO DE LA LEY DEL ESTATUTO DE LAS PERSONAS CONSUMIDORAS Y USUARIAS DE LA COMUNITAT VALENCIANA

(*DOCV* de 24 de Diciembre de 2019)

(...)

ANEXO
TEXTO REFUNDIDO DE LA LEY DEL ESTATUTO DE LAS PERSONES CONSUMIDORAS Y USUARIAS DE LA COMUNITAT VALENCIANA

(...)

TÍTULO IV
De la potestad sancionadora

CAPÍTULO I
DISPOSICIONES GENERALES

Artículo 59. **Responsabilidades**

1. La responsabilidad administrativa regulada en este título lo es sin perjuicio de la responsabilidad civil, penal o de cualquier otro tipo en la que puedan incurrir los diferentes sujetos que intervienen en el proceso de producción, fabricación, elaboración, almacenamiento, distribución o comercialización de bienes o prestación de servicios.

2. La instrucción de causa penal ante los tribunales de justicia suspende la tramitación del expediente administrativo sancionador que haya sido incoado por los mismos hechos, y en su caso la eficacia de los actos administrativos de imposición de sanción. Las medidas administrativas que hayan sido adoptadas para salvaguardar la salud y seguridad de las personas se han de mantener en tanto la autoridad judicial se pronuncie sobre las mismas.

En ningún caso se puede producir una doble sanción por los mismos hechos y en función de los mismos intereses públicos protegidos, si bien deben exigirse las demás responsabilidades que se deduzcan de otros hechos o infracciones concurrentes.

Artículo 60. **Potestad sancionadora**

1. En el ámbito de la presente norma, y sin perjuicio de lo previsto en el artículo siguiente, la potestad sancionadora corresponde a la Generalitat, quien la ejerce a través de los siguientes órganos:

a) La conselleria competente en materia de consumo, mediante los órganos que reglamentariamente se determinen, para las infracciones leves y graves.

b) El Consell, para las infracciones muy graves.

2. Cuando en el mismo procedimiento se contemplen diversas infracciones calificadas de forma distinta, el órgano competente para dictar resolución es el que tiene la competencia para sancionar la más grave.

Artículo 61. **Competencia sancionadora de los municipios**

1. Sin menoscabo de las competencias sancionadoras de la Generalitat, que pueden ejercerse en todo caso, los municipios pueden iniciar, instruir y resolver los procedimientos sancionadores previstos en la presente norma. A estos efectos, y sin perjuicio de que el importe de las sanciones a imponer por los municipios sea el previsto en el artículo 76 del presente texto refundido su competencia orgánica se determina conforme a la legislación de régimen local y a sus normas de organización.

2. Las competencias sancionadoras de los municipios están referidas a infracciones en las que concurran las circunstancias siguientes:

a) Haber sido detectadas o conocidas por los propios servicios municipales.

b) Haberse desarrollado la conducta tipificada íntegramente en el término municipal correspondiente.

c) No haberse iniciado el correspondiente procedimiento sancionador por los órganos competentes de la Generalitat.

3. Cuando los órganos del municipio tengan conocimiento de la comisión de conductas tipificadas como infracciones en la presente norma no localizadas exclusivamente dentro de su término municipal, lo deben poner en conocimiento de los órganos competentes de la Generalitat de forma inmediata, remitiendo toda la documentación sobre las actuaciones practicadas. De igual modo, y sin perjuicio de las competencias sancionadoras previstas para las infracciones localizadas exclusivamente dentro de su término municipal, los municipios motivadamente pueden poner los hechos en conocimiento de los órganos competentes de la administración autonómica para su correspondiente sanción.

4. Los órganos competentes de la Generalitat se deben inhibir de ejercer su potestad sancionadora cuando tuvieran conocimiento de que se ha incoado con anterioridad un procedimiento sancionador por los órganos competentes de un municipio con identidad de sujeto, hecho y fundamento. A estos efectos, los órganos competentes del municipio deben poner en conocimiento de los órganos competentes de la Generalitat de forma inmediata la incoación de un procedimiento sancionador. No obstante, si durante la tramitación se descubrieran infracciones conexas en otros términos municipales que hicieren conveniente la instrucción de un único procedimiento, los órganos competentes de la Generalitat pueden requerir motivadamente a la administración local para que se abstenga de continuar la tramitación iniciada y remita, en el menor tiempo posible, toda la documentación e información que obrare en su poder.

5. Los órganos competentes de los municipios se deben inhibir de ejercer su potestad sancionadora cuando tuvieran conocimiento de que se ha incoado con anterioridad un procedimiento sancionador por los órganos competentes de la Generalitat con identidad de sujeto, hecho y fundamento. A estos efectos, los órganos competentes de la Generalitat han de poner en conocimiento del municipio, que pudiera ejercer la competencia sancionadora de acuerdo con lo previsto en la presente norma, de forma inmediata la incoación de un procedimiento sancionador.

Artículo 62. **Coordinación y colaboración administrativa**

Los órganos de la administración autonómica y local cuyas competencias puedan concurrir en el ámbito de actuación de la presente norma quedan obligados a actuar bajo los principios de coordinación y colaboración.

Artículo 63. **Sujetos responsables**

1. Son responsables como autores las personas físicas o jurídicas que por acción u omisión cometan alguna de las infracciones tipificadas en esta norma.

2. Cuando en relación con los mismos bienes o servicios hayan intervenido distintos sujetos en la cadena de producción, elaboración, almacenamiento, distribución o comercialización, cada uno es responsable de las infracciones que, en su caso, haya cometido.

3. En las infracciones cometidas en productos envasados se considera responsable a la firma o razón social cuyo nombre figure en la etiqueta, presentación o publicidad, salvo que se demuestre la falsificación o la mala conservación del producto por su tenedor o tenedora y siempre que se especifiquen en el envasado original las condiciones de conservación.

4. Si el producto no lleva los datos necesarios para identificar al responsable, según lo establecido en la normativa vigente, se considerada responsable a quien haya comercializado el producto, salvo que se pueda identificar al envasador. En los productos etiquetados en idioma distinto de los oficiales se imputará la responsabilidad preferentemente al distribuidor de los mismos.

5. En las infracciones cometidas en productos a granel, se considera responsable al tenedor o a la tenedora, salvo que se pueda demostrar que dicha responsabilidad corresponde a un tenedor o tenedora anterior.

6. En las infracciones cometidas en la prestación de servicios se considera responsable a la persona física o jurídica obligada a la prestación del servicio.

7. Cuando se trate de infracciones cometidas con ocasión de la comercialización o distribución de productos o servicios franquiciados, es responsable tanto la persona o entidad vendedora o prestadora directa del servicio como la persona o entidad franquiciadora.

8. Las personas físicas o jurídicas que resulten presuntamente responsables de los hechos que sean constitutivos de infracción administrativa, tienen la consideración de interesadas en los procedimientos sancionadores que se instruyan, en materia de consumo, por las administraciones públicas de la Comunitat Valenciana.

9. En los procedimientos sancionadores se debe garantizar a la persona presunta responsable, entre otros, los siguientes derechos:

a) A ser notificada de los hechos que se le imputen, de las infracciones que tales hechos puedan constituir y de las sanciones que en su caso se les pudieran imponer, así como de la identidad de la persona instructora, de la autoridad competente para imponer la sanción y de la norma que atribuye tal competencia.

b) A formular alegaciones y utilizar los medios de defensa admitidos por el ordenamiento jurídico que resulten procedentes.

c) Los demás derechos reconocidos por la legislación estatal y autonómica que resulte de aplicación.

Artículo 64. **Lugar de comisión de la infracción**

1. Las competencias sancionadoras previstas en este título se referieren a infracciones cometidas en el territorio de la Comunitat Valenciana, con independencia de la nacionalidad y del lugar donde radique el domicilio social o residencia de la empresa o profesional.

2. A los efectos previstos en este título, las infracciones se entienden cometidas en cualquiera de los lugares en que se desarrollen las acciones u omisiones constitutivas de las mismas y, en todos aquellos en que se manifieste la lesión o riesgo para los intereses de las personas consumidoras y usuarias protegidas por la norma sancionadora.

3. En el caso de la publicidad y de las distintas modalidades de contratación a distancia y de comercio electrónico, la infracción se entiende cometida donde radique el domicilio de la persona consumidora o usuaria.

Artículo 65. **Medidas provisionales**

1. Las medidas previstas en el capítulo III del título III de este texto refundido podrán ser adoptadas en el mismo acuerdo de iniciación del procedimiento o durante la instrucción del mismo por el órgano competente para resolver o para iniciar el procedimiento, siempre que concurra una situación de riesgo para la salud o la seguridad de las personas consumidoras y usuarias o puedan lesionarse sus intereses económicos y sociales.

2. Las medidas provisionales se extinguen con la eficacia de la resolución administrativa que ponga fin al procedimiento sancionador.

Artículo 66. **Reposición de la situación alterada por la infracción e indemnización de daños y perjuicios**

Conforme a lo previsto en el artículo 28.2 de la Ley 40/2015, de 1 de octubre, de régimen jurídico del sector público, las responsabilidades administrativas que se deriven de la comisión de una infracción son compatibles con la exigencia a la persona infractora de la reposición de la situación alterada por la misma a su estado originario, así como con la indemnización por los daños y perjuicios causados, que será determinada y exigida por el órgano al que corresponda el ejercicio de la potestad sancionadora. De no satisfacerse la indemnización en el plazo que al efecto se determine en función de su cuantía, se debe proceder en la forma prevista en el artículo 101 de la Ley 39/2015, de 1 de octubre, del procedimiento administrativo común de las administraciones públicas.

CAPÍTULO II
INFRACCIONES

Artículo 67. **Concepto**

1. Constituyen infracciones administrativas en materia de consumo las acciones u omisiones de los distintos sujetos responsables tipificadas en el presente texto refundido y en el resto de normativa general y sectorial en materia de defensa de las personas consumidoras y usuarias y las prácticas comerciales desleales con las personas consumidoras y usuarias.

2. Las infracciones se califican como leves, graves y muy graves.

3. Al responsable de dos o más infracciones se le impondrán todas las sanciones correspondientes. No obstante, en el caso de que un solo hecho sea constitutivo de dos o más infracciones, o cuando una de ellas sea medio para cometer la otra, la sanción o sanciones se impondrán en proporción a la gravedad de la conducta. Del mismo modo, tendrá la consideración de una sola infracción administrativa continuada la realización de una pluralidad de acciones u omisiones tipificadas en esta norma que infrinjan un mismo mandato, en ejecución de un plan preconcebido o aprovechando idéntica ocasión.

4. Tendrá la consideración de infracción administrativa permanente la realización de una única acción u omisión tipificada en la presente norma que se mantiene durante un periodo prolongado de tiempo.

Artículo 68. **Protección de la salud y seguridad de las personas consumidoras y usuarias**

Constituyen infracción en materia de protección de la salud y seguridad de las personas consumidoras y usuarias, excluidas las previstas en la normativa de salud pública y de seguridad alimentaria:

1. Las acciones u omisiones que produzcan riesgos para la salud o seguridad de las personas consumidoras y usuarias, sea en forma deliberada o por negligencia.

2. El incumplimiento o desatención de los requerimientos o advertencias que concretamente formulen las autoridades competentes para situaciones específicas, al objeto de corregir o evitar situaciones o circunstancias que puedan resultar perjudiciales para la salud o seguridad de las personas consumidoras y usuarias.

3. El incumplimiento de las disposiciones sobre seguridad de productos, bienes y servicios.

Artículo 69. **Alteración, adulteración o fraude en productos y servicios**

Constituyen infracciones por alteración, adulteración o fraude en productos y servicios:

1. La elaboración, distribución, suministro o venta de productos a los que se haya adicionado o sustraído cualquier sustancia o elemento para variar su composición o calidad, o encubriendo la inferior calidad o alteración de los productos utilizados.

2. La elaboración, distribución, suministro o venta de productos y servicios cuando su composición, calidad, cantidad, etiquetado o precio no se ajuste a las disposiciones vigentes, o difiera de la declarada u ofertada.

3. La manipulación de los aparatos o sistemas de medición puestos a disposición de las personas consumidoras y usuarias.

4. El fraude en cuanto al origen, calidad, composición, cantidad, peso o medida de cualquier clase de productos, bienes o servicios destinados al público, o sobre su presentación o cualquier otra información que induzca o pueda inducir al engaño o confusión, o enmascare la verdadera naturaleza del producto, bien o servicio.

5. El incumplimiento, en la prestación de todo tipo de servicios, de las condiciones de calidad, naturaleza, plazo o precio, de acuerdo con la normativa que resulte aplicable o con las condiciones pactadas.

Artículo 70. **Normalización técnica, condiciones de venta y documentación**

Constituyen infracciones en materia de normalización técnica, documentación y condiciones o técnicas de venta y suministro de productos y servicios:

1. El incumplimiento de las disposiciones que normalicen productos y servicios, así como de aquellas que regulen los requisitos documentales y

de funcionamiento establecidos en la normativa vigente reguladora de la actividad.

2. La puesta en el mercado de productos cuya comercialización haya sido declarada prohibida por una norma o por una resolución administrativa, así como la comercialización de aquellos, que precisando autorización administrativa, carezcan de ella, siempre que no esté atribuida a otra autoridad.

3. El incumplimiento de las normas reguladoras de precios, incluidas las referentes a marcado y exhibición de los mismos.

4. La realización de transacciones en las que se imponga injustificadamente a las personas consumidoras y usuarias condiciones, recargos o cobros indebidos, prestaciones accesorias no solicitadas o cantidades mínimas, así como la no aceptación de los medios de pago admitidos legalmente u ofertados.

5. El uso de prácticas comerciales desleales con las personas consumidoras y usuarias y la realización de publicidad ilícita, infringiendo lo dispuesto por las disposiciones aplicables.

6. El incumplimiento de las obligaciones de información exigidas en la normativa aplicable.

7. La negativa o falta de expedición de la correspondiente factura o documento acreditativo de las transacciones comerciales o por la prestación de servicios, así como su emisión con incumplimiento de los requisitos preceptivos.

8. No facilitar presupuesto previo en los casos en que sea obligatorio por la normativa correspondiente.

9. No entregar resguardo de depósito en los casos en que sea obligatorio por la normativa correspondiente.

10. Realizar trabajos de reparación, instalación o similares a las personas consumidoras y usuarias cuando no hayan sido solicitados o autorizados por estas.

11. La facturación de trabajos no realizados o de piezas de calidad inferior a la contratada.

12. Incluir en la oferta, promoción, publicidad o contrato, formatos, tamaños de letras o contrastes que dificulten su lectura y comprensión o que incumplan la normativa específica aplicable.

Artículo 71. **Contratación a distancia y fuera de establecimientos mercantiles**

Constituyen infracciones en materia de defensa de las personas consumidoras y usuarias en la contratación a distancia y fuera de establecimientos mercantiles:

1. El incumplimiento de las obligaciones que la regulación de contratos celebrados a distancia impone en materia de información y documentación que se debe suministrar a las personas consumidoras y usuarias, de los plazos de ejecución y de devolución de cantidades abonadas, los envíos no solicitados por el consumidor con pretensión de cobro y el uso de técnicas de comunicación que requieran el consentimiento expreso previo o la falta de oposición de las personas consumidoras y usuarias, cuando no concurra la circunstancia correspondiente.

2. El incumplimiento del régimen establecido en materia de contratos celebrados fuera de establecimientos mercantiles.

Artículo 72. **Garantía y servicio pos-venta**

Constituyen infracciones en materia de garantía:

1. La no entrega a las personas consumidoras y usuarias de documento de garantía en los términos previstos en su normativa específica.

2. La vulneración o inobservancia del derecho de garantía en la compra de bienes de consumo o prestación de servicios reconocidos en la normativa específica.

3. La no asunción o incumplimiento de la garantía comercial publicitada o entregada a las personas consumidoras y usuarias en el momento de la adquisición de productos, bienes o servicios.

4. Poner a disposición de las personas consumidoras y usuarias bienes de uso duradero sin existir piezas de repuesto en la forma obligada, así como el incumplimiento, por quien en cada caso esté obligado, del deber de garantizar la existencia de repuestos en las condiciones establecidas por las leyes y reglamentos.

5. Publicitar o inducir a las personas consumidoras y usuarias a confiar en la existencia de un servicio técnico pos-venta cuando esto no es cierto, o no informar que está en un país distinto del domicilio de las personas consumidoras y usuarias, o que el idioma para relacionarse es distinto del oficial de España o del utilizado en el contrato.

Artículo 73. **Información y vigilancia**

Constituyen infracciones en materia de información, vigilancia, investigación, inspección, tramitación y ejecución:

1. La resistencia, negativa u obstrucción a facilitar las labores de inspección, a suministrar datos o informaciones solicitadas por las autoridades competentes o sus agentes, en el curso de las funciones de información, vigilancia, investigación, inspección, tramitación y ejecución, ya sea por parte de la titularidad del establecimiento como de las personas que actúen bajo su dependencia, en el plazo concedido.

2. El suministro de información inexacta o incompleta o el incumplimiento de los requerimientos de subsanación de irregularidades efectuados por las autoridades de consumo o sus agentes.

3. La manipulación, traslado o disposición en cualquier forma de las muestras depositadas reglamentariamente, o de las mercancías decomisadas o sujetas a medidas provisionales por las autoridades competentes.

4. El incumplimiento de las medidas provisionales, adoptadas por las autoridades competentes, en los procedimientos iniciados como consecuencia de las actuaciones de control efectuadas para la debida protección de los derechos reconocidos en este texto refundido y normas aplicables, así como el incumplimiento de las medidas que resultan necesarias para asegurar la eficacia de las resoluciones administrativas que pudieran recaer en los procedimientos sancionadores.

5. La excusa reiterada, negativa o resistencia a la comparecencia de las personas físicas o jurídicas, ante las dependencias propias o de las autoridades competentes, siempre que medie requerimiento notificado y expreso al respecto por parte de las autoridades competentes o sus agentes en desarrollo de las labores de información, vigilancia, investigación, inspección, tramitación y ejecución.

6. La coacción, amenaza, represalia y cualquier otra forma de presión ejercida sobre el personal funcionario encargado de las actuaciones a que se refiere la presente norma.

Artículo 74. **Otras infracciones**

Se considerarán también como infracciones en materia de consumo:

1. La introducción de cláusulas abusivas en los contratos.

2. La omisión del deber de notificación en plazo y con el contenido legalmente exigible de la información sobre cesión, titulización o retitulización de créditos hipotecarios, ordinarios u otros a la que tengan legalmente derecho las personas consumidoras y usuarias.

3. Las limitaciones o exigencias injustificadas al derecho de las personas consumidoras y usuarias de poner fin a los contratos de prestación de servicios o suministro de productos de tracto sucesivo o continuado, la obstaculización al ejercicio de tal derecho de las personas consumidoras y usuarias a través del procedimiento pactado, la falta de previsión de estas o la falta de comunicación a las personas consumidoras y usuarias del procedimiento para darse de baja en el servicio.

4. Incluir en los contratos con personas consumidoras y usuarias reenvíos a condiciones generales o características contenidas en textos o documentos que no se faciliten previa o simultáneamente a la conclusión del contrato, o sin permitir al adherente una posibilidad efectiva de conocer su existencia, alcance y contenido en el momento de la celebración de aquel.

5. La no tenencia de hojas de reclamaciones en modelo oficial a disposición de las personas consumidoras y usuarias, así como la falta de la correspondiente información sobre las mismas según la normativa aplicable.

6. La negativa a facilitar las hojas de reclamaciones a las personas consumidoras y usuarias que las soliciten.

7. La negativa a satisfacer las demandas de las personas consumidoras y usuarias, cualquiera que sea su nacionalidad o lugar de residencia, cuando su satisfacción esté dentro de las disponibilidades del empresario, así como cualquier forma de discriminación con respecto a las referidas demandas, sin que ello menoscabe la posibilidad de establecer diferencias en las condiciones de acceso directamente justificadas por criterios objetivos.

8. Las conductas discriminatorias en el acceso a los bienes y la prestación de los servicios, y en especial las previstas como tales en la Ley orgánica 3/2007, de 22 de marzo, para la igualdad efectiva de mujeres y hombres.

9. Realizar cualquier conducta que suponga un incumplimiento de los deberes, prohibiciones y requisitos establecidos legal o reglamentariamente en beneficio de las personas consumidoras y usuarias si, tras el requerimiento de la administración y el transcurso del tiempo concedido para ello, no se realizan las correcciones oportunas.

10. Cualquier otro incumplimiento de los requisitos, obligaciones o prohibiciones establecidas en la legislación en materia de defensa de las personas consumidoras y usuarias.

11. Vulnerar los derechos lingüísticos de las personas consumidoras o incumplir las obligaciones en materia lingüística que establece la normativa, siempre que esta vulneración no implique, además, una denegación del servicio.

12. Denegar la atención de la persona consumidora con la motivación de impedir el ejercicio de sus derechos lingüísticos recogidos en esta ley.

Artículo 75. **Calificación de las infracciones**

1. Todas las acciones u omisiones recogidas en los artículos anteriores tienen la calificación de leves, salvo las señaladas en los puntos 2 y 3 de este artículo.

2. En todo caso se califican como graves las siguientes infracciones:

a) Las de los puntos 1 y 2 del artículo 68.

b) Las del punto 3 del artículo 68 cuando afecten a un colectivo objeto de especial protección.

c) Las del artículo 69, cuando afecte a un número considerable de personas consumidoras y usuarias.

d) Las del punto 2 del artículo 70.

e) La del punto 3 del artículo 70, cuando pueda resultar afectado un colectivo importante de personas consumidoras y usuarias o se realicen reiterada o deliberadamente.

f) Las del punto 4 del artículo 70, cuando resulte afectado un número considerable de personas consumidoras y usuarias.

g) Las del punto 5 del artículo 70.

h) Las del punto 11 del artículo 70, cuando la no realización del trabajo o la puesta de piezas de inferior calidad inferior puedan suponer un riesgo para la salud o seguridad de las personas consumidoras y usuarias.

i) Las descritas en el artículo 71.

j) La de los puntos 2 y 3 del artículo 72 cuando pueda resultar afectado un colectivo importante de personas consumidoras y usuarias o se realicen reiterada o deliberadamente.

k) Las del punto 1 del artículo 73 cuando exista reiteración de la conducta por la empresa infractora o tratándose de una distribuidora, importadora o fabricante no facilite la información requerida para la retirada de un producto que pueda afectar a la salud o seguridad de las personas consumidoras y usuarias.

l) Las del punto 2 del artículo 73 cuando de la información facilitada se omitan datos que puedan afectar a la salud o seguridad de las personas consumidoras y usuarias.

m) Las que obstaculicen las tareas de inspección de los puntos 3 y 6 del artículo 73.

n) Las indicadas en los puntos 1 y 2 del artículo 74.

o) Las que puedan afectar a un número importante de personas consumidoras y usuarias o se actúe dolosa o negligentemente en caso del punto 5 del artículo 74.

p) La comisión de dos infracciones leves en el año inmediatamente anterior.

3. Las infracciones calificadas como graves, de acuerdo con los apartados anteriores, tienen la calificación de muy graves cuando concurra alguna de las siguientes circunstancias:

a) Grave riesgo para la salud.

b) Que produzcan una alteración social grave, originando alarma o desconfianza en las personas consumidoras y usuarias o afecten desfavorablemente a un sector económico.

c) Que la negativa a facilitar información o prestar colaboración a los servicios de control o inspección sea absoluta.

d) Que la persona infractora goce de posición de dominio en el mercado, o cuando mediante tales infracciones obtenga unos beneficios desproporcionados.

e) La comisión de una infracción grave en el año inmediatamente anterior, siempre y cuando no sea a su vez consecuencia de la aplicación de la letra p del apartado anterior.

f) Que se acredite que la omisión de información sobre la cesión, titulización o retitulización de créditos hipotecarios, ordinarios u otros a la que tengan legítimamente derecho las personas consumidoras y usuarias afecte a la capacidad de la parte deudora para defenderse en un procedimiento de ejecución hipotecaria.

CAPÍTULO III
SANCIONES

Artículo 76. **Importe de las sanciones**

1. Las infracciones deben ser sancionadas con apercibimiento o multas comprendidas entre los importes que se indican, de conformidad con la normativa básica estatal:

a) Infracciones leves: apercibimiento o multa hasta 3.005,06 euros. La sanción consistente en apercibimiento solo puede imponerse, por una sola vez, por meros incumplimientos formales o desatención a las simples indicaciones de la autoridad administrativa, cuando sean corregidos durante la instrucción del expediente.

b) Infracciones graves: entre 3.005,07 y 15.025,30 euros.

c) Infracciones muy graves: entre 15.025,31 y 601.012,10 euros.

La imposición de sanciones pecuniarias se debe hacer de manera que la comisión de las infracciones no resulte más beneficiosa para el infractor o la infractora que el cumplimiento de la norma infringida, por lo que la cuantía de la sanción en infracciones graves o muy graves puede rebasarse hasta alcanzar el quíntuplo del valor de los bienes o servicios objeto de la infracción.

2. Las anteriores cuantías se encuentran, a su vez, divididas conforme al siguiente esquema:

a) Infracciones leves:

- Grado mínimo, desde apercibimiento hasta 1.000 euros.

- Grado medio, entre 1.000,01 y 2.000 euros.

- Grado máximo, entre 2.000,01 y 3.005,06 euros.

b) Infracciones graves:

- Grado mínimo, entre 3.005,07 y 7.000 euros.

- Grado medio, entre 7.000,01 y 11.000 euros.

- Grado máximo, entre 11.000,01 y 15.025,30 euros.

c) Infracciones muy graves:

- Grado mínimo, entre 15.025,31 y 210.000 euros.

- Grado medio, entre 210.000,01 y 405.000 euros.

- Grado máximo, entre 405.000,01 y 601.012,10 euros.

3. La graduación de las sanciones se debe hacer atendiendo a la concurrencia de alguna de las siguientes circunstancias:

a) Riesgo para la salud.

b) Que se incurra en negligencia grave o intencionalidad.

c) La situación relevante en un sector del mercado.

d) Que el beneficio ilícito obtenido sea desproporcionado en relación con el valor del producto, bien o servicio.

e) Que pueda afectar previsiblemente a un número considerable de personas consumidoras y usuarias contratantes con la empresa infractora.

f) Que afecte a un grupo de personas perteneciente a un colectivo objeto de especial protección.

g) Reincidencia, por comisión de una infracción de la misma naturaleza, sancionada por resolución firme en el año inmediatamente anterior.

h) El incumplimiento reiterado de las prohibiciones y requerimientos realizados formalmente.

i) Que exista reiteración, al haber sido sancionada por resolución firme por la comisión de otras infracciones tipificadas en la normativa de protección a las personas consumidoras y usuarias, en los dos años anteriores a la comisión de la nueva infracción.

j) Los daños y perjuicios causados a las personas consumidoras y usuarias.

k) La reparación de los daños y perjuicios causados a las personas consumidoras y usuarias.

l) La rectificación de las irregularidades que han motivado la incoación del expediente.

m) Cometer la conducta infractora por razón de nacimiento o lugar de nacimiento; procedencia, nacionalidad o pertenencia a una minoría nacional; raza, color de piel o etnia; sexo, orientación, identidad sexual y de género o expresión de género; opinión política o de otra índole; religión, convicciones o ideología; lengua oficial de la Comunitat Valenciana empleada; origen cultural, nacional, étnico o social; situación económica o administrativa, clase social o fortuna; ascendencia; edad; fenotipo, sentido de pertenencia a grupo étnico; enfermedad, estado serológico; discapacidad o diversidad funcional, o por cualquier otra condición, circunstancia o manifestación de la condición humana, real o atribuida.

4. Si iniciado un procedimiento sancionador el infractor reconoce su responsabilidad y acredita haber rectificado las circunstancias constitutivas de la infracción cometida, todo ello con anterioridad a que se dicte la resolución del expediente, se podrá resolver directamente este, con la imposición de la sanción correspondiente a la cuantía mínima de cada uno de los grados, o en su caso, con la sanción de apercibimiento.

5. En el supuesto del apartado anterior, notificada la resolución sancionadora si la empresa infractora ingresa la cuantía de la sanción impuesta dentro de los quince días siguientes le será descontado un 20 por ciento de su importe.

Artículo 77. **Sanciones complementarias para las infracciones graves y muy graves**

1. En el supuesto de infracciones muy graves, podrá acordarse el cierre temporal del establecimiento, instalación o servicio por un plazo máximo de cinco años. En tal caso será de aplicación la legislación laboral en relación con las obligaciones de la empresa frente a los trabajadores y trabajadoras.

2. La autoridad competente para resolver el expediente puede acordar, como sanciones accesorias:

a) El decomiso de la mercancía adulterada, deteriorada, fraudulenta, no identificada o que pueda entrañar riesgo para la salud o intereses económicos de las personas consumidoras y usuarias.

La administración debe decidir, en la misma resolución sancionadora, o con posterioridad, el destino que, dentro de las previsiones que reglamentariamente se establezcan, haya de darse a los objetos decomisados.

Serán de cuenta de la empresa infractora los gastos que originen las operaciones de intervención, transporte, depósito y destrucción de los bienes y productos, así como cuantos otros sean necesarios para asegurar el destino final de los mismos.

b) La publicidad de las sanciones impuestas, cuando hayan adquirido firmeza en vía administrativa, debe hacer referencia a los nombres y apellidos de las personas físicas responsables, la denominación o razón social de las personas jurídicas responsables, la naturaleza y la calificación de las infracciones y la cuantía de las sanciones. La publicidad se debe hacer en el Diari Oficial de la Generalitat Valenciana y también puede hacerse a través de los medios de comunicación social que se consideren adecuados con el fin de prevenir futuras conductas infractoras. El coste de la publicación de las resoluciones debe correr a cargo de la persona o empresa sancionada. Esta información se facilitará al Consejo de Consumidores y de Usuarios de la Comunitat Valenciana.

3. En los supuestos de infracciones cometidas en la comercialización de productos peligrosos, por prácticas comerciales desleales, publicidad ilícita, garantías o existencia de cláusulas abusivas, podrá imponerse a la empresa la obligación de advertir a las personas consumidoras y usuarias afectados, bien individualmente cuando estén identificadas, bien mediante la inserción de anuncios en medios de comunicación social.

4. El Consell puede acordar, para las infracciones muy graves, la supresión, cancelación o suspensión total de toda clase de ayudas, créditos o subvenciones, reconocidos o solicitados en cualquiera de los órganos o de las empresas públicas de la Generalitat.

5. Las empresas sancionadas por la comisión de infracciones muy graves pueden ser inhabilitadas para contratar con la administración durante un período máximo de cinco años, a partir de la fecha en que sea firme y definitiva la sanción impuesta.

CAPÍTULO IV
PRESCRIPCIÓN

Artículo 78. **Prescripción de las infracciones**

1. Las infracciones a que se refiere la presente norma prescriben por el transcurso de los siguientes plazos: las muy graves a los tres años, las graves a los dos años y las leves al año, contados todos ellos desde el día en que la infracción se hubiera cometido.

2. A los efectos del cómputo del plazo de prescripción, se deben tener en cuenta las reglas siguientes:

a) Se entiende cometida la infracción el día de finalización de la actividad o el del último acto con el que la infracción esté plenamente consumada.

b) En el caso de infracción continuada, el plazo comienza a contarse desde el día en que se realizó la última de las acciones típicas incluidas en aquella.

c) En el caso de infracción permanente, el plazo empieza a contarse desde que se ponga fin a la situación ilícita creada.

d) En el caso de que los hechos constitutivos de la infracción fueran desconocidos de manera general por carecer de cualquier signo externo, el plazo se computa desde su manifestación.

Artículo 79. **Interrupción del plazo de prescripción**

1. La prescripción de las infracciones se interrumpe en los términos previstos en el artículo 30 de la Ley 40/2015, de 1 de octubre, de régimen jurídico del sector público.

2. Sin perjuicio de lo previsto en el apartado anterior, interrumpe la prescripción de las infracciones la apertura de un proceso en vía penal o la tramitación de otro procedimiento administrativo sancionador que impidieran iniciar o continuar el procedimiento sancionador previsto en la presente norma.

Artículo 80. **Prescripción de las sanciones**

1. Las sanciones a que se refiere la presente norma prescriben por el transcurso del plazo de cuatro años desde que adquieren firmeza en vía administrativa.

2. La prescripción de las sanciones se interrumpe en los términos previstos en el artículo 30 de la Ley 40/2015, de 1 de octubre, de régimen jurídico del sector público.

CAPÍTULO V
PROCEDIMIENTO

Artículo 81. **Procedimiento**

1. La imposición de las sanciones previstas en la presente norma requiere la tramitación de un procedimiento en los términos previstos reglamentariamente.

2. El plazo máximo en el que debe notificarse la resolución expresa de un procedimiento sancionador es de seis meses contados desde la fecha del acuerdo de iniciación, transcurrido el cual se produce la caducidad del mismo.

La declaración de caducidad del expediente no impide la incoación de un nuevo expediente si no han prescrito las infracciones.

3. Las solicitudes de análisis contradictorios interrumpen el plazo de caducidad del procedimiento hasta que se reciban sus resultados. Lo mismo ocurre con los análisis dirimentes que fuera necesario practicar.

(...)

LEY 6/2019, DE 20 DE FEBRERO, DEL ESTATUTO DE LAS PERSONAS CONSUMIDORAS DE EXTREMADURA

(*DOE* de 26 de Febrero de 2019)

(...)

TÍTULO III
POTESTAD SANCIONADORA

CAPÍTULO I
DISPOSICIONES GENERALES

Artículo 63. **Carácter de las infracciones en materia de consumo**

1. Constituyen infracciones administrativas en materia de consumo las acciones y omisiones contrarias a la legislación vigente en esta materia.

2. Las infracciones en materia de consumo se califican como leves, graves y muy graves, de acuerdo con lo establecido en esta ley y en la normativa básica estatal.

3. Las infracciones en materia de consumo se considerarán, en todo caso, infracciones en materia de disciplina de mercado.

Artículo 64. **Atribución de la potestad sancionadora**

Corresponde a la Comunidad Autónoma de Extremadura la potestad para sancionar las conductas tipificadas como infracciones en materia de consumo, incluso aquellas que afecten a empresas que operen en sectores con regulación específica, sin perjuicio de las responsabilidades civiles, penales o de otra índole en que pueda incurrirse.

Artículo 65. **Administración competente**

1. La Comunidad Autónoma de Extremadura sancionará las infracciones en materia de defensa de las personas consumidoras cometidas en su territorio o a consecuencia de ofertas, comunicaciones comerciales o cualquier otro tipo de propuestas dirigidas a las personas consumidoras de la Autonomía, cualquiera que sea la nacionalidad, el domicilio de quien los

realice e independientemente del lugar en que se ubiquen sus establecimientos.

2. Las infracciones se entenderán cometidas en cualquiera de los lugares en que se desarrollen las acciones u omisiones constitutivas de las mismas y, además, salvo en el caso de infracciones relativas a los requisitos de los establecimientos e instalaciones o del personal, en todos aquellos en que se manifieste la lesión o riesgo para los intereses de las personas consumidoras protegidos por la norma sancionadora.

3. En el caso de la publicidad y de las distintas modalidades de contratación a distancia y de comercio electrónico, la infracción se entenderá cometida en el lugar donde radique el domicilio de la persona consumidora o persona usuaria.

4. Las autoridades competentes en materia de consumo sancionarán, asimismo, las conductas tipificadas como infracciones en materia de consumo, cometidas por empresas de sectores que cuenten con regulación específica, y las prácticas comerciales desleales con las personas consumidoras.

Artículo 66. **Actuaciones u omisiones infractoras**

1. Cada hecho infractor, ya sea una actuación u omisión, será sancionado independientemente aplicando la sanción correspondiente, salvo en el supuesto de concurrencia de infracciones, es decir, que un hecho constituya dos o más infracciones o cuando una sea el medio necesario para cometer otra, caso en que se aplicará la sanción prevista para la infracción más grave en su grado superior. No obstante, esta cantidad no excederá de la suma que le correspondería aplicar si se sanciona por separado.

2. Se considera que un hecho infractor es independiente de otro cuando la comisión de uno pueda realizarse sin la realización del otro y viceversa. En este supuesto se impondrán tantas sanciones como hechos realizados.

3. Tendrá la consideración de una sola infracción administrativa continuada la realización de una pluralidad de acciones u omisiones tipificadas en esta ley que infrinjan un mismo o semejante precepto, en ejecución de un plan preconcebido o aprovechando idéntica ocasión.

Artículo 67. **Non bis in idem**

En ningún caso se producirá una doble sanción por los mismos hechos, siempre que se aprecie identidad de sujeto y fundamento en función de los mismos intereses públicos protegidos, todo ello sin perjuicio de que puedan exigirse las demás responsabilidades que se deduzcan de otros hechos o infracciones concurrentes.

En este supuesto, el órgano competente resolverá la no exigibilidad de responsabilidad administrativa en cualquier momento de la instrucción del procedimiento en que queden acreditadas estas circunstancias, realizando, en cambio, las actuaciones necesarias de coordinación con la Administración competente.

Artículo 68. **Concurrencia de procedimientos**

1. Si iniciado un procedimiento sancionador se considera que los hechos pudieran ser constitutivos de ilícito penal, se comunicará al Ministerio Fiscal, suspendiéndose el procedimiento y los plazos de prescripción y caducidad hasta que recaiga resolución judicial y esta sea comunicada a la administración competente en materia de consumo.

2. El órgano competente suspenderá igualmente la resolución del procedimiento y los plazos de prescripción y caducidad cuando, por los mismos hechos, se esté instruyendo una causa penal ante los tribunales de justicia hasta que recaiga resolución judicial. Las medidas administrativas que hubiesen sido adoptadas para salvaguardar la salud y seguridad de las personas se mantendrán en tanto la autoridad judicial no se pronuncie sobre las mismas.

3. En todo caso, los hechos declarados probados por resolución judicial penal firme vinculan a los órganos administrativos respecto a los procedimientos sancionadores que tramiten.

4. Si se acreditara que se está siguiendo un procedimiento por los mismos hechos ante los órganos de la Unión Europea, se aplazará la resolución del procedimiento suspendiendo el mismo, así como los plazos de prescripción y caducidad. La suspensión se levantará una vez que aquellos dicten resolución firme.

5. En caso de que los órganos comunitarios hubiesen impuesto una sanción, el órgano competente para resolver habrá de tenerla en cuenta a efectos de graduar la sanción que, en su caso, deba imponer, y podrá compensarla, sin perjuicio de declarar la comisión de la infracción.

Artículo 69. **Actuaciones previas**

1. Con anterioridad a la iniciación del procedimiento podrán realizarse actuaciones previas, al objeto de determinar con carácter preliminar si concurren circunstancias que justifiquen tal iniciación. En especial, estas actua-

ciones se orientarán a determinar, con la mayor precisión posible, los hechos susceptibles de motivar la incoación del procedimiento, la identificación de la persona o personas que pudiesen resultar responsables y las circunstancias relevantes que concurran en unos y otros.

2. Las actuaciones previas serán realizadas por los órganos que tengan atribuidas funciones de investigación, indagación e inspección en la materia o por la persona u órgano administrativo que determine el órgano competente para la iniciación o resolución del procedimiento.

Artículo 70. **Medidas provisionales**

1. Sin perjuicio de lo establecido en el artículo 56 de la Ley 39/2015, de 1 de octubre, de Procedimiento Administrativo Común de las Administraciones Públicas, el personal inspector puede adoptar las medidas provisionales establecidas por dicha ley por razones de urgencia y extendiendo un acta de inspección motivada.

Entre las medidas que motivadamente podrán acordarse, con el fin de proteger los derechos de las personas consumidoras y en supuestos de riesgos para la seguridad y

la salud, figurarán las de publicidad de las que se adopten para la salvaguarda de dichos derechos, especialmente los que pudieran afectar a una pluralidad indeterminada de personas o a colectivos de protección especial enumerados en el artículo 5 de esta ley.

2. Las medidas provisionales que se adopten deben ser confirmadas, modificadas o levantadas por medio de un acuerdo del órgano competente en el plazo más breve posible y, en ningún caso, en un plazo superior a quince días a partir del día siguiente al día en que se hayan adoptado. Este acuerdo debe notificarse a la persona inspeccionada.

En todo caso, dichas medidas quedarán sin efecto si no se inicia el correspondiente procedimiento sancionador en dicho plazo, o cuando el acuerdo de inicio no contenga un pronunciamiento expreso acerca de las mismas.

Artículo 71. **Prescripción de infracciones y sanciones**

1. Las infracciones muy graves prescribirán a los cuatro años, las graves a los tres años y las leves a los dos años; las sanciones impuestas por faltas muy graves prescribirán a los cuatro años, las impuestas por falta graves a los tres años y las impuestas por faltas leves a los dos años.

2. El plazo de prescripción de las infracciones comenzará a contarse desde el día en que la infracción se hubiera cometido. En el caso de infracciones continuadas o permanentes, el plazo comenzará a correr desde que finalizó la conducta infractora.

Interrumpirá la prescripción la iniciación, con conocimiento del interesado, del un procedimiento administrativo de naturaleza sancionadora, reiniciándose el plazo de prescripción si el expediente sancionador estuviera paralizado durante más de un mes por causa no imputable al presunto responsable.

3. El plazo de prescripción de las sanciones comenzará a contarse desde el día siguiente a aquel en que sea ejecutable la resolución por la que se impone la sanción o haya transcurrido el plazo para recurrirla.

Interrumpirá la prescripción la iniciación, con conocimiento del interesado, del procedimiento de ejecución, volviendo a transcurrir el plazo si aquél está paralizado durante más de un mes por causa no imputable al infractor.

En el caso de desestimación presunta del recurso de alzada interpuesto contra la resolución por la que se impone la sanción, el plazo de prescripción de la sanción comenzará a contarse desde el día siguiente a aquel en que finalice el plazo legalmente previsto para la resolución de dicho recurso.

CAPÍTULO II
INFRACCIONES

Artículo 72. **Infracciones leves**

Son infracciones leves:

1. El incumplimiento de las normas reguladoras de la información y publicidad de precios de bienes y servicios, la imposición injustificada de condiciones sobre prestaciones no solicitadas o cantidades mínimas o cualquier otro tipo de intervención o actuación ilícita que suponga un incremento de los precios.

2. Elaborar, distribuir, suministrar u ofertar bienes y servicios sin cumplir correctamente los deberes de información que impongan o regulen las leyes y los reglamentos en relación con cualquiera de los datos o menciones obligatorias y por cualquiera de los medios previstos para tal información.

3. Salvo que suponga la comisión de una infracción grave, el incumplimiento de las normas relativas a registro, presentación, normalización o

tipificación, marcado, etiquetado, envasado y publicidad de bienes y servicios.

4. El incumplimiento de las normas relativas a instalaciones, información de horarios, accesibilidad, documentación, información, libros o registros establecidos obligatoriamente para el adecuado régimen y funcionamiento de la empresa, instalación o servicio, para el control de la trazabilidad de los productos y como garantía para la protección de los intereses económicos de las personas consumidoras.

5. No disponer de hojas de reclamaciones oficiales, así como negarse a suministrarlos a las personas consumidoras que lo soliciten, aun no existiendo relación o negocio contractual efectivo, o entregarlas con incumplimiento de los requisitos preceptivos.

6. Suministrar libros de hojas de quejas y reclamaciones que no sean oficiales a las personas consumidoras que muestren su voluntad de presentar una reclamación.

7. No responder en el plazo previsto en esta norma de manera motivada y congruente a las quejas y reclamaciones que presenten las personas consumidoras.

8. No tener expuesto al público, en las condiciones establecidas reglamentariamente, el cartel anunciador de la existencia de hojas de quejas y reclamaciones.

9. Imponer injustificadamente a las personas consumidoras el deber de comparecer personalmente para ejercer sus derechos o realizar cobros, pagos o trámites similares, o exigir de forma abusiva la cumplimentación de impresos y la aportación de datos que impongan molestias desproporcionadas, así como obstaculizar, impedir o dificultar que las personas consumidoras puedan ejercer sus derechos.

10. No entregar recibo justificante, factura o documento acreditativo de las transacciones realizadas o servicios prestados cuando sea obligatorio o lo solicite la persona consumidora, así como realizarlo con incumplimiento de los requisitos preceptivos.

11. Cobrar o intentar cobrar a las personas consumidoras precios superiores a los anunciados, expuestos, o a los autorizados o impuestos por la Administración o comunicados a esta.

12. La ocultación a la persona consumidora de parte del precio mediante formas de pago, prestación no manifiestas o mediante rebajas en la calidad

o cantidad reales respecto a las prestaciones aparentemente convenidas, así como la no aceptación de los medios de pago admitidos legalmente y ofertados.

13. El incumplimiento de las normas reguladoras de precios, incluidas las referentes a marcado y exhibición de los mismos.

14. Repercutir a la persona consumidora un pago adicional al precio en los términos del artículo 15 de esta ley.

15. El incumplimiento del plazo o los plazos acordados para la entrega de los bienes comprados o del plazo máximo fijado normativamente.

16. El retraso injustificado en la devolución de las cantidades abonadas por la persona consumidora en caso de resolución del contrato por incumplimiento de las obligaciones del empresario previstas legalmente o establecidas en el contrato.

17. La negativa a satisfacer demandas de la persona consumidora cuando están dentro de las expectativas que razonablemente pueda esperar y su satisfacción está disponible para la empresa.

18. El incumplimiento de la obligación de entregar un resguardo de depósito a las personas consumidoras cuando se deposite un bien para cualquier tipo de intervención u operación, así como su emisión con incumplimiento de los requisitos preceptivos.

19. Realizar trabajos de reparación, instalación o similares útiles a la persona consumidora cuando no hayan sido solicitados o autorizados por este.

20. No dejar constancia de las reparaciones realizadas en garantía o sin contraprestación económica.

21. No entregar a las personas consumidoras las instrucciones de uso y mantenimiento o cualquier otro documento exigido por la normativa correspondiente, a los efectos de poder utilizar, ocupar, mantener y conservar un bien.

22. El incumplimiento de las disposiciones en materia de garantías y del régimen sobre conformidad de los bienes y servicios de consumo con el contrato y, en especial las obligaciones recogidas en el artículo 24 de esta ley. Así como la inadecuación de la asistencia técnica con relación a la ofrecida o exigible por la persona consumidora en la adquisición de tales bienes.

23. El incumplimiento de los términos recogidos en la garantía comercial, la falta de entrega del documento de garantía comercial en los casos previstos legalmente, o su emisión con incumplimiento de los requisitos establecidos.

24. Resistirse u obstruir las actuaciones de la inspección, tanto por el inspeccionado como por terceros.

25. No suministrar la información y documentación requerida por las autoridades competentes o sus agentes; suministrar información inexacta o incompleta o documentación falsa; impedir o dificultar el acceso del personal inspector a los locales y dependencias para hacer visitas de inspección y control, y hacer actuaciones que comporten negativa u obstrucción a los servicios de inspección.

26. En general, el incumplimiento de los requisitos, de las obligaciones o prohibiciones establecidas en la presente ley, en la legislación sectorial y estatal que afecta a la materia y en las disposiciones que las desarrollan.

27. Cualquier acción dirigida a la obtención de la renuncia de los derechos reconocidos en esta ley y la realización de actos en fraude de ley, de conformidad con lo dispuesto en el artículo 4.

28. El incumplimiento de los preceptos, prohibiciones y limitaciones de esta ley y sus normas de desarrollo, salvo que esté tipificado de otro modo.

29. El incumplimiento del derecho de desistimiento cuando así se reconozca en la oferta, promoción, publicidad o el propio contrato.

30. La no aceptación de los medios de pago admitidos legalmente.

31. No entregar presupuesto, así como realizarlo con incumplimiento de los requisitos preceptivos.

32. Salvo que suponga la comisión de una infracción grave, el incumplimiento del deber de facilitar al consumidor la información previa al contrato legalmente exigible.

33. Salvo que suponga la comisión de una infracción grave, la elaboración, distribución, suministro o venta de bienes y prestación de servicios, cuando su composición, cantidad, peso, medida, calidad o características difieran de las declaradas u ofertadas por el empresario

Artículo 73. **Infracciones graves**

Son infracciones graves:

1. La reincidencia en infracciones leves. Se entiende que existe reincidencia si el empresario que comete una infracción tipificada por esta ley ya ha sido sancionado por una infracción de la misma naturaleza por medio de una resolución ejecutiva recaída dentro de los dos años anteriores a la comisión de la nueva infracción.

2. Las infracciones calificadas como leves cuando la cuantía del beneficio obtenido por la empresa o el daño causado a la persona consumidora sea igual o superior a 3.000 euros.

3. La alteración, adulteración o fraude en bienes y servicios susceptibles de consumo por adición o sustracción de cualquier sustancia o elemento, alteración de su composición o calidad, incumplimiento de las condiciones que correspondan a su naturaleza o la garantía, arreglo o reparación de productos de naturaleza duradera y en general cualquier situación que induzca a engaño o confusión o que impida reconocer la verdadera naturaleza del bien o servicio.

4. Elaborar, distribuir u ofertar al público bienes prohibidos o con componentes o envases no permitidos o sin contar con las autorizaciones preceptivas u otros controles administrativos impuestos para la protección de las personas consumidoras.

5. Desviar para consumo humano y poner a disposición de las personas consumidoras bienes no aptos para ello o destinados específicamente para otros usos.

6. Vender o poner a disposición de las personas consumidoras bienes destinados exclusivamente a un uso empresarial o profesional, siempre que ello sea susceptible de perjudicar los intereses o la salud o seguridad de las personas consumidoras.

7. Ofertar o prestar servicios al público que estén prohibidos o que no se hayan sometido a los controles administrativos previos o periódicos impuestos para la protección de aquellos.

8. Incumplir las exigencias de personal cualificado o de los deberes impuestos al personal o a la empresa en relación con el personal cuando sea susceptible de perjudicar a las personas consumidoras.

9. Las acciones u omisiones que provoquen riesgos o produzcan daños efectivos para la salud o seguridad de las personas consumidoras, así como el incumplimiento de las obligaciones específicas que normativamente se impone a los empresarios para la protección de la salud y seguridad de las personas consumidoras.

10. Incumplir las disposiciones o resoluciones administrativas sobre la prohibición de venta, comercialización o distribución de determinados bienes o la prestación de servicios a determinados establecimientos o a tipos específicos de personas consumidoras.

11. El incumplimiento o transgresión de los requerimientos previos que concretamente formulen las autoridades competentes para situaciones específicas, al objeto de evitar contaminaciones, circunstancias o conductas nocivas de otro tipo que puedan resultar perjudiciales para la salud o seguridad de las personas consumidoras.

12. Realizar otras acciones u omisiones que, incluso sin infracción de normas de obligado cumplimiento, produzcan riesgo o daño efectivo para la salud o seguridad de las personas consumidoras, si se realizan por falta de las precauciones exigibles en la actividad de que se trate.

13. La no constitución de avales, seguros o garantías a favor de las personas consumidoras establecidos reglamentariamente.

14. Causar cualquier perjuicio, directo o indirecto, a una persona consumidora, a consecuencia de la presentación por parte de este de una reclamación.

15. La no satisfacción a las personas consumidoras de las indemnizaciones, compensaciones o reparaciones establecidas reglamentariamente.

16. La resistencia, represalia o cualquier otra forma de presión a personas consumidoras, organismos públicos u organizaciones de personas consumidoras que hayan promovido o pretendan promover cualquier clase de acción legal, denuncia, reclamación o participación en procedimientos ya iniciados, así como la tentativa de ejercitar tales actos.

17. Realizar transacciones en las que se imponga injustificadamente a la persona consumidora comprar una cantidad mínima o bienes no solicitados o aceptar servicios no pedidos, así como la negativa a efectuar la transacción si no se aceptan esas condiciones.

18. La facturación por el uso de determinados medios de pago, de cargos que superen el coste soportado por el empresario por el uso de tales medios o los costes prohibidos por la legislación vigente.

19. Acaparar y retirar del mercado bienes con el fin de incrementar los precios o esperar las elevaciones previsibles de los mismos con perjuicio de las personas consumidoras.

20. El incumplimiento de lo dispuesto en el artículo 18.3 de la Ley 3/2002 de Comercio de Extremadura, respecto a los vales de reserva de las ofertas tanto en el ámbito del comercio clásico como en el de la sociedad de la información en los términos recogidos en el artículo 2. b de la presente ley.

21. La realización de actos y prácticas comerciales desleales, engañosas y agresivas que por acción u omisión puedan afectar al comportamiento económico de las personas consumidoras.

22. Incluir en los contratos con personas consumidoras reenvíos a condiciones generales o características contenidas en textos o documentos que no se faciliten previa o simultáneamente a la conclusión del contrato o sin permitir al adherente una posibilidad efectiva de conocer su existencia, alcance y contenido en el momento de la celebración de aquél.

23. La introducción de cláusulas abusivas en los contratos, contratos-tipo establecidos de forma unilateral o en las condiciones generales de contratación. Asimismo, la falta de información por la empresa a los clientes sobre la declaración de abusiva de cláusulas incluidas en contratos vigentes de prestación de servicios de tracto continuado.

24. Realizar ventas a domicilio prohibidas, así como incumplir las condiciones y requisitos de cualquier contratación a distancia, así como de contratación fuera de establecimientos mercantiles, cuando tales incumplimientos perjudiquen a los intereses de las personas consumidoras.

25. No remitir las grabaciones de las conversaciones con las personas consumidoras, en el plazo establecido o hacerlo sin cumplir con los requisitos exigidos para ello, impidiendo así la constancia de lo ofertado y contratado con las personas consumidoras.

26. No dejar constancia, en la forma prevista en la presente ley, del contenido de la oferta, contratación, modificación contractual o condición realizada verbalmente por una empresa en la venta de bienes o la prestación de servicios en el momento en que se formule.

27. Salvo que suponga la comisión de una infracción muy grave, el incumplimiento del régimen establecido en materia de contratos celebrados fuera de los establecimientos mercantiles o el de contratación a distancia, en especial, en el supuesto de pago mediante tarjeta, la no anulación inmediata del cargo exigido por la persona consumidora con las correspondientes anotaciones de adeudo y reabono en las cuentas del empresario y de la persona consumidora titular de la tarjeta.

28. El incumplimiento, por parte de las empresas proveedoras de servicios de acceso a redes de telecomunicaciones y titulares de medios de pago utilizados en las transacciones electrónicas, de las obligaciones impuestas en la presente ley o leyes sectoriales relevantes en materia de consumo.

29. Realizar prácticas que permitan o propicien la transacción comercial a distancia con menores y tutelados sin asegurarse la autorización de sus tutores.

30. Las limitaciones o exigencias injustificadas al derecho de la persona consumidora de poner fin a los contratos de prestación de servicios o suministro de bienes de tracto sucesivo o continuado, la obstaculización al ejercicio de tal derecho de la persona consumidora a través del procedimiento pactado, la falta de previsión de éste o la falta de comunicación a la persona usuaria del procedimiento para darse de baja en el servicio.

31. Obstaculizar, impedir o dificultar la desvinculación del contrato por parte de la persona consumidora, en caso de incumplimiento de la ejecución del contrato por parte de la empresa, sin haber dado respuesta a la reclamación en el plazo de un mes. En particular, para los contratos que contemplen un conjunto de bienes y servicios, si se dieron de alta simultáneamente, deberá darse de baja de la misma forma, si así lo solicita la persona consumidora.

32. El incremento de los precios previstos en el presupuesto sin la conformidad de la persona consumidora.

33. El incremento de los precios de los recambios o de las piezas que se utilizan en las reparaciones o instalaciones de bienes, así como no tener a disposición de la persona consumidora el precio de los repuestos, o el retraso injustificado en el suministro de los mismos a talleres y servicios técnicos que no sean de la marca.

34. Poner a disposición de las personas consumidoras bienes de uso duradero sin existir piezas de repuesto en la forma obligada, o en las condiciones ofrecidas a la persona consumidora en el momento de adquisición de tales bienes si fueran más favorables, así como el incumplimiento por quien en cada caso esté obligado del deber de fabricar o garantizar la existencia de repuestos en las condiciones establecidas por las leyes y reglamentos.

35. Poner a disposición de las personas consumidoras bienes de uso duradero sin servicios de asistencia técnica para su reparación o siendo

éstos manifiestamente inadecuados, así como incumplir la obligación de mantener tales servicios.

36. Las prácticas de obsolescencia programada.

37. Defraudar en la prestación de servicios de instalación o reparación de bienes y de asistencia en el hogar por:

a) La sustitución de piezas para conseguir un aumento del precio, aunque la persona consumidora haya prestado su consentimiento por las falsas indicaciones del infractor.

b) La facturación de trabajos no realizados o de reparaciones que se encuentren en garantía.

c) La facturación de trabajos ejecutados con accesorios de peor calidad que los indicados a la persona consumidora.

d) Cargar injustificadamente por mano de obra, traslado o visita cantidades muy superiores a los costes medios estimados de cada sector.

38. La manifestación unilateral de la morosidad de la persona consumidora por la empresa en contra de lo establecido en el artículo 27 de la presente ley.

39. El corte de suministro de servicios de interés general de tracto sucesivo o continuado, sin constancia efectiva de recepción previa por la persona consumidora de una notificación concediendo plazo suficiente para alegar el motivo que pueda esgrimirse como fundamento del corte.

40. La renuncia al derecho de comunicación de cesión de créditos y del derecho de retracto y tanteo.

41. La no notificación en plazo por las entidades que hayan cedido un crédito a un fondo de titulización previsto en el artículo 29 de la presente ley.

42. El incumplimiento de las obligaciones del régimen de comprobación y servicios de atención al cliente, previsto en el artículo 21 del Real Decreto Legislativo 1/2007, de 16 de noviembre, por el que se aprueba el texto refundido de la Ley General para la defensa de los Consumidores y Usuarios y otras leyes complementarias, así como en el artículo 35 de esta ley.

43. No disponer de oficinas físicas de atención personal a la persona consumidora cuando así sea obligatorio o incumplir los requisitos exigidos para su funcionamiento.

44. No disponer de un número de teléfono totalmente gratuito de atención a la persona consumidora o de un correo electrónico cuando sea preceptivo, o incumplir los requisitos reglamentariamente establecidos para su funcionamiento.

45. El incumplimiento por el empresario de la aceptación total o parcial de la reclamación planteada por una persona consumidora o de cualquier acuerdo alcanzado sobre el contenido de dicha reclamación, así como el incumplimiento de un laudo arbitral o de cualquier acuerdo o resolución vinculante, que ponga fin a un procedimiento seguido ante cualquier entidad de resolución alternativa de conflictos de consumo.

46. La negativa a someterse al Sistema Arbitral de Consumo o cualquier otro sistema para la resolución extrajudicial de conflictos cuando la empresa haya dado publicidad al distintivo de adhesión al mismo o se encuentre adherido al mismo con carácter genérico.

47. La información no veraz, incluida en cualquier comunicación, acerca de la adhesión al sistema arbitral de consumo o a cualquier entidad de resolución alternativa de conflictos de consumo, así como la exhibición de un distintivo de adhesión sin que exista una adhesión válida, o que, existiendo, no indique la inclusión de limitaciones en la adhesión.

48. El incumplimiento por parte de las empresas de la obligación de información establecida en el artículo 40 de la Ley 7/2017, de 2 de noviembre, por la que se incorpora al ordenamiento jurídico español la Directiva 2013/11/UE, del Parlamento Europeo y del Consejo, de 21 de mayo de 2013, relativa a la resolución alternativa de litigios en materia de consumo.

49. La exhibición de un sello de confianza o calidad o de un distintivo equivalente, o la exhibición de distintivos o menciones que evoquen directa o indirectamente un sello de confianza, de calidad o un distintivo equivalente que es objeto de regulación, sin haber obtenido la necesaria autorización.

50. El incumplimiento de las recomendaciones de los organismos públicos reguladores y otras recogidas en los códigos de buenas prácticas, sin justificación aparente, en cuanto que causen perjuicio a las personas consumidoras.

51. La obstrucción o negativa reiterada a suministrar datos o a facilitar las funciones de información, vigilancia o inspección. En todo caso, se entenderá que existe reiteración cuando, después de haber realizado dos

requerimientos por parte de la inspección, no se diera cumplimento a lo requerido en los mismos.

52. El incumplimiento de las citaciones, requerimientos, o medidas adoptadas por la Administración, incluidas las de carácter cautelar, en especial manipular, trasladar o disponer sin autorización de bienes inmovilizados o muestras depositadas reglamentariamente, así como actuar con falta de diligencia respecto a la obligación de custodia de la mercancía inmovilizada.

53. El incumplimiento de las normas relativas a registro, presentación, normalización o tipificación, marcado, etiquetado, envasado y publicidad de bienes y servicios, cuando induzca a engaño o confusión o enmascaren la naturaleza del producto, bien o servicio.

54. Las conductas discriminatorias por razón de raza, lugar de procedencia, sexo, capacidad, orientación sexual, religión, opinión o cualquier otra circunstancia personal o social que impidan, restrinjan o condicionen el acceso a los bienes y la prestación de los servicios

Artículo 74. **Infracciones muy graves**

Son infracciones muy graves:

1. Aquellas que, siendo calificadas como leves o graves, ocasionen un beneficio para la empresa o causen un perjuicio a la persona consumidora superior a 15.000 euros.

2. La reincidencia en infracciones graves. Se entiende que existe reincidencia si el empresario que comete una infracción tipificada por esta ley ya ha sido sancionado por una infracción de la misma naturaleza por medio de una resolución ejecutiva recaída dentro los dos años anteriores a la comisión de la nueva infracción.

3. Las acciones u omisiones que produzcan daños graves para la salud o seguridad de las personas consumidoras.

4. Las conductas descritas como graves que produzcan una alteración social que origine alarma o desconfianza en las personas consumidoras o que les perjudique con carácter general con relación a un sector económico.

5. Ejercer represalias o cualquier otra forma de presión al personal funcionario encargado de las funciones establecidas por la presente ley.

6. La no notificación en plazo por las entidades que hayan cedido un crédito a un fondo de titulización previsto en el artículo 29 de la presente ley cuando la omisión de informar sobre la cesión del mismo afecta a la capacidad de la persona consumidora para defenderse en un procedimiento de ejecución.

CAPÍTULO III
SANCIONES

Artículo 75. **Sanciones**

1. Las sanciones aplicables a las infracciones previstas en la presente ley serán las siguientes:

Las infracciones leves serán sancionadas con multa de 150 a 3.000 euros y podrán sobrepasar esta cantidad, hasta alcanzar el triple del valor de los bienes y servicios objeto de infracción, o del coste de la campaña publicitaria o comunicaciones comerciales, siempre que la infracción se cometa a través de estos medios.

Las infracciones graves serán sancionadas con multa de 3.001 a 15.000 euros y podrán sobrepasar esta cantidad, hasta alcanzar el quíntuplo del valor de los bienes y servicios objeto de infracción, o del coste de la campaña publicitaria o comunicaciones comerciales, siempre que la infracción se cometa a través de estos medios.

Las infracciones muy graves serán sancionadas con multa de 15.001 a 600.000 euros y podrán sobrepasar esta cantidad, hasta alcanzar el quíntuplo del valor de los bienes y servicios objeto de infracción, o del coste de la campaña publicitaria o comunicaciones comerciales, siempre que la infracción se cometa a través de estos medios.

2. Aquellas empresas que hayan sido sancionadas por la comisión de infracciones graves o muy graves incurrirán, además, de conformidad con la Ley 9/2017, de 8 de noviembre, de Contratos del Sector Público
, en la prohibición establecida en la misma para las empresas sancionadas en materia de disciplina del mercado. La resolución sancionadora se pronunciará expresamente sobre el alcance y el plazo de duración de esta prohibición, que no podrá ser superior al plazo establecido para la prescripción de la sanción.

3. Aquellas empresas que hayan sido sancionadas por la comisión de infracciones graves o muy graves no podrán recibir ayudas de ninguna clase, en los términos y durante los plazos establecidos por la normativa de subvenciones. La resolución sancionadora se pronunciará expresamente sobre el

alcance y el plazo de duración de esta prohibición, que no podrá ser superior al plazo establecido para la prescripción de la sanción

4. No será de aplicación lo establecido en los apartados 2 y 3 de este precepto si, iniciado un procedimiento a consecuencia de una reclamación, en el periodo de alegaciones al acuerdo de iniciación del procedimiento se dio satisfacción a todas las personas reclamantes y así consta acreditado en el expediente, o la empresa somete la resolución de la controversia al arbitraje de consumo o a cualquier otro institucional.

Artículo 76. **Graduación de las sanciones**

1. La cuantía de las sanciones se graduarán de conformidad:

a) Con el volumen de ventas en relación con los hechos y la capacidad económica de la empresa.

b) Con la cuantía del beneficio ilícito obtenido.

c) Con los daños y perjuicios causados a las personas consumidoras.

d) Con el número de personas consumidoras afectadas.

e) Con el dolo, la culpa y la reincidencia.

f) Con el destino del bien cuando esté destinado al consumo infantil o a otros colectivos de protección especial.

g) Con la posición relevante del infractor en el mercado.

h) Con la existencia de advertencias o requerimientos previos formulados por la Administración.

2. Son circunstancias atenuantes:

a) La reparación o enmienda total o parcial de modo diligente de las irregularidades o los perjuicios que han originado la incoación del procedimiento.

b) El sometimiento de los hechos a cualquiera de los sistemas de resolución extrajudicial de conflictos.

3. Las circunstancias agravantes o atenuantes no deben tenerse en cuenta si la presente ley las ha incluido en el tipo infractor o si han sido tenidas en cuenta para calificar la gravedad de la infracción.

4. En la imposición de las sanciones se podrán compensar las circunstancias agravantes con las atenuantes, salvo que se acredite algunas de las

siguientes, lo que supondrá la imposición de la sanción en su grado máximo:

a) Que hayan sido cometidas conscientemente, deliberadamente o sin cumplir los más elementales deberes de diligencia exigibles.

b) Que se trate de una infracción continuada o de una práctica habitual.

c) Que comporten riesgo para la salud o la seguridad de las personas consumidoras, salvo que el riesgo forme parte del tipo infractor.

d) Que se utilicen fraudulentamente marcas o distintivos oficiales o la adhesión y el sometimiento de los hechos a cualquiera de los sistemas de resolución extrajudicial de conflictos.

e) La existencia de dolo.

f) Existencia de intencionalidad o reiteración.

5. La imposición de sanciones pecuniarias se hará de manera que la comisión de las infracciones no resulte más beneficiosa para la parte infractora que el incumplimiento de las normas infringidas, siempre con respeto del principio de proporcionalidad y guardándose la debida adecuación entre la gravedad del hecho constitutivo de la infracción y la sanción impuesta.

Artículo 77. **Reducción de las sanciones**

1. Las sanciones pecuniarias solo podrán ser objeto de reducción de un cincuenta por ciento en los supuestos de conformidad con el contenido del acuerdo de iniciación del expediente sancionador, siempre que se justifique haber rectificado las circunstancias de la infracción cometida y en su caso se hubiera procedido a satisfacer a las personas consumidoras perjudicadas por la infracción.

2. Para poder acogerse a tal reducción, deberá manifestarse dicha conformidad y justificarse, además de las circunstancias que en su caso procedan de las establecidas en el apartado 1 de este artículo, el ingreso de la sanción con la reducción en cualquier momento anterior a la resolución.

El cumplimiento de los requisitos anteriores para acogerse a la reducción pondrá fin al procedimiento, salvo en lo relativo a las sanciones accesorias acordadas.

3. La interposición de recursos administrativos supondrá la pérdida de las reducciones determinadas en el número anterior

Artículo 78. **Ejecutividad de la sanción**

1. La resolución que ponga fin al procedimiento sancionador será ejecutiva cuando no quepa contra ella ningún recurso ordinario en vía administrativa, pudiendo adoptarse en la misma las disposiciones cautelares precisas para garantizar su eficacia en tanto no sea ejecutiva y que podrán consistir en el mantenimiento de las medidas provisionales que en su caso se hubieran adoptado.

Cuando la resolución sea ejecutiva, se podrá suspender cautelarmente, si la persona interesada manifiesta a la Administración su intención de interponer recurso contenciosoadministrativo contra la resolución firme en vía administrativa. Dicha suspensión cautelar finalizará cuando:

a) Haya transcurrido el plazo legalmente previsto sin que el interesado haya interpuesto recurso contencioso administrativo.

b) Habiendo la persona interesada interpuesto recurso contencioso-administrativo:

1.º No se haya solicitado en el mismo trámite la suspensión cautelar de la resolución impugnada.

2.º El órgano judicial se pronuncie sobre la suspensión cautelar solicitada, en los términos previstos en ella.

2. Desde la ejecutividad de las resoluciones sancionadoras, la cuantía de las sanciones pecuniarias generará a favor de la administración los intereses de demora correspondientes.

Artículo 79. **Sanciones accesorias**

La resolución por la que se imponga la sanción podrá acordar además alguna o algunas de las siguientes medidas:

a) Exigir al infractor la reposición de la situación alterada por la infracción a su estado original y, si procede, la indemnización por daños y perjuicios probados causados a la persona consumidora, que deben ser determinados por el órgano competente para imponer la sanción.

b) La exigencia al infractor de la obligación de restituir la cantidad percibida indebidamente, en los casos de aplicación de precios superiores a los autorizados, comunicados, presupuestados o anunciados.

c) El decomiso y, en su caso destrucción, de la mercancía adulterada, deteriorada, falsificada, fraudulenta, no identificada o que pueda entrañar riesgo para la persona consumidora.

Los gastos derivados de las medidas adoptadas en el párrafo anterior, incluidas, entre otras, las derivadas del transporte, distribución y destrucción, serán por cuenta de la persona infractora.

d) En el caso de infracciones calificadas como muy graves, cierre de la empresa, establecimiento o industria infractores, o el cese de su actividad, por un periodo máximo de cinco años.

e) En el caso de infracciones en materia de publicidad, la exigencia al infractor de que publique un comunicado de rectificación en las mismas condiciones o en condiciones similares a las especificadas en la resolución sancionadora.

Artículo 79 bis. ***Multas coercitivas.*** 1. Las administraciones competentes en materia de consumo pueden imponer multas coercitivas, reiteradas por lapsos de tiempo que sean suficientes para cumplir lo ordenado, que garanticen la ejecución de los actos y resoluciones administrativas destinadas al cumplimiento de las siguientes obligaciones que tienen como finalidad la:

a) Rectificación de los incumplimientos identificados en la resolución sancionadora;

b) Reposición de la situación alterada por la infracción a su estado original y, si procede, la indemnización por daños y perjuicios probados causados a la persona consumidora;

c) Satisfacción de las pretensiones de las personas consumidoras perjudicadas por la infracción.

2. La multa coercitiva se impondrá por el órgano competente para dictar la resolución sancionadora, previo requerimiento de ejecución del acto, con la advertencia a la persona requerida del plazo para cumplirlo y de la cuantía de la multa que, en caso de incumplimiento, puede serle impuesta.

A estos efectos, el plazo debe ser suficiente para cumplir la obligación impuesta teniendo en cuenta su naturaleza y extensión, no pudiendo ser éste superior a treinta días naturales ni inferior a quince días naturales desde el día siguiente a su notificación.

Asimismo, y sin perjuicio de las cuantías resultantes de aplicar el criterio establecido en el apartado siguiente por motivo de necesidad de reiteración, la cuantía de la multa coercitiva será de 1.500 euros en el requerimiento previo e inicial.

3. La Administración, si comprueba el incumplimiento de lo que ha ordenado, puede reiterar las multas coercitivas por períodos de un mes, incrementándose, en cada reiteración necesaria hasta su efectivo cumplimiento, en el doble de la cuantía previamente impuesta.

4. Estas multas son independientes de las que pueden imponerse en concepto de sanción, y son compatibles con ellas

Artículo 80. **Publicidad de las sanciones**

1. El órgano competente para imponer la sanción, cuando lo considere conveniente para asegurar la salud, seguridad e intereses económicos y sociales de las personas consumidoras o su derecho a la información y a la transparencia de la actuación administrativa, darán difusión a las resoluciones sancionadoras ejecutivas, que hayan sido impuestas en el plazo de tres años, con el contenido y por los medios que se consideren apropiados para conseguir la finalidad perseguida. Esta difusión no tendrá carácter sancionador, y procederá especialmente cuando, por la actitud de la persona responsable u otras razones, haya motivos para pensar que subsisten los peligros para las personas consumidoras.

2. La publicidad de las sanciones debe hacer referencia a los nombres y apellidos de las personas físicas responsables o la denominación o la razón social de las personas jurídicas responsables, la clase y naturaleza de las infracciones, y la cuantía de las sanciones, y debe hacerse por medio del Portal de Transparencia y de la web del Instituto de Consumo de Extremadura u órgano equivalente. También deberá comunicarse al Consejo de Consumo de Extremadura. El coste de la publicación, en su caso, de las resoluciones debe correr a cargo de la persona o empresa sancionada.

3. Se elaborará un listado anual de empresas sobre las que haya recaído sanción firme en materia de consumo para su difusión a través de la página web del Instituto de Consumo de Extremadura o del organismo competente en esta materia.

4. También se notificará la resolución de los expedientes sancionadores a los órganos que ordenaron su incoación y a los que cursaron la petición razonada de que se iniciasen. Si el procedimiento se inició como consecuencia de denuncia, la resolución deberá ser notificada al firmante de la misma.

CAPÍTULO IV
RESPONSABILIDAD

Artículo 81. **Sujetos responsables**

1. Serán responsables de las infracciones tipificadas en esta ley, las personas físicas o jurídicas, así como, las uniones y entidades sin personalidad jurídica, que resulten responsables de los mismos a título de dolo o culpa, que participen o incurran en las mismas tanto por acción como por omisión.

2. De las infracciones cometidas en los bienes envasados, etiquetados o cerrados con cierre íntegro, será responsable la firma o razón social, incluido el distribuidor, que figure en la etiqueta. Se exceptúan los casos en que se demuestre falsificación o mala conservación del producto por el tenedor, siempre que las condiciones de conservación se especifiquen en el etiquetado.

Será responsable solidario el elaborador, fabricante o envasador y el distribuidor que no figure en la etiqueta si se prueba que conocía la infracción cometida y prestó su consentimiento.

En el caso de que se hayan falsificado las etiquetas, la responsabilidad corresponderá al falsificador y a las personas que comercialicen los bienes a sabiendas de la falsificación.

3. De las infracciones cometidas en bienes a granel o envasados sin etiquetas o cuando en la etiqueta no figuren los datos necesarios para identificar al responsable, según lo establecido en la normativa vigente, será responsable el tenedor de los mismos, excepto cuando pueda identificar de manera cierta la responsabilidad de un tenedor anterior, incluido el distribuidor.

4. De las infracciones cometidas en la prestación de servicios, la persona física o jurídica con la que contrató la persona consumidora la prestación del servicio o la que resulte legalmente obligada.

5. De las infracciones cometidas en la publicidad, oferta y contratación de bienes y servicios realizadas a través de vía telemática, el titular de la página.

6. De las infracciones relacionadas con la falta de conformidad de los bienes, el vendedor de los mismos y, en su caso, el fabricante en los términos establecidos en la normativa de aplicación.

7. Cuando una infracción sea imputada a una persona jurídica, podrán ser considerados responsables las personas físicas que integren sus órganos

rectores o de dirección, así como los técnicos responsables de la elaboración y control, de acuerdo con la legislación vigente en materia societaria.

En el supuesto de personas jurídicas, cuando quede constancia de forma fehaciente de la negativa o voto en contra de alguno de sus miembros en relación con la realización de la actuación tipificada como infracción, el mismo será exonerado de responsabilidad.

8. En el supuesto de infracciones cometidas en bienes de otros países de la Unión Europea o de Estados que no formen parte de esta, se considerará responsable la persona física o jurídica que en primer lugar introduzca o ponga en circulación el producto en el mercado español.

9. Cuando el cumplimiento de las obligaciones previstas en la legislación vigente en materia de consumo corresponda a varias personas conjuntamente, o si la infracción fuera imputable a varias personas y no resulte posible determinar el grado de participación de cada una de ellas, responderán de forma solidaria de las infracciones que, en su caso, se cometan y de las sanciones que se impongan.

Artículo 82. **Otros responsables**

1. Cuando se desconozca el domicilio de un responsable o este no disponga de ninguno en territorio español, las actuaciones que, en su caso, procedan podrán dirigirse a cualquier persona que actúe como representante o en nombre de dicho responsable en territorio español, de hecho o de derecho, o que haga ostentación pública de esta condición o que actuase como si la tuviera, y también podrá ser considerado responsable de las actividades de la empresa, sin perjuicio de su derecho de repetición frente a esta.

2. Cuando una empresa o cualquier persona se presente en el mercado como representante o que actúa en nombre de otra empresa o que haga ostentación pública de esta condición o actuase como si la tuviera, serán responsables solidarios de las actividades de la empresa de la que aparece como representante tanto la empresa o persona representante como la representada, salvo que por parte de esta se acredite la ausencia de vinculación con ella y justifique la interposición de acciones frente a la misma.

Se considerará que existe vinculación si en cualquier comunicación comercial de la empresa representada se hace referencia a la representante como parte de la estructura empresarial de hecho o de derecho de la empresa representada.

Artículo 83. **Responsabilidad del receptor de la contraprestación**

Sin perjuicio de lo establecido en los preceptos anteriores, quien reciba una contraprestación de una persona consumidora derivada de una relación de consumo será responsable del cumplimiento de la normativa de defensa de la persona consumidora y de la sectorial de aplicación derivada de esa relación de consumo, sin perjuicio de su derecho de repetición frente a quien considere responsable.

(...)

LEY 2/2012, DE 28 DE MARZO, GALLEGA DE PROTECCIÓN GENERAL DE LAS PERSONAS CONSUMIDORAS Y USUARIAS

(*DOG* de 11 de Abril de 2012)

(...)

Título III
Régimen sancionador

CAPÍTULO I
DISPOSICIONES GENERALES

Artículo 74. **Competencias sancionadoras**

Corresponde a la Comunidad Autónoma de Galicia la potestad para sancionar las conductas tipificadas como infracciones en materia de defensa de los consumidores, incluso aquellas que afecten a sectores que cuenten con regulación específica, sin perjuicio de las responsabilidades civiles, penales o de otra índole en que pueda incurrirse.

Artículo 75. **Administración competente**

1. La Comunidad Autónoma de Galicia sancionará las infracciones en materia de defensa de los consumidores cometidas en su territorio o a consecuencia de ofertas, comunicaciones comerciales o cualquier otro tipo de propuestas dirigidas a los consumidores de la Comunidad Autónoma de Galicia, cualquiera que sea la nacionalidad, el domicilio de quien los realice e independientemente del lugar en que se ubiquen sus establecimientos.

2. Las infracciones se entenderán cometidas en cualquiera de los lugares en que se desarrollen las acciones u omisiones constitutivas de las mismas y, además, salvo en el caso de infracciones relativas a los requisitos de los establecimientos e instalaciones o del personal, en todos aquellos en que se manifieste la lesión o riesgo para los intereses de los consumidores protegidos por la norma sancionadora.

3. Las autoridades competentes en materia de consumo sancionarán, asimismo, las conductas tipificadas como infracciones en materia de defensa de los consumidores de las empresas de los sectores que cuenten

con regulación específica y las prácticas comerciales desleales con los consumidores.

Artículo 76. **Actuaciones u omisiones infractoras**

1. Cada hecho infractor, ya sea una actuación u omisión, será sancionado independientemente aplicando la sanción correspondiente, salvo en el supuesto de que un hecho constituya dos o más infracciones o cuando una sea el medio necesario para cometer otra, caso en que se aplicará la sanción prevista para la infracción más grave en su mitad superior.

2. Se considera que un hecho infractor es independiente de otro cuando la comisión de uno pueda realizarse sin la realización del otro y viceversa. En este supuesto se impondrán tantas sanciones como hechos realizados.

En especial, salvo que sea de aplicación la condición del apartado 1, cada cláusula, acto, actuación o práctica abusiva se considerará como un hecho infractor independiente.

3. No obstante lo dispuesto en el apartado anterior, se sancionará como única infracción, aunque valorando la totalidad de la conducta, la pluralidad continuada de acciones u omisiones idénticas o similares realizadas por un sujeto en relación con una serie de productos o prestaciones del mismo tipo. En estos supuestos se impondrá la sanción más elevada posible de las previstas para la infracción más grave cometida.

Artículo 77. **Non bis in idem**

1. En ningún caso se producirá una doble sanción por los mismos hechos, siempre que se aprecie identidad de sujeto y fundamento en función de los mismos intereses públicos protegidos, todo ello sin perjuicio de que puedan exigirse las demás responsabilidades que se deduzcan de otros hechos o infracciones concurrentes.

En este supuesto, el órgano competente resolverá la no exigibilidad de responsabilidad administrativa en cualquier momento de la instrucción del procedimiento en que queden acreditadas estas circunstancias.

2. De acuerdo con el principio de territorialidad, el hecho de que una Comunidad Autónoma distinta de la gallega hubiese impuesto una sanción no supondrá la imposibilidad de que la Comunidad Autónoma de Galicia pueda imponer nuevas sanciones polos mismos hechos, salvo que se acredite que durante la tramitación del procedimiento sancionador se tuvieron en cuenta los derechos de los consumidores de la Comunidad Autónoma de Galicia para su imposición.

3. En ningún caso existirá igualdad de hechos cuando la sanción impuesta se refiera a personas distintas respecto de las que se les vulneraron sus derechos.

4. Cuando se trate de hechos concurrentes constitutivos de infracción, procederá la imposición de todas las sanciones o multas previstas en esta y en otras leyes aplicables para cada una de las infracciones. No obstante, al imponerse las sanciones, se tendrán en cuenta, a efectos de su graduación, las otras sanciones recaídas para que conjuntamente resulten proporcionadas a la gravedad de la conducta del infractor. Se considerará que hay hechos concurrentes constitutivos de infracción cuando el mismo sujeto incumpla diversos deberes que supongan diferentes lesiones del mismo o de distintos intereses públicos sin que una de las infracciones conlleve necesariamente la otra, aunque sirva para facilitarla o encubrirla, y ello con independencia de que se refieran a los mismos productos o servicios, o que esos incumplimientos sean sancionables conforme al mismo tipo de infracción.

Artículo 78. **Concurrencia de procedimientos**

1. Si, iniciado un procedimiento sancionador, se considera que los hechos pudieran ser constitutivos de ilícito penal, se comunicará al Ministerio Fiscal, suspendiéndose el procedimiento y los plazos de prescripción y caducidad hasta que recaiga resolución judicial y esta sea comunicada a la administración competente en materia de consumo.

2. El órgano competente suspenderá igualmente la resolución del procedimiento y los plazos de prescripción y caducidad cuando, por los mismos hechos, se esté instruyendo una causa penal ante los tribunales de justicia hasta que recaiga resolución judicial. Las medidas administrativas que hubiesen sido adoptadas para salvaguardar la salud y seguridad de las personas se mantendrán en tanto la autoridad judicial no se pronuncie sobre las mismas.

3. En todo caso, los hechos declarados probados por resolución judicial penal firme vinculan a los órganos administrativos respecto a los procedimientos sancionadores que tramiten.

4. Si se acreditara que se está siguiendo un procedimiento por los mismos hechos ante los órganos de la Unión Europea, se aplazará la resolución del procedimiento suspendiendo el mismo así como los plazos de prescripción y caducidad. La suspensión se levantará una vez que aquellos dicten resolución firme.

5. En caso de que los órganos comunitarios hubiesen impuesto una sanción, el órgano competente para resolver habrá de tenerla en cuenta a efectos de graduar la sanción que, en su caso, deba imponer, y podrá compensarla, sin perjuicio de declarar la comisión de la infracción.

CAPÍTULO II
INFRACCIONES Y SANCIONES

Artículo 79. **Carácter de las infracciones en materia de defensa de los consumidores**

Las infracciones en materia de defensa del consumidor se considerarán, en todo caso, infracciones en materia de disciplina de mercado.

Artículo 80. **Clasificación de las infracciones**

Las infracciones en materia de defensa del consumidor se clasifican como leves, graves y muy graves, de acuerdo con lo establecido en los artículos siguientes.

Artículo 81. **Infracciones leves**

Las infracciones siguientes se calificarán como leves:

1. La obstrucción o negativa a suministrar datos o a facilitar la información requerida por las autoridades competentes o sus agentes para el cumplimiento de las funciones de información, vigilancia, inspección, tramitación y ejecución.

2. El incumplimiento de la normativa reguladora de los precios o contraprestaciones que no tengan el carácter de graves o muy graves.

3. La ausencia de corrección en el trato, consideración o respeto a los consumidores que no tengan el carácter de graves o muy graves.

4. Exigir alguna contraprestación o generar gastos o disposición de dinero o cualquier otro bien a un consumidor a consecuencia de la recepción de comunicaciones comerciales o publicidad, con independencia del medio utilizado.

5. La negativa injustificada a satisfacer las demandas del consumidor, producidas de buena fe o conforme al uso establecido, cuando su satisfacción esté dentro de las disponibilidades de la empresa vendedora o prestadora de un servicio, así como cualquier forma de discriminación con respecto a las referidas demandas.

6. La no entrega del resguardo de depósito a los consumidores en caso de depósito de un bien para cualquier tipo de intervención u operación, la no elaboración de un presupuesto previo, la no extensión de la correspondiente factura por la venta de bienes o prestación de servicios o la no entrega del documento justificativo de la relación de consumo en los casos en que sea preceptivo o cuando lo solicite el consumidor, o la entrega sin cumplir con los requisitos normativamente establecidos.

7. La negativa para aceptar el pago en efectivo como medio de pago dentro de los límites establecidos por la normativa tributaria y de prevención y lucha contra el fraude fiscal.

8. El incumplimiento de las normas relativas a registro, normalización, tipificación o denominación, etiquetado, envasado y publicidad de bienes y servicios, incluidas las relativas a la información previa a la contratación, que no tengan el carácter de grave o muy grave.

9. El incumplimiento de las disposiciones sobre utilización de marchamos, cuños y contramarcas.

10. El incumplimiento de las normas relativas a documentación, información, libros o registros establecidos obligatoriamente para el adecuado régimen y funcionamiento de la empresa, instalación o servicio y como garantía para la protección del consumidor.

11. No disponer de las hojas de reclamación establecidas normativamente, o no exhibir de modo visible el cartel anunciador de su existencia, así como negar la entrega de las mismas a los consumidores que lo soliciten.

12. No dar respuesta a las reclamaciones de los consumidores o realizarlo fuera del plazo establecido.

13. No formalizar por escrito las ofertas, condiciones o manifestaciones cuando así se exija en la normativa de aplicación.

14. No acusar recibo de una reclamación o hacerlo con incumplimiento de lo exigido reglamentariamente.

15. Toda actuación discriminatoria contra personas consumidoras vulnerables, independientemente del motivo, o contra cualquier consumidor o usuario por el ejercicio de los derechos que confiere la normativa de aplicación en materia de protección a los consumidores y usuarios, ya sea no atendiendo sus demandas, negándoles el acceso a los establecimientos o dispensándoles un trato o imponiéndoles unas condiciones desiguales, así como el incumplimiento de las prohibiciones de discriminación previstas

en el Reglamento (UE) 2018/302, cuando dicha actuación no sea constitutiva de delito.

16. Las conductas discriminatorias en el acceso a los bienes y la prestación de los servicios y, en especial, las previstas como tales en la Ley orgánica 3/2007, de 22 de marzo, para la igualdad efectiva de mujeres y hombres, cuando no sean constitutivas de delito.

17. El incumplimiento de las obligaciones en relación con los servicios de atención al cliente establecidas en la normativa de aplicación en materia de protección a los consumidores y usuarios, que no tengan el carácter de grave o muy grave.

18. Los incumplimientos de los requisitos, obligaciones o prohibiciones contempladas en la presente ley u otras normas de protección de los consumidores que no tengan la calificación de infracciones graves o muy graves en los artículos siguientes.

Artículo 82. **Infracciones graves**

Las infracciones siguientes se calificarán como graves:

1. La reincidencia en infracciones leves.

2. Facilitar información falsa, inexacta o engañosa a las administraciones con relación a la defensa de los derechos de los consumidores.

3. La obstrucción o negativa reiterada a suministrar datos o a facilitar las funciones de información, vigilancia o inspección. En todo caso, se entenderá que existe reiteración cuando, después de haber realizado dos requerimientos por parte de la inspección, no se diera cumplimento a lo requerido en los mismos.

4. La resistencia, coacción, amenaza, represalia o cualquier otra forma de presión a consumidores u organizaciones de consumidores que hayan promovido o pretendan promover cualquier clase de acción legal, denuncia, reclamación o participación en procedimientos ya iniciados, así como la tentativa de ejercitar tales actos.

5. El fraude en la prestación de toda clase de servicios, de forma que se incumplan las condiciones, calidad, cantidad, intensidad o naturaleza de los mismos, conforme a la categoría con que estos se ofrezcan o correspondan a su naturaleza. A los efectos anteriores, se considerará fraude el mero incumplimiento de lo pactado o exigible sin necesidad de existencia de un ánimo específico.

6. La exigencia de cualquier contraprestación por una empresa aprovechándose de una posición de poder respecto a un consumidor o en una situación en que se encuentre mermada la libertad de elección del consumidor por cualquier circunstancia o en el supuesto en que se vincule la ejecución de otro contrato a la satisfacción de dicha contraprestación, siempre que no tenga el carácter de muy grave.

7. Las limitaciones o exigencias injustificadas al derecho del consumidor de poner fin a los contratos de prestación de servicios o suministro de productos de tracto sucesivo o continuado, la obstaculización al ejercicio de tal derecho del consumidor a través del procedimiento pactado, la falta de previsión de este o la falta de comunicación al consumidor del procedimiento para darse de baja en el servicio.

8. La elaboración, distribución, suministro o venta de bienes o servicios cuando su composición o calidad o características no se ajusten a las disposiciones vigentes o difieran de las declaradas por cualquier medio, o de las que objetivamente pudiera esperar el consumidor.

9. La realización de transacciones en las cuales se imponga injustificadamente al consumidor la condición expresa o tácita de comprar una cantidad mínima o productos no solicitados, o la de prestarle o prestar él un servicio no pedido o no ofrecido.

10. La venta al público de bienes o la prestación de servicios a precios superiores a los máximos establecidos en la normativa aplicable, siempre que no tengan el carácter de muy grave.

11. El acaparamiento o detracción injustificada al mercado de materias o productos destinados directa o indirectamente al suministro o venta al público, cuando tales actividades puedan causar un perjuicio para el consumidor.

12. El incumplimiento de las disposiciones administrativas sobre prohibición de elaborar y/o comercializar determinados productos o servicios y la comercialización o distribución de aquellos que precisen autorización administrativa y, en especial, su inscripción en el Registro General Sanitario, sin disponer de ella.

13. La elaboración, distribución, suministro o venta de bienes a los cuales se les haya añadido o sustraído cualquier sustancia o elemento para variar su composición, estructura, peso o volumen con fines fraudulentos, para corregir defectos mediante procesos o procedimientos que no estén expresa

y reglamentariamente autorizados, o para encubrir la inferior calidad o alteración de los productos utilizados.

14. El fraude en cuanto al origen, calidad, composición, cantidad, peso o medida de cualquier clase de bienes o servicios destinados al público. A los efectos anteriores, se considerará fraude el mero incumplimiento de lo exigible sin necesidad de existencia de un ánimo específico.

15. La presentación mediante determinados envases, etiquetas, rótulos, cierres, precintos o cualquier otra información o publicidad que induzca a engaño o confusión o enmascare la verdadera naturaleza del producto o servicio.

16. No remitir las grabaciones de las conversaciones con los consumidores en el plazo establecido o hacerlo sin cumplir con los requisitos exigidos para ello.

17. El incumplimiento de las disposiciones sobre salud o seguridad en cuanto afecten o puedan suponer un riesgo para el consumidor.

18. El incumplimiento de las disposiciones y régimen sobre garantía o conformidad de los productos y servicios de consumo, así como la insuficiencia de la asistencia técnica con relación a la ofrecida o exigible por el consumidor en la adquisición de tales bienes.

19. La omisión de la información necesaria en la publicidad u oferta comercial de bienes y servicios.

20. Salvo que suponga la comisión de una infracción muy grave, el incumplimiento del régimen establecido en materia de contratos celebrados fuera de los establecimientos mercantiles o el de contratación a distancia, en especial, en el supuesto de pago mediante tarjeta, la no anulación inmediata del cargo exigido por el consumidor con las correspondientes anotaciones de adeudo y reabono en las cuentas del empresario y del consumidor titular de la tarjeta.

21. La exhibición o introducción en cualquier comunicación del distintivo de adhesión al sistema arbitral de consumo sin encontrarse adherido al mismo o el de adhesión sin limitaciones a dicho sistema cuando existieran.

22. El incumplimiento de laudos arbitrales o de cualquier acuerdo al cual se hubiese llegado con el consumidor después de la presentación de la reclamación.

22 bis. El incumplimiento de los compromisos previstos en el apartado 2 del artículo 92.

23. La realización de prácticas comerciales desleales o publicidad ilícita.

24. La suspensión del servicio de carácter continuado con posterioridad a la presentación de una reclamación mientras no se diera respuesta a la misma si esta está relacionada con el motivo de la suspensión.

25. La ausencia de corrección, consideración o respeto a los consumidores con actuaciones ofensivas.

26. La realización de cualquier tipo de publicidad por parte de una empresa a fin de mostrar una imagen favorable sobre ella, con independencia del ámbito a que se refiera, sin ser cierto, siempre que no deba calificarse como muy grave.

27. La exhibición de un sello de confianza o calidad o de un distintivo equivalente sin haber obtenido la necesaria autorización, o la exhibición de distintivos o menciones que evoquen directa o indirectamente un sello de confianza, de calidad o un distintivo equivalente que es objeto de regulación.

28. La realización de cualquier práctica o actuación abusiva o cualquier actuación abusiva.

29. La introducción, existencia o mantenimiento de una cláusula abusiva en los contratos con los consumidores.

30. La no constitución de avales, seguros o garantías a favor de los consumidores establecidos reglamentariamente.

31. Causar cualquier perjuicio, directo o indirecto, a un consumidor, a consecuencia de la presentación por parte de este de una reclamación, así como la no satisfacción a los consumidores de las indemnizaciones, compensaciones o reparaciones establecidas reglamentariamente.

32. En la contratación con consumidores, obligarlos a personarse para realizar cobros, pagos u otros trámites similares, o no garantizarse, por parte del empresario, la constancia del acto celebrado.

33. La vulneración de los derechos lingüísticos de los consumidores.

34. El incumplimiento o no acreditación de facilitar al consumidor la información previa al contrato exigida en la normativa aplicable.

35. La manipulación, traslado o disposición en cualquier forma de mercancía cautelarmente intervenida.

36. La exigencia de datos o el registro del consumidor siempre que no sean necesarios para el suministro o funcionamiento de bienes o prestación de servicios o para que la empresa cumpla con las obligaciones establecidas en la normativa de aplicación.

37. La manifestación unilateral de la demora por la empresa en contra de lo establecido en el artículo 37 de la presente ley.

38. El incumplimiento de las disposiciones sobre crédito al consumo.

39. El corte de suministro de servicios de interés general de tracto sucesivo o continuado, sin constancia efectiva de recepción previa por la persona consumidora de una notificación concediendo plazo suficiente para alegar el motivo que pueda esgrimirse como fundamento del corte, y sin las previas autorizaciones administrativas o judiciales que, en su caso, pudieran proceder.

40. El incumplimiento, por parte de los proveedores y proveedoras de servicios de acceso a redes de telecomunicaciones y titulares de medios de pago utilizados en las transacciones electrónicas, de las obligaciones impuestas en la presente ley o leyes sectoriales relevantes en materia de consumo.

41. La imposición injustificada a las personas consumidoras del deber de personarse para ejercer sus derechos o realizar cobros, pagos o trámites similares, o exigirles de forma abusiva la cumplimentación de impresos y la aportación de datos que impongan molestias desproporcionadas, así como obstaculizar, impedir o dificultar que las personas consumidoras puedan ejercer sus derechos.

42. El incumplimiento por las empresas de las obligaciones de información previstas en el artículo 40 de la Ley 7/2017, de 2 de noviembre, por la que se incorpora al ordenamiento jurídico español la Directiva 2013/11/UE, del Parlamento Europeo y del Consejo, de 21 de mayo de 2013, relativa a la resolución alternativa de litigios en materia de consumo, sin perjuicio de la existencia de otras posibles infracciones, en especial, en materia de información al consumidor que vengan establecidas en la normativa que resulte de aplicación.

43. No devolución o abono a los consumidores de cantidades indebidamente cobradas, retenidas o abonadas por los consumidores por gastos que no les correspondan, en especial como consecuencia de la aplicación de

cláusulas abusivas o de la realización de prácticas o cualquier actuación abusiva, de la entrega de bienes o prestación de servicios no solicitados o no prestados efectivamente, o del ejercicio del derecho de desistimiento, revocación, inexistencia de relación de consumo o cualquier otra circunstancia; así como la no remoción de los efectos para los consumidores derivados de las acciones o situaciones anteriores.

44. Incumplir las disposiciones o resoluciones administrativas sobre la prohibición de venta, comercialización o distribución de determinados bienes o cualquier otra en relación con la seguridad de los productos.

45. Facilitar información, o introducción o aplicación de cláusulas no claras o no transparentes para el consumidor.

46. Siempre que esté permitida la modificación unilateral por la empresa de un contrato con un consumidor, no justificarse por parte de la empresa que el consumidor ha sido notificado de manera fidedigna de las modificaciones contractuales, de sus efectos y derechos que le asisten y de que ha tenido conocimiento pleno de ello, o hacerlo incumpliendo el plazo establecido para ello.

47. No acreditarse por parte de la empresa el cumplimiento de los requisitos de información, claridad y transparencia de la información facilitada o de las obligaciones de cualquier tipo exigidas por la normativa reguladora de las comunicaciones comerciales a distancia, o por cualquier otra normativa relativa a comunicaciones a distancia con consumidores.

48. El incumplimiento de los deberes y prohibiciones impuestos por la Administración mediante órdenes o como medidas cautelares o provisionales dictadas con el fin de evitar la producción o continuación de riesgos o lesiones para los consumidores, así como el incumplimiento de los compromisos adquiridos para poner fin a la infracción y corregir sus efectos.

49. El envío o suministro, con pretensión de cobranza, de bienes o servicios no solicitados por el consumidor.

50. El uso de técnicas de comunicación que requieran el consentimiento expreso previo o la falta de oposición del consumidor y usuario, cuando no concurran estos.

51. La negativa u obstaculización al ejercicio del derecho de desistimiento por parte del consumidor.

Artículo 83. **Infracciones muy graves**

Las infracciones siguientes se calificarán como muy graves:

1. La reincidencia en infracciones graves.

2. El incumplimiento del régimen establecido en materia de contratos celebrados fuera de los establecimientos mercantiles o el de contratación a distancia se clasificarán como infracciones muy graves cuando el volumen de la facturación realizada a que se refiere la infracción sea superior a 601.012,10 euros.

3. La negativa absoluta a facilitar información o prestar colaboración a los servicios de control e inspección.

4. La resistencia, coacción, amenaza, represalia o cualquier otra forma de presión al personal de las administraciones públicas encargado de las funciones de inspección o vigilancia, tramitación y corrección del mercado, así como la tentativa de ejercitar tales actos.

5. No disponer de oficinas físicas de atención personal al consumidor cuando así sea obligatorio o incumplir los requisitos exigidos para su funcionamiento.

6. No disponer de un número de teléfono totalmente gratuito de atención al consumidor o de un correo electrónico cuando sea preceptivo, o incumplir los requisitos reglamentariamente establecidos para su funcionamiento.

Artículo 84. **Infracciones graves o muy graves por concurrir determinadas circunstancias**

1. Las infracciones que, de acuerdo con los artículos 81 y 82, tengan la calificación de leve o grave serán calificadas, respectivamente, como graves o muy graves si concurre alguna de las siguientes circunstancias:

a) Haber sido realizadas aprovechando situaciones de necesidad de determinados bienes, productos o servicios de uso o consumo ordinario y generalizado, así como originar igual situación.

b) Haber sido realizadas explotando la especial inferioridad, subordinación o indefensión de determinados consumidores o grupos de ellos.

c) Cometerse con incumplimiento total de los deberes impuestos o con una habitualidad, duración u otras circunstancias cualitativas o cuantitativas que impliquen desprecio manifiesto de los intereses públicos protegidos en la normativa de aplicación en materia de protección de personas consumidoras y usuarias.

d) Producir una alteración social grave, injustificada y previsible en el momento de la comisión, originando alarma o desconfianza en los consumidores o incidiendo desfavorablemente en un sector económico.

e) Realizarse haciendo valer la situación de predominio del infractor en un sector del mercado.

f) Ser reincidente o responsable por la comisión de cualquier delito o infracción lesiva de los intereses de los consumidores o usuarios en las condiciones y plazos previstos en el artículo 29.3.d) de la Ley 40/2015, de 1 de octubre, de régimen jurídico del sector público.

g) Que se haya creado una situación de desabastecimiento de un sector o de una zona de mercado.

h) La aplicación de precios o márgenes comerciales en cuantía muy superior a los límites autorizados o comunicados a la administración competente, o como consecuencia de una actuación ilícita, así como la concurrencia en la mayoría de los bienes y servicios ofrecidos por una empresa de precios que excedan de tales límites, aunque individualmente considerados no resulten excesivos.

2. Las infracciones que, de acuerdo con lo dispuesto en los artículos 82, 83 y en el presente artículo, tengan la calificación de grave o muy grave se considerarán, respectivamente, como leve o grave si antes de iniciarse el procedimiento sancionador el responsable corrigió diligentemente las irregularidades en que consista la infracción, siempre que no haya causado perjuicios directos, devolvió voluntariamente las cantidades cobradas, colaboró activamente para evitar o disminuir los efectos de la infracción u observó espontáneamente cualquier otro comportamiento de análogo significado. No obstante, no se tendrá en cuenta lo dispuesto en el párrafo anterior, y se impondrá la sanción en su grado máximo, cuando se acredite alguna de las siguientes circunstancias:

a) Que se trate de una infracción continuada o de una práctica habitual.

b) Que la infracción comporte un riesgo para la salud o la seguridad de los consumidores, salvo que el riesgo forme parte del tipo infractor.

3. Cuando concurran circunstancias del apartado 1 con las del apartado 2 podrán compensarse para calificar la infracción.

Artículo 85. **Reincidencia y reiteración**

1. La reincidencia se aplicará en la clasificación de las infracciones, entendiendo que existe reincidencia cuando se cometa en el plazo de cinco años más de una infracción de la misma naturaleza y así se haya declarado por resolución firme en vía administrativa.

2. La reiteración se aplicará en la graduación de las sanciones, entendiendo que, dentro de un procedimiento, existe reiteración cuando, habiéndose iniciado con anterioridad otro procedimiento por la comisión de una infracción, el responsable de la misma persista en la comisión de la misma infracción.

3. No podrá apreciarse la circunstancia de reiteración cuando para determinar la clasificación de la infracción se considere que existe reincidencia.

Artículo 86. **Sanciones**

1. Las sanciones aplicables a las infracciones previstas en la presente ley serán las siguientes:

a) Las infracciones leves serán sancionadas con multa de 150 a 10.000 euros y podrán exceder de esta cantidad, hasta alcanzar el triple del valor de los bienes o servicios objeto de infracción, o del coste de la campaña publicitaria o comunicaciones comerciales, siempre que la infracción se cometa a través de estos medios, o alcanzar entre dos y cuatro veces el beneficio ilícito obtenido.

b) Las infracciones graves serán sancionadas con multa de 10.001 a 100.000 de euros y podrán exceder de esta cantidad, hasta alcanzar el quíntuplo del valor de los bienes o servicios objeto de infracción, o del coste de la campaña publicitaria o comunicaciones comerciales, siempre que la infracción se cometa a través de estos medios, o alcanzar entre cuatro y seis veces el beneficio ilícito obtenido.

c) Las infracciones muy graves serán sancionadas con multa de 100.001 a 1.000.000 euros y podrán exceder de esta cantidad, hasta alcanzar el quíntuplo del valor de los bienes o servicios objeto de infracción, o del coste de la campaña publicitaria o comunicaciones comerciales, siempre que la infracción se cometa a través de estos medios, o alcanzar entre seis y ocho veces el beneficio ilícito obtenido.

No obstante, cuando la aplicación de los rangos indicados anteriormente implique la imposición de una sanción desproporcionada en relación con la capacidad económica del infractor, se podrá utilizar el rango asignado a la calificación de un menor nivel de gravedad para el cálculo de la sanción. Esta utilización del rango asignado a un menor nivel de gravedad podrá alcanzar la reducción en dos niveles y será particularmente considerada en los supuestos de microempresas, pequeñas y medianas empresas.

2. Aquellas empresas que hayan sido sancionadas por la comisión de infracciones graves o muy graves incurrirán, además, de conformidad con la Ley de contratos del sector público, en la prohibición establecida en la misma para las empresas sancionadas en materia de disciplina del mercado.

3. Aquellas empresas que hayan sido sancionadas por la comisión de infracciones muy graves no podrán recibir ayudas de ninguna clase, ni directas ni indirectas, de la Administración autonómica durante el plazo de cuatro años desde que la sanción fuera firme en vía administrativa o, en su caso, judicial.

4. No será de aplicación lo establecido en los apartados 2 y 3 de este precepto si, iniciado un procedimiento a consecuencia de una reclamación, en el periodo de alegaciones al acuerdo de iniciación del procedimiento se dio satisfacción a todas las personas reclamantes y así consta acreditado en el expediente, o la empresa somete la resolución de la controversia al arbitraje de consumo o a cualquier otro institucional.

5. La clausura o cierre de establecimientos, instalaciones o servicios que no cuenten con las autorizaciones o registros sanitarios preceptivos, o la suspensión de su funcionamiento hasta que se subsanen los defectos o se cumplan los requisitos exigidos por razones de sanidad, higiene o seguridad y la retirada del mercado precautoria o definitiva de bienes o servicios por razones de salud y seguridad, no tienen el carácter de sanción.

Artículo 87. **Gradación de las sanciones**

Para determinar, dentro de los límites mínimos y máximos establecidos, el importe de la multa correspondiente a cada infracción, se atenderá a la concurrencia de alguna de las circunstancias establecidas en el artículo 84 que no pudieron ser tenidas en cuenta para alterar la calificación de la infracción o que no se dieron con todos los requisitos, además de la naturaleza de la infracción, el grado de culpabilidad o la existencia de intencionalidad, el carácter continuado de la infracción, el número de consumidores afectados, el nivel de los daños y perjuicios que hayan sufrido, las sanciones impuestas por la misma infracción a su autor en otros estados miembros en casos transfronterizos, así como el volumen de negocio anual o cualquier otro indicador de su capacidad económica.

También se tendrán cuenta para determinar el importe de la multa correspondiente las circunstancias agravantes, atenuantes y mixtas contempladas en los artículos siguientes.

Artículo 88. **Circunstancias agravantes**

Son circunstancias agravantes las siguientes:

a) La reiteración de las conductas infractoras.

b) La existencia de advertencias o requerimientos previos formulados por la administración para que se subsanen las irregularidades detectadas.

c) La posición relevante de la empresa infractora en el mercado.

d) El hecho de aprovecharse de que las personas afectadas pertenezcan a colectivos especialmente protegidos.

e) El incumplimiento generalizado dentro de un sector.

f) La utilización de métodos, sistemas de contratación o interpretaciones normativas a fin de eludir la aplicación de una norma de protección al consumidor.

g) La voluntad manifiesta de no reparar los perjuicios causados al consumidor.

h) La existencia de dolo.

i) Aprovecharse de una posición de poder respecto a un consumidor o a una situación en que se encuentre mermada la libertad de elección del consumidor por cualquier circunstancia.

j) La existencia de riesgo para la salud.

k) La existencia de sanciones previas por hechos concurrentes de acuerdo con lo establecido en el artículo 77.2.

Artículo 89. **Circunstancias atenuantes**

Son circunstancias atenuantes las siguientes:

a) La reparación de los perjuicios producidos al consumidor y que originaron la incoación del procedimiento sancionador.

b) El acuerdo de reparación con el consumidor.

c) El sometimiento de los hechos al arbitraje de consumo o a cualquier otro institucional.

d) La simple inobservancia de las normas por error o ignorancia.

Artículo 90. **Circunstancias mixtas**

Son circunstancias mixtas las siguientes:

a) El volumen de negocio en relación a los hechos objeto de la infracción y la capacidad económica de la empresa.

b) La cuantía del beneficio obtenido.

c) Los daños o perjuicios causados a los consumidores.

d) El número de consumidores afectados.

e) El grado de intencionalidad.

f) El periodo durante el cual se cometió la infracción.

Artículo 91. **Imposición de las sanciones**

1. Las sanciones pecuniarias, dentro de los límites mínimos y máximos establecidos, se dividirán en tres tramos iguales.

Cuando no concurriera ninguna circunstancia ni agravante ni atenuante se impondrá la sanción en su grado medio. Si concurrieran circunstancias atenuantes, se impondrá la sanción en su grado mínimo, sin perjuicio de lo establecido en el artículo siguiente. Si concurrieran circunstancias agravantes, se impondrá la sanción en su grado máximo.

En la imposición de las sanciones se podrán compensar las circunstancias agravantes con las atenuantes, salvo cuando se acredite la existencia de dolo, lo que supondrá la imposición de la sanción en su grado máximo.

2. La imposición de las sanciones deberá garantizar, en cualquier circunstancia, que la comisión de una infracción no resulte más beneficiosa para la parte infractora que el cumplimiento de las normas infringidas.

3. El beneficio ilícito se calculará, cuando no pueda ser determinado exactamente, con criterios estimativos e incluirá el aumento de ingresos y el ahorro de gastos que suponga, directa o indirectamente, la infracción sin descontar multas, perjuicios de los decomisos o cierres, ni las cantidades

que por cualquier concepto tenga que abonar el responsable a la Administración o a los consumidores como consecuencia de la infracción.

4. Cuando se impongan sanciones con arreglo al artículo 21 del Reglamento (UE) 2017/2394, su importe máximo para infracciones muy graves equivaldrá al 4 % del volumen de negocio anual del empresario en España o en los estados miembros afectados por la infracción. En caso de no disponerse de esta información, se podrán imponer multas cuyo importe máximo equivaldrá a dos millones de euros.

Artículo 92. **Reducción y eficacia de las sanciones**

1. Las sanciones pecuniarias solo podrán ser objeto de reducción en los siguientes casos:

a) Con una reducción de un setenta por ciento en los supuestos de conformidad con el contenido del acuerdo de iniciación del expediente sancionador, siempre que este no se inicie a consecuencia de denuncia o reclamación de una persona perjudicada y se justifique haber rectificado las circunstancias de la infracción cometida.

El importe resultante de dicha reducción nunca podrá, en ningún caso, ser inferior al límite mínimo establecido en el artículo 86 para las sanciones previstas en él según la gravedad de la infracción imputada.

Para poder acogerse a tal reducción, deberá manifestarse dicha conformidad y justificarse el ingreso de la sanción con la deducción o solicitar el fraccionamiento de la misma en el plazo de alegaciones al acuerdo de iniciación del expediente sancionador. En todo caso, tanto el ingreso de la sanción con la deducción como la solicitud de fraccionamiento de la misma en el plazo indicado supondrán la conformidad con el contenido del acuerdo de iniciación. El cumplimiento de los requisitos anteriores para acogerse a la reducción pondrá fin al procedimiento.

b) En el límite mínimo para la sanción prevista para la infracción imputada en los supuestos de conformidad con el contenido del acuerdo de iniciación de expediente sancionador, siempre que se hubiese procedido a satisfacer a los consumidores perjudicados por la infracción y se justifique haber rectificado las circunstancias de la infracción cometida.

En este supuesto deberá manifestarse dicha conformidad, justificarse la satisfacción a los perjudicados por la infracción y el ingreso de la sanción con la deducción o solicitar el fraccionamiento de la misma, en el plazo de un mes desde la notificación del acuerdo. En todo caso, tanto el ingreso de la sanción con la deducción como la solicitud de fraccionamiento de la misma en el plazo indicado supondrá la conformidad con el contenido del acuerdo de iniciación. El cumplimiento de los requisitos anteriores para acogerse a la reducción pondrá fin al procedimiento.

c) Con una reducción de un veinticinco por ciento en los supuestos de conformidad con la resolución sancionadora, caso en que deberá manifestarse dicha conformidad y justificarse el ingreso de la sanción con la reducción o solicitar el fraccionamiento de la misma en el plazo de un mes desde la notificación de la resolución. El ingreso de la sanción con la deducción en el plazo indicado supondrá la conformidad con la resolución sancionadora. El importe resultante de esta reducción no podrá ser, en ningún caso y bajo ninguna circunstancia, inferior al límite mínimo establecido en el artículo 86 para las sanciones previstas en él según la gravedad de la infracción imputada.

2. El órgano competente para imponer la sanción podrá resolver la terminación del procedimiento sancionador cuando los presuntos infractores propongan compromisos que resuelvan los efectos sobre los consumidores derivados de las conductas objeto del expediente y quede garantizado suficientemente el interés público. Los compromisos serán vinculantes y surtirán plenos efectos una vez incorporados a la resolución que ponga fin al procedimiento.

En estos supuestos se impondrá la sanción correspondiente pero inferior en un grado, sin que en ningún caso pueda alcanzar la reducción la prevista en las letras a) y b) del apartado anterior.

3. Sin perjuicio de lo establecido en el apartado 5 del presente artículo, las resoluciones sancionadoras suspenderán su ejecutividad sin necesidad de caución hasta la resolución, en su caso, del recurso contencioso-administrativo interpuesto contra ellas y ganen firmeza en vía jurisdiccional, salvo que, siendo firmes en vía administrativa, no proceda por cualquier circunstancia recurso contencioso-administrativo contra las mismas.

4. En el supuesto establecido en el apartado 1 de este artículo, y en el del ingreso de la sanción con carácter previo a que las resoluciones sancionadoras sean plenamente ejecutivas de acuerdo con el apartado anterior, no supondrá indemnización alguna a favor de quien haya hecho el ingreso. En su caso, procederá la devolución de la cantidad efectivamente ingresada sin que proceda ningún abono de intereses.

5. Desde la firmeza en vía administrativa de las resoluciones sancionadoras, la cuantía de las sanciones pecuniarias generará a favor de la administración los intereses de demora correspondientes.

6. La interposición de recursos administrativos o judiciales supondrá la pérdida de las reducciones determinadas en este artículo.

Artículo 93. **Sanciones accesorias**

1. La administración pública competente podrá acordar, como sanciones accesorias, frente a las infracciones en materia de defensa de los consumidores previstas en esta norma:

a) El decomiso de la mercancía adulterada, deteriorada, falsificada, fraudulenta, no identificada o que pueda entrañar riesgo para el consumidor. El decomiso de las mercancías objeto de la infracción que sean propiedad del responsable, salvo que ya haya sido adoptado definitivamente para preservar los intereses públicos o que, pudiendo resultar de lícito comercio tras las modificaciones que procedan, su valor, sumado a la multa, no guarde proporción con la gravedad de la infracción, en cuyo caso podrá no acordarse tal medida o acordarse solo parcialmente en aras de la proporcionalidad. La resolución sancionadora que imponga esta sanción decidirá el destino que, dentro de las previsiones que en su caso se encuentren establecidas en la normativa aplicable, deba dar la administración competente a los productos decomisados.

b) La publicidad de las sanciones impuestas, cuando adquieran firmeza en vía administrativa, así como los nombres, apellidos, denominación o razón social de las personas naturales o jurídicas responsables y la índole y naturaleza de las infracciones, siempre que concurra riesgo para la salud o seguridad de los consumidores y usuarios, reincidencia en infracciones de naturaleza análoga o acreditada intencionalidad en la infracción o traigan causa en la difusión de contenidos racistas, xenófobos y sexistas, LGTBIfóbicos, denigrantes o discriminatorios.

c) El cierre temporal del establecimiento, instalación o servicio por un plazo máximo de cinco años en los casos de infracciones muy graves.

2. Todos los gastos derivados de las medidas adoptadas del párrafo anterior, incluidas las derivadas del transporte, distribución y destrucción, serán por cuenta de la persona infractora.

3. No tendrá el carácter de sanción la publicación por parte de la administración competente en materia de consumo por cualquier medio, incluidas las redes sociales del infractor, de los pronunciamientos judiciales firmes que ratifiquen sanciones impuestas en vía administrativa.

Artículo 94. **Prescripción de las infracciones**

1. Las infracciones tipificadas por la presente ley prescriben a los cinco años, a contar desde el día en que se cometió la infracción, o desde la finalización del periodo de comisión si se tratara de infracciones continuadas o de efectos continuados.

2. El plazo de prescripción de la infracción de la normativa de consumo no comenzará a computar hasta que esta se manifieste o exteriorice y, en el caso de infracciones continuadas o de efectos continuados, solo cuando finalice o deje de realizarse la acción infractora o el último acto con el que la infracción se consume.

3. Las actuaciones judiciales penales y la tramitación de otros procedimientos administrativos sancionadores, si impiden iniciar o continuar el procedimiento para sancionar las infracciones tipificadas por medio de ley, suspenden el plazo de prescripción de las infracciones.

Interrumpirán la prescripción de las infracciones las actuaciones judiciales en el ámbito penal sobre los mismos hechos o sobre otros hechos conexos cuya separación de los constitutivos de la infracción de la normativa de consumo sea jurídicamente imposible, de manera que la sentencia que pudiere recaer vincule a la administración actuante.

4. El plazo de prescripción de las infracciones estará suspendido desde la presentación de la reclamación por el consumidor a la empresa hasta que por esta se dé contestación a la misma de acuerdo con la normativa de aplicación, así como durante el tiempo en que se esté buscando una solución a la reclamación presentada por las propias partes o con la intervención de un tercero.

Artículo 95. **Prescripción de las sanciones**

1. Las sanciones prescriben en el plazo de cuatro años a partir del día siguiente al día en que la resolución sancionadora deviene firme, administrativa o, en su caso, judicialmente.

2. Cualquier actuación de la administración pública que exija el cumplimiento de las sanciones supondrá la interrupción de la prescripción de la sanción.

CAPÍTULO III
RESPONSABILIDAD POR LAS INFRACCIONES

Artículo 96. **Responsables**

1. Son responsables de las infracciones tipificadas por la presente ley las personas físicas o jurídicas que por acción u omisión hayan participado en su comisión.

2. Son responsables de las infracciones tipificadas por la presente ley, como autores, las personas físicas o jurídicas que las cometan.

3. Si en la cadena de producción o comercialización de los bienes o prestación de los servicios intervienen diferentes sujetos, cada uno de ellos es responsable de las infracciones que haya cometido.

No obstante lo anterior, si en la cadena de producción o comercialización de los bienes o prestación de los servicios un sujeto conocía o debía conocer la comisión de una infracción en un eslabón anterior y no adopta las medidas necesarias para su corrección o para evitar su continuación, será responsable de la misma, independientemente de las responsabilidades del resto de intervinientes en la cadena de producción o comercialización de los bienes o prestación de los servicios.

4. También se considerarán responsables de las infracciones aquellas personas o entidades, independientemente de su naturaleza jurídica o de su carácter o no de empresa o titular de empresa, que cooperen en la comisión de una conducta u omisión infractora o la encubran, y que sugieran, impongan, recomienden o induzcan a la realización de una conducta u omisión infractora.

5. Si una infracción es imputada a una persona jurídica, pueden ser consideradas también como responsables las personas que integran sus organismos rectores o de dirección o administración, así como los técnicos responsables de la elaboración y control.

A efectos de la presente ley, integran los órganos rectores o de dirección o administración las personas que consten en los registros públicos como tales, las que hagan ostentación pública de esta condición o las que actúen como si la tuviesen.

6. A efectos de la aplicación de la presente ley, la actuación de una empresa es también imputable a las empresas o personas que la controlen.

7. En caso de infracciones cometidas por personas jurídicas que se extingan o se encuentren en situación concursal antes de ser sancionadas, la res-

ponsabilidad administrativa podrá exigirse también a las personas físicas que compongan los órganos de dirección o administración en el momento de la comisión de la infracción.

8. La responsabilidad de los coautores de una misma infracción será independiente y se impondrá a cada uno la sanción correspondiente a la infracción en la extensión adecuada a su culpabilidad y demás circunstancias personales. En particular, se entenderán incluidos en este caso los anunciantes y agencias de publicidad respecto de las infracciones de publicidad subliminal, engañosa o que infrinja lo dispuesto en la normativa sobre publicidad de determinados bienes o servicios.

9. La muerte del infractor extingue la responsabilidad. En caso de sanciones pecuniarias impuestas sobre entidades disueltas y liquidadas, la administración correspondiente podrá dirigirse, para la cobranza de las sanciones pecuniarias impuestas a dichas entidades, contra los socios o partícipes, que responderán solidariamente del importe de la deuda y hasta el límite del valor de la cuota de liquidación que se les adjudicó.

10. Conforme a lo previsto en el artículo 28.2 de la Ley 40/2015, de 1 de octubre, en el procedimiento sancionador podrá exigirse al infractor la reposición de la situación alterada por la infracción a su estado original y, en su caso, la indemnización de daños y perjuicios causados al consumidor, que será determinada y exigida por el órgano al que corresponda el ejercicio de la potestad sancionadora, debiendo notificarse al infractor para que proceda a su satisfacción en un plazo que será determinado en función de la cuantía. De no satisfacerse la indemnización en el plazo que al efecto se determine en función de su cuantía, se procederá en la forma prevista en el artículo 101 de la Ley 39/2015, de 1 de octubre, del procedimiento administrativo común de las administraciones públicas.

11. Sin perjuicio de lo establecido en los apartados anteriores y en los artículos siguientes, en los supuestos de ventas automáticas de bienes o servicios serán responsables los determinados en la normativa de ordenación del comercio minorista de aplicación en la Comunidad Autónoma de Galicia.

Artículo 97. **Bienes identificados**

1. En las infracciones cometidas en bienes envasados o identificados, se consideran responsables el marquista y la firma o razón social que figure en la etiqueta o identificación, salvo que se demuestre la falsificación de la etiqueta o identificación, su utilización sin permiso o la responsabilidad de

algún integrante de la cadena de distribución o comercialización distinto de los anteriores.

2. La primera empresa comercializadora en la Comunidad Autónoma de Galicia de un bien envasado o identificado puede ser considerado responsable de la infracción cometida.

Artículo 98. **Bienes no identificados**

Si el bien no lleva los datos necesarios para identificar al responsable de la infracción, de acuerdo con lo establecido por la normativa, se consideran responsables los que comercializaron el bien, sin perjuicio de su derecho de repetición.

Artículo 99. **Servicios**

En las infracciones cometidas en la prestación de servicios, la empresa o razón social obligada a prestarlos, legalmente o por medio de un contrato con el consumidor, será considerada responsable.

Artículo 100. **Otros responsables**

1. Cuando se desconozca el domicilio de un responsable o este no disponga de ninguno en territorio español, las actuaciones que, en su caso, procedan, podrán dirigirse a cualquier persona que actúe como representante o en nombre de dicho responsable en territorio español, de hecho o de derecho, o que haga ostentación pública de esta condición o que actuase como si la tuviera, y también podrá ser considerado responsable de las actividades de la empresa, sin perjuicio de su derecho de repetición frente a esta.

2. Cuando una empresa o cualquier persona se presente en el mercado como representante o que actúa en nombre de otra empresa o que haga ostentación pública de esta condición o actuase como si la tuviera, serán responsables solidarios de las actividades de la empresa de la que aparece como representante tanto la empresa o persona representante como la representada, salvo que por parte de esta se acredite la ausencia de vinculación con ella y justifique la interposición de acciones frente a la misma.

Se considerará que existe vinculación si en cualquier comunicación comercial de la empresa representada se hace referencia a la representante como parte de la estructura empresarial de hecho o de derecho de la empresa representada.

3. Los importadores o quienes distribuyan por primera vez en el mercado nacional productos de consumo que puedan afectar a la seguridad y

salud de los consumidores tienen el deber de asegurar que dichos productos cumplen los requisitos exigibles para ser puestos a disposición de los consumidores y usuarios. Asimismo, responderán solidariamente de las sanciones impuestas a sus suministradores o proveedores, con independencia de la responsabilidad que les corresponda por sus propias infracciones cuando, dentro de su deber de diligencia, no adopten las medidas que estén a su alcance, incluyendo la facilitación de información, para prevenir las infracciones cometidas por estos.

4. Los prestadores de plataformas serán responsables, en igual medida que el proveedor del bien o servicio, cuando actúen con fines relacionados con sus propias actividades y en calidad de socio contractual directo del consumidor, respecto de la oferta o contratación de bienes o servicios realizada a través de dichas plataformas.

Artículo 101. **Responsabilidad del receptor de la contraprestación**

Sin perjuicio de lo establecido en los preceptos anteriores, quien reciba una contraprestación de un consumidor derivada de una relación de consumo será responsable del cumplimiento de la normativa de defensa del consumidor y de la sectorial de aplicación derivada de esa relación de consumo, sin perjuicio de su derecho de repetición frente a quien considere responsable.

CAPÍTULO IV
PROCEDIMIENTO SANCIONADOR

Artículo 102. **Iniciación del procedimiento sancionador**

1. Los procedimientos sancionadores se iniciarán siempre de oficio, sea por propia iniciativa o a consecuencia de orden superior, petición razonada de otros órganos o denuncia.

Se entiende por:

a) Propia iniciativa: la actuación derivada del conocimiento directo o indirecto de las conductas o hechos susceptibles de constituir infracción por el órgano que tiene atribuida la competencia de iniciación, sea ocasionalmente o por tener la condición de autoridad pública o atribuidas funciones de inspección, indagación o investigación.

b) Orden superior: la orden emitida por un órgano administrativo superior jerárquico de la unidad administrativa que constituye el órgano competente para la iniciación, y que deberá expresar, en la medida de lo posible, la persona o personas presuntamente responsables, las conductas o hechos que puedan constituir infracción administrativa y su tipificación, así como el lugar, y la fecha, fechas o periodo de tiempo continuado en que los hechos se produjeron.

c) Petición razonada: la propuesta de iniciación del procedimiento formulada por cualquier órgano administrativo que no tiene competencia para iniciarlo y que tuvo conocimiento de las conductas o hechos que pudiesen constituir infracción, sea ocasionalmente o por tener atribuidas funciones de inspección, indagación o investigación.

Las peticiones habrán de especificar, en la medida de lo posible, la persona o personas presuntamente responsables, las conductas o hechos que pudiesen constituir infracción administrativa y su tipificación, así como el lugar, y la fecha, fechas o periodo de tiempo continuado en que los hechos se produjeron.

d) Denuncia: el acto por el cual cualquier persona, en cumplimiento o no de una obligación legal, pone en conocimiento de un órgano administrativo la existencia de un determinado hecho que pudiese constituir infracción administrativa.

Las denuncias deberán expresar la identidad de la persona o personas que las presentan, el relato de los hechos que pudiesen constituir infracción y la fecha de su comisión y, cuando sea posible, la identificación de los presuntos responsables.

2. La formulación de una petición no vincula al órgano competente para iniciar el procedimiento sancionador.

3. Cuando se presente una denuncia, se deberá comunicar al denunciante la iniciación o no del procedimiento y su resolución cuando la denuncia vaya acompañada de una solicitud de iniciación.

4. No se podrán iniciar nuevos procedimientos de carácter sancionador por hechos o conductas tipificados como infracciones en cuya comisión el infractor persista de forma continuada, en tanto no haya recaído una primera resolución sancionadora, con carácter ejecutivo.

En ningún caso se considerará que existe persistencia de forma continuada cuando la iniciación del procedimiento se refiera a personas distintas respecto de aquellas a las que se les vulneraron sus derechos, o hechos o conductas independientes unas de otras.

Artículo 103. **Actuaciones previas**

1. Con anterioridad a la iniciación del procedimiento podrán realizarse actuaciones previas, incluidas las previstas en los artículos 62 y siguientes de la presente ley, al objeto de determinar con carácter preliminar si concurren circunstancias que justifiquen tal iniciación. En especial, estas actuaciones se orientarán a determinar, con la mayor precisión posible, los hechos susceptibles de motivar la incoación del procedimiento, la identificación de la persona o personas que pudiesen resultar responsables y las circunstancias relevantes que concurran en unos y otros.

2. Las actuaciones previas serán realizadas por los órganos que tengan atribuidas funciones de investigación, indagación e inspección en la materia o por la persona u órgano administrativo que determine el órgano competente para la iniciación o resolución del procedimiento.

Artículo 104. **Archivo de actuaciones**

1. Procederá el archivo definitivo de las actuaciones cuando no existan indicios de haberse realizado el hecho denunciado que daría lugar a la iniciación de un expediente sancionador o el hecho denunciado no supondría la comisión de una infracción en materia de consumo.

2. Procederá el archivo provisional de las actuaciones cuando no existan indicios de prueba necesarios de un hecho denunciado para la iniciación de un expediente sancionador o se desconozcan los presuntos responsables del mismo.

3. En los supuestos de archivo provisional, si con posterioridad al mismo aparecieran indicios de prueba necesarios del hecho denunciado para la iniciación de un expediente sancionador o se identificara a los presuntos responsables del mismo, podrá iniciarse el expediente sancionador correspondiente.

Artículo 105. **Acuerdo de iniciación de procedimiento**

1. Los acuerdos de iniciación de los procedimientos sancionadores se formalizarán con el contenido mínimo siguiente:

a) La identificación de la persona o personas presuntamente responsables.

b) Los hechos sucintamente expuestos que motivan la incoación del procedimiento, su posible calificación y las sanciones que pudiesen corresponder, sin perjuicio de lo que resulte de la instrucción.

c) La persona designada para la instrucción del procedimiento y, en su caso, la de la persona designada para la secretaría del procedimiento, indicando expresamente el régimen de recusación de las mismas.

d) El órgano competente para la resolución del procedimiento y la norma que le atribuya tal competencia, indicando la posibilidad de que el presunto responsable pueda reconocer voluntariamente su responsabilidad, lo que daría lugar a la resolución del procedimiento con la imposición de la sanción que proceda.

e) Las medidas de carácter provisional que haya acordado el órgano competente para iniciar el procedimiento sancionador, sin perjuicio de las que puedan adoptarse durante el mismo.

f) La indicación del derecho a formular alegaciones y a la audiencia en el procedimiento y de los plazos para su ejercicio.

2. El acuerdo de iniciación se comunicará a la persona designada para la instrucción del procedimiento, con traslado de cuantas actuaciones existan al respecto, y a la persona que formuló la denuncia, en su caso, y se notificará a las personas interesadas, entendiendo, en todo caso, por tal a la persona inculpada. En la notificación se advertirá a las personas interesadas que, de no efectuar alegaciones sobre el contenido de la iniciación del procedimiento en el plazo previsto en el artículo 108.1, la iniciación podrá ser considerada propuesta de resolución cuando contenga un pronunciamiento preciso acerca de la responsabilidad imputada.

Artículo 106. **Colaboración en la tramitación de los procedimientos**

En los términos previstos por el artículo 4 de la Ley 30/1992, de régimen jurídico de las administraciones públicas y del procedimiento administrativo común, los órganos pertenecientes a cualquiera de las administraciones públicas facilitarán al órgano instructor los antecedentes e informes necesarios, así como los medios personales y materiales necesarios para el desarrollo de sus actuaciones.

Artículo 107. **Medidas de carácter provisional**

1. Con independencia de lo establecido en artículo 69, en el procedimiento sancionador y con arreglo a lo previsto en los artículos 72 y 136 de la Ley de régimen jurídico de las administraciones públicas y del procedimiento administrativo común, el órgano competente para resolver podrá adoptar en cualquier momento, mediante acuerdo motivado, las medidas de carácter provisional que resulten necesarias para asegurar la eficacia de la resolución que pudiese recaer, el buen fin del procedimiento, evitar el

mantenimiento de los efectos de la infracción y las exigencias de los intereses generales.

Cando así venga exigido por razones de urgencia inaplazable, el órgano competente para iniciar el procedimiento o el órgano instructor podrán adoptar las medidas provisionales que resulten necesarias.

2. Las medidas de carácter provisional podrán consistir en la suspensión temporal de actividades y la prestación de fianzas, así como en la retirada de productos o suspensión temporal de servicios por razones de seguridad, y en las demás previstas en las correspondientes normas específicas.

Artículo 108. **Actuaciones y alegaciones al acuerdo de iniciación**

1. Una vez notificado el acuerdo de iniciación, las personas interesadas dispondrán de un plazo de quince días para presentar cuantas alegaciones, documentos o informaciones estimen convenientes y, en su caso, proponer prueba concretando los medios de que pretendan valerse. En la notificación del acuerdo de iniciación se indicará a las personas interesadas dicho plazo, así como la puesta de manifiesto del procedimiento y la posibilidad de obtener copia de los documentos que consten en el mismo, indicando el lugar para ello.

2. La persona designada para la instrucción del procedimiento podrá realizar de oficio cuantas actuaciones resulten necesarias para el examen o valoración de los hechos, recabando los datos e informaciones que sean relevantes para determinar, en su caso, la existencia de responsabilidades susceptibles de sanción.

3. Si a consecuencia de la instrucción del procedimiento resultara modificada la determinación inicial de los hechos, su posible calificación, las sanciones imponibles o las responsabilidades susceptibles de sanción se notificará todo ello a la persona inculpada en la propuesta de resolución.

Artículo 109. **Prueba**

1. Recibidas las alegaciones al acuerdo de iniciación o transcurrido el plazo previsto en el apartado 1 del artículo anterior, la persona designada para la instrucción del procedimiento podrá acordar la apertura de un periodo de prueba.

2. En la propuesta de resolución podrá rechazarse de forma motivada la práctica de aquellas pruebas que sean improcedentes de acuerdo con lo dispuesto en el artículo 137.4 de la Ley 30/1992, de régimen jurídico de las administraciones públicas y del procedimiento administrativo común. En

general, serán rechazadas todas aquellas pruebas cuya finalidad sea la reproducción de actuaciones ya realizadas en la fase de actuaciones previas.

3. La práctica de las pruebas que el órgano instructor considere pertinentes, entendiéndose por tales aquellas distintas de los documentos que las personas interesadas puedan aportar en cualquier momento de la tramitación del procedimiento, se realizará de conformidad con lo establecido en el artículo 81 de la Ley 30/1992, de régimen jurídico de las administraciones públicas y del procedimiento administrativo común.

4. Cuando la prueba consista en la emisión de un informe de un órgano administrativo o entidad pública, y sea admitida a trámite, se entenderá que tiene carácter preceptivo y podrá entenderse que tiene carácter determinante para la resolución del procedimiento, con los efectos previstos en el artículo 83.3 de la Ley 30/1992, de régimen jurídico de las administraciones públicas y del procedimiento administrativo común.

5. Los hechos constatados por la Inspección de Consumo o el personal funcionario a los cuales se les reconoce la condición de autoridad, y que se formalicen en documento público observando los requisitos legales pertinentes, tendrán valor probatorio, sin perjuicio de las pruebas que en defensa de los respectivos derechos o intereses puedan señalar o aportar las propias personas interesadas.

6. Para el caso de tomas de muestras, a la práctica de prueba consistente en la realización de pruebas analíticas le será de aplicación lo establecido en el capítulo II del título II de la presente ley.

7. Cuando, a consecuencia de una reclamación o por cualquier otra circunstancia, el objeto de valoración o comprobación sea una unidad concreta de un producto, las pruebas analíticas que procedan se realizarán con arreglo a lo establecido en el artículo 64.3.a), cuyos resultados se valorarán dentro del procedimiento.

8. Cuando la valoración de las pruebas practicadas pueda constituir el fundamento básico de la decisión que se adopte en el procedimiento, por ser pieza imprescindible para la evaluación de los hechos, deberá incluirse en la propuesta de resolución.

9. Corresponderá a la empresa probar el cumplimiento de sus obligaciones establecidas en la normativa de aplicación, incluidas las obligaciones de dar o hacer, así como las manifestaciones realizadas de acuerdo con lo establecido en el artículo 36 de la presente ley.

10. No será necesaria la prueba de aquellos hechos notorios o que la persona inculpada haya reconocido.

11. No será precisa la prueba de los contenidos de cualquier comunicación pública realizada por la empresa o por su cuenta y por cualquier medio, incluidas las comunicaciones realizadas a través de la web o redes sociales.

Artículo 110. **Propuesta de resolución**

1. Concluida, en su caso, la prueba, el órgano instructor del procedimiento formulará propuesta de resolución, en la cual se fijarán de forma motivada los hechos, especificándose los que se consideren probados y su exacta calificación jurídica; se determinará la infracción que, en su caso, aquellos constituyan y la persona o personas que resulten responsables, y se especificará la sanción que propone que se imponga y las medidas provisionales que hayan sido adoptadas, en su caso, por el órgano competente para iniciar el procedimiento o por la persona designada para la instrucción del mismo, o bien se propondrá la declaración de no existencia de infracción o responsabilidad.

2. No obstante lo establecido en el apartado anterior, el órgano instructor resolverá la finalización del procedimiento, con archivo de las actuaciones, sin que sea necesaria la formulación de la propuesta de resolución, cuando en la instrucción del procedimiento se ponga de manifiesto que concurre alguna de las circunstancias establecidas en el artículo 89.1 de la Ley 39/2015, de 1 de octubre, del procedimiento administrativo común de las administraciones públicas.

Artículo 111. **Audiencia a la propuesta de resolución**

1. La propuesta de resolución se notificará a las personas interesadas, concediéndose un plazo de quince días para formular alegaciones y presentar los documentos e informaciones que consideren pertinentes ante la persona designada para la instrucción del procedimiento.

2. Podrá prescindirse de notificar la propuesta de resolución cuando solo figuren en el procedimiento los documentos existentes en el momento de acordar el inicio del procedimiento y solo sean tenidos en cuenta los hechos, alegaciones y pruebas aducidas, en su caso, por la persona interesada.

3. La propuesta de resolución se remitirá al órgano competente para resolver el procedimiento, junto con todos los documentos, alegaciones e informaciones que consten en el mismo.

Artículo 112. **Resolución del procedimiento**

1. Antes de emitir resolución, el órgano competente para resolver podrá decidir, mediante acuerdo motivado, la realización de las actuaciones complementarias indispensables para resolver el procedimiento.

El plazo para resolver el procedimiento quedará suspendido hasta la terminación de las actuaciones complementarias. No tendrán la consideración de actuaciones complementarias los informes que preceden inmediatamente a la resolución final del procedimiento.

2. El órgano competente dictará resolución, la cual será motivada, y decidirá todas las cuestiones formuladas por las personas interesadas y aquellas otras derivadas del procedimiento.

3. En la resolución no podrán aceptarse hechos distintos de los determinados en la fase de instrucción del procedimiento, sin perjuicio de su fijación concreta, salvo los que resulten, en su caso, de la aplicación de lo previsto en el apartado 1 de este artículo, independientemente de su diferente valoración jurídica. No obstante, cuando el órgano competente para resolver considere que la infracción reviste mayor gravedad que la determinada en la propuesta de resolución, se notificará al imputado para que presente cuantas alegaciones estime convenientes, al cual se le concederá un plazo de quince días.

4. Las resoluciones de los procedimientos sancionadores incluirán la valoración de las pruebas practicadas, y especialmente de aquellas que constituyan los fundamentos básicos de la decisión, fijarán los hechos y, en su caso, la persona o personas responsables, la infracción o infracciones cometidas y la sanción o sanciones que se imponen, o bien la declaración de no existencia de infracción o responsabilidad.

5. Las resoluciones se notificarán a las personas interesadas. Si el procedimiento se inició a consecuencia de orden superior o petición razonada, la resolución se comunicará al órgano administrativo autor de la misma.

6. Cuando adquieran firmeza en vía administrativa las resoluciones por las que se ponga fin al procedimiento sancionador en relación con infracciones que tengan la calificación de muy graves con arreglo a esta norma, así como aquellas que se dicten con arreglo al artículo 21 del Reglamento (UE) 2017/2394, serán de libre acceso y publicadas en la página web de la autoridad correspondiente, una vez sean notificadas a los interesados. Dicha publicación se llevará a cabo tras resolver, en su caso, sobre los aspectos confidenciales de su contenido y previa disociación de los datos de carácter personal a los que se refiere el artículo 4.1 del Reglamento (UE)

2016/679 del Parlamento Europeo y el Consejo, de 27 de abril de 2016, relativo a la protección de las personas físicas en lo que respecta al tratamiento de sus datos personales y a la libre circulación de estos datos, salvo en lo que se refiere al nombre de los infractores.

Artículo 113. **Caducidad del procedimiento**

1. Iniciado el procedimiento sancionador y transcurridos seis meses desde la notificación a la parte interesada de cada uno de los trámites previstos en el procedimiento de aplicación sin que se impulse el trámite siguiente, y sin mediar culpa de la parte interesada, se producirá su caducidad, salvo en el caso de la resolución, en el cual podrá transcurrir hasta un año desde que se notifica la propuesta.

2. La práctica de pruebas, la solicitud de informes o la realización de análisis suspenderá los plazos de caducidad.

3. También suspenderá los plazos de caducidad, una vez iniciado el procedimiento, el tiempo necesario solicitado por la empresa para llegar a un acuerdo con el consumidor, que no podrá ser superior a dos meses. A estos efectos, la persona inculpada deberá solicitar la suspensión y justificar la propuesta de resolución extrajudicial del conflicto realizada al consumidor, indicando el plazo propuesto para llegar a un acuerdo.

Si, solicitada la suspensión por la persona inculpada, no se justifica simultáneamente a ella la propuesta al consumidor de resolución extrajudicial del conflicto, se considerará que existe una voluntad manifiesta de no reparar los perjuicios causados al mismo, lo cual supondrá la agravación de la sanción.

4. Una vez producida la caducidad de un procedimiento y declarada esta, podrá iniciarse otro en tanto no haya prescrito la infracción.

Artículo 114. **Notificaciones**

1. Las notificaciones se realizarán en el domicilio de las personas interesadas, siempre que estas se encuentren en territorio español. También podrán realizarse en cualquier lugar en donde dispongan de establecimiento abierto al público o representante autorizado para actuar en su nombre o que actúe públicamente como tal representante. Cuando no puedan realizarse las notificaciones en los lugares indicados anteriormente, procederá la notificación de acuerdo con lo establecido en el apartado siguiente.

2. Cuando proceda la notificación por medio de anuncios o la publicación de un acto, esta se realizará mediante la publicación en el Diario Oficial

de Galicia de una somera referencia sobre el contenido del acto y la indicación del lugar en donde los interesados podrán comparecer, en el plazo de diez días, para conocimiento del contenido íntegro del mencionado acto y la constancia de tal conocimiento.

Artículo 115. **Inmovilización y decomiso de bienes o derechos**

En vía de apremio, la Xunta de Galicia podrá embargar cualquier bien o derecho que se encuentre en el territorio de la Comunidad Autónoma de Galicia. A estos efectos, la Inspección de Consumo podrá, a solicitud de los órganos competentes, proceder a su inmovilización y decomiso.

(...)

LEY 5/2013, DE 12 DE ABRIL, PARA LA DEFENSA DE LOS CONSUMIDORES EN LA COMUNIDAD AUTÓNOMA DE LA RIOJA

(*BOLR* de 19 de Abril de 2013)

(...)

TÍTULO V
Régimen sancionador

CAPÍTULO I
INFRACCIONES

Artículo 60. **Infracciones por incumplimiento de los requisitos y condiciones en la adquisición de bienes y productos y en la prestación de servicios**

Son infracciones por incumplimiento de los requisitos y condiciones en la adquisición de bienes y productos y en la prestación de servicios:

a) Elaborar, distribuir, suministrar u ofertar bienes o servicios sin cumplir correctamente los deberes de información que imponga o regule la legislación vigente en relación con cualquiera de los datos o menciones obligatorios o voluntarios y por cualquiera de los medios previstos para tal información.

b) El incumplimiento de las normas relativas a etiquetado, presentación y publicidad de bienes y servicios, así como utilizar indebidamente marcados, marchamos, troqueles o distintivos similares, no emplear los obligatorios o emplear los que no cumplan las condiciones reglamentarias, en cuanto sea susceptible de perjudicar los intereses de los consumidores.

c) Elaborar, distribuir, suministrar, vender u ofertar bienes cuando su composición, características técnicas o calidad no se ajusten a la normativa, o difieran de la declarada o anotada en el correspondiente registro, o tengan la fecha de caducidad o consumo preferente superada.

d) Elaborar, distribuir u ofertar al público bienes prohibidos o con componentes o envases no permitidos o sin contar con las autorizaciones preceptivas u otros controles administrativos impuestos para la protección de los consumidores.

e) Ofertar o prestar servicios al público que estén prohibidos o que no se hayan sometido a los controles administrativos previos o periódicos impuestos para la protección de aquellos.

f) Vender o poner a disposición de los consumidores bienes y productos no aptos para ellos o destinados específicamente para otros usos, siempre que exista un riesgo, así como los destinados exclusivamente a uso empresarial o profesional, siempre que ello sea susceptible de perjudicar los intereses de los consumidores.

g) Incumplir las condiciones de las instalaciones, establecimientos o vehículos en que se elaboren, conserven, distribuyan o vendan bienes o se presten servicios, o su utilización o apertura sin los preceptivos controles administrativos cuando aquellas condiciones o estos controles estén impuestos para la protección de los consumidores.

h) Incumplir las disposiciones sobre seguridad de bienes, productos, servicios y suministros, en cuanto afecten o puedan suponer un riesgo para los consumidores.

i) Incumplir las exigencias de personal cualificado o de los deberes impuestos al mismo o a la empresa en relación con esta materia cuando sea susceptible de perjudicar a los consumidores.

j) Prestar servicios incumpliendo las condiciones que impongan las disposiciones de aplicación cuando puedan causar un perjuicio a los intereses económicos del consumidor.

k) Poner a disposición de los consumidores bienes de uso duradero sin existir piezas de repuesto en la forma que esté regulado, así como el incumplimiento por quien en cada caso esté obligado del deber de fabricar o garantizar la existencia de repuestos en las condiciones establecidas por la legislación vigente.

l) Poner a disposición de los consumidores bienes de uso duradero sin servicios de asistencia técnica para su reparación o siendo estos manifiestamente inadecuados, así como incumplir la obligación de mantener tales servicios.

m) Realizar otras acciones u omisiones que, incluso sin infracción de normas de obligado cumplimiento, produzcan riesgo o daño efectivo para la salud o seguridad de los consumidores, si se realizan por falta de las precauciones exigibles en la actividad de que se trate.

Artículo 61. **Infracciones por alteración, adulteración o fraude en bienes y servicios**

Son infracciones por alteración, adulteración o fraude en bienes y servicios:

a) La alteración, adulteración o fraude en bienes y servicios susceptibles de consumo por adición o sustracción de cualquier sustancia o elemento, por alteración de su origen, calidad, composición, estructura, cantidad, peso o medida, por incumplimiento de las condiciones que correspondan a su naturaleza o la garantía, arreglo o reparación de productos de naturaleza duradera y, en general, cualquier situación que induzca a engaño o confusión o que impida reconocer la verdadera naturaleza del bien o servicio.

b) La corrección de defectos mediante procesos que no estén expresa y reglamentariamente autorizados o para encubrir la inferior calidad o alteración de los productos utilizados.

c) El fraude en la prestación de servicios de instalación o reparación de bienes y de asistencia en el domicilio por:

1.1 La sustitución de piezas para conseguir un aumento del precio, aunque el consumidor haya prestado su consentimiento por las falsas indicaciones del prestador del servicio.

2.1 La facturación de trabajos no realizados.

3.1 La aplicación de precios superiores a los repuestos o piezas sustituidas al aplicarlos a las reparaciones.

4.1 La facturación de trabajos ejecutados con accesorios de peor calidad que los indicados al consumidor o no acordes al modelo del bien reparado.

d) Manipular, de forma fraudulenta, los aparatos o sistemas de medición de los bienes o servicios suministrados a los consumidores.

Artículo 62. **Infracciones en materia de documentación, transacciones comerciales y precios**

Son infracciones en materia de documentación, transacciones comerciales y precios:

a) No extender recibo justificante, factura o documento acreditativo de las transacciones realizadas o servicios prestados cuando sea preceptivo o lo solicite el consumidor, así como cobrar o incrementar el precio por su expedición.

b) No entregar contrato, en los términos establecidos por la normativa vigente, claramente legible, comprensible y redactado en la lengua oficial del Estado.

c) Cobrar o intentar cobrar a los consumidores precios superiores a los anunciados, expuestos, o a los autorizados o impuestos por la Administración o comunicados a esta.

d) Ocultar a los consumidores parte del precio mediante formas de pago o mediante rebajas en la cantidad o la calidad reales respecto a las prestaciones acordadas.

e) Realizar transacciones en las que se imponga injustificadamente al consumidor comprar una cantidad mínima o productos no solicitados, o aceptar servicios no pedidos que el mismo no haya tenido oportunidad real de rechazar, así como la negativa a efectuar la transacción si no se aceptan esas condiciones.

f) Acaparar y retirar del mercado bienes con el fin de incrementar los precios o esperar las elevaciones previsibles de los mismos con perjuicio de los consumidores.

g) No entregar a los consumidores el correspondiente resguardo de depósito cuando este sea preceptivo o cuando aquellos lo soliciten, así como su emisión con incumplimiento de los requisitos establecidos.

h) No elaborar un presupuesto, cuando sea obligatorio o sea solicitado por el consumidor en los términos establecidos por la normativa aplicable, o imponer condiciones o precios por su confección si ello está prohibido, así como incrementar los precios previstos en el presupuesto sin la conformidad del consumidor.

i) Incrementar los precios de los repuestos o piezas al aplicarlos en las reparaciones o instalaciones de bienes, así como cargar injustificadamente por mano de obra, traslado o visita cantidades superiores a las informadas o presupuestadas.

j) Prestar servicios de reparación, instalación, mantenimiento o similares cuando no hayan sido solicitados o autorizados por el consumidor.

k) No cumplir las obligaciones derivadas de la garantía o imponer injustificadamente condiciones, dificultades o retrasos en relación con las obligaciones derivadas de la misma, así como cobrar cualquier cantidad por las reparaciones incluidas en esta.

l) No entregar el documento de desistimiento o negarse a aceptar el mismo en los términos establecidos por la normativa aplicable.

m) No entregar a los consumidores las instrucciones de uso y mantenimiento o cualquier otro documento exigido por la legislación específica, redactados en la lengua oficial del Estado, a los efectos de poder utilizar, ocupar, mantener y conservar un bien.

n) No formalizar los avales o seguros que garanticen las cantidades entregadas a cuenta por los consumidores.

ñ) No entregar a la firma del contrato de compraventa de viviendas de nueva construcción copia del aval o seguro que garantice de forma individualizada las cantidades entregadas a cuenta por el adquirente.

o) Carecer, no llevar o llevar incorrectamente la documentación, libros o registros establecidos obligatoriamente que afecten a la protección de los intereses de los consumidores.

Artículo 63. **Infracciones en materia de información y publicidad**

Son infracciones en materia de información y publicidad:

a) No incorporar todas las indicaciones obligatorias en los productos alimenticios e industriales, de acuerdo con la normativa vigente y redactadas en la lengua oficial del Estado.

b) El incumplimiento del deber de veracidad informativa o publicitaria en la venta de bienes y productos o en la prestación de servicios, de manera que se les atribuya calidades, características, resultados o condiciones de adquisición, uso o devolución que difieran de los que realmente posean o puedan obtenerse. Asimismo, toda publicidad que, de cualquier forma, induzca o pueda inducir a error a los consumidores o la que silencie las verdaderas características o naturaleza del producto o servicio.

c) No exponer, no exhibir o no publicitar, de forma visible y fácilmente legible, los precios finales y tarifas vigentes junto a los productos, bienes y servicios.

d) No detallar, en los casos de pago aplazado, la información mínima establecida en el artículo 25.5 de esta ley.

e) Incumplir las obligaciones asumidas voluntariamente a través de los códigos de buenas prácticas cuando se haya manifestado la adhesión a estos en la oferta, promoción o publicidad.

f) Hacer ostentación de adhesión al arbitraje de consumo sin encontrarse adherido o utilizar distintivos de arbitraje de consumo que induzcan a error al consumidor.

g) Usar en la publicidad comercial los resultados de los estudios de mercado realizados por la Administración directamente o a través de entidades colaboradoras u organizaciones y asociaciones de consumidores.

Artículo 64. **Infracciones por incumplimiento de obligaciones o prohibiciones contractuales legales**

Son infracciones por incumplimiento de obligaciones o prohibiciones contractuales legales:

a) Incluir en los contratos con consumidores reenvíos a condiciones generales o características contenidas en textos o documentos que no se faciliten previa o simultáneamente a la conclusión del contrato o sin permitir al adherente una posibilidad efectiva de conocer su existencia, alcance y contenido en el momento de la celebración de aquel.

b) Introducir cláusulas abusivas en los contratos.

c) Realizar ventas a domicilio prohibidas, así como incumplir las condiciones y requisitos de cualquier contratación a distancia según la normativa aplicable.

d) El uso de prácticas comerciales desleales con los consumidores.

Artículo 65. **Infracciones por incumplimiento de los deberes de los sujetos inspeccionados**

Son infracciones por incumplimiento de los deberes de los sujetos inspeccionados:

a) Realizar cualquier conducta que suponga un incumplimiento de los deberes, prohibiciones y requisitos establecidos legal o reglamentariamente en beneficio de los consumidores si, tras el requerimiento de la Administración y el transcurso del tiempo concedido para ello, no se realizan las correcciones oportunas.

b) Resistirse, obstruir o no facilitar las funciones de inspección, vigilancia o información, así como negarse a suministrar datos, copia o reproducción de documentos a los inspectores, y, en especial, la negativa encaminada a dificultar la toma de muestras o a hacer ineficaz la inspección. Asimismo, la aportación de información inexacta o documentación falsa.

c) Incumplir los requerimientos o medidas adoptados por la Administración, incluidas las de carácter cautelar, en especial manipular, trasladar o disponer sin autorización de productos inmovilizados o muestras depositadas reglamentariamente.

d) La excusa reiterada, la negativa o resistencia a la comparecencia de las personas físicas o jurídicas, titulares de empresas, actividades o establecimientos, o sus representantes legales, en las dependencias propias o en las oficinas de la dirección general competente en materia de consumo del Gobierno de La Rioja, siempre que medie citación en los términos establecidos en el artículo 47.

e) La negativa a colaborar con los órganos administrativos competentes en las actuaciones emprendidas para evitar los riesgos que presenten los productos que suministren o hayan suministrado a los consumidores.

Artículo 66. **Otras infracciones**

a) Vulnerar la prohibición de prestación de servicios cuya falta de adecuación a la normativa haya sido suficientemente comprobada, cuando puedan causar un perjuicio para la seguridad o los intereses económicos de los consumidores.

b) Realizar acciones dirigidas a coartar el libre ejercicio por los consumidores o por sus organizaciones o asociaciones, de las facultades de reclamación o denuncia.

c) No disponer de hojas de reclamación, así como negarse o resistirse a suministrarlas a los consumidores que lo soliciten u ocultar o alterar las reclamaciones realizadas por este medio. Asimismo, suministrar hojas de reclamación que no sean oficiales a los consumidores que muestren su voluntad de presentar una reclamación.

d) No exhibir de modo visible el cartel anunciador de la existencia de las hojas de reclamación.

e) No contestar en plazo a los requerimientos realizados por los organismos públicos competentes para la tramitación de denuncias y reclamaciones que presenten los consumidores, así como la aportación de información inexacta o documentación falsa.

f) No atender el requerimiento de solicitud de información realizado por la Inspección de Consumo o autoridad competente por parte de empresas con participación pública, las organizaciones empresariales y corporativas, así como las asociaciones de consumidores.

g) La negativa injustificada a satisfacer las demandas del consumidor que cumpla las condiciones de adquisición de productos, bienes y servicios ofertados, siempre que se formulen de buena fe o conforme al uso establecido, así como cualquier tipo de discriminación respecto a las referidas demandas.

h) Imponer injustificadamente a los consumidores el deber de comparecer personalmente para ejercer sus derechos o realizar cobros, pagos o trámites similares, o exigir de forma abusiva la cumplimentación de impresos y la aportación de datos que impongan molestias desproporcionadas, así como obstaculizar, impedir o dificultar que los consumidores puedan ejercer sus derechos.

i) Actuar de forma discriminatoria contra consumidores o grupos de ellos por sus circunstancias personales o sociales o por haber ejercido sus derechos.

j) Imponer restricciones desproporcionadas al derecho a causar baja en los contratos de suministro de bienes o prestación de servicios.

k) En general, el incumplimiento de los requisitos, obligaciones o prohibiciones establecidas en la presente ley, así como en la demás normativa de aplicación.

Artículo 67. **Calificación de las infracciones**

1. Las infracciones se calificarán en leves, graves y muy graves. Inicialmente todas las acciones u omisiones recogidas en los artículos anteriores tendrán la calificación de leves, sin perjuicio de lo dispuesto en los puntos siguientes.

2. Las infracciones calificadas inicialmente como leves pasarán a ser calificadas como graves cuando concurra alguna de las siguientes circunstancias:

a) Haberlas cometido con dolo.

b) Tratarse de una infracción continuada, entendida como la realización de una pluralidad de acciones u omisiones que infrinjan el mismo o semejantes preceptos, en ejecución de un plan preconcebido o aprovechando idéntica ocasión afectando a uno o varios consumidores.

c) Tener una alta repercusión en el mercado, afectando a gran número de consumidores.

d) Cuantía del beneficio obtenido, en relación con el valor del producto, bien o servicio.

e) Que se produzcan en el origen de su producción o distribución, de forma consciente y deliberada o por falta de los controles y precauciones exigibles en la actividad, servicio o instalación de que se trate.

f) Que, en todo o en parte, sean concurrentes con infracciones sanitarias graves o estas hayan servido para facilitar o encubrir aquellas.

g) La negativa reiterada a facilitar información o prestar colaboración a los servicios de control e inspección.

h) Obstruir, no facilitar o no permitir a los inspectores de consumo la actividad de inspección o toma de muestras.

i) Si, calificando la infracción como leve, su comisión resultara para el infractor más beneficiosa que el cumplimiento de las normas infringidas.

j) La infracción prevista en el artículo 62.n) cuando se trate de adquisición de viviendas de nueva construcción.

k) La infracción prevista en el artículo 60.h) cuando se produzca un riesgo o daño efectivo y grave para la salud y seguridad de los consumidores.

l) El incumplimiento de las medidas cautelares, medidas administrativas no sancionadoras, así como de advertencias o requerimientos previos realizados por la Administración para la subsanación de las irregularidades detectadas.

m) La reincidencia o reiteración en dos o más infracciones leves en el último año.

3. Las infracciones tendrán la calificación de muy graves cuando concurra alguna de las siguientes circunstancias:

a) Producir una alteración social grave, originando alarma o desconfianza en los consumidores o afectando desfavorablemente a un sector económico.

b) Haberse realizado explotando la especial situación de inferioridad o indefensión de determinados consumidores o grupos de ellos.

c) Haberse realizado aprovechando situaciones de necesidad de determinados consumidores o de bienes o servicios de uso o consumo ordinario y generalizado, así como originar igual situación.

d) Haberse realizado prevaliéndose el infractor de su situación de predominio en un sector del mercado.

e) La negativa absoluta a facilitar información o prestar colaboración a los servicios de control e inspección.

f) Las que, en todo o en parte, sean concurrentes con infracciones sanitarias muy graves o estas hayan servido para facilitar o encubrir aquellas.

g) Las que supongan la extensión de la alteración, adulteración o fraude a realizar por terceros a quienes se facilita la sustancia, medios o procedimientos para realizarlos, encubrirlos o enmascararlos.

h) La reincidencia o reiteración en dos o más infracciones graves en los dos últimos años.

CAPÍTULO II
SANCIONES

Artículo 68. **Tipos de sanciones**

1. A los responsables de las infracciones tipificadas en esta ley se les impondrá la sanción de multa.

2. En su caso, además de la multa, se podrán imponer las sanciones complementarias de cierre temporal o no utilización del establecimiento, suspensión del servicio, decomiso o publicidad de las sanciones.

3. Las sanciones se establecerán de conformidad con lo dispuesto en los siguientes artículos y sin perjuicio de las demás medidas no sancionadoras que procedan.

Artículo 69. **Cuantías de las multas**

1. Las infracciones serán sancionadas con multas comprendidas entre los siguientes importes máximos y mínimos:

a) Infracciones leves: entre 300 y 3.000 euros.

b) Infracciones graves: entre 3.001 y 30.000 euros. Dicha cantidad podrá rebasarse hasta alcanzar el quíntuplo del valor de los productos o los servicios objeto de infracción.

c) Infracciones muy graves: entre 30.001 y 600.000 euros.

2. Corresponderá al Consejo de Gobierno la revisión y actualización de las cuantías previstas para las sanciones pecuniarias.

Artículo 70. **Cierre temporal o no utilización del establecimiento o suspensión del servicio**

1. Con carácter excepcional, en los casos de infracciones muy graves y en los de infracciones graves en las que concurran agravantes que lo justifiquen, podrá imponerse la sanción de cierre temporal de la empresa, el establecimiento, instalación o local, o la no utilización por el responsable del mismo, o la de suspensión del servicio o de la actividad en la que se cometiera la infracción. Esta sanción comportará la prohibición de continuar la actividad de oferta o comercialización en los servicios de la sociedad de la información cuando la infracción se haya cometido por este medio.

2. Las sanciones del apartado anterior no podrán ser impuestas por un plazo superior a cinco años.

3. La facultad para acordar el cierre se atribuye al Consejo de Gobierno. La resolución que imponga estas sanciones determinará exacta y motivadamente el contenido y duración de las mismas.

4. Del acuerdo de cierre deberá darse traslado a la corporación local del término municipal en el que se ubique la empresa.

5. Igualmente, podrá ser impuesto como sanción a la empresa o profesional responsable el pago de los análisis necesarios para la comprobación de la infracción investigada, así como de los importes abonados por la Administración en concepto de toma de muestras o inutilización de productos durante los controles.

Artículo 71. **Publicidad de las sanciones**

Por razones de ejemplaridad y siempre que concurra alguna de las circunstancias de riesgo para la seguridad o intereses económicos de los consumidores, reincidencia en infracciones análogas o acreditada intencionalidad, la autoridad que adopte la resolución del procedimiento podrá acordar la publicidad de las sanciones impuestas en el plazo de tres meses desde que la resolución sea firme. Dicha publicación incluirá el nombre de la empresa o personas físicas o jurídicas responsables y la clase o naturaleza de las infracciones, tanto en el Boletín Oficial de La Rioja como en los medios de comunicación social que se consideren adecuados para la prevención de futuras conductas infractoras.

Artículo 72. **Decomisos**

1. Se podrá imponer el decomiso, total o parcial, de la mercancía adulterada, deteriorada, falsificada, fraudulenta, no identificada o que pueda entrañar riesgo para el consumidor, según lo que resulte proporcionado, de los efectos e instrumentos que, siendo propiedad del responsable, hubieran sido utilizados en la comisión de las infracciones muy graves o de las graves en que concurran agravantes que lo justifiquen.

2. No se acordará esta sanción respecto de la mercancía que haya sido o deba ser objeto de una medida de contenido similar que se haya adoptado o deba adoptarse sin finalidad punitiva para restablecer o asegurar los derechos de los consumidores.

3. La Administración decidirá en la misma resolución sancionadora el destino que, dentro de las previsiones que en su caso se hayan establecido reglamentariamente, haya de darse a la mercancía decomisada. Todos los gastos que origine el decomiso serán de cuenta del infractor.

Artículo 73. **Sujetos responsables**

1. Serán responsables como autores las personas físicas o jurídicas que realicen las acciones u omisiones tipificadas como infracciones en esta ley.

2. El fabricante, importador, distribuidor o vendedor de bienes, productos o servicios responderán del origen, identidad e idoneidad de los mismos y de las infracciones comprobadas en ellos.

3. De los productos a granel será responsable el tenedor de los mismos, sin perjuicio de que se pueda identificar y probar la responsabilidad del anterior tenedor o proveedor.

4. En el supuesto de productos envasados, etiquetados o cerrados con cierre íntegro, responde de su calidad, composición, cantidad y seguridad la firma o razón social que figure en la etiqueta, presentación o publicidad, o el importador. Podrá eximirse de su responsabilidad probando su falsificación, incorrecta manipulación o conservación, siempre que se indique la forma de conservación.

5. Cuando en relación con los mismos bienes o servicios hayan intervenido distintos sujetos, tales como productores, importadores, distribuidores, minoristas u otros, cada uno será responsable como autor de la infracción que, en su caso, haya cometido. Las sanciones que se impongan a cada uno serán independientes, individualizadas y adecuadas a las circunstancias objetivas y subjetivas concurrentes en cada una de esas infracciones. Están incluidos en este supuesto los anunciantes, agencias y medios de

publicidad respecto de las infracciones en las que se infrinja lo dispuesto en la normativa sobre publicidad de determinados bienes o servicios.

6. Además de los autores, serán sancionados por su participación en infracciones ajenas:

a) Los profesionales que con su pericia o asesoramiento técnico hayan cooperado dolosa y necesariamente en la comisión de infracciones graves o muy graves.

b) Los gestores, directores o administradores de empresas y organizaciones cuando su conducta dolosa haya sido necesaria en la comisión de la infracción grave o muy grave por la entidad en la que prestasen sus servicios profesionales.

c) Los que, con beneficio propio, hayan colaborado en la comisión de infracciones graves o muy graves adquiriendo u ofertando productos o servicios ilegales, si han actuado dolosamente con conocimiento de la ilicitud, salvo que su conducta sea constitutiva de una infracción propia, en cuyo caso solo serán sancionados como autores.

7. Cuando una infracción sea imputada a una persona jurídica podrán ser consideradas también como responsables las personas que integren sus organismos rectores o de dirección, así como los técnicos responsables de la elaboración y control.

Artículo 74. **Agravantes y atenuantes**

1. Para determinar concretamente, dentro de los mínimos y máximos establecidos, las sanciones que proceda imponer y su extensión, se tendrán en cuenta las circunstancias agravantes y atenuantes previstas en los apartados siguientes.

2. Son circunstancias agravantes:

a) El dolo, negligencia o culpa.

b) La reincidencia o reiteración según lo dispuesto en el artículo 76 de esta ley.

c) La cuantía del beneficio obtenido.

d) El haber originado globalmente a los consumidores un daño o perjuicio estimado en cuantía superior a 50.000 euros.

e) La posición relevante en el mercado del infractor.

f) El volumen de venta o de prestación de servicios afectados.

g) Que afecte a productos, bienes o servicios de uso común o de primera necesidad.

h) El incumplimiento de las advertencias o requerimientos previos realizados por la Administración para la subsanación de las irregularidades detectadas.

3. Son circunstancias atenuantes, en cualquier momento previo a la propuesta de resolución administrativa:

a) Haber corregido diligentemente las irregularidades en que consista la infracción, colaborado activamente para evitar o disminuir sus efectos u observado espontáneamente cualquier otro comportamiento de significado análogo.

b) Que los perjudicados hayan sido compensados satisfactoriamente de los perjuicios causados y siempre que no concurra intoxicación, lesión o muerte, ni existencia de indicios racionales de delito.

4. Estas circunstancias agravantes o atenuantes no se apreciarán en aquellos supuestos en los que esta ley las haya incluido en el tipo infractor o hayan sido tenidas en cuenta para calificar la gravedad de la infracción.

Artículo 75. **Tramos de las multas**

1. A efectos de graduación de la sanción de multa, en función de su gravedad, esta se dividirá en tres tramos, inferior, medio y superior, cuyo detalle es:

a) Infracciones leves:

1.1 Tramo inferior: desde 300 hasta 1.000 euros.

2.1 Tramo medio: desde 1.001 hasta 2.000 euros.

3.1 Tramo superior: desde 2.001 hasta 3.000 euros .

b) Infracciones graves:

1.1 Tramo inferior: desde 3.001 hasta 10.000 euros.

2.1 Tramo medio: desde 10.001 hasta 20.000 euros.

3.1 Tramo superior: desde 20.001 hasta 30.000 euros.

c) Infracciones muy graves:

1.1 Tramo inferior: desde 30.001 hasta 100.000 euros.

2.1 Tramo medio: desde 100.001 hasta 300.000 euros.

3.1 Tramo superior: desde 300.001 hasta 600.000 euros.

2. Sobre esta base se observarán, según las circunstancias que concurran, las siguientes reglas:

a) Si no concurren circunstancias atenuantes ni agravantes, el órgano sancionador, en atención a todas aquellas otras circunstancias de la infracción, individualizará la sanción dentro del tramo inferior.

b) Si concurren una o varias circunstancias atenuantes, la sanción se impondrá en su cuantía mínima.

c) Si concurre solo una circunstancia agravante, la sanción se impondrá en su tramo medio. Cuando sean varias o una muy cualificada se impondrá en el tramo superior.

d) Si concurren tanto circunstancias atenuantes como agravantes, el órgano sancionador las valorará conjuntamente, pudiendo imponer la sanción entre el mínimo y el máximo correspondiente a la calificación de la infracción por su gravedad.

Artículo 76. **Reincidencia y reiteración**

1. Existirá reincidencia por la comisión en el término de dos años de más de una infracción igual o de la misma naturaleza cuando así haya sido declarado por resolución firme.

2. Se apreciará reiteración cuando, en el plazo de dos años anteriores a la comisión de la nueva infracción, el infractor hubiera sido sancionado de manera firme en vía administrativa por la comisión de otra infracción de las tipificadas en esta ley o en otras cuyo bien jurídico protegido sean los intereses de los consumidores, o condenado ejecutoriamente por un delito en el que hubieran resultado perjudicados sujetos en su condición de consumidores.

Artículo 77. **Principio de proporcionalidad**

La imposición de sanciones pecuniarias se hará de manera que la comisión de las infracciones no resulte más beneficiosa para el infractor que el cumplimiento de la norma infringida, siempre con respeto al principio de proporcionalidad, guardándose la debida adecuación entre la gravedad del hecho constitutivo de la infracción y la sanción a imponer.

Artículo 78. **Efectos accesorios de las sanciones**

1. Independientemente de las sanciones a que se refiere la presente ley, el órgano sancionador impondrá al infractor la obligación de restituir inmediatamente, en los casos de aplicación de precios superiores a los autorizados, a los comunicados, a los presupuestados o a los anunciados al público, la cantidad percibida indebidamente.

2. El órgano sancionador podrá proponer a la autoridad correspondiente, en el caso de las infracciones muy graves, o graves cualificadas, la supresión, la cancelación o la suspensión total o parcial de ayudas oficiales, tales como créditos, subvenciones, desgravaciones fiscales y otras que tuviese reconocidas o que hubiese solicitado la empresa sancionada.

3. Si correspondiese a las administraciones de la Comunidad Autónoma de La Rioja otorgar una ayuda solicitada por una empresa que haya sido objeto de una sanción firme por infracción grave o muy grave, el órgano al que corresponda resolver la solicitud podrá denegar la concesión de la ayuda, siempre y cuando no se haya producido la cancelación de los antecedentes en los términos previstos por la ley.

Artículo 79. **Ejecución de las sanciones**

1. Las sanciones impuestas serán objeto de ejecución con arreglo a lo establecido en la legislación que le sea de aplicación.

2. Todas las administraciones públicas prestarán la debida colaboración para hacer efectiva la exacta ejecución de las sanciones.

CAPÍTULO III
POTESTAD SANCIONADORA Y PROCEDIMIENTO SANCIONADOR

Artículo 80. **Órganos competentes del Gobierno de La Rioja**

1. La competencia para la iniciación del procedimiento sancionador por infracciones en materia de defensa del consumidor en el territorio de la Comunidad Autónoma de La Rioja corresponderá al titular de la dirección general competente en dicha materia.

2. La competencia para la resolución de los expedientes incoados en materia de consumo corresponderá:

a) Al titular de la dirección general competente en materia de consumo, para la imposición de sanciones por infracciones leves y graves.

b) Al titular de la consejería de la que dependa la competencia en dicha materia, para la imposición de sanciones muy graves cuya cuantía no exceda de 100.000 euros.

c) Al Consejo de Gobierno, para la imposición de sanciones por infracciones calificadas como muy graves, cuya cuantía exceda de 100.000 euros.

Artículo 81. **Competencias de la Administración local**

1. Las corporaciones locales que asuman competencias en materia de consumo, podrán iniciar, instruir y resolver los procedimientos sancionadores, conforme a la legislación de régimen local y a sus propias normas de organización, hasta el límite máximo de la cuantía establecida para las infracciones graves, en el caso de que concurran las siguientes condiciones:

a) Que hayan sido detectadas o conocidas por los propios servicios municipales, ya sea por su labor inspectora, por denuncia o por cualquier otro medio.

b) Que la Administración autonómica no haya iniciado procedimiento sancionador.

c) Que se hayan cometido íntegramente en su término municipal.

2. Cuando los servicios municipales tengan conocimiento de infracciones en esta materia no localizadas exclusivamente en su término municipal, lo pondrán inmediatamente en conocimiento de la dirección general del Gobierno de La Rioja competente en materia de consumo remitiendo todo lo actuado y cuantos antecedentes obren en su poder.

3. La Administración autonómica no iniciará procedimiento contra el mismo sujeto a quien se estuviese tramitando un procedimiento sancionador por la Administración local si concurren los mismos hechos y fundamentos jurídicos. Sin embargo, si se descubrieran infracciones conexas en otros términos municipales de modo que resultara conveniente la instrucción de un único procedimiento, será tramitado y resuelto por el Gobierno de La Rioja.

Artículo 82. **Procedimiento sancionador**

1. En lo no previsto en esta ley, se aplicará para todos los tipos de infracciones, cualquiera que sea su calificación, el procedimiento sancionador único dispuesto en la Ley 4/2005, de 1 de junio, de funcionamiento y régimen jurídico de la Administración de la Comunidad Autónoma de La Rioja.

2. Iniciado el procedimiento sancionador, si transcurre un año sin que se notifique al interesado la resolución, se entenderá caducado el procedimiento y se archivarán las actuaciones. Las solicitudes de pruebas periciales, así como de análisis y ensayos técnicos que fueran necesarios para determinar la responsabilidad, interrumpirán el cómputo de plazo de caducidad del procedimiento ya iniciado hasta que se obtengan los resultados de las pruebas.

3. Caducará la acción para perseguir las infracciones cuando, conocida por la Administración la existencia de una infracción y finalizadas las diligencias dirigidas al esclarecimiento de los hechos, hubiera transcurrido un año sin que la autoridad competente hubiera ordenado incoar el oportuno procedimiento. A estos efectos, cuando exista toma de muestras, las actuaciones de la inspección se entenderán finalizadas después de practicado el análisis inicial.

4. Las infracciones en materia de defensa del consumidor prescribirán a los cinco años. El plazo de prescripción comienza a contar desde el día de comisión de la infracción y se interrumpe en el momento en que el interesado tenga conocimiento de la iniciación de un procedimiento sancionador o de un procedimiento de mediación o arbitraje. Se podrá iniciar el procedimiento mientras la infracción no haya prescrito.

5. Las sanciones por faltas muy graves prescribirán a los cinco años; las impuestas por faltas graves, a los tres años, y las impuestas por faltas leves, a los dos años. El plazo de prescripción comienza a contar desde el día siguiente a aquel en que adquiera firmeza la resolución por la que se impone la sanción y se interrumpe por la iniciación con conocimiento del sancionado del procedimiento de ejecución.

6. La prescripción y la caducidad podrán ser alegadas por los particulares. Aceptada la alegación por el órgano competente, se declarará concluido el expediente y se decretará el archivo de las actuaciones.

7. La caducidad no producirá por sí sola la prescripción de las acciones del particular o de la Administración, pero los procedimientos caducados no interrumpirán el plazo de prescripción.

(...)

LEY FORAL 34/2022, DE 12 DE DICIEMBRE, REGULADORA DEL ESTATUTO DE LAS PERSONAS CONSUMIDORAS Y USUARIAS

(*BON* de 22 de Diciembre de 2022)

(...)

TÍTULO V
Potestad sancionadora

CAPÍTULO I
NORMAS GENERALES

Artículo 71. **Atribución de la potestad sancionadora**

1. Corresponde a las administraciones públicas de Navarra competentes en la materia la potestad para sancionar las conductas tipificadas como infracciones de consumo, incluso aquellas que afecten a personas empresarias o profesionales que operen en sectores con regulación específica, sin perjuicio de las responsabilidades civiles, penales o de otra índole en que pueda incurrirse.

2. El órgano competente en materia de consumo del Gobierno de Navarra sancionará las infracciones en materia de defensa de las personas consumidoras o usuarias cometidas en el territorio de la Comunidad Foral o a consecuencia de ofertas, comunicaciones comerciales o cualquier otro tipo de propuestas dirigidas a las personas consumidoras o usuarias de Navarra, cualquiera que sea la nacionalidad, el domicilio de quien los realice e independientemente del lugar en que se ubiquen sus establecimientos.

3. Las infracciones se entenderán cometidas en cualquiera de los lugares en que se desarrollen las acciones u omisiones constitutivas de las mismas y, además, salvo en el caso de infracciones relativas a los requisitos de los establecimientos e instalaciones o del personal, en todos aquellos en que se manifieste la lesión o riesgo para los intereses de las personas consumidoras o usuarias.

4. En el caso de la publicidad y de las distintas modalidades de contratación a distancia y de comercio electrónico, la infracción se entenderá

cometida en el lugar donde radique el domicilio de la persona consumidora o persona usuaria.

Artículo 72. **Actuaciones u omisiones infractoras**

1. Cada hecho infractor, ya sea una actuación u omisión, será sancionado independientemente aplicando la sanción correspondiente, salvo en el supuesto de concurrencia de infracciones, es decir, que un hecho constituya dos o más infracciones o cuando una sea el medio necesario para cometer otra, caso en que se aplicará la sanción prevista para la infracción más grave.

2. Se considera que un hecho infractor es independiente de otro cuando la comisión de uno pueda realizarse sin la realización del otro y viceversa. En este supuesto se impondrán tantas sanciones como hechos realizados.

3. Tendrá la consideración de una sola infracción administrativa continuada la realización de una pluralidad de acciones u omisiones tipificadas en esta ley foral que infrinjan un mismo o semejante precepto, en ejecución de un plan preconcebido o aprovechando idéntica ocasión.

Artículo 73. **Proscripción de la doble sanción por los mismos hechos**

1. En ningún caso se producirá una doble sanción por los mismos hechos, siempre que se aprecie identidad de sujeto y fundamento en función de los mismos intereses públicos protegidos, todo ello sin perjuicio de que puedan exigirse las demás responsabilidades que se deduzcan de otros hechos o infracciones concurrentes.

2. En este supuesto, el órgano competente resolverá la no exigibilidad de responsabilidad administrativa en cualquier momento de la instrucción del procedimiento en que queden acreditadas estas circunstancias, realizando, en cambio, las actuaciones necesarias de coordinación con la administración competente.

Artículo 74. **Concurrencia de procedimientos**

1. Si iniciado un procedimiento sancionador se considera que los hechos pudieran ser constitutivos de ilícito penal, se comunicará al Ministerio Fiscal, suspendiéndose el procedimiento y los plazos de prescripción y caducidad hasta que recaiga resolución judicial y esta sea comunicada a la administración competente en materia de consumo.

2. El órgano competente suspenderá igualmente la resolución del procedimiento y los plazos de prescripción y caducidad cuando, por los mismos hechos, se esté instruyendo una causa penal ante los tribunales de justicia hasta que recaiga resolución judicial. Las medidas administrativas que

hubiesen sido adoptadas para salvaguardar la salud o seguridad de las personas se mantendrán en tanto la autoridad judicial no se pronuncie sobre las mismas.

3. En todo caso, los hechos declarados probados por resolución judicial penal firme vinculan a los órganos administrativos respecto a los procedimientos sancionadores que tramiten.

4. Si se acreditara que se está siguiendo un procedimiento por los mismos hechos ante los órganos de la Unión Europea, se aplazará la resolución del procedimiento suspendiendo el mismo, así como los plazos de prescripción y caducidad. La suspensión se levantará una vez que aquellos dicten resolución firme.

5. En caso de que los órganos comunitarios hubiesen impuesto una sanción, el órgano competente para resolver habrá de tenerla en cuenta a efectos de graduar la sanción que, en su caso, deba imponer, y podrá compensarla, sin perjuicio de declarar la comisión de la infracción.

Artículo 75. **Actuaciones previas**

1. Con antelación a la iniciación del procedimiento podrán realizarse actuaciones previas, al objeto de determinar con carácter preliminar si concurren circunstancias que justifiquen tal iniciación. En especial, estas actuaciones se orientarán a determinar, con la mayor precisión posible, los hechos susceptibles de motivar la incoación del procedimiento, la identificación de la persona o personas que pudiesen resultar responsables y las circunstancias relevantes que concurran en unos y otros.

2. Las actuaciones previas serán realizadas por los órganos que tengan atribuidas funciones de inspección en la materia o por la persona u órgano administrativo que determine el órgano competente para la iniciación o resolución del procedimiento.

Artículo 76. **Prescripción de infracciones y sanciones**

1. Las infracciones muy graves prescribirán a los cinco años, las graves a los tres años y las leves al año; las sanciones impuestas por faltas muy graves prescribirán a los cinco años, las impuestas por falta graves a los tres años y las impuestas por faltas leves al año.

2. El plazo de prescripción de las infracciones comenzará a contarse desde el día en que la infracción se hubiera cometido. En el caso de infracciones continuadas o permanentes, el plazo comenzará a correr desde que finalizó la conducta infractora.

Interrumpirá la prescripción la iniciación, con conocimiento del interesado, del procedimiento administrativo de naturaleza sancionadora, reiniciándose el plazo de prescripción si el expediente sancionador estuviera paralizado durante más de un mes por causa no imputable al presunto responsable.

3. El plazo de prescripción de las sanciones comenzará a contarse desde el día siguiente a aquel en que sea ejecutable la resolución por la que se impone la sanción o haya transcurrido el plazo para recurrirla.

Interrumpirá la prescripción la iniciación, con conocimiento del interesado, del procedimiento de ejecución, volviendo a transcurrir el plazo si aquel está paralizado durante más de un mes por causa no imputable al infractor.

En el caso de desestimación presunta del recurso de alzada interpuesto contra la resolución por la que se impone la sanción, el plazo de prescripción de la sanción comenzará a contarse desde el día siguiente a aquel en que finalice el plazo legalmente previsto para la resolución de dicho recurso.

Artículo 77. **Caducidad del procedimiento**

Transcurridos nueve meses desde la fecha de la resolución de inicio del procedimiento sancionador sin que se haya dictado y notificado la resolución expresa que pone fin al mismo, se producirá su caducidad, debiendo la Administración actuante dictar resolución que declare tal circunstancia ordenando el archivo de las actuaciones, sin perjuicio de que pueda incoarse un nuevo procedimiento, si la acción para sancionar no hubiera prescrito.

Si el procedimiento se hubiera paralizado por causa imputable al interesado, se interrumpirá el cómputo del plazo para resolver y notificar la resolución que ponga fin al mismo.

CAPÍTULO II
INFRACCIONES

Artículo 78. **Infracciones leves**

Son infracciones leves:

1. Trasgredir las obligaciones específicas que normativamente se imponen a las personas empresarias o profesionales para la protección de la salud o seguridad de las personas consumidoras o usuarias.

2. Trasgredir los requerimientos previos que concretamente formulen las autoridades competentes para situaciones específicas, al objeto de ' evitar contaminaciones, circunstancias o conductas nocivas de otro tipo que puedan resultar perjudiciales para la salud o seguridad de las personas consumidoras o usuarias.

3. Realizar otras acciones u omisiones que, incluso sin infracción de normas de obligado cumplimiento, produzcan riesgo o daño efectivo para la salud o seguridad de las personas consumidoras o usuarias, si se realizan con ausencia de las precauciones razonables propias de la actividad de que se trate.

4. La elaboración, distribución, suministro o venta de bienes o servicios cuando su composición, cantidad, peso, medida, calidad o características no se ajusten a las disposiciones vigentes, a las autorizaciones administrativas o difieran de las declaradas y anotadas en el registro correspondiente o de la ofertada por la persona empresaria o profesional, y, en general, cualquier situación que induzca a engaño o confusión o que impida reconocer la verdadera naturaleza del bien o servicio.

5. Negarse a someterse al sistema arbitral de consumo o cualquier otro sistema para la resolución extrajudicial de conflictos cuando la persona empresaria o profesional haya dado publicidad al distintivo de adhesión al mismo.

6. Publicitar, exhibir o utilizar el distintivo ·de adhesión al sistema arbitral de consumo o a cualquier entidad de resolución alternativa de conflictos de consumo sin que exista una adhesión válida, o que, existiendo, no indique la inclusión de limitaciones en la adhesión.

7. Exhibir un sello de confianza o calidad o un distintivo equivalente, o distintivos o menciones que evoquen directa o indirectamente un sello de confianza, de calidad o un distintivo equivalente que es objeto de regulación, sin haber obtenido la necesaria autorización.

8. Realizar trabajos de reparación, instalación o similares a la persona consumidora o usuaria cuando no hayan sido solicitados o autorizados por esta.

9. Elaborar, distribuir, suministrar u ofertar bienes o servicios sin cumplir correctamente los deberes de información que impongan o regulen las leyes y los reglamentos en relación con cualquiera de los datos o menciones obligatorias y por cualquiera de los medios previstos para tal información.

10. Utilizar indebidamente marcados, marchamos, troqueles o distintivos similares, no emplear los obligatorios o emplear los que no cumplan las condiciones reglamentarias en cuanto sea susceptible de perjudicar los intereses de las personas consumidoras.

11. Carecer, no llevar o llevar incorrectamente la documentación, libros o registros establecidos obligatoriamente que afecten a la protección de los intereses de las personas consumidoras o usuarias.

12. El incumplimiento de la obligación de entregar un resguardo de depósito a las personas consumidoras o usuarias cuando se deposite un bien para cualquier tipo de intervención u operación, así como su emisión con incumplimiento de los requisitos preceptivos.

13. No entregar a las personas consumidoras o usuarias las instrucciones de uso y mantenimiento o cualquier otro documento exigido por la normativa correspondiente, a los efectos de poder utilizar, ocupar, mantener y conservar un bien o disfrutar de un servicio.

14. Negarse a elaborar presupuestos, cuando sea obligatorio o así lo solicite la persona consumidora o usuaria, o imponer condiciones o precios por su confección cuando esté prohibido, así como incrementar los precios previstos en el presupuesto sin la conformidad de la persona consumidora o usuaria.

15. Vender o poner a disposición de las personas consumidoras bienes destinados exclusivamente a un uso empresarial o profesional.

16. Incumplir las exigencias de contar con personal cualificado cuando sea susceptible de perjudicar a las personas consumidoras o usuarias.

17. Acaparar y retirar del mercado bienes o servicios con el fin de incrementar los precios o esperar las elevaciones previsibles de los mismos con perjuicio de las personas consumidoras o usuarias.

18. El incumplimiento de las normas reguladoras de la información y publicidad de precios de bienes o servicios.

19. Imponer la condición, expresa o tácita, de comprar una cantidad mínima del bien solicitado o de contratar bienes o servicios accesorios no deseados que no son objeto de la transacción, o vincular la formalización de otro contrato a la contratación realmente deseada, salvo que se trate de una unidad de venta o haya una relación funcional entre ellos, aprovechando la empresa. su posición de superioridad o prevaliéndose de una

situación en la que se encuentre mermada la libertad de elección de la persona consumidora y usuaria.

20. No entregar o negarse a extender recibo justificante, factura o documento, acreditativos de las transacciones realizadas o servicios prestados cuando sea preceptivo o lo solicite la persona consumidora o usuaria, o justificación documental de los contratos formalizados, así como cobrar o incrementar el precio por su expedición.

21. Cobrar o intentar cobrar a las personas consumidoras o usuarias precios superiores a los anunciados, expuestos, o a los autorizados o impuestos por la administración o comunicados a esta.

22. La ocultación a la persona consumidora o usuaria de parte del precio mediante formas de pago, prestaciones no manifiestas o mediante rebajas en la calidad o cantidad reales respecto a las prestaciones aparentemente convenidas.

23. Repercutir a la persona consumidora o usuaria un pago adicional al precio que sea injustificado a la luz de lo previsto en la presente ley foral, y en general el incumplimiento de las normas reguladoras de precios.

24. El incumplimiento del plazo o los plazos acordados o fijados normativamente para la entrega de los bienes comprados o el inicio de la prestación del servicio contratado.

25. El retraso injustificado en la devolución de las cantidades abonadas por la persona consumidora o usuaria en caso de resolución del contrato por incumplimiento de las obligaciones ·de la persona empresaria o profesional previstas legalmente o establecidas en el contrato.

26. La no aceptación de los medios de pago admitidos legalmente y ofertados, así como facturar por el uso de determinados medios de pago.

27. Incumplir las condiciones y requisitos de la contratación a distancia en aquellos supuestos en que la conducta no sea grave conforme a lo dispuesto en el artículo 79.2.h) de esta ley foral.

28. Limitar u obstaculizar injustificadamente el derecho de la persona consumidora o usuaria de poner fin a los contratos de prestación de servicios o de suministro de bienes de tracto sucesivo o continuado.

29. No formalizar por escrito las ofertas, condiciones o manifestaciones cuando así se exija en la normativa de aplicación.

30. No suministrar la información y documentación requerida por las autoridades competentes en materia de consumo; suministrar información inexacta o incompleta o documentación falsa.

31. Incumplir con las citaciones o requerimientos efectuados por las autoridades competentes en materia de consumo.

32. Resistirse u obstruir las actuaciones de la Inspección de Consumo, tanto por la persona inspeccionada como por sus representantes, así como impedir o dificultar el acceso del personal inspector a los locales y dependencias para hacer visitas de inspección y control.

33. Obstaculizar, impedir o dificultar que las personas consumidoras o usuarias puedan ejercer sus derechos en materia consumo.

34. No abonar a las personas consumidoras o usuarias las indemnizaciones o compensaciones procedentes.

35. Incumplir, por parte de las empresas proveedoras de servicios de acceso a redes de telecomunicaciones y titulares de medios de pago utilizados en las transacciones electrónicas, las obligaciones impuestas en la presente ley foral, normativa básica estatal o leyes sectoriales.

36. Cortar el suministro de servicios básicos de interés general de tracto sucesivo o continuado, sin constancia efectiva de recepción previa por la persona consumidora de una notificación informándole del motivo del corte, o efectuarlo con posterioridad a la presentación de una reclamación mientras la empresa no dé respuesta a la misma, salvo que la suspensión no esté relacionada con el motivo de la reclamación.

37. No disponer de un número de teléfono totalmente gratuito de atención a la persona consumidora o de un correo electrónico cuando sea preceptivo, o incumplir los requisitos establecidos para su funcionamiento.

38. Incumplir la aceptación total o parcial de la reclamación planteada por una persona consumidora o incumplir cualquier acuerdo alcanzado sobre el contenido de dicha reclamación, así como el incumplimiento de un laudo arbitral o de cualquier acuerdo o resolución vinculante, que ponga fin a un procedimiento seguido ante cualquier entidad de resolución alternativa de conflictos de consumo.

39. El incumplimiento de la obligación de poner a disposición de las personas consumidoras y usuarias, información sobre la dirección postal y dirección de correo electrónico o número de teléfono para que puedan

interponer sus quejas y reclamaciones, así como el incumplimiento de la obligación de acusar recibo de las mismas y de contestarlas de manera motivada y congruente en el plazo y forma previstos en el artículo 24.4 b) de esta ley foral.

Artículo 79. **Infracciones graves**

1. Se calificarán como graves las infracciones calificadas como leves en el artículo anterior cuando concurra uno de los siguientes criterios:

a) Daño o riesgo grave para la salud o seguridad de los consumidores.

b) Lesión grave de los intereses económicos de los consumidores.

c) Cuando la cuantía del beneficio obtenido por la persona empresaria o profesional o el daño causado a la persona consumidora o usuaria sea igual o superior a 10.000 euros.

d) Generalización de la infracción, en cuanto al número de personas destinatarias afectadas por la misma.

2. En todo caso se calificarán como graves las infracciones siguientes:

a) Elaborar, distribuir, ofertar, vender o prestar al público bienes o servicios prohibidos o con modalidades de venta prohibidas, componentes o envases no permitidos o sin contar con las autorizaciones preceptivas u otros controles administrativos impuestos para la protección de las personas consumidoras o usuarias.

b) Desviar para consumo humano y poner a disposición de las personas consumidoras bienes no aptos para ello o destinados específicamente para otros usos.

c) La inclusión de cláusulas abusivas en los contratos que suscriban las personas consumidoras y usuarias o la realización de prácticas abusivas.

d) Incumplir medidas adoptadas por la administración, incluidas las de carácter cautelar, en especial manipular, trasladar o disponer sin autorización de bienes inmovilizados o muestras depositadas reglamentariamente, así como actuar con falta de diligencia respecto a la obligación de custodia de la mercancía inmovilizada.

e) Incumplir las obligaciones de información relativas a las entidades acreditadas de resolución de conflictos, en los términos del artículo 40 de la Ley 7/2017, de 2 de noviembre, por la que incorpora al ordenamiento jurídico español la Directiva 2013/11/UE, del Parlamento Europeo y del Consejo de 21 de mayo de 2013, de resolución alternativa de litigios en materia de consumo.

f) La alteración adulteración o fraude de bienes o servicios susceptibles de consumo por adición o sustracción de cualquier sustancia o elemento, alteración de su composición o calidad o incumplimiento de las condiciones que correspondan a su naturaleza.

g) El incumplimiento del régimen establecido en materia de contratos celebrados fuera de establecimientos mercantiles.

h) El incumplimiento de las obligaciones que la regulación de los contratos a distancia impone a las personas empresarias o profesionales en materia de plazos de ejecución y de devolución de cantidades abonadas; el envío o suministro, con pretensión de cobro de bienes o servicios no solicitados por la persona consumidora o usuaria; el uso de técnicas de comunicación que requieran el consentimiento expreso previo o la falta de oposición de la persona consumidora o usuaria, cuando no concurra la circunstancia correspondiente; así como la negativa u obstrucción al ejercicio del derecho de desistimiento.

i) El incumplimiento del régimen de garantías y servicios postventa o del régimen de reparación de productos de naturaleza duradera.

j) No constituir avales, seguros u otras garantías necesarias a favor de las personas consumidoras o usuarias establecidas en la legislación vigente.

3. Las infracciones que, de acuerdo con lo establecido en este artículo, merezcan en principio la calificación de grave se considerarán como leve si antes de iniciarse el procedimiento sancionador el responsable corrigiera diligentemente las irregularidades en que consista la infracción siempre que no haya causado perjuicios directos, devolviera voluntariamente las cantidades cobradas, colaborara activamente para evitar o disminuir los efectos de la infracción u observara espontáneamente cualquier otro comportamiento de análogo significado.

Artículo 80. **Infracciones muy graves**

1. Son infracciones muy graves:

a) Aquellas que, siendo calificadas como leves o graves, ocasionen un beneficio para la persona empresaria o profesional o causen un perjuicio a la persona consumidora o usuaria superior a 100.000 euros.

b) Las conductas descritas como graves que produzcan una alteración social que origine alarma o desconfianza en las personas consumidoras o usuarias o que les perjudique con carácter general con relación a un sector económico.

c) Ejercer represalias o cualquier otra forma de presión al personal al servicio de las administraciones públicas encargado de las funciones establecidas por la presente ley foral.

2. Las infracciones que, de acuerdo con lo establecido en este artículo, merezcan en principio la calificación de muy grave se considerarán como grave si antes de iniciarse el procedimiento sancionador el responsable corrigiera diligentemente las irregularidades en que consista la infracción siempre. que no haya causado perjuicios directos, devolviera voluntariamente las cantidades cobradas, colaborara activamente para evitar o disminuir los efectos de la infracción u observara espontáneamente cualquier otro comportamiento de análogo significado.

CAPÍTULO III
SANCIONES

Artículo 81. **Sanciones**

1. A las infracciones tipificadas en esta ley foral les corresponden las siguientes sanciones:

a) Para las infracciones leves, multa de 150 a 10.000 euros, en los grados que se indican:

– Grado mínimo de 150 a 3.000 euros.

– Grado medio de 3.001 a 6.000 euros.

– Grado máximo de 6.001 a 10.000 euros.

b) Para las infracciones graves, multa de 10.001 a 100.000 euros en los grados que se indican:

– Grado mínimo de 10.001 a 30.000 euros.

– Grado medio de 30.001 a 60.000 euros.

– Grado máximo de 60.001 a 100.000 euros.

c) Para las infracciones muy graves, multa de 100.001 a 1.000.000 euros en los grados que se indican:

– Grado mínimo de 100.001 a 300.000 euros.

– Grado medio de 300.001 a 600.000 euros.

– Grado máximo de 600.001 a 1.000.000 euros.

2. La cuantía máxima prevista para las infracciones leves podrá incrementarse hasta alcanzar cuatro veces del valor de los bienes y servicios objeto de infracción o del coste de la campaña publicitaria o comunicaciones comerciales, siempre que la infracción se cometa a través de estos medios.

3. La cuantía máxima prevista para las infracciones graves podrá incrementarse hasta alcanzar seis veces del valor de los bienes y servicios objeto de infracción o del coste de la campaña publicitaria o comunicaciones comerciales, siempre que la infracción se cometa a través de estos medios.

4. La cuantía máxima prevista podrá incrementarse hasta alcanzar ocho veces del valor de los bienes y servicios objeto de infracción o del coste de la campaña publicitaria o comunicaciones comerciales, siempre que la infracción se cometa a través de estos medios.

5. No obstante, cuando la aplicación de los rangos indicados en el apartado primero de este artículo conlleve la imposición de una sanción desproporcionada en relación con la capacidad económica del infractor se podrá utilizar el rango asignado a la calificación de un menor nivel de gravedad para el cálculo de la sanción.

Artículo 82. **Graduación de las sanciones**

1. La cuantía de las sanciones se graduarán de conformidad con los siguientes criterios:

a) Volumen de ventas del producto o de facturación de los servicios objeto de la infracción.

b) Volumen de ventas total de la persona empresaria o profesional.

c) Cuantía del beneficio ilícito obtenido.

d) Daños y perjuicios causados a las personas consumidoras o usuarias.

e) Número de personas afectadas.

f) Existencia de dolo o culpa.

g) Existencia de reincidencia o la continuidad y persistencia en la conducta infractora.

h) Cuando el bien o servicio esté destinado a personas consumidoras vulnerables.

i) Posición relevante de la persona infractora en el mercado.

j) Existencia de advertencias o requerimientos previos formulados por la administración pública.

2. Son circunstancias atenuantes:

a) La reparación o enmienda total o parcial de modo diligente de las irregularidades o de los perjuicios que han originado la incoación del procedimiento.

b) El sometimiento de los hechos a cualquiera de los sistemas de resolución extrajudicial de conflictos.

3. Son circunstancias agravantes:

a) La voluntad manifiesta de no reparar los perjuicios causados a las personas consumidoras y usuarias.

b) Aprovecharse de una posición de poder respecto de una persona consumidora o usuaria o de una situación en la que la libertad de elección de esta se encuentre mermada por cualquier circunstancia.

4. Las circunstancias modificativas de la sanción no deben tenerse en cuenta si la presente ley foral las ha incluido en el tipo infractor o si han sido tenidas en cuenta para calificar la gravedad de la infracción.

5. La imposición de sanciones pecuniarias se hará de manera que la comisión de las infracciones no resulte más beneficiosa para la parte infractora que el incumplimiento de las normas infringidas, siempre con respeto del principio de proporcionalidad y guardándose la debida adecuación entre la gravedad del hecho constitutivo de la infracción y la sanción impuesta.

Artículo 83. **Reducción de las sanciones por pago voluntario**

1. El órgano competente para resolver el procedimiento aplicará un porcentaje de reducción del 50 % sobre el importe de las sanciones pecuniarias

en caso de pago voluntario antes del plazo otorgado en la resolución de inicio del procedimiento.

2. El pago voluntario llevará implícito el desistimiento o renuncia a cualquier acción o recurso en vía administrativa contra la sanción e implicará la terminación del procedimiento desde el día en que se realice el pago, quedando expedita la vía contencioso-administrativa.

3. La terminación del procedimiento en el supuesto de pago voluntario no afectará a lo relativo a la reposición de la situación alterada o a la determinación de la indemnización por los daños y perjuicios causados por la comisión de la infracción.

Artículo 84. **Ejecutividad de la sanción**

La resolución que ponga fin al procedimiento sancionador será ejecutiva cuando no quepa contra ella ningún recurso ordinario en vía administrativa, pudiendo adoptarse en la misma las disposiciones cautelares precisas para garantizar su eficacia en tanto no sea ejecutiva y que podrán consistir en el mantenimiento de las medidas provisionales que en su caso se hubieran adoptado.

Cuando la resolución sea ejecutiva, se podrá suspender cautelarmente, si la persona interesada manifiesta a la administración su intención de interponer recurso contencioso-administrativo contra la resolución firme en vía administrativa. Dicha suspensión cautelar finalizará cuando:

a) Haya transcurrido el plazo legalmente previsto sin que el interesado haya interpuesto recurso contencioso administrativo.

b) Habiendo la persona interesada interpuesto recurso contencioso-administrativo:

1.º No se haya solicitado en el mismo trámite la suspensión cautelar de la resolución impugnada.

2.º El órgano judicial se pronuncie sobre la suspensión cautelar solicitada en los términos previstos en ella.

Artículo 85. **Sanciones accesorias**

La resolución por la que se imponga la sanción podrá acordar además alguna o algunas de las siguientes medidas:

a) Exigir a la persona infractora la reposición de la situación alterada por la infracción a su estado original y, si procede, la indemnización por daños y perjuicios probados causados a la persona consumidora o usuaria, que serán determinados por el órgano competente para imponer la sanción.

b) El decomiso y, en su caso, destrucción de la mercancía adulterada, deteriorada, falsificada, fraudulenta, no identificada o que pueda entrañar riesgo para la persona consumidora.

Los gastos derivados de las medidas adoptadas en el párrafo anterior, incluidas, entre otras, las derivadas del transporte, distribución y destrucción serán por cuenta de la persona infractora.

c) En el caso de infracciones calificadas como muy graves, el cierre de la empresa, establecimiento o industria infractores o el cese de su actividad, por un periodo máximo de cinco años.

d) En el caso de infracciones en materia de publicidad, la exigencia a la persona infractora de que publique un comunicado de rectificación en las mismas condiciones o en condiciones similares a las especificadas en la resolución sancionadora.

e) La publicidad de las sanciones impuestas, cuando hayan adquirido firmeza en vía administrativa, así como los nombres, apellidos, denominación o razón social de las personas naturales o jurídicas responsables y la índole y naturaleza de las infracciones, así como del producto, actividad o servicio a que se refieren, siempre que concurra riesgo o daño efectivo para la salud o seguridad de los consumidores y usuarios o grave menoscabo de sus intereses económicos, reincidencia en infracciones de naturaleza análoga o acreditada intencionalidad en la infracción.

La publicidad de las sanciones se llevará a cabo por medio del Portal de Transparencia del Gobierno de Navarra y de la web del departamento competente en materia de consumo durante el plazo de un año y podrá realizarse también a través de los medios de comunicación social. La resolución sancionadora determinará el medio o medios de publicación. El coste de la publicación, en su caso, podrá ser exigido a la persona sancionada.

CAPÍTULO IV
RESPONSABILIDAD

Artículo 86. **Sujetos responsables**

1. Serán responsables de las infracciones tipificadas en esta ley foral las personas físicas o jurídicas, así como las uniones y entidades sin personalidad jurídica, que resulten responsables de los mismos a título de dolo o

culpa, que participen o incurran en las mismas tanto por acción como por omisión.

2. De las infracciones cometidas en los bienes envasados, etiquetados o cerrados con cierre íntegro, será responsable la persona, firma o razón social, incluida la persona empresaria o profesional distribuidora, que figure en la etiqueta. Se exceptúan los casos en que se demuestre falsificación o mala conservación del producto por el tenedor, siempre que las condiciones de conservación se especifiquen en el etiquetado.

Será responsable solidario el elaborador, fabricante o envasador y el distribuidor que no figure en la etiqueta si se prueba que conocía la infracción cometida y prestó su consentimiento.

En el caso de que se hayan falsificado las etiquetas, la responsabilidad corresponderá al falsificador y a las personas que comercialicen los bienes a sabiendas de la falsificación.

3. De las infracciones cometidas en bienes a granel o envasados sin etiquetas o cuando en la etiqueta no figuren los datos necesarios para identificar al responsable, según lo establecido en la normativa vigente, será responsable el tenedor de los mismos, excepto cuando pueda identificar de manera cierta la responsabilidad de un tenedor anterior, incluido el distribuidor.

4. De las infracciones cometidas en la prestación de servicios, la persona física o jurídica con la que contrató la persona consumidora la prestación del servicio o la que resulte legalmente obligada.

5. De las infracciones cometidas en la publicidad, oferta y contratación de bienes y servicios realizadas a través de vía telemática, el anunciante o, en su defecto, el titular de la página.

6. De las infracciones relacionadas con la falta de conformidad de los bienes, el vendedor de los mismos y, en su caso, el fabricante en los términos establecidos en la normativa de aplicación.

7. Cuando una infracción sea imputada a una persona jurídica, podrán ser considerados responsables las personas físicas que integren sus órganos rectores o de dirección, así como los técnicos responsables de la elaboración y control, de acuerdo con la legislación vigente en materia societaria.

En el supuesto de personas jurídicas, cuando quede constancia de forma fehaciente de la negativa o voto en contra de alguno de sus miembros en relación con la realización de la actuación tipificada como infracción, el mismo será exonerado de responsabilidad.

8. En el supuesto de infracciones cometidas en la comercialización de bienes de otros Estados de la Unión Europea o de Estados que no formen parte de esta, se considerará responsable la persona física o jurídica que en primer lugar introduzca o ponga en circulación el producto en el mercado español.

9. Cuando el cumplimiento de las obligaciones previstas en la legislación vigente en materia de consumo corresponda a varias personas conjuntamente o si la infracción fuera imputable a varias personas y no resulte posible determinar el grado de participación de cada una de ellas, responderán de forma solidaria de las infracciones que, en su caso, se cometan y de las sanciones que se impongan.

(...)

LEY 6/2003, DE 22 DE DICIEMBRE, DE ESTATUTO DE LAS PERSONAS CONSUMIDORAS Y USUARIAS

(*BOPV* de 30 de Diciembre de 2003)

(...)

TÍTULO IV
DE LA POTESTAD SANCIONADORA

CAPÍTULO I
NORMAS GENERALES

Artículo 49. **Potestad sancionadora**

1.- Corresponde a las Administración general de la Comunidad Autónoma de Euskadi y a la Administración local de Euskadi, competentes en materia de defensa de las personas consumidoras y usuarias, la potestad sancionadora en materia de consumo, ejerciéndose por los órganos administrativos de la misma que la tengan atribuida.

2.- Las infracciones en materia de consumo cometidas en el ámbito territorial de Euskadi serán sancionadas, previa tramitación del correspondiente procedimiento sancionador, de acuerdo con lo establecido en la Ley 2/1998, de 20 de febrero, de la Potestad Sancionadora de las Administraciones Públicas de la Comunidad Autónoma del País Vasco.

CAPÍTULO II
DE LAS INFRACCIONES

Artículo 50. **Infracciones en materia de consumo**

1.- Constituyen infracción en materia de protección de la salud y seguridad de las personas consumidora (sic) y usuarias:

a) El incumplimiento de los requisitos, condiciones, obligaciones o prohibiciones en materia de salud y seguridad de los bienes y servicios puestos a disposición de las personas consumidoras y usuarias.

b) Las acciones u omisiones que produzcan riesgos o daños efectivos para la salud o seguridad de las personas consumidoras y usuarias, ya sea en forma consciente o deliberada, ya por abandono de la diligencia y precauciones exigibles en la actividad, servicio o instalación de que se trate.

c) El incumplimiento o transgresión de los requerimientos previos que concretamente formulen las autoridades que resulten competentes para situaciones específicas, al objeto de evitar contaminaciones o circunstancias nocivas de otro tipo que puedan resultar gravemente perjudiciales para la salud pública o la seguridad de las personas consumidoras y usuarias.

2.- Constituyen infracciones por alteración, adulteración o fraude de bienes y productos:

a) La elaboración, distribución, suministro o venta de bienes y productos a los que se haya adicionado o sustraído cualquier sustancia o elemento para variar su composición, calidad, estructura, peso o volumen, para corregir defectos mediante procesos o procedimientos que no estén expresa y reglamentariamente autorizados, o para encubrir la inferior calidad o alteración de los productos utilizados.

b) La elaboración, distribución, suministro o venta de bienes cuando su composición o calidad no se ajuste a las disposiciones vigentes o a la correspondiente autorización administrativa o difiera de la declarada y anotada en el registro correspondiente.

3.- Constituyen infracciones por defectuosa o incorrecta prestación de servicios:

a) El incumplimiento, en la prestación de todo tipo de servicios, de las condiciones de calidad, cantidad, intensidad, naturaleza, plazo o precio, de acuerdo con la normativa que resulte aplicable, o con las condiciones en que se presten u oferten.

b) El incumplimiento de la normativa vigente o de las condiciones ofertadas a las personas consumidoras y usuarias en materia de garantía y arreglo o reparación de bienes de consumo.

c) La insuficiencia de la asistencia técnica o inexistencia de piezas de repuesto, contraviniendo lo dispuesto en la normativa aplicable o las condiciones ofrecidas a la persona consumidora y usuaria en el momento de adquisición, si fueran más favorables.

d) La defectuosa prestación de servicios durante el periodo de garantía.

4.- Constituyen infracciones en materia de normalización técnica, comercial y de prestación de servicios, así como en materia de condiciones o técnicas de venta o suministro de bienes o servicios:

a) El incumplimiento de las disposiciones de normalización de bienes y productos.

b) La puesta en el mercado de bienes y productos cuya comercialización haya sido declarada prohibida por una norma o resolución administrativa, así como la comercialización de aquellos que, precisando autorización administrativa, carezcan de ella.

c) El incumplimiento del deber de veracidad informativa o publicitaria en la venta de bienes y productos o en la prestación de servicios, de manera que se les atribuyan calidades, características, resultados o condiciones de adquisición, uso o devolución que difieran de los que realmente posean o puedan obtenerse, y toda la publicidad que de cualquier forma induzca o pueda inducir a error a las personas a las que se dirige, así como aquella que silencie datos fundamentales que impidan conocer las verdaderas características o naturaleza del producto o servicio.

d) El incumplimiento de las disposiciones sobre uso de marchamos, contrastes, precintos y contramarcas en los productos o servicios, así como el uso de distintivos de calidad no autorizados o retirados por incumplimiento de su normativa específica.

e) La realización de transacciones en las que se imponga injustificadamente a la persona consumidora o usuaria condiciones, recargos o cobros indebidos, prestaciones accesorias no solicitadas o cantidades mínimas, así como la no aceptación de los medios de pago admitidos legalmente u ofertados.

f) La no entrega a las personas consumidoras y usuarias del documento de garantía.

g) La inclusión, en las condiciones generales de los contratos que suscriban las personas consumidoras y usuarias o en las ofertas publicitarias, de cláusulas que limiten o vulneren los derechos reconocidos a las personas consumidoras y usuarias por las disposiciones que resulten aplicables.

h) La no extensión de la correspondiente factura o documento acreditativo de las transacciones comerciales o prestaciones de servicios, así como su emisión con incumplimiento de los requisitos preceptivos.

i) La no entrega a las personas consumidoras y usuarias del correspondiente resguardo de depósito o su emisión con incumplimiento de los requisitos preceptivos.

5.- Constituyen infracciones en materia de información, vigilancia, investigación, inspección, tramitación y ejecución:

a) La no tenencia o negativa a facilitar las hojas de reclamaciones preceptivas por parte de los comercios, prestadores y prestadoras de servicios y profesionales.

b) La resistencia, negativa u obstrucción a facilitar las labores de inspección o a suministrar datos o informaciones solicitadas por las autoridades competentes o sus agentes en el desarrollo de sus funciones de información, vigilancia, investigación, inspección, tramitación y ejecución, así como el suministro de información inexacta o documentación falsa, y, en particular, el incumplimiento de las obligaciones establecidas en el artículo 48 de esta ley.

c) La manipulación, traslado o disposición en cualquier forma no autorizada legalmente de las muestras depositadas reglamentariamente, o de las mercancías decomisadas o sujetas a medidas provisionales por las autoridades competentes.

d) El incumplimiento de las medidas provisionales adoptadas por las autoridades competentes en los procedimientos iniciados como consecuencia de las actuaciones de control efectuadas para la debida protección de los derechos reconocidos en esta ley y demás normas aplicables, así como el incumplimiento de las medidas de carácter provisional que resulten necesarias para asegurar la eficacia de las resoluciones administrativas que pudieran recaer en los procedimientos sancionadores.

e) La excusa reiterada, la negativa o resistencia a la comparecencia de las personas físicas o jurídicas ante las dependencias propias o de las autoridades competentes, siempre que medie requerimiento notificado, expreso y por escrito al respecto por parte de las autoridades competentes o de sus agentes en desarrollo de las labores de información, vigilancia, investigación, inspección, tramitación y ejecución.

6.- En general, el incumplimiento de los requisitos, obligaciones o prohibiciones expresamente establecidos por la normativa vigente en materia de defensa de las personas consumidoras y usuarias y disposiciones complementarias.

Artículo 51. **Responsabilidad de las infracciones**

1.- Serán responsables de las infracciones tipificadas en esta ley las personas físicas o jurídicas que por acción u omisión hubieren participado en las mismas.

2.- Quien fabrique, importe, venda o suministre productos o servicios a las personas consumidoras o usuarias responderá del origen, identidad e idoneidad de los mismos y de las infracciones comprobadas en ellos, conforme a la actuación de cada cual.

3.- De los productos a granel será responsable el tenedor de los mismos, excepto que se pueda probar la responsabilidad, de una manera cierta, de un tenedor anterior.

4.- En el supuesto de productos envasados, etiquetados o cerrados con cierre íntegro, será responsable la firma o razón social que figure en la etiqueta, presentación o publicidad. Podrá eximirse de esa responsabilidad probando su falsificación o incorrecta manipulación por terceras personas, que serán las responsables.

5.- Cuando una infracción sea imputada a una persona jurídica podrán ser consideradas responsables también las personas físicas que integren sus órganos rectores o de dirección, así como los técnicos responsables de la elaboración y control de acuerdo con la legislación vigente en materia societaria. En estos casos el juicio de culpabilidad se realizará de acuerdo con lo previsto en el artículo 9.3 de la Ley 2/1998, de 20 de febrero, de la Potestad Sancionadora de las Administraciones Públicas de la Comunidad Autónoma del País Vasco.

En el supuesto de personas jurídicas, cuando quede constancia de forma fehaciente de la negativa o voto en contra de alguno de sus miembros en relación con la realización de la actuación tipificada como infracción, el mismo será exonerado de responsabilidad.

Artículo 52. **Calificación de las infracciones**

1.- Las infracciones en materia de consumo se calificarán como leves, graves o muy graves en función de la concurrencia de los siguientes criterios:

a) Daño o riesgo grave para la salud o seguridad de las personas consumidoras y usuarias.

b) Lesión grave de los intereses económicos de las personas consumidoras y usuarias.

c) Negligencia grave o dolo.

d) Generalización de la infracción, en cuanto al número de personas destinatarias afectadas por la misma.

e) Afección directa a un colectivo de personas especialmente protegido.

2.- Se calificarán como leves las infracciones que incumplan los tipos regulados cuando no concurra ninguno de los criterios señalados en el párrafo anterior.

3.- Serán calificadas como graves las conductas tipificadas en las que concurra alguno de los criterios señalados en el párrafo 1 de este artículo.

4.- Se considerará infracción grave la comisión de dos o más infracciones leves de la misma naturaleza en el transcurso de un año.

5.- Serán infracciones muy graves las conductas tipificadas en las que concurran dos o más de los criterios señalados en el párrafo 1 de este artículo.

6.- La comisión de dos o más infracciones graves de la misma naturaleza en el transcurso de un año se considerará infracción muy grave, siempre que las infracciones graves no sean a su vez consecuencia de la reincidencia en infracciones leves.

CAPÍTULO III
DE LAS SANCIONES

Artículo 53. **Clasificación de las sanciones**

1.- Las infracciones a que se refiere la presente ley serán corregidas mediante la aplicación de las siguientes sanciones:

a) Las infracciones leves, con multas de hasta 25.000 euros.

b) Las infracciones graves, con multas de hasta 150.000 euros, cantidad que podrá rebasarse hasta alcanzar el quíntuplo del valor de los productos o los servicios objeto de la infracción.

c) Las infracciones muy graves, con multas de hasta 900.000 euros, cantidad que podrá rebasarse hasta alcanzar el quíntuplo del valor de los productos o servicios objeto de la infracción

2.- Las infracciones a que se refiere la presente ley podrán ser también corregidas con las siguientes sanciones, con carácter de accesorias o autónomas:

a) Decomiso o destrucción de la mercancía.

b) Cierre temporal de la empresa infractora por un periodo de hasta cinco años.

c) Publicidad de las sanciones.

d) Rectificaciones públicas.

3.- Independientemente de las sanciones impuestas, el órgano sancionador podrá proponer a la autoridad correspondiente, en el caso de las infracciones muy graves, la supresión, la cancelación o la suspensión total o parcial de ayudas oficiales, tales como créditos, subvenciones, desgravaciones fiscales u otras que tuviese reconocidas o que hubiese solicitado la empresa sancionada.

4.- En el supuesto de que a las Administraciones públicas de Euskadi les correspondiera conceder una ayuda de las señaladas en el párrafo anterior a una empresa que haya sido objeto de una sanción firme por infracción grave o muy grave, el órgano al que corresponda resolver la solicitud podrá denegar la concesión de la ayuda, siempre y cuando no se haya producido la cancelación de los antecedentes en los términos previstos por la ley.

Artículo 54. **Graduación de las sanciones**

1.- La cuantía de la sanción se graduará de conformidad con:

a) El volumen de ventas generado por la actuación ilícita.

b) La cuantía del beneficio ilícito obtenido.

c) El efecto perjudicial que la infracción haya podido producir sobre los precios y sobre los mismos sectores implicados.

d) La situación de predominio en el mercado.

2.- Se podrá atenuar la sanción administrativa en los casos en que quede acreditado en el correspondiente expediente, antes de que la sanción sea firme en vía administrativa, que las personas perjudicadas han sido compensadas satisfactoriamente de los perjuicios causados, y siempre y cuando no concurra intoxicación, lesión, enfermedad o muerte, ni existencia de indicios racionales de delito.

Artículo 55. **Principios de proporcionalidad y efectividad de las sanciones**

La imposición de sanciones pecuniarias se hará de manera que la comisión de las infracciones no resulte más beneficiosa para la parte infractora que el incumplimiento de las normas infringidas, siempre con respeto del principio de proporcionalidad y guardándose la debida adecuación entre la gravedad del hecho constitutivo de la infracción y la sanción impuesta.

Artículo 56. **Decomiso y destrucción de la mercancía**

1.- La autoridad a quien corresponda resolver el expediente podrá acordar en la misma resolución, como sanción accesoria, el decomiso de la mercancía adulterada, falsificada, fraudulenta, no identificada o que pueda suponer riesgo para el consumidor o consumidora. Dichas mercancías deberán destruirse si su utilización o su consumo constituyen un peligro para la salud. En todo caso, el órgano sancionador determinará el destino final que deba darse a las mercancías decomisadas.

2.- Los gastos que originen las operaciones de intervención, depósito, decomiso, transporte y destrucción de la mercancía objeto de la sanción serán de cuenta de la parte infractora.

Artículo 57. **Cierre de la empresa infractora**

1.- En el caso de infracciones calificadas de muy graves podrá proponerse en la misma resolución, como sanción accesoria, el cierre temporal por un periodo de hasta cinco años de la empresa, establecimiento o industria infractora, cuando radique en el territorio de la Comunidad Autónoma de Euskadi.

2.- Corresponde la facultad de acordar el cierre al Gobierno Vasco. El acuerdo podrá determinar medidas complementarias para la plena eficacia de la decisión adoptada.

3.- Del acuerdo de cierre deberá darse traslado al Ayuntamiento del término en que se ubique la citada empresa.

4.- La autoridad competente podrá adoptar, sin que tenga el carácter de sanción, previa incoación del correspondiente expediente administrativo, el cierre de las instalaciones o establecimientos que no cuenten con las autorizaciones o los registros preceptivos, o la suspensión de su funcionamiento hasta que se rectifiquen los defectos o se cumplan los requisitos exigidos.

5.- Del mismo modo, podrá suspender la venta o prestación de servicios cuando se den en su ejercicio las mismas irregularidades.

Artículo 58. **Publicidad de las sanciones**

1.- En el caso de infracciones graves o muy graves, la autoridad que haya resuelto el expediente podrá acordar en la misma resolución, por razones de ejemplaridad y en previsión de futuras conductas infractoras, como sanción accesoria, la publicación de las sanciones impuestas, una vez sean firmes en la vía administrativa.

2.- Dicha publicidad deberá hacer referencia de los nombres y los apellidos de las personas físicas o la denominación o razón social de las personas jurídicas responsables, la clase y la naturaleza de las infracciones y la sanción principal impuesta, y deberá realizarse mediante su inserción en el Boletín Oficial del País Vasco y en los medios de comunicación social de mayor difusión. También deberá comunicarse a las organizaciones de personas consumidoras y usuarias. El coste de dicha publicidad correrá de cuenta de la persona o entidad sancionada.

Artículo 59. **Rectificaciones públicas**

Si como consecuencia de la incoación de un expediente administrativo se sanciona el incumplimiento de lo que establece la presente ley en materia de publicidad, el órgano competente exigirá a la persona o entidad infractora, de oficio o a instancia de las organizaciones de personas consumidoras y usuarias, la publicación a sus expensas de un comunicado en que se rectifique la publicidad efectuada, que deberá realizarse en las mismas o similares condiciones en que se produjo la actuación sancionada.

Artículo 60. **Restitución de cantidades percibidas indebidamente**

Independientemente de las sanciones a que se refiere la presente ley, el órgano sancionador impondrá a la persona o entidad infractora la obligación de restituir inmediatamente la cantidad percibida indebidamente, en los supuestos de aplicación de precios superiores a los autorizados, comunicados, presupuestados o anunciados al público.

Artículo 61. **Efectos de las sanciones**

De conformidad con lo que establezca la legislación de contratación administrativa, en el caso de infracciones muy graves las empresas sancionadas quedarán, además, inhabilitadas para contratar con las Administraciones de Euskadi, total o parcialmente, durante cinco años a contar desde la fecha en que sea firme la sanción impuesta.

Las sanciones impuestas serán objeto de ejecución de acuerdo con lo dispuesto en la legislación vigente. Si, presentado recurso administrativo, se acordara la suspensión del acto a solicitud de la parte interesada, ésta deberá garantizar el pago de la sanción mediante aval bancario o cualquier otro medio aceptado en Derecho, sin perjuicio de las demás medidas cautelares que puedan acordarse por el órgano competente para asegurar la protección del interés público y la eficacia de la resolución impugnada.

Artículo 62. **Prescripción y caducidad**

1.- Las infracciones a que se refiere la presente ley prescribirán por el transcurso de los siguientes plazos: las muy graves, a los tres años; las graves, a los dos años, y las leves, al año. El plazo de la prescripción empezará a contar desde el día siguiente al de la comisión de la infracción. Interrumpirá la prescripción de la infracción la iniciación, con conocimiento del presunto responsable, del procedimiento administrativo.

2.- Iniciado el procedimiento sancionador y transcurridos seis meses desde la notificación a la parte interesada de cada uno de los trámites previstos en el procedimiento de aplicación sin que se impulse el trámite siguiente, sin mediar culpa de la parte interesada, se entenderá igualmente caducada la acción y se archivarán las actuaciones.

3.- Las sanciones por faltas muy graves prescribirán a los tres años; las impuestas por faltas graves, a los dos años, y las impuestas por faltas leves, al año.

4.- La prescripción y la caducidad podrán ser alegadas por los particulares. Aceptada la alegación por el órgano competente, se declarará concluido el expediente y se decretará el archivo de las actuaciones, sin perjuicio de la posibilidad de incoar un nuevo procedimiento si no hubiera prescrito la infracción

Artículo 63. **Órganos competentes para imponer sanciones**

Los órganos competentes para la imposición de las sanciones a que se refiere la presente ley son:

1.- En el ámbito de la Administración general de la Comunidad Autónoma de Euskadi, el director competente en materia de consumo para sanciones leves y graves, y el superior jerárquico para sanciones muy graves. Para acordar el cierre de la empresa infractora será competente el Gobierno Vasco.

2.- En el ámbito de la Administración local regirá su legislación específica.

CAPÍTULO IV
MEDIDAS CAUTELARES

Artículo 64. **Adopción de medidas cautelares**

1.- Para la adopción de medidas cautelares se atenderá a lo establecido en la Ley 2/1998, de 20 de febrero, de la Potestad Sancionadora de las Administraciones Públicas de la Comunidad Autónoma del País Vasco.

2.- Las medidas cautelares podrán consistir en:

a) Paralización de la actividad o cierre temporal del establecimiento donde se realiza.

b) Suspensión temporal en cualquier fase de la distribución de un producto, para garantizar la salud y la seguridad.

c) Suspensión temporal de la prestación de servicios, para garantizar la salud y la seguridad.

d) Imposición de condiciones previas en cualquier fase de la comercialización de productos, bienes y servicios, con el fin de que se subsanen las deficiencias detectadas.

e) Inmovilización cautelar, con prohibición de cualquier forma de disposición de los productos por parte de las personas interesadas sin expresa autorización de las autoridades competentes.

f) Cualquier otra medida ajustada a la legalidad vigente que sea necesaria por existir indicios racionales de riesgo para la salud o seguridad de las personas consumidoras y usuarias, o de vulneración de sus intereses económicos.

Artículo 65. **Multas coercitivas**

1.- Las Administraciones públicas competentes podrán imponer multas coercitivas de conformidad con la legislación vigente, destinadas a la ejecución de resoluciones dictadas en aplicación de la presente ley y demás disposiciones relativas a la defensa de las personas consumidoras y usuarias.

2.- El órgano competente deberá cursar por escrito un previo requerimiento de ejecución de los actos o resoluciones de que se trate, advirtiendo a su destinatario del plazo de que dispone para cumplirlo y de la cuantía de la multa coercitiva que, en caso de incumplimiento, le podrá ser impuesta. El plazo señalado deberá ser, en todo caso, suficiente para el cumplimiento de la obligación de que se trate, y la multa no podrá exceder de 1.500 euros.

3.- Si la Administración comprobase el incumplimiento de lo ordenado, podrá reiterar las citadas multas por periodos que no puedan ser inferiores al señalado en el primer requerimiento.

4.- Estas multas son independientes de las que se puedan imponer en concepto de sanción, y son compatibles con las mismas.

(...)

LEY DEL PRINCIPADO DE ASTURIAS 11/2002, DE 2 DE DICIEMBRE, DE LOS CONSUMIDORES Y USUARIOS

(*BOPA* de 13 de Diciembre de 2002)

(...)

CAPÍTULO IV
DE LAS INFRACCIONES Y SANCIONES

SECCIÓN 1.ª
DE LAS INFRACCIONES

Artículo 33. **Infracciones de consumo**

Son infracciones administrativas en materia de defensa al consumidor las acciones u omisiones tipificadas en la presente Ley.

Artículo 34. **Infracciones en materia de protección de la salud y seguridad de los consumidores**

Constituyen infracciones en materia de protección de la salud y seguridad de los consumidores:

a) El incumplimiento de los requisitos, condiciones, obligaciones o prohibiciones de naturaleza sanitaria.

b) Las acciones u omisiones que produzcan riesgos o daños efectivos para la salud o seguridad de los consumidores, ya sea de forma consciente o deliberada, ya por abandono de la diligencia y precauciones exigibles en la actividad, servicio o instalación de que se trate.

c) El incumplimiento o trasgresión de los requerimientos previos que concretamente formulen las autoridades que resulten competentes para situaciones específicas, al objeto de evitar contaminaciones o circunstancias nocivas de otro tipo que puedan resultar gravemente perjudiciales para la salud pública o la seguridad de los consumidores.

d) El incumplimiento de las disposiciones relativas a la seguridad de bienes o servicios.

Artículo 35. **Infracciones por alteración, adulteración o fraude**

Se consideran infracciones por alteración, adulteración o fraude en bienes y servicios susceptibles de consumo:

a) La elaboración, distribución, suministro o venta de bienes a los que se haya adicionado o sustraído cualquier sustancia o elemento para variar su composición, estructura, peso o volumen con fines fraudulentos, para corregir defectos mediante procesos o procedimientos que no estén expresa o reglamentariamente autorizados o para encubrir la inferior calidad o alteración de los productos utilizados.

b) La elaboración, distribución, suministro o venta de toda clase de bienes cuando su composición, características, prestaciones, calidad o precio no se ajusten a las disposiciones vigentes, a la oferta realizada, al contrato celebrado o difieran de las declaradas y anotadas en el registro, certificado o resolución administrativa correspondiente.

c) El incumplimiento de las normas relativas al origen, calidad, composición, cantidad, peso o medida de cualquier clase de bienes o servicios destinados al público o su presentación mediante envases, etiquetas, rótulos, cierres, precintos o cualquier otra información o publicidad que induzca a engaño o confusión o enmascare la verdadera naturaleza del producto o servicio.

d) El incumplimiento en la prestación de toda clase de servicios de las condiciones de calidad, cantidad, intensidad o naturaleza de los mismos, de conformidad con la normativa vigente o las condiciones o categoría en que se ofrezcan.

e) El incumplimiento de la normativa vigente o de las condiciones ofrecidas al consumidor, si fueran más favorables, en materia de garantía y arreglo o reparación de bienes de consumo de uso duradero, la insuficiencia de la asistencia técnica o inexistencia de piezas de repuesto contraviniendo lo dispuesto en la normativa aplicable o las condiciones ofrecidas al consumidor en el momento de adquisición de tales bienes, si fueran más favorables.

f) En general, cualquier situación que conduzca a engaño o confusión o que impida reconocer la verdadera naturaleza del producto o servicio.

Artículo 36. **Infracciones en materia de transacciones comerciales, condiciones técnicas de venta y en materia de precios**

Son infracciones en materia de transacciones comerciales, condiciones técnicas de venta y en materia de precios:

a) La venta al público de bienes o la prestación de servicios a precios superiores a los máximos legalmente establecidos o con incumplimiento de las disposiciones o normas vigentes en materia de precios y márgenes comerciales.

b) La ocultación al consumidor o usuario de parte del precio mediante formas de pago o prestaciones no manifiestas o mediante rebajas en la calidad o cantidad reales respecto a las prestaciones aparentemente convenidas.

c) La imposición de condiciones que supongan una prohibición de vender a precios inferiores a los mínimos señalados por el productor, fabricante o distribuidor de productos singularizados por una marca registrada.

d) La realización de transacciones en las que se imponga injustificadamente al consumidor o usuario la condición expresa o tácita de comprar una cantidad mínima o máxima, o productos o servicios no solicitados.

e) La intervención de cualquier persona, firma o empresa de forma que suponga la aparición de un nuevo escalón intermedio dentro del proceso habitual de distribución, siempre que origine o dé ocasión a un aumento no autorizado de los precios o márgenes máximos fijados.

f) El acaparamiento o detracción injustificada del mercado de materias o productos destinados directa o indirectamente al suministro o venta al público, en perjuicio directo o inmediato del consumidor o usuario.

g) La falta de presupuesto previo, extensión de la correspondiente factura por la venta de bienes o prestación de servicios o del recibo de depósito en los casos en que sea preceptivo o cuando lo solicite el consumidor o usuario.

Artículo 37. **Infracciones en materia de normalización, documentación y condiciones de venta o suministro**

Son infracciones en materia de normalización, documentación y condiciones de venta o suministro:

a) El incumplimiento de las disposiciones relativas a normalización o tipificación de bienes o servicios que se produzcan, comercialicen o existan en el mercado.

b) El incumplimiento de las disposiciones administrativas sobre prohibición de elaborar o comercializar determinados productos y la comercialización o distribución de aquellos que precisen autorización administrativa, y en especial, su inscripción en el Registro general sanitario, sin disponer de la misma.

c) El incumplimiento de las disposiciones que regulen el marcado, etiquetado y envasado de productos, así como la publicidad sobre bienes y servicios y sus precios.

d) El incumplimiento de las disposiciones sobre utilización de marchamos, troqueles y contramarcas.

e) El incumplimiento de las normas relativas a documentación, información, libros o registros establecidos obligatoriamente para el adecuado régimen y funcionamiento de la empresa, instalación o servicio o como garantía para la protección del consumidor y usuario.

f) El incumplimiento de las condiciones de venta en establecimientos permanentes, en la vía pública, venta domiciliaria, ambulante, por correo o por entregas sucesivas o de cualquier otra forma de toda clase de bienes y servicios.

g) La introducción de cláusulas abusivas en los contratos.

h) La coacción, intimidación o cualquier otra forma de presión al consumidor o usuario que limite o altere su capacidad de decisión o libre consentimiento.

i) La falta de entrega o entrega defectuosa del documento de garantía en la venta de bienes muebles de carácter duradero, de conformidad con la legislación reguladora aplicable.

j) La no extensión del documento acreditativo de las transacciones comerciales o por la prestación de servicios, así como su emisión con incumplimiento de los requisitos preceptivos.

k) La negativa injustificada a satisfacer las demandas del consumidor o usuario, producidas de buena fe o conforme al uso establecido, cuando su satisfacción esté dentro de las disponibilidades del vendedor o prestador.

l) La realización de cualquier forma de discriminación respecto a las legítimas demandas del consumidor o usuario.

m) La falta de entrega del resguardo de depósito, o su omisión, en caso de entrega de bienes muebles por parte del consumidor para efectuar cualquier tipo de operación sobre aquéllos.

Artículo 38. **Otras infracciones**

Son otras infracciones en materia de defensa del consumidor:

a) La negativa, resistencia u obstrucción a suministrar datos, a facilitar la información requerida por las autoridades competentes en orden al cumplimiento de las funciones de información, vigilancia, investigación, inspección, tramitación y ejecución en las materias a que se refiere la presente Ley, así como el suministro de información inexacta o documentación falsa.

b) La dilación, negativa o resistencia a atender a los requerimientos efectuados por las autoridades competentes en materia de defensa del consumidor.

c) La resistencia, coacción, amenaza, represalia o cualquier otra forma de intimidación o presión a los funcionarios encargados de las funciones a que se refiere la presente Ley o contra las empresas, particulares u organizaciones de consumidores que hayan entablado o pretendan entablar cualquier clase de acción legal, denuncia o participación en procedimientos en materia de defensa del consumidor.

d) La manipulación, traslado o disposición en cualquier forma de mercancía cautelarmente intervenida.

e) El incumplimiento de los requisitos, obligaciones o prohibiciones expresamente establecidos en la normativa vigente en materia de defensa de los consumidores, sea ésta comunitaria, estatal o autonómica.

Artículo 39. ***Calificación de las infracciones.*** 1. Las infracciones en materia de defensa del consumidor se califican en leves, graves y muy graves; la calificación se efectuará atendiendo a:

a) El daño efectivo o riesgo para la salud o seguridad de las personas.

b) La lesión a los intereses económicos de los consumidores y usuarios.

c) La cuantía del beneficio ilícito obtenido como consecuencia directa o indirecta de la comisión de la infracción, teniendo en cuenta la desproporción de dicho beneficio en relación con el valor del bien, servicio o suministro.

d) La existencia de dolo o negligencia grave.

e) La generalización de la infracción, en cuanto al número de destinatarios afectados por ésta.

f) La afectación de la infracción a un colectivo especialmente protegido.

g) La situación de predominio en el mercado.

h) Su producción en el origen o distribución, de forma consciente o deliberada o por falta de los controles y precauciones exigibles de la actividad, servicio o instalación de que se trate.

2. Se calificarán como leves las infracciones en las que no concurran ninguno de los criterios referidos, o en las que los mismos no sean de la suficiente entidad para calificarlas como graves o muy graves.

3. Se calificarán como graves las infracciones en las que concurran, al menos, uno de los criterios expuestos en el apartado primero.

4. Se calificarán como muy graves las infracciones en las que se den dos o más de los criterios expuestos en el apartado primero.

5. Con independencia de lo expuesto, serán calificadas como graves la reiteración de las conductas previstas en las letras a) y b) del artículo 38, con excepción de las consistentes en el suministro de información inexacta o documentación falsa, conductas que serán calificadas como graves, aun no existiendo reiteración. Serán consideradas como muy graves las conductas previstas en las letras c) y d) del artículo 38.

Artículo 40. **Responsabilidad por infracciones**

1. De las infracciones cometidas en materia de consumo serán responsables las personas físicas o jurídicas que, por acción u omisión, hubiesen participado en aquéllas, mediando dolo, culpa o mera inobservancia.

2. Cuando se trate de productos envasados será responsable la firma o razón social que figure en la etiqueta, salvo que se demuestre la falsificación o la mala conservación del producto por el tenedor y siempre que se especifiquen en el envase original las condiciones de conservación.

También será responsable el envasador cuando se pruebe su connivencia con el marquista.

3. De las infracciones cometidas en productos a granel será responsable el tenedor de los mismos, salvo que pueda demostrar la responsabilidad de un tenedor anterior.

4. En la prestación de servicios será responsable la empresa o razón social o la entidad pública o privada que los haya prestado o que esté obligada a prestarlos.

SECCIÓN 2.ª
DE LAS SANCIONES

Artículo 41. **Sanciones**

1. Las infracciones a que se refiere la presente Ley serán objeto de las siguientes sanciones:

a) Las infracciones leves, con apercibimiento o multa de hasta 3.600 euros.

b) Las infracciones graves, con multa desde 3.601 euros hasta 18.000 euros, pudiendo rebasar dicha cantidad hasta alcanzar el quíntuplo del valor de los productos o servicios objeto de la infracción.

c) Las infracciones muy graves, con multa desde 18.001 euros hasta 900.000 euros, pudiendo rebasar dicha cantidad hasta alcanzar el quíntuplo del valor de los productos o servicios objeto de la infracción.

2. Las cuantías señaladas anteriormente podrán ser revisadas y actualizadas periódicamente por el Consejo de Gobierno del Principado de Asturias, de acuerdo con la variación del índice de precios al consumo.

Artículo 42. ***Graduación de las sanciones.*** 1. Las sanciones se impondrán teniendo en cuenta las circunstancias concurrentes en el momento de cometerse la infracción, considerándose las siguientes circunstancias para la graduación de las mismas:

a) Circunstancias agravantes:

• Intencionalidad o reiteración en la conducta infractora.

• Volumen de ventas o de prestación de servicios afectados.

• Naturaleza de los perjuicios ocasionados.

• Existencia de requerimiento de subsanación de irregularidades.

• La afectación a productos o servicios de uso común o de primera necesidad.

• La reincidencia, por comisión en el término de un año de más de una infracción de la misma naturaleza cuando así haya sido declarado por resolución administrativa firme.

b) Circunstancias atenuantes:

• La subsanación, durante la tramitación del expediente, de las infracciones cometidas.

• La reparación efectiva de los daños y perjuicios causados. En el supuesto de que una infracción en materia de consumo haya causado algún tipo de daños o perjuicios, la satisfacción o reparación de los mismos será una circunstancia atenuante en orden a la graduación de la sanción impuesta, pudiendo imponerse ésta en su grado mínimo. A dichos efectos el órgano instructor comunicará al infractor, al inicio de las actuaciones relativas al procedimiento sancionador, las pretensiones del denunciante.

Artículo 43. **Sanciones accesorias**

1. Asimismo, la autoridad competente para imponer la sanción, por razones de salud y seguridad, y sin perjuicio de las medidas cautelares que se puedan adoptar, podrá acordar las siguientes sanciones accesorias:

a) Decomiso y, en su caso, destrucción de la mercancía adulterada, falsificada, fraudulenta o no identificada o que pueda entrañar riesgo para el consumidor, corriendo a cargo del infractor todos los gastos que originen dichas operaciones.

b) En el caso de infracciones calificadas como muy graves, el cierre temporal de la empresa, establecimiento o industria infractora por un período máximo de cinco años.

2. Por razones de ejemplaridad y siempre que concurra alguna circunstancia de reincidencia en infracciones de análoga naturaleza o acreditada intencionalidad en la infracción, se podrá acordar la publicación de las sanciones impuestas cuando hayan adquirido firmeza en vía administrativa, así como los nombres, apellidos o razón social de la persona o personas jurídicamente responsables y la índole o naturaleza de la infracción en el BOLETÍN OFICIAL del Principado de Asturias y en los medios de comunicación que se consideren oportunos.

Artículo 44. **Restitución de cantidades percibidas indebidamente**

De conformidad a lo establecido en el artículo 130.2 de la Ley 30/1992, de 26 de noviembre, de Régimen Jurídico de las Administraciones Públicas y del Procedimiento Administrativo Común, con independencia de las sanciones a que se refiere la presente Ley, el órgano sancionador impondrá al infractor la obligación de restituir al denunciante afectado la cantidad percibida indebidamente, en los casos de aplicación de precios superiores a los autorizados, a los comunicados, a los presupuestados o a los anunciados al público.

Artículo 45. **Multas coercitivas**

1. Las administraciones públicas competentes podrán imponer multas coercitivas de conformidad con la legislación estatal vigente destinadas a la ejecución de resoluciones dictadas en aplicación de la presente Ley y de las demás disposiciones relativas a la defensa de los consumidores y usuarios.

2. El órgano competente deberá cursar por escrito un previo requerimiento de ejecución de los actos o resoluciones de que se trate, advirtiendo a su destinatario del plazo de que dispone para cumplirlo y de la cuantía de la multa coercitiva que, en caso de incumplimiento, le podrá ser impuesta. El plazo señalado deberá ser, en todo caso, suficiente para el cumplimiento de la obligación de que se trate, y la multa no podrá exceder de 601 euros.

3. Si la Administración comprobase el incumplimiento de lo ordenado, podrá reiterar las citadas multas por períodos que no puedan ser inferiores al señalado en el primer requerimiento.

4. Estas multas son independientes de las que se puedan imponer en concepto de sanción, y son compatibles con las mismas.

CAPÍTULO V
DEL PROCEDIMIENTO SANCIONADOR

Artículo 46. **Ejercicio de la potestad sancionadora**

1. El ejercicio de la potestad administrativa sancionadora en materia de defensa del consumidor, en el ámbito territorial de la Comunidad Autónoma, corresponde a la Administración del Principado de Asturias, sin perjuicio de las competencias de las administraciones locales.

2. Sin perjuicio de las competencias de otras administraciones, la potestad sancionadora del Principado de Asturias en materia de defensa de los consumidores y usuarios alcanzará a todas las infracciones administrativas que se cometan en su ámbito territorial.

Artículo 47. **Medidas provisionales**

En aquellos supuestos en que existan o se presuma la existencia de riesgos para la salud o seguridad de los consumidores y usuarios, el órgano administrativo competente para iniciar el procedimiento sancionador en materia de consumo, mediante acuerdo motivado, adoptará las medidas provisionales que considere necesarias para garantizar sus derechos.

Artículo 48. **Tipos de medidas**

1. Las medidas provisionales a adoptar por el órgano competente podrán consistir en:

a) Prohibir temporalmente la exposición o comercialización de un producto.

b) Imponer condiciones previas en cualquier fase de la comercialización de bienes, productos o servicios.

c) Intervenir cautelarmente la mercancía.

d) Clausura o cierre temporal de la empresa o establecimiento que no cuente con las autorizaciones o registros preceptivos, o la suspensión de su funcionamiento hasta tanto se subsanen las deficiencias.

e) Cualesquiera otras medidas que, de conformidad con la legislación vigente, se estimen necesarias.

2. Las medidas descritas en el apartado anterior podrán ser revocadas por el órgano competente durante la tramitación del procedimiento cuando las circunstancias así lo aconsejen.

3. Los gastos que se deriven de la adopción y ejecución de las medidas provisionales serán de cuenta del interesado.

Artículo 49. **Procedimiento sancionador**

El procedimiento sancionador se ajustará a las prescripciones contenidas en el Reglamento del procedimiento sancionador general en la Administración del Principado de Asturias, aprobado por el Decreto 21/1994, de 24 de febrero.

Artículo 50. **Órganos competentes**

1. La competencia para la iniciación del procedimiento administrativo sancionador por infracciones en materia de defensa del consumidor en el

ámbito autonómico corresponderá al titular de la Dirección General u órgano competente en dicha materia.

2. La competencia para la resolución de los expedientes incoados en materia de consumo corresponderá:

a) Al titular de la Dirección General u órgano competente en materia de consumo, para la imposición de sanciones por infracciones leves cuya cuantía no exceda de 1.202 euros.

b) Al titular de la Consejería de la que dependa la competencia en dicha materia, para la imposición de sanciones leves cuya cuantía sea superior a 1.202 euros, así como por infracciones graves.

c) Al Consejo de Gobierno, para la imposición de sanciones por infracciones calificadas como muy graves.

Artículo 51. ***Prescripción y caducidad.*** 1. Las infracciones en materia de defensa del consumidor prescribirán a los tres años desde el día de la comisión de la infracción, interrumpiéndose en el momento en que el interesado tenga conocimiento de la iniciación del procedimiento sancionador.

2. El plazo de caducidad de los procedimientos sancionadores en materia de defensa del consumidor será el establecido con carácter general para los procedimientos administrativos sancionadores en la normativa vigente sobre régimen jurídico de la Administración del Principado de Asturias. Las solicitudes de pruebas periciales, así como de análisis, ensayos técnicos contradictorios y dirimentes e informes que sean determinantes para la resolución de los procedimientos o necesarios para determinar la responsabilidad, tendrán el carácter de informes preceptivos e interrumpirán el cómputo del plazo de caducidad del procedimiento ya iniciado, en los términos que establece la Ley 30/1992, de 26 de noviembre, de Régimen Jurídico de las Administraciones Públicas y del Procedimiento Administrativo Común.

3. El plazo de prescripción de las sanciones previstas en esta Ley será el establecido en la Ley 30/1992, de 26 de noviembre, de Régimen Jurídico de las Administraciones Públicas y el Procedimiento Administrativo Común.

(...)

LEY 4/1996, DE 14 DE JUNIO, DEL ESTATUTO DE CONSUMIDORES Y USUARIOS DE LA REGIÓN DE MURCIA

(*BORM* de 25 de Junio de 1996)

(...)

TITULO III
Infracciones y sanciones

CAPITULO I
TIPIFICACIÓN DE LAS INFRACCIONES

Artículo 25. **Infracciones por alteración, adulteración, fraude o engaño**

Son infracciones por alteración, adulteración, fraude o engaño las siguientes:

1. La elaboración, la distribución o el suministro y la venta de productos o bienes a los que se haya adicionado o sustraído cualquier sustancia o elemento para variar su composición, su estructura, su peso o su volumen, en detrimento de sus cualidades; para corregir defectos mediante procesos o procedimientos no autorizados, o para encubrir la inferior calidad, la alteración o el origen de los productos utilizados.

2. El incumplimiento de las disposiciones administrativas sobre la prohibición de comercializar, distribuir o suministrar determinados productos, bienes o servicios, y la comercialización, distribución o suministro de los que precisen autorización administrativa y no la posean.

3. La presencia en el mercado de productos, bienes o servicios que incumplan las normas relativas al origen, la calidad, la composición, la cantidad, el peso o la medida, y la presentación de los mismos mediante envases, etiquetas, rótulos, cierres, precintos o cualquier información o publicidad que induzca a engaño o confusión, o que oculte su verdadera naturaleza.

4. La alteración de la composición de bienes y productos destinados al mercado con respecto a la normativa vigente, a las correspondientes autorizaciones administrativas o a las declaraciones registradas.

5. El incumplimiento en la prestación de todo tipo de servicio, de las condiciones de calidad, cantidad, intensidad o naturaleza, de conformidad con la normativa vigente o las condiciones en que se ofrece al mercado.

6. El incumplimiento de la normativa vigente en materia de reparación de bienes de consumo duraderos, la insuficiencia de asistencia técnica o inexistencia de piezas de repuesto dentro de las exigencias dispuestas por la normativa vigente.

7. La no asunción o incumplimiento de la garantía entregada al consumidor y usuario en el momento de la adquisición de bienes o servicios.

8. La no entrega de garantía escrita o entrega de garantía escrita que no respete los requisitos mínimos, dispuestos por la normativa vigente, en la adquisición de bienes o suministro de servicios que obligatoriamente conlleven su entrega.

9. La oferta de productos, bienes o servicios mediante publicidad o información de cualquier clase y por cualquier medio en que se les atribuya calidades, características, comprobaciones, certificaciones o resultados que difieran de los que realmente tienen o puedan obtenerse, y toda la publicidad que, de cualquier forma, incluida la presentación de los mismos, induzca a error o sea susceptible de inducir a error a las personas a las que se dirige.

10. La utilización en las etiquetas, envases o propaganda de nombres, clase, indicaciones de procedencia u otras que no correspondan al producto, bien o servicio, e induzcan a confusión al consumidor y usuario.

11. La oferta de premios o de regalos, si el coste de los mismos ha repercutido en el precio de la transacción, si se compensa la ventaja ofrecida o se disminuye la calidad o la cantidad del objeto principal de la transacción, y si, de cualquier otra forma, no recibe el consumidor y usuario, real y efectivamente lo que se le ha prometido en la oferta.

12. La falta de garantía de los bienes o servicios ofrecidos como premio u obsequio, o la minoración de la misma respecto a la que es exigible según la normativa vigente para los mismos tipos de bienes o servicios que los obsequiados.

13. La minoración en las prestaciones cuando se ofrezcan mejores condiciones y formas de pago de los productos, bienes o servicios.

14. El fraude en la prestación de servicios de instalación o reparación de bienes y de asistencia en el hogar por la innecesaria realización de trabajos

o sustitución de piezas para conseguir un aumento del precio, aunque el usuario haya prestado su consentimiento por las falsas indicaciones del sujeto responsable, o por la facturación de trabajos no realizados o ejecutados con accesorios de peor calidad que los indicados al usuario.

15. El incremento de los precios de los repuestos o piezas al aplicarlos en las reparaciones o instalaciones de bienes y el cobro injustificado por mano de obra, traslado o visita de cantidades muy superiores a los costes medios estimados de cada sector.

16. La manipulación fraudulenta en los aparatos o sistemas de medición de los productos o servicios suministrados a los consumidores y usuarios.

17. La distribución, suministro, venta u oferta de bienes que hayan superado su fecha de caducidad o de consumo idóneo, salvo las excepciones que reglamentariamente se prevean para este último supuesto.

Artículo 26. **Infracciones en materia de transacciones comerciales y condiciones técnicas de venta y en materia de precios**

Son infracciones en materia de transacciones comerciales y condiciones técnicas de venta y en materia de precios:

1. La venta de bienes o la prestación de servicios a precios superiores a los establecidos o autorizados por la Administración, comunicados, anunciados al público, presupuestados o pactados con el consumidor y usuario; y, en general, el incumplimiento de las disposiciones o las normas vigentes en materia de precios y márgenes comerciales.

2. La ocultación al consumidor y usuario de parte del precio o mediante rebajas en la cantidad o la calidad reales respecto a las prestaciones aparentemente convenidas.

3. La realización de transacciones en que se imponga al consumidor y usuario la condición expresa o tácita de comprar una cantidad mínima de productos no solicitados, distintos de los que son objeto de la transacción, o bien, la condición de prestarle un servicio no solicitado u ofrecido.

4. La intervención en la venta de productos y bienes o en la prestación de servicios sujetos a regulación, de cualquier persona, firma o empresa que suponga la aparición de un nuevo grado intermedio dentro del proceso habitual de distribución, siempre que ello constituya o propicie un aumento no autorizado de los precios o de los márgenes comerciales máximos fijados.

5. El acaparamiento y la retirada injustificada de materias, productos, bienes o servicios destinado directa o indirectamente al suministro o a la venta, con perjuicio directo o inmediato para el consumidor y usuario.

6. La negativa injustificada a satisfacer las demandas del consumidor y usuario, de los expendedores o de los distribuidores, y cualquier tipo de discriminación respecto a las demandas referidas.

7. La no entrega de presupuesto previo, documento acreditativo de la operación, resguardo de depósito, factura o comprobante de la venta de productos y bienes o de la prestación de servicios, en los casos que sea preceptivo o cuando lo solicite el consumidor y usuario.

8. El corte del suministro al abonado de servicios públicos o de interés económico general sin respetar lo dispuesto en el artículo 8.g).

9. La realización de actividades sin los seguros, avales u otras garantías similares impuestas legalmente en beneficio de los consumidores y usuarios.

Artículo 27. **Infracciones en materia de normalización, documentación y condiciones de venta y en materia de suministros o de prestación de servicios**

Son infracciones en materia de normalización, documentación y condiciones de venta y en materia de suministros o de prestación de servicios:

1. El incumplimiento de las disposiciones relativas a la normalización y a la tipificación de los productos, bienes o servicios que se comercialicen o existan en el mercado.

2. El incumplimiento de las disposiciones de ordenación sobre requisitos para la apertura de establecimientos comerciales o de servicios y para el ejercicio de actividades mercantiles, cualquiera que sea su naturaleza.

3. El incumplimiento de las disposiciones administrativas que prohíben la venta de ciertos productos, bienes o servicios en determinados establecimientos o a determinadas personas.

4. El incumplimiento de las disposiciones que regulan el mercado de precios, el etiquetado, el envasado y la publicidad sobre productos, bienes y servicios.

5. El incumplimiento de las disposiciones sobre utilización de marchamos, contrastes, precintos y contramarcas en los productos puestos a disposición del mercado.

6. El incumplimiento, con relación a la protección del consumidor y usuario, de las normas relativas a documentación, información, libros o registros establecidos obligatoriamente para el adecuado régimen y funcionamiento de la empresa, la instalación o el servicio, en particular la no tenencia o no facilitación al consumidor y usuario de hoja de reclamaciones.

7. El incumplimiento de las disposiciones sobre seguridad de los productos, bienes y servicios puestos a disposición en el mercado, cuando ello afecte al consumidor y usuario o pueda suponer un riesgo para el mismo.

8. El incumplimiento de la normativa vigente que regule todo tipo de ventas especiales y actividades de promoción de ventas cuando afecten al consumidor y usuario.

9. La elaboración, distribución, suministro u oferta de productos, bienes o servicios sin cumplir correctamente los deberes de información al consumidor o usuario que impongan las leyes y los reglamentos en relación con cualquiera de los datos o menciones obligatorios y por cualquiera de los medios previstos para tal información.

10. La facilitación al consumidor o usuario de información de carácter no obligatorio sin atenerse a las normas que, en su caso, la regule; así como la inclusión en el etiquetado de marcados o símbolos que no estén avalados por las correspondientes certificaciones.

11. La inclusión en los contratos con consumidores o usuarios de reenvíos a condiciones generales contenidas en textos o documentos que no se faciliten previa o simultáneamente a la conclusión del contrato o sin que se permita al adherente una posibilidad efectiva de conocer su existencia y contenido en el momento de la celebración.

12. La inclusión o aplicación de cláusulas abusivas en la oferta o promoción de productos o servicios, en los contratos o en la propia ejecución de éstos.

13. Las limitaciones o exigencias injustificadas al derecho del consumidor de poner fin a los contratos de prestación de servicios o suministro de bienes de tracto sucesivo o continuado, la obstaculización al ejercicio de tal derecho del consumidor a través del procedimiento pactado, la falta de previsión de éste o la falta de comunicación al usuario del procedimiento

para darse de baja en el servicio, de conformidad con la legislación estatal aplicable.

Artículo 28. **Otras infracciones**

También son infracciones:

1. La resistencia, negativa u obstrucción a las labores de inspección; la no remisión a las oficinas administrativas de la documentación requerida; el suministro de información o documentación falsa o inexacta; la excusa reiterada, la negativa o la resistencia a la comparecencia formalmente requerida en las dependencias administrativas; así como el incumplimiento de cualesquiera de los deberes impuestos en el artículo 23.3 de la presente ley.

2. La coacción, la amenaza, la represalia y cualquier otra forma de presión ejercida sobre los funcionarios encargados de las actuaciones a que se refiere la presente Ley, o bien, a las empresas, a los particulares o a las entidades representativas de consumidores y usuarios y comerciantes que hayan iniciado o pretendan iniciar cualquier acción legal o que participen en procedimientos ya incoados.

3. La manipulación, el traslado y la desaparición, o bien, la disposición en cualquier forma no autorizada legalmente, de las muestras depositadas reglamentariamente o de la mercancía intervenida por los funcionarios competentes como medida cautelar.

4. La falta de toda la documentación reglamentaria exigida, o de parte de la misma, o el hecho de llevarla defectuosamente, cuando afecte a la determinación de los hechos imputados o a la calificación de los mismos.

5. El incumplimiento o la falta de colaboración de los responsables de la elaboración, distribución, comercialización o prestación de bienes y servicios en la ejecución de las medidas a que se refieren el párrafo primero del artículo 20.4 y el artículo 36.4.

6. Toda actuación discriminatoria contra consumidores o usuarios por sus circunstancias personales o sociales.

7. Aquellas conductas ilegítimamente limitadoras de la libertad de elección del consumidor o usuario.

8. Cualquier otro incumplimiento de lo dispuesto en la presente Ley y en las disposiciones que la desarrollen.

CAPITULO II
CLASIFICACIÓN DE LAS INFRACCIONES

Artículo 29. **Infracciones leves**

Son infracciones leves las tipificadas en esta ley que no estén calificadas expresamente como graves o muy graves. En todo caso, será infracción leve la recogida en el artículo 28.8 de esta ley.

Artículo 30. **Infracciones graves**

1. Son infracciones graves las tipificadas en esta ley cuando concurra alguna de las siguientes circunstancias:

a) Aquellas recogidas en el artículo 25 que sean concurrentes, total o parcialmente, con infracciones sanitarias graves o hayan servido para facilitarlas o encubrirlas.

b) Haberse cometido dolosamente o con grave negligencia por falta de los controles, precauciones, actuaciones o conocimientos más elementales exigibles según la actividad de que se trate; salvo los supuestos de incumplimiento de los deberes formales impuestos a los operadores económicos o de irregularidades menores que no hayan originado una lesión efectiva del derecho a la salud y seguridad o de los derechos o intereses económicos de los consumidores y usuarios.

c) Haberse realizado explotando la especial situación de inferioridad o indefensión de los consumidores o usuarios incluidos en alguno de los colectivos especiales a que se refiere el artículo 4.

d) Haberse realizado prevaliéndose el infractor de su situación de predominio en un sector del mercado.

e) Cuando en el plazo de un año anterior a la comisión de una nueva infracción inicialmente calificable como leve, el presunto infractor hubiera sido sancionado de manera firme en vía administrativa por la comisión de otra infracción de las tipificadas en esta ley, salvo que la dimensión o extensión de la actividad del infractor no haga especialmente reprochable esta reiteración.

f) Si calificando la infracción como leve, su comisión resultara para el infractor más beneficiosa que el cumplimiento de las normas infringidas.

g) La infracción tipificada en el artículo 27.7, cuando produzca un riesgo o daño efectivo y grave para la salud y seguridad de los consumidores y usuarios.

h) La infracción tipificada en el artículo 27.12, cuando se trate de los contratos de compraventa de vivienda o de arrendamiento para vivienda habitual.

i) La aplicación de precios o de márgenes comerciales en cuantía superior a los establecidos o autorizados por la Administración comunicados, anunciados al público, presupuestados o pactados, cuando haya generado un beneficio ilícito global superior a los 5.000 euros.

2. Será siempre calificada como infracción grave la resistencia, negativa u obstrucción a las labores de inspección.

Artículo 31. **Infracciones muy graves**

Son infracciones muy graves las tipificadas en esta ley cuando concurra alguna de las siguientes circunstancias:

a) Aquellas recogidas en el artículo 25 que sean concurrentes, total o parcialmente, con infracciones sanitarias muy graves o hayan servido para facilitarlas o encubrirlas.

b) Haber concurrido con una resistencia, negativa u obstrucción a la labor inspectora, que haya originado especiales dificultades en la detección, investigación o persecución de la conducta infractora.

c) Haberse realizado aprovechando situaciones de necesidad de determinadas personas o de bienes, productos y servicios de uso o consumo común, ordinario y generalizado, así como haber originado igual situación en un sector o en una zona del mercado.

d) Haber originado una grave alteración social, previsible en el momento de la comisión, originando alarma o grave desconfianza en los consumidores y usuarios o afectando muy desfavorablemente a un sector económico.

e) Cuando en el plazo de los tres años anteriores a la comisión de la nueva infracción inicialmente calificable como grave, el presunto infractor hubiera sido sancionado de manera firme en vía administrativa por la comisión de otra infracción grave o muy grave de las tipificadas en esta ley o condenado ejecutoriamente por un delito en el que hubieran resultado perjudicados sujetos en su condición de consumidores o usuarios.

f) La aplicación de precios o de márgenes comerciales en cuantía superior a los establecidos o autorizados por la Administración, comunicados, anunciados al público, presupuestados o pactados, cuando haya generado un beneficio ilícito global superior a los 50.000 euros.

CAPITULO III
RESPONSABLES DE LAS INFRACCIONES

Artículo 32. **Responsabilidad por infracciones**

Son responsables de las infracciones los que, por acción u omisión, hayan participado en las mismas, con las siguientes particularidades:

1. En las infracciones cometidas en productos envasados, la firma o razón social cuyo nombre figure en la etiqueta se considerará responsable, salvo que se demuestre la falsificación o la mala conservación del producto por un tenedor y siempre que se especifiquen en el envasado original las condiciones de conservación. Se considerará responsable el envasador si se prueba su connivencia con el propietario de la marca.

2. Si el producto envasado no lleva los datos necesarios para identificar al responsable, según lo establecido en la normativa vigente, serán considerados responsables los que hayan comercializado el producto, salvo que se pueda identificar al envasador.

3. En las infracciones cometidas en productos a granel, el tenedor se considerará responsable, salvo que se pueda demostrar que dicha responsabilidad corresponda a un tenedor anterior.

4. En las infracciones cometidas en la prestación de servicios se considerará responsable a la empresa o la razón social obligada a la prestación del servicio.

5. Si una infracción es imputada a una persona jurídica se considerarán también como responsables sus gestores, directores o administradores, así como los técnicos responsables de la elaboración y control del producto o servicio. En ambos supuestos, siempre que sus conductas dolosas o gravemente negligentes hayan sido necesarias para la comisión de la infracción.

6. Si la infracción se refiere a materia de precios y se ha cometido con relación a los productos sometidos a regulación y vigilancia de los mismos, serán considerados responsables tanto la empresa que haya aumentado indebidamente el precio, como aquella otra que haya comercializado el producto con dicho aumento.

7. Cuando el cumplimiento de las obligaciones previstas en la presente Ley corresponda a varias personas conjuntamente, responderán de forma solidaria de las infracciones que, en su caso, se cometan.

8. Lo previsto en los puntos 1, 2, 3 y 4 se entenderá sin perjuicio de que cuando en relación con los mismos bienes o servicios hayan intervenido distintos sujetos como productores, importadores, distribuidores, minoristas u otros, cada uno será responsable como autor de la infracción que, en su caso, haya cometido y por ella será sancionado de manera independiente.

9. Será responsable subsidiaria de las sanciones pecuniarias la persona o entidad que, mediante participaciones u otros mecanismos societarios o jurídicos, controle o dirija las actividades de la responsable principal de la infracción, siempre y cuando no se les considere coautores.

CAPITULO IV
SANCIONES

Artículo 33. **Clasificación de las sanciones**

1. Las infracciones tipificadas en la presente ley podrán ser sancionadas en los siguientes términos:

a) Las infracciones leves, con amonestación por escrito o multa de 200 a 5.000 euros.

b) Las infracciones graves, con multa comprendida entre 5.001 euros y 30.000 euros, cantidad que podrá rebasarse hasta alcanzar el quíntuplo del valor de los productos o servicios objeto de la infracción.

c) Las infracciones muy graves, con multa comprendida entre 30.001 y 600.000 euros, cantidad que podrá rebasarse hasta alcanzar el quíntuplo del valor de los productos o servicios objeto de la infracción.

2. Las infracciones a que se refiere la presente Ley podrán ser también corregidas con las siguientes sanciones, con carácter de accesorias o autónomas:

a) Decomiso o destrucción de la mercancía.

b) Cierre temporal de la empresa infractora.

c) Publicidad de las sanciones.

d) Rectificaciones públicas.

Artículo 34. **Graduación de las sanciones**

1. Para la determinación de las sanciones que proceda imponer y su extensión, se valorarán todas las circunstancias objetivas y subjetivas con trascendencia para el injusto y la reprochabilidad que todavía no hayan sido consideradas. En particular, se apreciará la concurrencia de las agravantes y atenuantes previstas en los siguientes apartados.

2. Son circunstancias agravantes:

a) Los criterios enumerados en los artículos 30 y 31, aunque no se tendrá en cuenta aquel que haya sido utilizado para calificar la gravedad de la infracción.

b) El efecto perjudicial que la infracción haya podido producir sobre los precios y sobre los mismos sectores implicados.

c) La generalización en el número de consumidores y usuarios afectados.

d) La reincidencia.

e) El incumplimiento de las advertencias o requerimientos acordados por las administraciones públicas competentes para la subsanación de las irregularidades detectadas.

f) Haber persistido en la conducta infractora de forma continuada o permanente.

g) La concurrencia de elementos que dificulten gravemente la detección o persecución de la infracción.

h) No formular la propuesta obligatoria de alquiler social en los supuestos en que el artículo 59 quáter de la Ley de medidas urgentes para afrontar la emergencia en el ámbito de la vivienda y la pobreza energética lo requiera.

i) Incumplir en la formulación de la propuesta obligatoria de alquiler social los requisitos establecidos por la definición del alquiler social del artículo 59 quáter 7 de la Ley de medidas urgentes para afrontar la emergencia en el ámbito de la vivienda y la pobreza energética

3. Son circunstancias atenuantes las siguientes, siempre que se realicen con anterioridad a la resolución que ponga fin al procedimiento administrativo sancionador:

a) La corrección diligente de las irregularidades en que consista la infracción.

b) La devolución de las cantidades indebidamente cobradas.

c) La reparación de los daños y perjuicios ocasionados al consumidor y usuario.

d) La colaboración activa con los órganos competentes para evitar o disminuir los efectos de la infracción.

4. A efectos de graduación de la sanción de multa, el margen sancionador correspondiente a cada tipo de infracción según su gravedad se dividirá en dos tramos, inferior y superior, de igual extensión. Sobre esta base, se observarán las siguientes reglas:

a) Si concurre una circunstancia atenuante, la sanción se impondrá en su mitad inferior. Cuando sean varias, en la cuantía mínima de dicha mitad.

b) Si concurre una circunstancia agravante, la sanción se impondrá en su mitad superior. Cuando sean varias o una muy cualificada, podrá alcanzar la cuantía máxima de dicha mitad.

c) Si no concurren circunstancias atenuantes ni agravantes, el órgano sancionador individualizará la sanción dentro de la mitad inferior, atendiendo a todas las circunstancias de la infracción.

d) Si concurren tanto circunstancias atenuantes como agravantes, el órgano sancionador las valorará conjuntamente, pudiendo imponer la multa entre la cuantía mínima y máxima correspondiente.

5. El órgano sancionador podrá prescindir de las reglas establecidas en el apartado anterior, siempre que ello sea necesario para evitar que la comisión de la infracción resulte más beneficiosa para el infractor que el cumplimiento de las normas infringidas.

6. Cuando la aplicación del régimen sancionador establecido por la presente ley origine una desproporción manifiesta entre la sanción que deba imponerse y la capacidad económica del infractor, el órgano sancionador podrá imponer la multa en su grado mínimo.

Artículo 35. **Decomiso y destrucción de la mercancía**

1. La autoridad a quien corresponda resolver el expediente podrá acordar, como sanción accesoria, el decomiso de la mercancía adulterada, falsificada, fraudulenta o no identificada o que pueda suponer riesgo para el

consumidor. Dichas mercancías deberán destruirse si su utilización o su consumo constituyen un peligro para la salud pública. En todo caso, el órgano sancionador determinará el destino final que deba darse a las mercancías decomisadas.

2. Los gastos que originen las operaciones de intervención, depósito, decomiso, transporte y destrucción de la mercancía objeto de la sanción serán de cuenta del infractor.

Artículo 36. **Cierre de la empresa infractora**

1. En el caso de infracciones calificadas de muy graves podrá decretarse como sanción accesoria o autónoma, el cierre temporal de la empresa, el establecimiento o la industria infractores, cuando radiquen en el territorio de la Región de Murcia, por un periodo de hasta cinco años.

2. La facultad de acordar el cierre se atribuye al Consejo de Gobierno. El acuerdo podrá determinar medidas complementarias para la plena eficacia de la decisión adoptada.

3. Del acuerdo de cierre deberá darse traslado a la corporación local del término en que se ubique la citada empresa.

4. La autoridad competente podrá adoptar, sin que tenga el carácter de sanción, previa incoación del correspondiente expediente administrativo, la medida de cerrar las instalaciones o los establecimientos que no cuenten con las autorizaciones o los registros preceptivos, o la suspensión de su funcionamiento hasta que se rectifiquen los defectos o se cumplan los requisitos exigidos.

Del mismo modo, podrá suspender la venta o prestación de servicios cuando se den en su ejercicio las mismas irregularidades.

Artículo 37. **Publicidad de las sanciones**

1. En el caso de infracciones graves o muy graves, la autoridad que haya resuelto el expediente podrá acordar, como sanción accesoria, por razones de ejemplaridad y en previsión de futuras conductas infractoras, la publicación de las sanciones impuestas, una vez sean firmes en la vía administrativa.

2. Dicha publicidad deberá dar referencia de los nombres o los apellidos, la denominación o la razón social de las personas naturales o jurídicas responsables, la clase y la naturaleza de las infracciones y la sanción principal impuesta, y deberá realizarse mediante el «Boletín Oficial de la Región de Murcia» y los medios de comunicación social de mayor difusión. También

deberá comunicarse a las organizaciones de consumidores y usuarios. El coste de dicha publicidad correrá de cuenta del sancionado.

Artículo 38. **Rectificaciones públicas**

Si como consecuencia de la incoación de un expediente administrativo se sanciona el incumplimiento de lo que establece la presente Ley en materia de publicidad, el órgano competente exigirá al infractor, de oficio o a instancia de las organizaciones de consumidores y usuarios, la publicación a sus expensas de un comunicado en que se rectifique la publicidad efectuada, que deberá realizarse en las mismas o similares condiciones en que se produjo la actuación sancionada.

Artículo 39. **Multas coercitivas**

1. Las administraciones públicas competentes podrán imponer multas coercitivas de conformidad con la legislación básica estatal vigente, destinadas a la ejecución de resoluciones dictadas en aplicación de la presente Ley y las demás disposiciones relativas a la defensa de los consumidores y usuarios.

2. El órgano competente deberá cursar por escrito un previo requerimiento de ejecución de los actos o resoluciones de que se trate, advirtiendo a su destinatario del plazo de que dispone para cumplirlo y de la cuantía de la multa coercitiva que, en caso de incumplimiento, le podrá ser impuesta. El plazo señalado deberá ser, en todo caso, suficiente para el cumplimiento de la obligación de que se trate, y la multa no podrá exceder de 600 euros.

3. Si la Administración comprobase el incumplimiento de lo ordenado, podrá reiterar las citadas multas por periodos que no puedan ser inferiores al señalado en el primer requerimiento.

4. Estas multas son independientes de las que se puedan imponer en concepto de sanción, y son compatibles con las mismas.

Artículo 40. **Restitución de cantidades percibidas indebidamente**

Independientemente de las sanciones a que se refiere la presente Ley, el órgano sancionador impondrá al infractor la obligación de restituir inmediatamente la cantidad percibida indebidamente, en los casos de aplicación de precios superiores a los autorizados, a los comunicados, a los presupuestados o a los anunciados al público.

Artículo 41. **Efectos de las sanciones**

1. Independientemente de las sanciones impuestas, el órgano sancionador podrá proponer a la autoridad correspondiente, en el caso de las infracciones muy graves, la supresión, la cancelación o la suspensión total o parcial de ayudas oficiales, tales como créditos, subvenciones, desgravaciones fiscales y otros que tuviese reconocidos o que hubiese solicitado la empresa sancionada.

2. Si corresponde a las administraciones de la Región de Murcia otorgar una ayuda solicitada por una empresa que haya sido objeto de una sanción firme por infracción grave o muy grave, el órgano al que corresponda resolver la solicitud podrá denegar la concesión de la ayuda, siempre y cuando no se haya producido la cancelación de los antecedentes en los términos previstos por la Ley.

3. De la misma forma y de conformidad con lo que establezca la legislación de contratos del Estado, en el caso de infracciones muy graves las empresas sancionadas podrán quedar, además, inhabilitadas para contratar con las administraciones de la Región de Murcia, total o parcialmente, durante cinco años a contar desde la fecha en que sea firme la sanción impuesta.

4. Las sanciones impuestas serán objeto de ejecución de acuerdo con lo dispuesto en el artículo 138 de la Ley 30/1992, de 26 de noviembre, de Régimen Jurídico de las Administraciones Públicas y del Procedimiento Administrativo Común y demás normas aplicables.

CAPITULO V
PROCEDIMIENTO, PRESCRIPCIONES, CADUCIDAD Y COMPETENCIAS

Artículo 42. **El procedimiento sancionador**

Las administraciones públicas competentes ejercerán la potestad sancionadora en el ámbito establecido por la presente Ley, mediante el procedimiento legal o reglamentariamente establecido, quedando facultado el Consejo de Gobierno para, en su caso, regular un procedimiento con sujeción a los criterios de la legislación básica estatal.

Artículo 43. **Prescripción y caducidad**

1. Las infracciones a que se refiere la presente ley prescribirán por el transcurso de los siguientes plazos: las muy graves, a los tres años; las gra-

ves, a los dos; y las leves, a los seis meses. El plazo de prescripción comenzará a contarse desde el día en que la infracción se hubiera cometido. En cuanto a la interrupción de este plazo se estará a lo dispuesto en el artículo 132 de la Ley 30/1992, de 26 de noviembre, de Régimen Jurídico de las Administraciones Públicas y del Procedimiento Administrativo Común. Además, interrumpirán la prescripción las actuaciones judiciales penales y la tramitación de otros procedimientos administrativos sancionadores en cuanto tales actuaciones impidan iniciar o continuar el procedimiento para sancionar las infracciones de esta ley.

2. La acción para perseguir las infracciones caducará si, conocida por la Administración competente la existencia de una infracción y finalizadas las diligencias dirigidas al esclarecimiento de los hechos, transcurren seis meses sin que la autoridad competente ordene incoar el procedimiento oportuno. A tal efecto, si hubiera toma de muestras, las actuaciones de la inspección se entenderán finalizadas después de recibidos los resultados del análisis inicial.

3. El plazo máximo para resolver y notificar la resolución sancionadora será de nueve meses.

4. Las sanciones por faltas muy graves prescribirán a los tres años; las impuestas por faltas graves, a los dos años, y las impuestas por faltas leves, al año.

5. La prescripción y la caducidad se apreciarán de oficio por parte del órgano competente, sin perjuicio de la posibilidad de ser alegadas por el interesado.

6. Si se produjera la prescripción o la caducidad, el órgano competente podrá ordenar la incoación de las oportunas diligencias para determinar el grado de responsabilidad del funcionario o los funcionarios causantes de la demora.

Artículo 44. **Competencia sancionadora**

1. En el ámbito de la Administración regional, los órganos competentes para la imposición de las sanciones a que se refiere la presente ley son: el Director General de Consumo para imponer sanciones por infracciones leves y graves; el Consejero competente en materia de defensa del consumidor para imponer sanciones por infracciones muy graves hasta 250.000 euros; y el Consejo de Gobierno para imponer sanciones por infracciones muy graves que superen dicha cuantía.

2. Las Administraciones locales tendrán competencia sancionadora respecto a las infracciones leves cometidas en su término municipal, en relación con las empresas y establecimientos en él domiciliados, y sobre cualesquiera infracciones tipificadas en esta ley en las que se incurra en el ejercicio de la actividad de venta ambulante en su territorio. No obstante, esta competencia podrá ser asumida directamente por los órganos competentes de la Administración regional cuando sea conveniente una actuación integral a causa de la extensión de la conducta infractora, de su gravedad, del número de municipios afectados o de la urgencia, previa y preceptiva notificación del acuerdo de incoación a las administraciones locales afectadas. Los órganos locales competentes para sancionar se determinarán conforme a la legislación de régimen local y a sus propias normas de organización.

(...)